平野邦雄著

大化前代社会組織の研究

吉川弘文館刊行

日本史学
研究叢書

はしがき

本書の対象とするところは、大化前代の社会組織である。したがって、まず「氏」の問題をとりあげ、ついで、中央・地方の豪族、部民と農民、あるいは異民族、奴婢など、社会の各階層にわたって、順次、それらの成立事情、それらの内部構成、およびその組織の変化と発展のあとを明らかにしようと試みた。

最近の古代史研究をみると、かつて戦時の呪縛から解放された当時の、生き生きとした核心にふれた研究に比べて、むしろ安易な史料解釈のくり返しか、または細分化された研究領域に埋没して、一種の停滞現象がみられるのではないかと思う。このような感想もあって、本書では、大化前代の社会各層にわたり、できるだけ史料を蒐集し分析するとともに、それら相互を比較して、各階層に関する個別研究を統一し、社会組織全般にわたる一貫した展望を得ようと試みたのである。このような試みが、さほど容易に成功するとは思われないが、少なくともわれわれが、たえずそれを意識し、かつ試みる価値はあるとおもう。

そのためには、大化前代の社会にとどまらず、律令制の成立が本質的な社会変革を伴わないものとすれば、律令制下の社会組織にも、改新前と共通する基盤があり、その中から遡及的に推定しうる史料があるはずであり、また、改新前の国家政治と対外関係の推移のなかに、社会組織の発展に本質的な影響を及ぼしたものがあれば、それをもまた取り上げねばならぬ。

前者の例をあげれば、改新前のウヂ（氏）の諸形態を、八世紀の物部・忌部・卜部・建部などの諸氏や、和気氏のような中央・地方の豪族の構造から類推し、トモ（伴）とベ（部）の形態を、律令制下の伴部、品部・雑戸、舎人・釆女と、それにたいする改新前の百八十部、品部、名代の対応関係からさぐり、ヤツコ（奴・家つ子）の存在形態を、八世紀の東大寺奴婢籍帳の官納奴婢のうち、嶋宮奴婢と某村常奴婢にみられる、いわば奴婢と家人の形態的相違から推定しようとしたことなどはそれであり、後者の例では、氏姓制・部民制が、百済や新羅、とりわけ百済のそれと密接な関係をもつと想定されるかぎり、四、五世紀以来の秦・漢両系の帰化氏族、五世紀後半のおそらく雄略朝にはじまる外交政策の転換によって渡来した百済系の今来漢人、これより六世紀にかけて、ひきつづき渡来した南朝系の今来漢人、さらに七世紀の百済の滅亡により亡命し、律令官司に登用された韓人部など、帰化人渡来の各段階とわが国の部民制・氏姓制の成立との関連を追求する必要が生ずるのである。

このような観点から執筆した本書の各編は、本書においてはじめて構想し、発表したものもあり、また既発表の論文をかなり組み替えたものもあるが、あくまでその基本は、これまでに学界に発表したものにおいている。関係ある既発表の論文名を掲げると、左のごとくである。

「部に関する若干の修正的研究」（昭和三十年三月　九州工大研究報告人文社会第三号）
「秦氏の研究」㈠（昭和三十六年三月　史学雑誌第七〇編三号）
同　右　㈡（昭和三十六年四月　史学雑誌第七〇編四号）
「大化前代の社会構造」（昭和三十七年六月　岩波講座『日本歴史』2）
「古代氏姓人名に現われた階級関係」（昭和三十七年九月　坂本太郎博士還暦記念『古代史論集』上）
「八、九世紀における帰化人身分の再編」（昭和三十九年九月　歴史学研究二九二号）
「日本古代の『氏』の成立とその構造」（昭和四十年五月　古代学第一二巻一号）
「子代と名代について――古代宮廷領有民の諸形態」（昭和四十一年三月　九州工大研究報告人文社会第一四号）

「古代外交史上における雄略朝」（昭和四十三年九月　森克己博士還暦記念『対外関係と社会経済』）

このほかに、竹内理三・山田英雄両氏と共編の『日本古代人名辞典』（昭和三十三年五月〜四十一年一月）、人物叢書『和気清麻呂』（昭和三十九年十二月）も、本書と深い関係がある。

本書の構成からいえば、第一編『「氏」の成立とその構造』、第二編『「部」の本質とその諸類型』、第三編「品部と雑戸」、第五編「子代と名代」、第六編「無姓と族姓の農民」などが上記の諸論文に対応し、その中のあるものは、これまで発表の論文を再編し、補訂を加えるとともに、とくに全般を通じて、註を詳しく記し、一層私見を明らかにしようと努めた。しかし、第四編「今来漢人」、第七編「家人と奴婢」は、その大部分を本書であらたに構想し、ここにはじめて公表するものである。

このようにして、大化前代の社会組織に関する本書の一貫した構成が出来上ったわけであるが、その一つ一つがはたして正鵠を得ているかどうか、はなはだ心許ないのであり、また実際に、学界には異論も多いことであろう。ただ、史料的には、ほぼすべてのケースを網羅したつもりであるから、主として問題は史料批判の方法にある。史料批判についても、本書においては、これまでの論文によって、個々に積み上げてきた論証に、さらに諸学説、諸史料を参照して、できるだけ細部にまで及びうるよう努力したが、本書の刊行を機会に、学界諸賢の一層の御批判を仰ぎたい。またそれにもまして、最初にふれたとおり、大化前代社会の全体的理解の仕方について、その歴史の構成方法について、御叱正を賜わりたいのである。

それにしても、改めて回想すれば、私の大化前代社会の研究の発端となった「部に関する若干の修正的研究」以来の、遅々とした困難な研究生活のなかで、たえず私を大きく包んで下さった坂本太郎博士、竹内理三博士の学恩の深さを思わないわけにはいかない。両先生の学恩がなければ、とうてい本書は生まれ得なかったとおもう。

坂本太郎先生は、古代を専攻した私の学生時代以来の恩師であるばかりでなく、大学卒業後の遠く九州への赴任、十数年後の文化庁への転任と、かなり振幅の大きい私の研究生活に、つねに温容のなかにも、きびしく適確な指針を与えて下さった。先生の学風になじんだ私は、いわば全身を耳にして、それを聞き、それを私の指針とし、研究の糧としてきたのである。

竹内理三先生は、私が九州に赴任するとき、森克己博士とともに、九州大学に在職しておられた。この二先生が九州におられたことが、私に赴任を決意させた一因となったが、まさにそのとおり、竹内先生は私にあらゆる研究の機会を与えて下さった。先生との共編になる『日本古代人名辞典』の編集にはじまり、大宰府研究や戸籍計帳の調査、その他におよぶまで、先生と学問の場を共通にする仕事は、未熟な私にとって、時には苦しみであり、思わず冷汗を流したこともあったが、そのたびに、私は先生の方法に学び、先生の無言の許諾に助けられ、その温顔に接しながら、ともかく今日まで歩んできたのである。

私の研究成果を、著書の形ではやくまとめるように激励し、慫慂して下さったのも、坂本・竹内両博士であった。もうすでに、六、七年も前のことになると思うが、とりたてて自信のなかった私はつい遷延してしまって、大学の雑用にまぎれていたが、その後、おなじように井上光貞博士もすすめて下さった。それが三年前に、胃が悪化して、医者に手術をすすめられたとき、はっきり執筆を決意するにいたったのである。本書のような形で、私の研究をまとめ得たのは、この三博士の助言によるものである。

井上光貞博士は、研究室の先輩であるばかりでなく、その「部民の研究」が、津田左右吉博士以来の画期的な論文として、私の研究の出発点における指針となった。それ以来、私はたえず博士の学説から栄養を吸収してきたが、また私の職務上、研究上においても、いろいろ助言を与えられたのである。

なお、研究上からいえば、石母田正・関晃・岸俊男・直木孝次郎、その他の諸氏の古代史に関する論文からも、多くの示唆を与えられた。とくに、本書に収めた主要な論文のほとんどを、九州在任時代に執筆した私としては、東京・京都の研究会にも出席する機会がなかったから、もっぱら著書・学会誌に目を通し、多くの先輩同学から頂いた論文抜刷を拝見して、研究の資とせざるを得なかった。今、一々お名前はあげないけれども、心から謝意を申し上げたい方は多い。とくにその中で必要なものは、本書の本文中に、執筆者名をあげて、学説を引用させて頂いたが、その他にも、註を詳しくして、引用論文と執筆者名を明記したのは、その意のあるためである。ここに改めてお礼を申し上げる次第である。

さらに、年二、三回の上京の機に、必ずお伺いした東京大学史料編纂所の先輩同学の各位が、その都度快く研究の利便を与えられ、時には部屋のなかで思わず歓談に時間をすごし、御迷惑をおかけしたにもかかわらず、つねに来所を歓迎していただいた御友情にたいしても、心より感謝申し上げたい。同時に、今はその任を去ったが、十数年間、私に教授と研究の席を与えられた九州工業大学にも、厚くお礼を申し上げたい。

本書は、このような方々の恩恵なくしては生まれなかったであろう。

今回、直接、本書を吉川弘文館より出版するについて、御斡旋いただいたのは竹内理三博士である。おそらく私の知らぬところで、いろいろお骨折り下さったにちがいないと思う。また出版を快くお引受けいただいた吉川弘文館社長吉川圭三氏にも、同社編集部の諸氏にも、厚く御礼を申し上げたい。いろいろ御迷惑をおかけしたことと思うが、とりわけ、現在の私の文化庁における職務が忙しく、寧日ないありさまであるため、本書の校正にさいしても、退庁後の深夜か、地方出張のあい間に手を入れねばならず、完全を期し得られない悩みがあり、それをもっぱら引き受け、細部にまで行き届いた注意を払われ、お世話いただいた編集部の大橋京子氏に、心より謝意を表したい。

昭和四十四年四月八日

著　者

目次

表目次

第一編　「氏」の成立とその構造

第一章　「氏」にたいする視角

第一節　政治組織とする説について

わが国の古代、とくに大化前代の社会に、「氏」が重要な役割りをはたし、国家政治もこの氏を通して行われたことは、一般に認められているところである。

「氏」とは、多くの家よりなる同族集団で、有力家族の長が族長的な地位にたち、その直系・傍系の血縁者や、非血縁の家族が、これに隷属している。氏の首長を「氏上」というが、氏上は氏集団をひきい、氏を代表して朝政に参与し、その政治的地位に応じてカバネを与えられ、同時に、ある範囲の血縁者も、かれに準じてカバネを称することを許された。氏には、このような正規の構成員、すなわち「氏人」のほかに、隷属民として、奴婢・

部民の属するばあいがあり、そのうち「奴婢」は、個別に、氏を構成する各家族に分属し、家内奴隷として、売買・贈与・相続の対象となったが、「部民」は、氏の領有管理する集団のうちに住む農民や漁民として、自営的な経済生活を営みつつ、氏を代表する氏上に隷属し、氏にたいし、あるいは氏の朝廷における職掌に応じて、貢納と賦役の義務を負うたのである。古代の「氏」にたいする標準的な見方を要約すれば、まずこのようなものになるであろう。

そしてこの見方は、それまで氏を血縁団体と考えていた国学者の説や、モルガンやエンゲルスの唱えた、アメリカ・インディアンの一部族イロクオイ族のクランや、ギリシァのゲノス、ローマのゲンスなど、共産制・族外婚・共同防衛制などの属性をもつ原始的共同体に氏を対比し、奴隷制に先行する氏族制社会を考えていた初期の社会経済史家の説などを大きく修正するもので、まず津田左右吉氏によって基礎づけられたとみてよいであろう。(1)

津田説(2)では、大化前代の国家は氏を構成単位とするが、それは、「社会組織が氏族を単位とし、血族関係を骨幹として形成されていたということではな」く、氏族とは、豪族が私有地をもち、そこに居住する部民を私民として支配する一つの政治組織にすぎないとみるのである。これ以後、それまでの「氏族制度」ということばにかえて、「氏姓制度」という用語が採用されることになった。

しかし、「氏」を社会組織でなく、政治組織であるとみる津田説は、その後、はたして明確にされたであろうか。

たとえば、戦後の学界においても、「氏族とは、共同祖先から出た血縁団体」であるが、「世を経て、氏人の数の増加するに従い、分裂の形勢を生じ」、そのため、「もと単一の氏族から多数の氏族が分立するようにな」り、「これら本支の氏族の間に、一種の統制が行われ」るにいたったとし、そして、これらの「氏族内部の統制は、氏上に任せられたのみならず、租税の徴収、夫役の徴発、乃至軍隊の編成も、氏族を単位として行われた」とする理解が、根づよく存在している。[3] ここでは、氏は原始的な氏族共同体ではないにしても、祖先をおなじくする血縁団体で、この意味でいえば、氏は社会組織であるが、その後、「氏」の発展によって、「氏」の内部に分裂を生じ、統制する大氏と、統制される小氏という本支の別や、支配者たる氏上と、支配される氏人や部民という身分の分化を生じたため、「氏」はいちじるしく政治集団たる様相をおびたということである。つまり、「氏」は本来、血縁団体＝社会組織なのであるが、そのもとに小氏や部民という、より低位の非血縁集団を加えることによって、政治的な支配集団＝政治組織に変化し、成長したにすぎないことになるのである。

ここでは、「氏」が社会組織でなく、政治組織であるという意味はほとんど理解されていない。また政治集団であるとしても、氏上と部民、大氏と小氏の相互関係のみが問題とされ、国家機構と「氏」の関係はまったく視点から去っている。もし「氏」がこのようなものであるならば、すでに当時は氏族共同体的社会から階級社会へ進んでいたことは明白であるから、「氏」はその階級社会の単位として、無制限に存在したにちがいない。このばあいの「氏」とは、あくまで社会組織の構成単位であるほかはないのである。

しかるに、津田左右吉氏の主張は、「大化改新前の政治組織が、氏族を基礎としたものであったこと、詳言すれば、朝廷の官職地位が世襲であり、土地民衆が、領主即ちいわゆる臣連伴造国造によって分有されていたこと」が、「氏族制度」とみなされるのであり、したがって、「社会組織が氏族を単位とし」たのではないという点にあった。(4)

すなわち、そこで特徴的なことは、「氏」は国家権力とのかかわりのないところには存在しえない。それはまずある制限された範囲、すなわち大和朝廷を構成し、またはその権力につらなる臣連伴造国造らのあいだにまず組織され、国家支配の拡大とともに、しだいに周辺に及ぼされたものであり、この意味で、「氏」は大和朝廷の国家支配の生みだした一つの体制であるということである。

津田氏が、「氏」を政治組織であるとしたのは、まさにそこに意味があり、したがって「氏」は、豪族層が国家権力を背景として、土地・人民を支配し、なかんずく部民という隷属民を領有・管理し、その貢納を強制することによって、「氏」の朝廷における官職を独占世襲する一つの装置であるともいえるのであって、まさに津田氏のいう「朝廷の官職の世襲」と、それに対応する「土地民衆の支配」の体制をいうことになるであろう。

武田祐吉氏が、(5)帝紀や旧辞の分析から、「氏族は、徹頭徹尾、国家に依存して存在するもので」、氏の起源や伝来の歴史は、「国家の歴史に随伴して伝えられ、ここにその国家の中にのみ存在する氏族の意義が明瞭に認められる」と強調されたのはそのためであり（傍点筆者）、また阿部武彦氏が、(6)「氏という組織をもっていたのは、当時の中央貴族、ないし地方豪族に限られ、他の一般農民は、氏とは無関係であったというようにも考えられてくる」とされたのも、まさしくおなじ主張なのであった。この考え方は、関晃氏(7)や直木孝次郎氏(8)にも引きつがれているところである。

したがって、その他方に、氏・カバネをもたない、いわゆる「無姓」の農民が存在したのは当然である。もし「氏」が社会組織であるならば、「氏」と無関係に農民が存在するはずはないであろう。「無姓」の農民については、第六編に詳述するが、かなり広範に存在したことは確かであるとおもう。

さらに、「氏」が一つの政治組織であるとすれば、「氏」の成立は、大和朝廷の国家統一事業とふかいかかわりがあり、ある一定の時期に組織されたものとみねばならない。しかし、「氏」の成立した時期はあきらかでなく、「氏上」という語は、文献の上では、大化後になってはじめてあらわれる。すなわち、天智三年(六六四)、「氏上、民部、家部」のことを制し、大氏の氏上に大刀を、小氏の氏上に小刀を、伴造らの氏上には干楯弓矢を賜い、その民部・家部を定めたとあるのが初見であり、津田左右吉氏は、文字どおり、このとき氏上を定めたとされるが、もとより実質的には、さらにさかのぼらせることはできよう。それでは氏の成立はいつか。

さて、「氏」の成立を知る一つの手がかりは、「氏」の名がいつごろ定められたかを決定することである。

一体、国家支配の体制としての「氏」は、必ずその「氏」に固有の名をもつ。氏の名をもつことは、「氏」であるための必須の要件であり、その氏の名は朝廷より賜与されるか、朝廷より公認されねばならぬ。なぜならば、氏の名を子孫に伝えることによって、「氏」の職掌もまた世襲されるからであり、朝廷における「氏」の職掌が、その「氏」に固有のものであることは、氏の名を負うことによって、はじめて実証されるからである。この原理は、八世紀にいたってもかわりはない。たとえば、律令の官司において、まだ氏の名（日本風の氏姓）をもたない新帰化人にたいし、

官々仕奉韓人部一人二人爾其負而可仕奉姓名賜(9)

とあるのは、朝廷に出仕することによって、はじめて氏の名を賜わったことを示している。

氏の名に比べれば、カバネは二次的な属性にすぎないが、姓の文字が、多くは氏とカバネに両用されるほど、氏とカバネは不可分の関係にあった。そして、このカバネもまた朝廷から与えられ、「氏」の国家政治上における地位をあらわし、また「氏」の内部においては、家格の上下を示すものであった。

このようにして、氏・カバネは、他の氏集団から、あるいは氏・カバネをもたない「無姓」の農民層から、已を区別する指標ともなりえたのである。以上の点は、すでに、『大日本史』がその「氏族志」に、

然古者氏姓必受之天子、而所謂名字皆出於私称、不可与古氏相混　読者宜弁別焉

と正しく指摘したところであり、「ウヂカバネ」と「ミヤウジ」のちがいを、朝廷より受けるか、私称するかの差異にもとめたのであるが、八世紀に、「在官命氏、因土賜姓(10)」とあるのは、氏を命じ、姓を賜うという、この原理が一貫して存在することを示し、実際に、多くの改賜姓記事はそれを裏づけているのである。

このことを逆にみれば、氏の名の成立しないところに、「氏」もまた存在しないという見方になる。つまり、「氏」は、国家体制の一部なのであるから、ある一定の時期に形成されたとみる方が自然であり、氏の名の成立期をつきつめて行けば、「氏」の成立時期も推定できるであろうということである。

おそらく、それは五世紀をさかのぼりえないと思われるが、詳しくは、第二章において述べよう。

第二節　共同体理論を中心に

さて、「氏」に対するもう一つのアプローチの仕方は、右とはまったく別に、エンゲルスの『家族、私有財産および国家の起源』や、さかのぼればモルガンの『古代社会』の氏族理論に基づくものである。すなわち、石母田正氏(11)、藤間生大氏(12)らは、いちはやくこの理論によって、わが古代共同体の構造を分析し、その発展をあとづけ、その後も、おなじく門脇禎二氏(13)らは、古代奴隷制の展開過程を論じた。

この方法は、わが大化前代の「氏」をゲノスに比定することは断念するにしても、はるか古い時代に氏族共産制をおく点では一致しており、大化前代の「氏」にたいしては、エンゲルスの、(1)氏族共同体→(2)共産的親族団→(3)世帯共同体→(4)家父長制大家族（したがって村落共同体）のシェーマを応用して、わが国にも、(1)氏族共同体→(2)親族共同体→(3)家族共同体（または世帯共同体、家父長制的世帯共同体）→(4)古代家族（家父長制的奴隷制家族）、または単婚家族の発展をあとづけ、そのうちの(2)親族共同体と(3)家族共同体の段階をあてたのである。

この氏族理論は、「氏」がたとえ上述したような中央・地方の豪族の組織であったとしても、その基底をなす農民層が、何らか家族をこえた共同体を形成していたことはあきらかであるから、政治体制としての「氏」とは把握の対象を異にするというべきであり、むしろたがいに相補う性格のものであるといえるであろう。

しかし、『古事記』や『日本書紀』『続日本紀』などにあらわれる「氏」は、政治体制としての「氏」であるから、この理論は、ほとんど八世紀の戸籍によって検証しなければならず、ここから戸籍・計帳の精力的な分析がはじめられることになった。そのばあい、戸籍上の「郷戸」を、当時の経済生活の主体で、家族関係の実態をあらわすものと考え、その婚姻関係、家族構成員と戸主の親等関係、寄口・奴婢の存在形態などの分析から、これを「家族共同体」(または「家父長制的世帯共同体」)と規定し、それが包摂的な「親族共同体」のワクを破って、さらに「古代家族」または「単婚家族」に分化発展するというプログラムを、八世紀の現実のものと考えたのである。

もちろん、このような戸籍の扱い方には反対説があり、戸籍・計帳は、行政区画としての里(郷・里)や、行政単位としての戸(郷戸・房戸)を表現するものではあっても、実際の村落や家族関係を、そのまま記したものではないと主張する。(14) もっともこの説の根底にも、当時の家族は、事実上小家族で、その実態は郷戸よりもむしろ房戸にちかく、また郷よりは里の方が自然村落にちかいとする考え方がひそんでいる。しかし、「房戸」や

「里」にしても、法的擬制であることにかわりはないのであるから、上記の氏族理論を検証するためには、最少限、このような戸籍上の擬制を清算しなければならない。

しかし問題は、もしわれわれが、それらの擬制をあるていど清算しえたとして、農民の共同体の実態を把握する道がひらけたと仮定しても、そのような共同体は、古代社会の「氏」と必ずしも一致する概念でないことを知らねばならない。すなわち、この氏族理論は、より本質的に、「氏」を社会組織とみる古い学説を再生産するおそれがあるのである。この両者が各自の領域を自覚しないために、これまで不必要な混乱を学界に生ぜしめた例が、間々みうけられる。(15)

今、その一例として、八世紀の戸籍に記された「某族」とあるものの解釈をあげたい。

石母田正氏(16)によれば、「国造族」「県主族」などの同族集団は、いわば親族共同体が家族共同体に分化しながらも、なお同族的結合をたもち、その周辺的家族も、異姓者にたいし、開放的傾向をもたず、より封鎖的で、かえって国造や県主などの族長との親族関係を誇示し、他の隷属家族より己を区別しようとする段階において生まれたもので、そこに、かつての親族共同体の遺制が認められるとする。その後、石母田氏はやや年代を下げ、(17)「某族」は、郷戸(家父長制的世帯共同体)が、自由に分家しながらも、まだその生活的基礎が弱いために、同族関係を形成せざるをえないという段階において、分家が本家のカバネの下に、「族」字をつけて、本家を族長と仰ぐ結合関係を示し、他から族長との隷属関係に入ったものも、おなじく本家を族長と仰ぐ同族結合の方式をとらざるをえないところに生まれたもので、ここに族長政治の根づよさがあると考えた。

また、直木孝次郎氏の研究[18]では、「族姓者」は、地方豪族の親族ではあるが、身分的階級的に低位にあり、いわば豪族を中心とする同族団の下部組織をなす隷属民である。このような族団的組織は、中央豪族を中心とする政治的隷属体制としての「部民制」が盛行する五世紀よりもまえ、おそらくは三、四世紀ごろ、地方豪族のもっていた社会組織で、そのころ豪族は、このような族民的な同族団を基礎としていたのであり、それを「族民制」と名づけてもよい。この「族民制」の遺制が、八世紀の戸籍にのこる「某族」である。したがって、「族民制」から「部民制」への発展は、氏族制から奴隷制への移行にあたり、「氏」の本来の姿は、中央豪族よりも、族民組織をよりよく保った地方豪族にこそ認められるとされるのである。

これらの説に対して、井上光貞氏[19]は、族姓は「氏」にたいする賜姓制度の産物であるとする。すなわち、カバネはもともと制限的な性質のものであるから、賜姓にさいしては、その範囲外の親族・同族まで、おなじカバネを与えるわけにはゆかない。とくに下級のカバネを授けられる氏族の下位者は、同族であっても、カバネを与えられないものを生じた。そのため、有姓者の同族たることを示す「某族」の称を賜わったのであろう。したがって、「族」の起源は、カバネ制を整備した「天武八姓」の制定にもとめられ、これを三、四世紀までさかのぼらせることはできないとされるのである。

私は、族姓はカバネをもたない同族に授けるのでなく、戸籍制のしかれるころ、とくに地方豪族の配下には、まだ「氏」の名を与えられない農民があり、また帰化人にも、「氏」のないものが多かったから、かれらに「某族」を授けて、「氏」を仮称させたものと考えている。(20) 地方農民にしても、帰化人にしても、いまだ大和王権を中心とする国家的身分秩序に包含されないばあいは、原則として氏姓を有しなかったが、かれらにも、戸籍法の施行とともに、暫定的に「氏」を与えねばならず、帰属関係の比較的はっきりしたものには、「某部」の名称を与えたが、大宝二年の西海道戸籍のごとく、まだ「無姓」のまま、「某部」すら称しえないものがあり、「某族」とは、このようなばあいの「氏」の仮称である。したがって、それは「無姓」に準ぜられるものであり、宝字元年にいたって、「無姓及族字」をともに戸籍に記入することを禁じ、かれらに正規の「氏」を与えざるをえなかった。これらの点は第六編において詳述するが、このように、七世紀末においても、なお「無姓」「族姓」である農民があり、かれらは当然、社会的には下位身分のもので、単に豪族の同族ではなく、その配下の民であったはずである。しかも、「某族」の名で戸籍に付されることによって、豪族の「族民」となったのではなく、「公民」に編入されたのであり、この段階でそれは顕在化したのである。おそらく族姓は、天智天皇の庚午年籍で一般化したものとおもう。

以上の対立する学説のうち、後の二説は、族姓を政治的・制度的な所産であるとみて、律令制の発達しはじめる七世紀末に、主として一律に設けられたとみる点において共通し、前の二説は、族姓を古い親族共同体や、三、四世紀ごろの族民的共同体などの社会組織の遺制であるとする点において共通する。

私は、「族姓」を、「無姓」の農民に授けられたものとみるから、もともと豪族の同姓同族などではありえないはずであり、この点では、族姓者を豪族の隷属民であるとする直木説に賛成せねばならぬが、族民共同体の遺制説はとうていとりえない。この問題の視点については、やはり、井上説に賛成である。

このような相違がおこるのは、本質的に、上述の「氏」のとらえ方のちがいからくるのである。この視点は、戸籍面の「寄口」の解釈などにも、直ちに影響するのであるが、今は問題を指摘しておくだけにとどめたい。

第二章　「氏」の成立

第一節　「氏」の名の成立

氏の名の成立を論ずるばあい、まず大和の大族である葛城氏をみよう。葛城氏は、『日本書紀』にいう「葛城襲津彦」から史上にあらわれるが、ソツビコについては、『古事記』孝元巻の建内宿禰の系譜に、宿禰の子として、波多八代宿禰・許勢小柄宿禰・蘇我石河宿禰・平群都久宿禰とならび、「葛城長江曾都比古」の名があり、ソツビコのみが他とちがい、氏・名・カバネの順に記されず、また他のものが、それぞれの豪族の祖先に付会されているのに、ソツビコだけは、そういうこともない。これはまことに対照的であって、ソツビコだけは、他に別伝があったためだろうとおもわれる。この時代に、氏・カバネの整った人名記載法などあるはずはないから、ソツビコ以外のものの実在性は疑われるのである。

津田左右吉氏(21)は、ソツビコが仁徳・履中巻にもみえて、いずれも后妃の父祖とされているので、おそらく早いうちに、帝紀に記載されていたのであろうと考え、井上光貞氏(22)は、六世紀半ばにつくられた原帝紀に、ソツビコの女が、仁徳・履中妃となり、おなじくその孫のツブラノオミの女が雄略妃となった記事のあったことは、ほぼ確実であろうと考えられた。たまたま、神功紀にひく『百済記』に、「沙至比跪」とあるのも、ソツビコの実在を示す有力な史料であり、この『百済記』にともに記された新羅のミシコチも、『三国史記』の「未斯欣(23)」、『三国遺事』の「美海一作未吐喜(24)」、『東国通鑑』の「未斯欣(25)」にあたることは、『異称日本伝』以来の定説であって、『三国史記』によれば、訥祇王二年(四一八)、朴堤上が人質のミシコチをつれかえるとき、ソツビコに殺されたことになっているので、ソツビコとミシコチの二人は、四世紀末から五世紀はじめにかけて、ほぼ同時代に実在し、倭と新羅の双方の立場から、交渉をもった人間とみなしてよいであろう。

いずれにしても、ソツビコの存在はまず確実である(26)。

ところが、『百済記』には、「沙至比跪」(ソツビコ)とのみあって、「氏」を記さず、『古事記』にも、「曾都比古」(ソツビコ)とあって、このばあい、名の上に「葛城長江」と記すのは、あきらかに地名であり、「葛城之曾都毘古」と「之」の字を入れているのもそのためである。『書紀』の「葛城」も地名であるか、またはよくある「氏」の追記で、帝紀には、ソツビコの「氏」は、まだ確定されていなかったとみてよい。『百済記』のばあい、欽明紀にひく『百済本記』には、加不至費（河内直）、烏胡跛臣（的臣）、既酒臣（許勢臣）など、[27]あきらかに氏・カバネを記していること、つまり六世紀半ばには、諸豪族の「氏」は確定していたことと対比してみる要がある。

つぎに、ソツビコの孫という、『書紀』の「葛城円大臣」は、これまた『古事記』安康巻には、たんに「都夫良意美」（ツブラノオミ）とあって、葛城はみえない。しかも、「記・紀」ともに、ツブラノオミが、その女カラヒメとともに、葛城屯倉を献じたと記しているのであるから、ツブラノオミが葛城氏に属することはまちがいないであろう。井上氏も同説である。[28]とすれば、『古事記』がツブラノオミと名のみ記しているのは、おそらく帝紀にも、「氏」の記載がなかったからで、津田氏[29]は、やはり人名の上に、葛城の地名を冠したにすぎないとみるのである。

ツブラノオミの女で、雄略妃となった、『書紀』の「葛城韓媛」も、『古事記』には、たんに「韓比売」（カラヒメ）とのみあって、カラヒメの名からしても、ソツビコとおなじく、「氏」はなかったものとみねばならない。ヒコ（彦）、ヒメ（媛）、オミ（使主）、キミ（君）、スクネ（足尼）などは、「名」につける原始的称号で、世襲されず、「氏」につけるカバネとは、本質的に異なることからも、上記のことは推測されるのである。

津田氏[30]は、崇峻紀の「葛城臣烏那羅」にいたって、はじめて実在する氏名であるらしいとされる。たしかにウナラは、新羅を討つため、「氏々臣連」をひきい、筑紫に向かったとあり、また『伊予国風土記』にひく温泉碑に、「与恵慈法師及葛城臣」が、聖徳太子に従って、伊予温泉に遊んだとあって、この葛城臣は「ウナラ」のことであるから、すでに、「氏々」の観念や、氏・カバネが成立していたことは疑う余地がない。またさかのぼって、欽明紀の新羅使を迎えた「葛城直」や、蘇我稲目のもとで、屯倉を定めた「葛城山田直」なども、おそらく実在の氏の名であろうから、六世紀半ばには、氏の名は成立していたとしてよいであろう。

要するに、葛城氏のような大族でも、「氏」の成立は五世紀末あたりのことであるらしい。(31)

もう一つは名代のことであるが、一体、部民に領有者の名を付してよぶことはいつ発生したのか。『日本書紀』には、大化二年、「王名」と「臣連伴造国造」の名を部に付することが同時に語られ、「王名」「王者之号」と、「祖子之名」を部に付することも対照的に扱われている。つまり、天皇・皇族の名を部に付してよぶ「名代」と、豪族の氏の名を付する「品部」は、ほぼ同時に成立したもので、前者が雄略朝＝五世紀末に成立したものとすれば、後者もほぼ同時であると考えてよいのではないかということである。

つまりいいかえれば、天皇・皇族のコシロが名代入部（御名入部）に転化する時期は、豪族のカキが品部（民部）に転化する時期とおなじく、そのためには、すでに主家の氏の名が成立していることを前提とする。豪族の氏の名が成立することによって、その氏の名を部に付すことが可能となったもので、そのときに、「氏」の組織も成立したものとみなされよう。おそらくその時期は五世紀末である。(32)

このように、氏の名がある特定の時期に成立したことは、「氏」そのものが、大和朝廷の政治体制の一部であったからであり、「氏」の性格を本質的に暗示する。それでは、「氏」の制度化はいつか、考察を先に進めてみよう。

第二節　「氏」制度の成立

『古事記』允恭巻のクガタチの記事は、

　定賜天下之八十友緒氏姓

とあって、「氏」についての、最古の史料が、「氏」をもっぱら「八十友緒」にかけていることが注目される。この部分の『書紀』の記事は、「高氏」「万姓」「諸氏姓人」などの語を用い、潤色が多く、信用できない。要するに、『古事記』では、「八十友緒」よりほかの「氏」は、まったく関心の対象とされていないのである。

しかるに、『新撰姓氏録』は、その序に、庚午年籍について、

　編造戸籍　人民氏骨　各得其宜

と記して、「氏」を「人民」のそれとしており、「氏姓」と「氏骨」はともに氏・カバネのことで、差違はないから、一方は、氏・カバネを「八十友緒」に、他方は「人民」にかけていることになる。これは大きな変化といわ

ねばならない。

庚午年籍の「人民」とは、後の史料によっても、たとえば、阿波三郡の「百姓」(33)や、紀伊の「忌部」(34)、播磨の「馬甘」(35)、物部族の「寺人」(36)、紀寺の「奴」(37)などの、文字どおり下層の農民までを含む語であり、このような下層の農民にいたるまでの氏・カバネを定めたのが庚午年籍であるといえるだろう。地域的にも、讃岐・伊予・尾張・播磨から、西海道諸国に及ぶ、ほとんど全国にわたっているのである。(38)

したがって、このような変化の背景には、大まかにいって、「氏」の組織が、「八十友緒」から「人民」へ拡大された事実が横たわっているとみるべきであり、その時期や、その問題点については後述するとして、「氏」が、その成立のはじめにあたって、おそらく「八十友緒」にかかわるものであったことが了解されるであろう。

「八十友緒」とはなにか。友とは伴(トモ)のことであり、緒は長(オサ)の借字であるといわれ、友緒とは官人の長、いわば伴造(トモノミヤツコ)の意味である。『延喜式』の大祓祝詞に、

比礼《ひれ》挂《かくる》伴男　手繦《たすき》挂《かくる》伴男　靫負《ゆぎおへる》伴男　劔佩《つるぎはける》伴男　伴男能八十伴男乎始氏官々爾仕奉留人等

という、伝統的な表現のパターンがあって、まず、ヒレは采女の肩巾ともいわれるが、ヒラミ(褶)、つまり裳の一種で、朝服をさし、天皇に近侍する文官をさすとの説もあり(39)、タスキは、一つには太玉命が、幣帛を捧持するにはタスキをかけ、忌部の弱肩にタスキとりかけともあるように(40)、神事に仕える忌部氏(または中臣氏)らをさし、もう一つには、皇御孫命の朝夕の御膳に奉仕する、タスキかける伴緒ともあって(41)、それは膳氏を称する。ユ

ギは、大伴武日連が靫負部を賜わり、(42)ユギかくる伴雄ひろき大伴ともあって、(43)大伴氏（または物部氏）らをさし、ツルギは、剣舎人の語もあるように、(44)近侍の武官をさすのである。

要するに、「八十友緒」とは、「官々に仕奉る」官人、つまり外廷の成立するまえの、大伴・物部・佐伯らの武官や、中臣・忌部・卜部・膳らの文官、いいかえれば、内廷のトモノミヤツコをさすことばであり、そこから、かれらに率いられて、宮廷に奉仕するトネリ・カシハデ・ユゲヒらの下級官人、つまりトモにまで拡大使用されるにいたったのである。

この点は、後に大伴家持が、「もののふの　八十伴雄も己が負へる　己が名負ひ　大王の　任のまくまく……仕へ奉らめ　いや遠永に」(45)とよみ、「君の御代御代……仕へ来る　祖の職を　言立て……祖の名断つな　大伴の　氏と名に負へる　健男の伴」(46)と歌ったことにも対応する。ここでは、祖先の氏の名と、その氏の名を負う武人の職務と、その職務を永劫に子孫に伝えようとする、氏集団の願望が述べられているのである。これは、「物部八十氏」の表現もおなじで、囚獄司物部は、「通取負名氏」であり、(47)忌部も、神祇官神部は忌部のみから取り、「倶定氏耳歟」とみえ、また「是名負色也」ともしている。(48)

要するに、「氏」には本質的に、このような「名に負へる氏」、つまり「負名氏」の性格がある。なぜならば、氏の名は、物部はモノノフ、すなわち武人であり、中臣はナカツオミ、すなわち神人の仲介者の意であり、忌部はイミクラのイミとおなじく、宗教上の禁忌をあつかうものであり、卜部はウラ、すなわち卜占によって神意を知るものの意であるから、氏の名を負うことは、氏の職を継承することにほかならなかった。

津田左右吉氏が[49]、「氏」を、「朝廷の官職地位が世襲であり」、「土地民衆が、臣連伴造によって分有される」体制であるとされたのは、まさにこのようなトモノミヤツコ制をさしたものにほかならぬ。

葛城・平群・巨勢などの、地名から氏の名を定めた「氏」の方が、一般的に、大伴・物部・忌部らの、職名を氏の名に負う「氏」よりは発生が古く、前者は臣姓の皇別氏族であるのに、後者は連姓の神別氏族であるにすぎないといわれる。しかし、すでに葛城氏について述べたように、前者の氏の名が自然発生的な地名でなく、正式の氏の名に定着し、朝廷において、「氏」として成立するのは、やはり五世紀後半のことであり、大伴・物部らの負名氏の観念が生まれてから後であるとおもわれるのは興味ぶかい。かれらもまた、この段階から、臣姓を負うとともに、大連にたいする大臣の職務を分掌することになるのである。延喜の『中臣本系帳』によると、中臣姓のはじめは、六世紀の欽明朝のことであるという。

さて、このトモノミヤツコ系の負名氏についで、推古紀に、

臣連伴造国造百八十部幷公民等本記

という記事があって、この「百八十部」は、表現上共通のパターンがあり、むしろ先のトモノミヤツコと区別される多数のトモ（下級官人）をさしている。つまり、大伴・物部・中臣・忌部らの連姓豪族のトモノミヤツコにたいして、群小の「氏」によるトモが存在するのであり、かれらは、臣連伴造＝豪族にたいする官司の職業部民

の指揮者＝在地の首長とみることもできる。[50] このようなトモは、第一に殿部（トノモリ）・水部（モヒトリ）・掃部（カニモリ）・蔵部（クラヒト）・史部（フヒト）・門部（カドモリ）らの内廷に奉仕するトモであり、第二に、鍛冶部（カヌチ）、馬飼部（ウマカヒ）・錦部（ニシコリ）・鞍部（クラツクリ）・金作部（カナツクリ）らの宮廷工房の生産に従うトモであることはまた後に述べる。

まず、第一のトモに任ぜられた秦氏＝クラヒト、漢氏＝フヒト、車持君・葛野県主＝トノモリ、掃部連＝カニモリ、大和宇陀県主・高市県主＝モヒトリ、建部君＝カドモリは、みな名負雑色人（モヒトリ）・名負酒部（サカヒト）・負名入色人（カドモリ）・負名入色者（トノモリ・カニモリ・モヒトリ）といわれ、大伴・物部と同様に、その氏の名を負い、「氏」に固有の職掌をながく継承した、いわば「負名氏」というべきものであった（秦氏については第三編で述べる）。

つぎに第二のトモはすべて帰化系氏族で、百済から渡来したといわれる忍海漢人・韓鍛冶部・手人・桉作・甲作・金作部・衣縫部・錦部らにあたり、かれら工人は、『坂上系図』の忍海・飽波・鞍作・金作・錦部などの村主姓をもつ帰化系の小豪族や、鍛冶造・馬飼造らの帰化系の首長を、それぞれの「氏」の長とし、かれらのうち身分の低いものは品部・雑戸＝べに任ぜられ、有力なものは伴部＝トモとなって朝廷に奉仕した[51]（八世紀の改賜姓にある桉作→栢原村主、河内手人刀子作→下村主、陵戸→村主などの例をみよ）。[52] 品部・雑戸の氏の名が、やはりかれらに固有のものであったことは、「馬飼雑戸人」の解放にあたって、「汝等今負姓人之所恥也」[53]とし、その負うところの氏の名を免じたことからもわかる。このように、第一のトモは畿内の小豪族であり、第二のトモは帰化工人であって、身分的に奴婢に近いものまでをふくむ。しかし、かれらも大部分、氏の名を負うていたことはまちがいなく、八世紀の史料では、これらのクラスのものを、「氏族」と称した例もある。「氏」が朝廷の中枢部に組織され、トモノミヤツコ―トモ―べの制度に応じて、次第に下層へも及んだことがわかるであろう。

さて、上記の「八十友緒」といわれたトモノミヤツコ……(1)、「百八十部」とよばれた第一と第二のトモ……(2)が、かれらの職務を分掌し、その氏の名を負い、「氏」として組織されるにいたった時期を考えてみよう。

(1)は、おそらく五世紀後半には組織されていたとおもわれる。物部氏がトモノミヤツコとして、ミヤケの経営にあたったのもこの時期であり、物部氏のもとに入った河内の依網連（依網屯倉）、狭山連（狭山屯倉）、大戸首（大戸屯倉）らの族長は、ミヤケの名を負うことによって「氏」となり、物部氏と同族系譜をむすぶにいたった。[54]少なくとも、大和から河内にかけてのミヤケの経営が、『姓氏録』にみえる摂津皇別の物部首・物部、河内皇別の物部（以上いずれも同祖）、河内神別の物部首・物部依羅連・物部飛鳥・物部、和泉神別の物部（以上いずれも同祖）などの、「部」姓をふくむ氏々を形成させたのであり、かれらが「物部八十氏」の主体を形成したのであろう。津田氏[55]が、八十氏を部民中の豪族と表現されたのは正しい。

(2)において、第一の成立した時期は、例えば蔵職をはじめてたて、クラヒトを定めて出納に従わせ（履中）、大蔵を設け（雄略）、フヒトをおいて文筆を司らせ（雄略）、車持君が天皇の乗輿を進めたので、クラモチの氏姓を賜わり（雄略）、掃除のことを監したので、カニモリの氏姓を賜わり（雄略）、武芸にすぐれたので、はじめてタケルベの氏姓を賜わり（雄略）、大伴大連がユゲヒをひきいてから、大伴と佐伯の宮内をまもる職がはじまった（雄略）など、多くは五世紀末の雄略天皇のころ成立したと述べられ、おなじく第二のものも、イマキノアヤとよばれる新しい帰化人を中心とし、それらは百済より渡来した手末才伎の陶部・鞍部・画部・錦部・訳語や、百済の漢手人部・衣縫部・宍人部、呉人の衣縫部・漢織・呉織、呉より奉った鳥を飼う鳥養部など、いずれも雄略朝に渡来したと語られている。雄略朝におけるこれらトモの成立は、ほぼ信用してよいとおもう。この辺の詳細は、第二編において述べたい。

要するに、(2)は五世紀後半、ことに五世紀末に集中して設けられたことになるであろう。(56)

ところで、わが部の制度は、百済の部司の制度が輸入されたものといわれるが、百済の部司の制度とは、官司の衆務を分掌する内・外官の各部局をさすのであって、上に述べた(1)(2)の官司の職務を分掌するトモノミヤツコ・トモ制とひとしい。つまり、(1)の「トモノミヤツコ」と、(2)の第一の「トモ」の制度を前提として、(2)の第二の「ベ」の制度が輸入され、ここにいわゆる部民制が生まれたと考えてよいであろう。これを逆にいえば、「部」というよび方は、あらたに帰化人によって組織された「ベ」にはじまり、これが「トモ」、さらには「トモノミヤツコ」に及ぶという逆の順序をとったもので、やがて、トモノミヤツコ・トモの支配するカキの民や、天皇・皇族の領有するコシロの民にまで及び、それぞれ、品部、名代入部という「部」に編成されたものとみられる。[57] コシロから名代への転換が、やはり雄略朝にあったことは偶然ではない[58]。(1)の「八十友緒」(トモ)から、(2)の「百八十部」(ベ)への発展、大伴(トモ)から物部(ベ)への変化は、この転換期の事情を伝えているかも知れない。

　それはともかく、百済の部司制の起源はあきらかでないが、五世紀後半にはむろん成立していたであろう。私は、「氏」の成立も、ほぼおなじころ、百済の「大姓八氏族」の影響をうけて、わが「八十友緒」が成立したものと臆測しているが、百済のばあいも、大姓八族は五世紀後半の支配貴族の交替によって登場したのであり、その反面、六世紀にいたっても、低位の身分のものは氏の名をもっていなかった[59]。

　さて、「八十友緒」＝負名氏にはじまる「氏」の成立が、五世紀後半であるとすれば、先に述べた葛城氏が、ツブラノオミ（履中〜雄略）までは、正式の氏・カバネをもっていなかったらしいこと、子代から名代への変化に象徴されるように、所有の民に天皇の名や豪族の氏の名を付して、これを「某部」と称することが、五世紀末よりはじまったらしいことと、よくその経過が一致するといわねばならない。

第三章　「氏」の諸形態

第一節　中央の「氏」

「氏」の組織が「八十友緒」より発し、朝廷を構成する上級貴族層＝臣連伴造の政治制度として、まず成立したものとすれば、その本質はきわめて特権的であり、八世紀にいたっても、氏上を政府によって公認される「氏」は、だいたい五位相当以上の官人を出す豪族であり、氏女を出す「氏」も、京畿内の忌寸以上の「氏」で、郡領などは除外されていたのも、そのためである。しかし、この点から、「氏」は畿内貴族の組織であると断定的に考えてはならない。「氏」はトモノミヤツコ・トモ制から成立したのであるから、それはこのような体制に参加し、そのなかで一定の政治的地位を占める豪族に認められる政治制度なのであり、それだけに、この体制が拡大し、トモノミヤツコ（八十友緒）から、さらにトモ（百八十部）が成立すれば、「氏」は畿内貴族から畿内小豪族へ、さらに帰化系の低位の技術民にまで拡大されるはずであり、この点についてはすでに述べた。同時に、トモノミヤツコ・トモ制に対応するのは、まさに「べ」の制度であり、朝廷の支配体制は、「べ」の制度を通路として拡大されるのであるから、部民制によって「氏」は地方にまで及ぶであろう。もちろん、他方に国県制があり、国造や県主のような地方豪族が、朝廷の支配機構に編入されてゆく過程に、「氏」の組織をもつことは、上の論理からしても、当然予想されることであるが、国造を地方の「トモノミヤツコ」に任じ、その他の多くの豪族は、そのまま「べ」に編入したことも多いのであるから、部民制と国県制は、かなりの程度、重なりあう存在であった。ともあれ、「氏」の組織は、国家支配の展開に即して考えねばならない。

以下に、部や国造の「氏」について考えるが、「氏」の形態は、大化前も大化後も、本質的には差はないとおもうので、しばらく両時代を区別せずに述べ、最後に、その間の発展をみることにしたい。

(一) 忌部氏

忌部氏については、はやく津田左右吉氏(60)が、部民制の構造をさぐる一つの典型としてとりあげられたのであるが、忌部は、中臣とならぶトモノミヤツコとして、大化前代から朝廷の祭祀を司る家筋であった。

八世紀の遺制からすれば、その職務は、幣帛をあつかうこと、神璽の鏡剣をささげもつこと、宮殿の建築や祭祀にあずかることの三つであり、このような職務に対応して、各国に忌部を設定した。阿波麻績郡の忌部は、木綿・麻布を出し、紀伊名草郡の忌部は材木を出し、ときに上番して、宮殿や社殿の造営に従うものがあり、讃岐にも忌部が設けられた(61)。これらの忌部には、私有民であるカキ(部曲・民部)と、朝廷に奉仕するべ(品部)の両者があるが、実は、宗家が「べ」の統率者である「トモノミヤツコ」として、カキの領有を公認されたのであり、カキが「べ」（忌部）と称されるようになったのも、宗家がトモノミヤツコの成立に対応するのであるから、「べ」の起源説話は、カキに先んじて品部にかけられる。(62)『書紀』や『古語拾遺』によると、すでに天孫降臨にあたって、忌部の祖神フトダマノミコトが神祭に奉仕するのに、紀伊・筑紫・伊勢・阿波の忌部の祖は、それぞれ、「作笠者」「作盾者」「作金者」「作木綿者」「作玉者」となって従ったといい、神武の橿原造宮にも、フトダマの孫アメノトミノミコトが宮殿をつくり、各国の忌部諸氏をひきいて、玉・木綿・麻などの神宝をつくったというのも、そのあらわれである。石母田正氏(63)が、部民は豪族の私民であるよりまえに、王民、つまり王権に隷属する身分として設定され、その前提のうえに、豪族による分割支配が可能となったと述べられたのも、この故であろう。

ともかく、忌部の領有組織はこのようにして諸国にひろがるのであるが、それが「トモノミヤツコ」の、いわば公権を背景として設定されたものである限り、「べ」との間に、血縁的な同族関係はありえようはずがない。阿波忌部の祖アメノヒワシ、讃岐忌部の祖タオキヒオヒ、紀伊忌部の祖ヒコサシリ、筑紫忌部の祖アメノマヒトツが、フトダマの部下とされ、その子孫とも同族ともされていないのは、地方忌部が、京の忌部の支配下にあった証拠である。しかし、少なくとも氏の名を共通にすることは、単なる支配・隷属の関係ではなくて、おなじ「氏」としての凝集力をもつことの表現であり、刑部靫部が主家の大伴金村を「我君」とよび、また地方豪族に隷属する民が、県主族・国造族のように、いわゆる族姓を称したのも、主家との間に、ミウチ的同族的意識があったからであろう。(64)

この族姓と部姓は、ともに領主との所属関係を示したもので、所属の別はあっても、本質的には同質同階級にちかいことは、第六編に述べるとおりである。忌部のばあい、カバネからみても、地方の忌部は、連―首―部の、中央の忌部は、宿禰―連―首の構造をもち、上下の支配関係をもちながら、中央と地方の忌部は、一貫し連続するカバネの構造をもっている。阿波忌部を例にとると、八世紀に、忌部連一一人に宿禰を、忌部一四人に連を賜わったことがあり、(65)地方忌部の中央への同質化を示すとともに、地方忌部の内部に、宿禰―連―部の身分差がありながら、その間に隔絶はなく、基本的に同族を構成したことを示している。『古語拾遺』は、諸国の忌部を、「斎部諸氏」としてとらえ、安房神社の神戸に、「斎部氏」のあることを述べている。

このために、地方忌部は、たえず中央忌部への擬制的同族化の指向をもったことは、先に述べた物部、つぎに述べる卜部をみればわかる。物部・卜部は、忌部と事情はおなじであるにかかわらず、各地の部が祖先を共通にする同族説話を生みはじめているのであり、現に祖先をおなじくする説話をもつことが、同氏であるための決定的な要素ではない。

(二) 卜部氏

卜部は中臣氏のうち、特殊な職業、つまり卜兆に従うものの称で、いつ中臣氏の支配下に入ったかはあとで述べるとして、まず卜部の構成をみよう。

対馬卜部は、上県・下県両郡にいたが、天安元年六月、上県郡擬主帳卜部川知麻呂・下県郡擬大領直浦主らが、党類三百許人をひきいて、守を殺したことがあり、(66)これは天安二年十二月にも、下県郡擬大領直氏成、上県郡少領直仁徳ら首従一七人にかかわる事件として記録されている。(67)この直は、『姓氏録』の津島直にあたり、顕宗三年紀に、壱岐県主の祖押見宿禰（伊岐宿禰）とならんで、神事に奉仕したという対馬下県直の系統につらなることはまちがいなく、対馬国造や郡大少領をふくむ土豪であり、これにたいし、卜部は、貞観十二年二月、新羅に鳥をもとめてとらえられた下県郡人卜部乙屎麻呂もあるように、(68)郡主帳より下の農民クラスにわたる氏姓とみられよう。しかし、直姓のものをふくめて、もとはすべて卜部といわれたのである。かれらは中央にも出仕した。延暦十年、卜部長上直宿禰宗守がみえ、(69)貞観九年、大皇太后宮宮主直千世麻呂・斎院宮主直伊勢雄らに宿禰姓を賜い、(70)天暦三年、神祇官卜部直宿禰全連の名がみえ、(71)このほかの例からしても卜部は、神祇官の卜長上・卜部・宮主に任ぜられ、直よりさらに直宿禰の姓を賜わった。これは、忌部が宿禰―連―首―部、物部が朝臣―連―首―部の構成をもったのとおなじで、対馬卜部は直宿禰―直―卜部の構成をもったといえよう。

壱岐卜部は、貞観五年、石田郡人宮主卜部是雄、神祇権少史卜部業孝らに、伊岐宿禰を賜い、(72)貞観十一年、宮主伊岐宿禰是雄がみえ、(73)貞観十四年、その卒去の条に、本姓卜部、伊岐に改姓され、同氏は神代より亀卜に奉仕し、子孫は祖業を伝習したとあり、[74]是雄は東宮宮主・宮主・丹波権掾などに任ぜられたらしい。この系統の卜部は、すでに養老五年、斎宮宮主伊吉卜部年麻呂がみえ、[75]さかのぼれば、欽明二十八年、風雨を卜ったという卜部伊吉若日子の名もある。[76]そして、顕宗三年紀に、対馬直とならんで、神事に奉仕したという壱岐県主祖押見宿禰につらなることはまちがいない。ところが、他方で、応神紀に壱岐直の祖真根子があり、宝亀三年、壱岐国壱岐郡人壱岐直玉主売がみえ、[77]『新撰亀相記』には、天長七年の編者の名として、散位壱岐直氏成、『姓氏録』にも壱岐直があって、卜部の構成はやはり、伊岐宿禰―直―卜部となるであろう。かれらもまた中央に出仕して、神祇官の史・卜部・宮主に任ぜられたのである。

伊豆卜部は、嘉祥三年、宮主占部雄貞・神祇権少祐占部業基の名があり、[78]斉衡三年、かれらに占部宿禰の姓を賜わり、[79]天安二年、雄貞の卒去の条には、兄弟ともに亀筴の術に長じ、東宮宮主・宮主となり、姓も卜部より占部宿禰となったとある。[80]業基の方は、天安二年、神祇権大祐として、宮主をかねたが、[81]伴信友がいうように、[82]かれは貞観八年、神祇権大祐として、参河権介となった卜部宿禰真雄や、[83]元慶五年、丹波介のとき卒去した卜部宿禰平麻呂とも同一人ではないかとおもわれ、[84]平麻呂の伝に、伊豆国人で、幼にして亀卜の道をならい、神祇官の卜部・大史・少祐・権大祐となり、宮主をかねたという経歴もよくあうのである。とすれば、先に雄貞の「兄弟」とあるのは、この平麻呂（業基・真雄）のことかとおもわれる。他方、『新撰亀相記』には、天長七年の編者として、宮主伊豆嶋直益長の名があるから、この伊豆卜部のばあいも、占部宿禰―直―卜部の構成をもつことになろう。そして、やはり中央に出仕し、神祇官の祐・史・卜部・宮主に任ぜられたのである。

さて以上のようにまとめてみると、卜部は、三国ともに、宿禰―直―部の共通した構造をもち、宿禰を頂点とするヒエラーキーが形成されていたが、もとはすべて卜部であり、これが、卜部→直→宿禰の順に改姓されたものであるらしい。卜部は部姓のものをふくめて、同一の「氏」を構成していたことはあきらかである。

『亀相記』は、椿実氏の説かれるように、[85]「卜部氏文」ともいうべく、斎部氏文である『古語拾遺』や、膳氏の『高橋氏文』にも比定されるが、編集されたのも、ほぼ両者と同時代の天長七年と記されている。文中に、本辞・旧辞の文字のあることは、はやくから武田祐吉氏によって紹介され、[86]『古事記』をうける点が多く、亀卜に関する部分は、卜部氏の家記によったものであろうが、これも平安時代はじめの、『古事記』の本辞・旧辞の一解釈を示すものと推定されたのである。

さて、本文によれば、四国卜部とは、伊豆・壱岐・対馬上県・対馬下県の四つをさし、

四国卜部在数氏焉　伊豆国卜部五人　一氏卜部幷伊豆国嶋　壱岐嶋卜部五人二氏卜部幷土也其卜部在二門家記具之　対馬嶋卜部十人三氏上県郡五人直幷卜部也下県郡五人直卜部夜良直也　惣廿人

とあるのは、卜部について上述したところとよくあうのであるが、卜部は伊豆一氏、壱岐二氏、対馬三氏の計六氏にたっするという。ただし、この数氏は、宿禰・直・部の分化によって生まれたのであるから、その基底は卜部にあり、これらをあわせて、「卜部氏」と称することは差支えない。また卜部に数氏ありという表現は、斎部

の諸氏や物部八十氏という表現とおなじであろう。

このばあい、壱岐卜部は、アメノコヤネノミコトの十二世孫中臣イカツ大臣を祖とし、対馬卜部も、おなじくイカツ大臣の後であるといい、また他方では、壱岐卜部の祖のオシミノミコトを、対馬卜部の祖にもあてて、これをアメノコヤネの十八世孫という系譜にあてはめ、イカツ大臣と関係づけてもいる(87)。伊豆卜部は不明であるが、このような同族関係が生まれたのは、上記のように、かれらが、事実上卜部という同氏を形成していたからであり、それには、各国卜部が上番して、神祇官の上位を占めた中臣・忌部のもとで、祐・史・卜長上・卜部などの下級の官職を共有したことがあずかって力があり、同氏の構成と同祖説話をもつにいたったのである。

ところで、このような卜部氏の起源はいつか。顕宗紀の壱岐の「押見宿禰」や、「対馬直」は、そのカバネの「宿禰」や「直」が、改姓の順序からしても、後世の反映とおもわれ、まだこの段階においては、正式の「氏」を形成していなかったのであろう。欽明紀の卜部伊吉若日子も、ワカヒコの名のとおり、伊吉を地名として冠したにすぎまい。しかし、大宝令には、あきらかに神祇官卜部二十人があり、津嶋上県・津嶋下県・伊岐・伊豆からえらばれ、京卜部とあるのも、もとはこの諸国からの上番者であるらしく、要するに、卜部氏が成立していたことは疑いない。おそらく、対馬・壱岐には、大陸の帰化人のもたらす亀卜を業とするものが、五世紀ぐらいからいて、トモノミヤツコ中臣氏の成立とともに、その支配下に入れられ、やがてその特殊な職掌の故に、その名を負うて卜部となり、中臣氏にひきいられて、祭祀に加わったものであろう。その時期は、早くとも欽明朝よりは後であろう。

いま、大宝二年の筑前国嶋郡戸籍をみると、多くの卜部があり、同時に中臣部もみえるが、和銅二年、同郡の少領に中臣部加比のあることは(88)、卜部・中臣部が混在しつつも、中臣部が上位にあったことを示すものではないか。そのころ、常陸国香島郡にも、卜部と中臣部が混在していたが(89)、ことに卜部は、「調布銘」に、鹿嶋郡高家郷の占部島麻呂、『万葉集』に、那賀郡防人占部広方、茨城郡防人占部小竜、『続紀』に、久慈郡人占部御蔭女の名もみえ、おそらくひろく常陸に分布し、鹿嶋神宮に奉仕していたのであろう(90)。ところが、中臣部は、『風土記』に、香島郡をたてたのは、中臣鎌子と中臣部兎子とあり、かなり有力な土豪をふくみ、また天平十八年、鹿嶋郡中臣部二〇烟と占部五烟をえらび、中臣鹿嶋連の姓を賜わったが(91)、のちこの中臣鹿嶋連の「氏人」から、鹿嶋神宮宮司を出したのにたいし(92)、卜部にとどまるものは、同社田所権祝か、物申権祝ていどのものにしか任ぜられなかったことなどからみて(93)、中臣部が優位にあったことは肯かれよう。おそらく中臣から卜部が独立したあとも、卜部の地位は低いものであった。しかし、『常陸風土記』は、鹿嶋神宮のまわりに、「卜氏」の居所があり、毎年四月の祭事には、「卜氏種属男女」(ウラベのウヂのヤカラ、ヲノコヲミナたち)が集合することを述べている。そこに、中臣部らの「中臣氏」とともに、「卜部氏」が形成されていたことはまちがいない。

㈢ 建部氏

これまで、トモノミヤツコの忌部氏、下級のトモノミヤツコの卜部氏について述べたので、つぎにトモの一例として建部氏をあげたい。

建部氏は、門部＝カドモリを構成した「負名氏」であるが、直木孝次郎(94)・上田正昭氏(95)らの研究によれば、この「氏」も、卜部とおなじく、もとは畿内の「氏」ではなかったらしい。宗家は、犬上建部君（近江犬上郡）(96)・建部君（伊賀阿保村）(97)で、伊賀建部の祖は、雄略朝に、武芸にすぐれていたので、健部君を賜わったといい、他のトモとおなじく、その成立を五世紀末にもとめている(98)。要するに、天皇に近侍して軍事をにない、その軍事の職にちなんで氏の名を賜い、一氏を形成したのである。しかし、おなじ建部君を称するものに、他に、近江国志賀団大毅建部公伊賀麻呂・筑前国掾建部君豊足・肥後国飽田郡大領建部公貞雄らがあり(99)、かれらも、それぞれ近江・筑前・肥後らの建部の統率者であるとともに、あるいはかつて中央に上番したことのある「氏」であるかも知れない。あたかも欽明朝に出雲から大舎人として上番した日置臣（倉舎人君）(100)や、豊後から靫部として出仕した日下部君(101)、また東国から膳部として進められた国造十二氏の子弟のごとくにである(102)。かれらは中央において、宮城門の守衛という共通の職務によって、同氏に編成され、あるいはそのトモの資養のために、在地に各々建部集団が設定されたと考えるのが自然であろう(103)。したがって、かれら建部各氏の間に、もと同族関係のないのは当然であり、このことは、伊賀の「阿保君」や、出雲の「神門臣」が建部に編成されたという事情によってもわかるであろう。

このばあいいえることは、『出雲風土記』に、神門臣が朝廷より建部に定められ、『常陸風土記』に、朝廷に野馬を献上した行方郡の土豪建部袁許呂命の名もあるように、在地の土豪をふくめて、建部に編成されたことであって、朝廷からみれば、在地の土豪も部の構成分子にほかならなかったことである。これは卜部もおなじである。したがって、建部集団の内部に、出雲の臣―首―部や、他地方の君―部などの氏姓の分化をみたのであり、その上層部の土豪が、中央の建部とおなじ君（公）を称したことからみれば、中央・地方の建部の差はあまりないのであるし、地方集団の内部でも、肥後飽田郡の建部君が「経師」となり[104]、出雲の建部臣のなかに「不能自存」が多く、大税の賑給をうけ[105]、備中の建部臣にも大税を負うて死亡するものがあるなど[106]、カバネだけからみれば、臣・君と部姓の間に、決定的なひらきがあったとはおもわれない。建部は、上下の階層差の少ない「氏」であるといえよう。

語部の構成もきわめて似ているが、これは省略する。

また、このような在地の「氏」の構造は、賀茂氏などの例からも暗示される。鴨脚家所蔵の『姓氏録』残簡の賀茂朝臣本系によれば、大和の賀茂氏は、オホクニヌシノミコトの後であるが、その子孫のミタテノスクネは伊予国鴨部首の祖となり、オシミカノスクネは大和・阿波・讃岐の賀茂宿禰・鴨部らの祖、オミカノスクネは遠江・土左の賀茂宿禰・鴨部らの祖であるという。ここにおいても、宿禰―首―部が上下の支配関係を内包しながら、同祖同族の関係を形成しているのである。

第二節　地方の「氏」

㈠　国造の氏

中央の「氏」につづいて、地方豪族の「氏」をみよう。国造の「氏」について、選叙令集解の古記は、郡司大少領の任用を、

先取国造　謂必可被給国造之人　所管国内不限本郡　非本郡任意補任　以外雖国造氏不合

とする。この「国造氏」については、大化前の国造（旧国造）であるか、律令制による一国一造（新国造）であるか、二説があってきまっていない。

おなじく、大宝二年四月の

詔定諸国国造之氏　其名具国造記[107]

とある「国造之氏」についても、郡司に任ずる必要から、旧国造の「氏」を公的に認定し、登録したものとする説と、新国造に任ぜられる資格のあるものを政府に登録したと考える説にわかれている。[108]

しかし今、問題としたいのは、新旧を問わず、大化前から「国造氏」の観念はあったとみてよいことである。『高橋氏文』に、景行天皇の代、東方諸国の国造十二氏の枕子を、カンハデとして朝廷に進めたとあるのも、起

源はともかく、大化前の実際の状態を示すものであろう。大宝の『国造記』(109)や、古記の「譜第者、天下人民本姓之札名也」(110)とある「譜第」の語が、このような地方豪族の「氏」についての系譜・本系帳のたぐいをさすことは、大化前の推古紀にみえる『国造等本記』にも通ずるものがあろう。

八世紀以後の本系帳についてふれる必要がある。『姓氏録』序によれば、宝字末年の『氏族志』(『大中臣氏系図』に宝字五年の『撰氏族志所本系帳』)は、庚午年籍によって、「人民」の氏姓が安定したにもかかわらず、勝宝末年(『続紀』宝字元年四月)、「諸蕃」に願うところの姓を与えたため、「氏姓」の混乱をおこしたので、その対策として撰進されたものであるが、私説では(111)、この帰化人賜姓は、高いカバネをもたず、氏をも有しない、いわば帰化人大衆とでもいうべき層をおもに対象としたものであるから、『氏族志』もまた、たてまえからいえば、このような下級の氏姓をふくむものでなければならぬ。さらに『姓氏録』序は、桓武の本系撰進を述べるが、これは『日本後紀』延暦十八年に、「天下臣民氏族已衆」ため、「籍帳」によっても、本枝を弁ぜられないので、天下に布告して、本系帳を進めしめるとあるもので、「凡庸之徒」は惣集して巻をなすように定められていた(112)。これも『氏族志』とほぼ同範囲の「氏」をふくみ、京畿内外をとわないことはあきらかである。しかし、この『氏族本系帳』の提出ははかどらなかったらしく、「京畿本系未進半」とあり、「京畿未進幷諸国且進等類」ともある。諸国の本系帳も集められたことは、これからもわかるし、また「京畿之氏」「諸国之氏」の語からも知られる(113)。

このような諸国本系帳の提出は、ひきつづき進められ、貞観五年には、近江国坂田郡穴太氏の「譜図」を、息長・坂田両氏と巻をおなじくして進め[114]（凡庸の徒は、惣集して巻をなすをみよ）、元慶五年、「五畿七道諸国」の神社の「祝部氏人」にも、本系帳を提出させた。[115] この諸国神社の祝部とは、寛平五年の官符によると、「京畿外国大小通計五百五十八社」にのぼる祝部の氏人をふくむことがあきらかである。[116] この点は、延暦二十四年や大同元年、「諸国定額諸寺」の「檀越」らが、かれらの「氏寺」を王臣に寄進することがみえ、[117] この定額寺も、たとえば、天長五年の官符にあるように、美濃国菩提寺・伊予国弥勒寺・肥後国浄水寺などをすべてふくむことはたしかであろう。[118]

ほぼ、地方の「氏」の範囲が知られるが、「氏族」が全国にわたり、とくに氏姓にかかわらなかったこと、もとより国造・郡領の家はふくまれることなどがわかる。

さて、大化前代の国造のクニのうち、大化に再編されて郡（または評）となったものの多いことは、磯貝正義氏の指摘されたとおりである。[119] たとえば『常陸風土記』に、信太郡は物部河内と物部会津が、筑波・茨城両郡をさいておき、行方郡も、茨城国造壬生連麻呂と那珂国造壬生直夫子が茨城の地をさいてたて、香島郡は中臣鎌子と中臣部兎子が、下総海上国造と那賀国造の部内をさいておき、多珂郡は、多珂国造石城直美夜部と石城評造部志許赤らが、多珂・石城両郡に分けたものという。

ここにみえる人々は、新設された郡の長に、それぞれ任ぜられたのであろう。そのうち、壬生連・壬生直・石城直は、大化前の旧国造の「氏」であるが、物部（二人）・中臣・中臣部・評造部らは、その名のとおり、無カバネか部姓のものであった。先にあげた郡領の「譜第」とは、このような部姓をふくむ立郡以来の譜第家のことでなければならない。つまり、郡領の任用資格は、旧国造家ばかりでなく、このような部姓の家がらにも、改新の結果保証されたとみてよい。事実、八世紀に、常陸信太郡擬主帳物部大川・筑波郡擬主帳中臣部広敷・那賀郡擬少領宇治部大成・同郡大領宇治部全成・多珂郡擬少領君子部臣足らがみえるの[120]は、まさに大化の物部・中臣部らの郡領の系譜に、ただちにつらなるのである。したがって、このような郡領の系譜、本系帳のたぐいも、式部省に提出され、登録されていたとみねばならぬ。かれらは「国造氏」とおなじく「氏」を称していたのである（常陸卜部すらが、『風土記』に「卜氏」と称されていたことをみよ）。

㈡　土豪の氏

たしかに、大化改新の革新性は、地方の統治組織に、部姓の郡司を加えたことにあるともいえよう。かつて、直木孝次郎氏[121]は、八世紀における「部姓郡司一覧表」を作成し、三七例をあげ、内訳を、東海一六、東山三、北陸四、山陽一、南海一、西海八とし、畿内と近国に少なく、東海・西海の辺境に多いことを指摘された。これは上記の観点から、まことに興味ある事実なのであるが、直木氏は、この現象を、辺境の部姓者のうちには、在地豪族として成長するものが多かったのに、畿内は部民の収奪がはげしく、階級的な成長が困難であったためと解された。しかし、上田正昭氏も述べられるように[122]、畿内の階級分化は辺境よりすすみ、部民集団も、部姓者とそれ以外に分化をとげていた。辺境こそ、共同体関係が温存され、部民の分化も少なかったであろう。「部姓郡司」の解釈はむしろ逆でなければならぬ。

部姓者は、朝廷にたいして、政治的隷属下におかれたものの称ではあるが、必ずしも階級的にすべてが低位にあったわけではない。とくに上記のような辺境では、大化前代に、トモノミヤツコ・トモ制にたいする「べ」という把握の仕方が、全体をおおうていたために、そこでは氏・カバネの分化は少なく、王名や豪族名を、まず部姓として負うたのは、族長や有力農民で、その配下の農民の戸は、おそらくまだ無姓のままのものが多かったであろう。それは、景行天皇の巡幸にさいして、無邪志・知々夫両国造が膳部となって調理し、(123)出雲の神門臣は朝廷に服属して建部に定められ、(124)諸国造に命じて藤原部を編成せしめたなどの記事に反映されるが、(125)実際に、刑部靫部阿利斯等は火葦北国造なのであり、(126)他田日奉(部)直神護の祖父から兄までも、他田日奉部であり、下総海上国造であった。(127)

すなわち、国造や郡領クラスの土豪でも、まだ氏姓的には「部」にすぎないものが多く、大化当時の常陸においても、部姓の郡領が多いのもそのためであろう。このような状態は、八世紀にいたるまで、むしろ維持されていたのであって、辺境に階級的変動がいちじるしかったわけではない。その点、大化改新は、やはり画期的な役割りをはたした。今まで大和朝廷の公権を分有していた旧国造(地方的トモノミヤツコ)のグループのほかに、支配体制の拡充によって、部姓にとどまっていた豪族を、この体制内に編入し、郡領に任じた。その結果、かれらも統治機構内に、一定の地位を与えられ、トモ化したことによって、氏・カバネを称する可能性はましたのであり、事実、そののち改賜姓は多くなっているが、それは階級的成長と直接のつながりはない。

一般的にいって、地方豪族に、氏・カバネが及んでいった時期を推定することはかなりむつかしい。『風土記』の人名を分析することは一方法であるが、五世紀において、まだ氏・カバネの形成が認められないのはたしかである。六世紀に入って、一、二の例をあげると、まず、『播磨風土記』にみえる、有名なオケ（仁賢）、コケ（顕宗）の亡命説話に、二皇子は美嚢郡志深村の首「伊等尾」の家に役せられたとあり、この「伊等尾」（イトミ）は、『古事記』には、播磨国の人民、名は「志自牟」（シジム）とみえ、『書紀』にのみ、縮見屯倉首「忍海部造細目」とある。この「細目」も、「シジム」または「イトミ」と訓まれたのであろう。とすれば、『書紀』にのみ、「忍海部造」を冠したことになり、先に葛城ソツビコ・ツブラノオミ・カラヒメについて、「記・紀」のちがいを指摘したのとおなじく、このばあいも、『古事記』の「シジム」または「イトミ」が正しく、『日本書紀』の「忍海部造」は追記されたものとみてよいであろう。しかも、『風土記』は、このとき中央から遣わされた官人については、播磨国宰山部連小楯・日下部連意美など、氏・カバネを明記し、『書紀』のそれと一致している。『風土記』はさらに、オケ・コケ二皇子の使として、山部小楯が、国造「許麻」の女「根日目命」を誂えたとあって、やはり国造とその女のみは、氏の名を記していない。国造とは、縮見屯倉首・村首とおなじ職名であろう。また『肥前風土記』は、宣化天皇の代（六世紀）のこととして、松浦郡篠原村の「弟日姫子」をあげるが、『万葉集』には、松浦の「佐用比売」の古伝となっていて、[128]それが『万葉集古義』のいうように、佐用比売を乙等比売と誤伝したものかどうかはわからぬが、いずれにしても、ヒメコ・ヒメで、氏の名でなく、松浦は単なる地名である。しかも、この時も、相手役の大伴狭手彦は、「氏」を明記しており、貞観三年、伴善男の奏言に、[129]狭手彦は大伴金村の第三男とある家記を了承すれば、すでに大伴連という氏・カバネをもっていたことは、ほぼ確実である。もちろんこれらは、その特定の個人が実在したかどうかよりも、そのような氏姓表記の慣習がすでに成立していたかどうかの問題である。『古事記』『風土記』によれば、この段階の土豪の氏姓表記の慣習は欠如していたものとみられよう。

もちろん『風土記』は、地方土豪の氏・カバネの記入を怠ったのではない。あきらかに「氏」の意識は存在した。たとえば、肥前三根郡で、景行天皇を「諸氏人」がこぞって迎え、伊勢の神麻績の「氏人」らが麻績郷に住み、常陸行方郡の「箭括氏」の麻多智が新田をひらき、鹿嶋郡では、「卜氏」の種属が男女集会するとあるのはそれで、これらは少なくも八世紀の実情を反映するものであろう。八世紀には、地方の「氏」は実在した。それが六世紀の豪族に記入できなかったのは、その豪族について、「氏」の所伝がなかったからであろう。

おなじように、六世紀の地方豪族をみてゆくと、(イ)近江国人狭々城山君の祖置目老媼＝阿甫弥能於岐毎（顕宗）、(ロ)火葦北国造の刑部靫部の阿利斯登（宣化〜敏達）、(ハ)和泉菱城邑の鹿父（仁賢）、(ニ)筑紫聞物部の大斧手（雄略）、(ホ)筑紫嶺県主の泥麻呂（雄略）、(ヘ)讃岐の田虫別（雄略）、(ト)伊勢の朝日郎（雄略）、(チ)河内国住道の人山寸の子麤寸（仁賢）、(リ)河内国の伊之沙古の妻汗麻尾古（斉明）、(ヌ)阿古志海部の河瀬麻呂（持統）、(ル)摂津国三嶋県主の飯粒（安閑）などの例は、[130]五世紀末より六世紀にかけてのものが多く、(イ)阿甫弥（近江）、(ニ)筑紫聞（豊前企救郡）、(ヘ)讃岐、(ト)伊勢、(ヌ)阿古志（紀伊国阿胡）などは「地名」であり、(ロ)刑部靫部、(ニ)物部、(ヌ)海部などは、地名のつぎにその負う「部」の名を冠したもので、まだ氏の名とはいえず、(ホ)筑紫嶺県主、(ル)摂津三嶋県主も、「県主」という職名を冠したもので、氏の名に定着していない。しかし、このような地名・部名・職名から転じて、氏姓化するのが常道であり、たとえば、讃岐国造の「紗抜大押直星」は、国造の業をつぎ、官によって氏の名を命ぜられ、「紗抜大押直」を賜わったが、庚午年籍のときに、「大押」を「凡直」と注したので、それから星直の子孫は、「讃岐直」か「凡直」を称するようになったという。[131]しかし、官によって「氏」を命ぜられたという「紗抜大押直」にしても、まだ氏の名としては未熟である。まして「讃岐国造」は職名であり、庚午年籍の「凡直」と「讃岐直」が正式の氏の名であろう。

(三)　新国造の氏

国造の「氏」や、地方豪族の「氏」について述べたので、最後に、八世紀の新国造の「氏」をみよう。

美作・備前両国国造に任ぜられた和気氏については、すでに、二、三の論文があるが、[132]幸い同氏の改賜姓の記事は豊富である。

第一表　和気氏の構成

	I 藤野郡人正六下広虫女・右兵衛少尉従六上清麻呂ら　三人	II 藤野郡大領子麻呂ら　一二人	III 藤野郡人近衛従八下薗守ら　九人	IV 藤野・邑久・御野郡人　四氏六四人	V 美作・備前両国　二氏すべて
宝字八以前	磐梨別公 藤野別真人	藤野別公	別公	別部 忍海部 財部 物部	家部 母等理部
神護元・三	吉備藤野別真人	吉備藤野別宿禰	吉備石成別宿禰		
景雲三・五	輔治能真人	輔治能宿禰	石成宿禰		
景雲三・六				石成別公	石野連
景雲三・九	(別　部)				
宝亀二・三	(和気公)				
宝亀二・九	(和気宿禰)				
宝亀五・九	和気朝臣				

この表によると、和気氏は五つのグループにわかれる。Iは宗家で、清麻呂は大学寮またはトネリより出身し、右兵衛少尉にすすみ、近衛少監・(因幡員外介・播磨員外介)・摂津大夫・民部大輔・摂津班田司長官・中宮大夫兼民部大輔・民部卿兼造宮大夫の順にすすみ、位階も正三位に達した。姉の広虫は、女嬬・典蔵・典侍となり、正四位となり、正三位を贈られた。姉弟ともに、孝謙・光仁・桓武に信頼され、その個人的関係を拠点として、

公卿の列にさえ加わった官人である。ただし、（　）内は、道鏡事件で配流されたころのもので、やや特殊な事例である。そして、他方では、ヌデシワケノミコトより出た皇別といわれる地方豪族として、高祖父佐波良より父乎麻呂にいたる四代の墳墓が本郷にあり、藤野郡（和気郡）を中心に、磐梨・赤坂などの備前諸郡、さらに美作にまで勢力をひろげ、美作・備前両国国造に任ぜられ、在地の農民層の意向を代弁して上奏し、みずからの墾田を農民に分けあたえるなど、きわめて在地性のつよい豪族でもあった。この中枢グループの官人としての勢力の急速な上昇によって、かれら自身が朝臣姓にまで達したばかりでなく、その周辺の同族的グループが、ⅡⅢⅣⅤにわたって改賜姓を蒙ったことは、土豪としての性格のつよさを示すものであり、在地の「氏」の基盤のひろさをあらわしている。

そのうちⅡは、Ⅰの宗家のもっとも近くに位置する同族で、在地の大領となって宗家を支え、Ⅲはさらにその下位にある同族で、近衛などの番上官として中央に出仕した。このⅠⅡⅢはあきらかに、氏姓のうえでも、「別公」「藤野別」「石成」などの共通部分があり、同時に改姓された点でも、同氏といってよい。これに比べると、Ⅳの部民は、別部はともかく、他は氏の名も関係なく、同氏とはいえないが、ⅠⅡⅢにもっとも近く位置する部民で、改姓されたのち、ともに「別公」となったのは、同氏に準ぜられたからであろう。それは、宗家の地位が向上すると、在地支配もひろげられ、氏の組織に編入されるものがふえ、または宗家に仮託するものがあり、これによって、かれらの地位も向上して、「氏」の下層部分を形成するにいたったものではないか。Ⅴはさらに外周の民であり、美作・備前にひろく分布した。私は、家部も母等理部も帰化系の部民であるとおもうが、改姓後も、石野連で、これのみは宗家と何の共通性もない氏の名である。しかし何らかの形で、宗家の支配下にあったことはたしからしく、清麻呂が備前国に私墾田一〇〇町を有し、これを賑給田にあて、郷民を恵んだとあるのも、このような部民との関係を示すのであろう。私墾田の開発・賃租や、賑給・私出挙などの対象となったものが、ⅣⅤのような農民であろう。もちろん、大化前代のような支配関係はあるはずもなく、和気氏が大化前代に部民を有していた確証もない。

要するに、八世紀の和気氏は、厳密にいえば、Ⅰのグループをさすのであろうが、ⅡⅢも同族としてよい。さらに最後に、「別公」を称した点をとらえれば、Ⅳも同氏の下層に加えてよいのではないか。ⅠⅡⅢとも、かつては「別公」を称していたからである。

そしてさらに重要なことは、Ⅴについて、

美作、備前両国家部、母等理部二氏人等　尽頭賜姓石野連[133]

とあり、この二つの最下位の部姓が、あきらかに「氏」と称せられていることである。これは看過できぬ点であるとおもう。

八世紀の改賜姓の記事をみると、(イ)摂津国住吉郡人依羅我孫（五人）→依羅宿禰、神奴・祝（五三人）→依羅物忌、(ロ)赤染造・赤染（二四人）→常世連、(ハ)高麗使主→多可連、狛→長背連、(ニ)讃岐国寒川郡人韓鉄師毗登・韓鉄師部（一二七人）→坂本臣、(ホ)阿波国麻殖郡人忌部連（一一人）→宿禰、忌部（一四人）→連、(ヘ)摂津国西成郡人秦・秦人（九人）→秦忌寸、(ト)右京人白鳥村主・白鳥椋人（一三人）→白原連、(チ)左京人河原毗登（一〇人）・河内国人河原蔵人（五人）→河原連のような例は[134]、氏・カバネのあるものと、無カバネ・部姓・人姓のものが同時に改姓されたことを示し、両者が同氏を形成することを示すが、このうち、(ニ)(チ)などにみえる「毗登」のカバネは下級のものであり、宝亀元年九月、かつて首・史のカバネを改めて「毗登」としたために、この両カバネの区別がつかなくなり、「氏族混雑」したので、もとの首・史にかえすとしたのは[135]、この「毗登」のカバネをもつ下級者も、「氏族」と称された証拠である。とくに、(ニ)の韓鍛師毗登と韓鉄師部のあわせて一二七人の人々も、このような「氏族」にふくまれたはずであり、このほかにも、大和国人高志毗登ら一七人は、陵戸の籍を免ぜられ、河内国錦部郡人錦部毗登二六人、右京と河内国古市郡人馬毗登らの例もある[136]。いずれも在地の小土豪であり、部姓や人姓の上位者であるが、その間のへだたりはほとんどなく、同氏を形成していたであろうし、先に述べた雑戸と村主姓の関係がまたこれと同じであった。膳臣金村が、信濃国人「錦部氏」の女をめとり生んだ子を、母姓により「錦部」と称さしめたのも、錦部が「氏」を称した一例である[137]。

第四章　「氏」の形成過程

——諸学説との相違点

いままで述べてきたことがらによって、「氏」にたいする視点はあるていどあきらかになったのであるが、最近発表された直木孝次郎[138]・関晃[139]両氏の説とのちがいをまとめてみる必要がある。

まず、両氏の説によれば、「氏」は古代の用例からおして、畿内を本拠とし、直接朝廷を構成する上級の豪族、いわゆる「畿内貴族」の組織であり、それ以外の下級の豪族や、地方の豪族は原則として、「氏」のなかに入らないし、まして、部民や公民は「氏」と無関係の存在であるということになる。ただ、直木説のばあい、「氏」の構造からみて、構造の複雑な畿内貴族よりも、単純な地方豪族の中にこそ、「氏」の基本的な特徴があらわれており、また部やこれに準ずる一般民衆にあっても、集団として存続する以上は、内部に階級的差異をふくむ小豪族であるばあいが多いので、いずれも「氏」の範囲に入れて検討したいとされる点は一つのちがいであり、この点をとらえれば、私説に近いといえる。しかし、もし「氏」が、古代社会において、「畿内貴族」にのみ用いられた概念であるならば、これを他に適用するのは、論理上の矛盾であり、「地方豪族」や、まして「部や一般民衆」の集団は、「氏」と関係のない、他の集団とせねばならぬはずである。ただこの形式上の矛盾は、もし「氏」が畿内貴族の組織として出発しながら、国家機構の拡大によって、他の豪族や一般民衆にまで及ぼされたと考えうるならば、すなわち私説が成立するならば解消する。

関説は、「氏」が八世紀に、「公民層」のものをふくむとは考えられないから、大化前代も、「部民」をふくめて、全体を「氏」とよんだことはありえないとされるから、「氏」を畿内貴族に限定する立場は一貫し、論理性は確保されている。ただ、このばあいも、カバネの与えられる「地方豪族」は、中央の「氏」に準ぜられるとされるのであるから、正式の「氏」（畿内貴族）と、それに準ぜられる「氏」（地方豪族）にわかれるようである。しかしもし、「氏」の基準がカバネにあるのならば、石母田正氏のいわれるように、[140]「公民はもちろん、雑色人（品部・雑戸）の身分さえ、カバネの秩序のなかに組織されていた」のが、古代国家の特徴であるから、公民や部も、「氏」に準ぜられることとなる。したがって、問題はもっぱら、このような氏・カバネが部民や公民に及ぼされた時期にしぼられることになろう。そして私説はこの論証方法をとるのである。総じて、「氏」と「氏・カバネ」の二つの面を統合的にあつかうことが必要であるとおもう。

さて、直木説と関説は、社会階級を「有姓階級」と「白丁階級」にわかち、部や白丁（または公民）はあたかも氏・カバネと関係のない身分であるごとくに解する旧説に近い点があるようにおもう。[141]私は、八世紀の「部」は、少なくともカバネの一種であるとする石母田説に賛成である。すでにそれが身分表示に転化しているからであり、『続日本紀』や戸籍のような公的編纂物・公文書においては、「部」字は省略されることがなく、反対に、『正倉院文書』や人名瓦などの私的な文書においては、大麻部を大麻、君子部を君子のごとく、「部」字を略するのが普通ですらあった[142]。いわばカバネの省略と共通したところがある。

私は白丁・有姓階級の区分はとらないし、「部民階級」の語にも反対する。かつて私説[143]では、族姓を氏・カバネのない、つまり無姓の農民を戸籍に登載するにあたって、その私付する豪族の名に「族」の字をつけて、氏を仮称させたものと考え、この無姓・族姓・部姓を、だいたい同質同階級のものであるとしたが、直木氏[144]は、無姓の農民は政府の統制下に入ることがおくれたもので、階級の如何を問わないから、「部姓階級」と同質とはいえないとされた。しかし、私説では、部姓を特定の階級としてとらえたことはない。部姓もまた政府の統制下に入ることのおくれた農民であり、大化前代に、氏の名として「部」を称するものはかなりいたとおもわれるが、庚午年籍による定姓化の過程に、部姓を与えられたものが多く、大宝二年の戸籍でも、まだ部姓を確定できないものもあった。したがって、このような部に編入されなかった無姓の農民が、在地の土豪の支配下にはまだかなりいて、かれらが庚午年籍による定姓化の過程に、族姓を与えられ、氏の名を仮称したものであり、この点から、無姓・族姓・部姓はだいたい同質同階級と考えたのである。直木氏は、無姓者から郡大領などを出している点を指摘されたが、かつて部姓の郡領の存在について力説されたのは直木氏である[145]から、この点でも、無姓と部姓を別クラスのものと考える要はないとおもう。しかし、関説も、部は下級官人的な中下流の豪族層を含まず、これ以下の農民の集団であって、トモとベは峻別さるべきであると主張されるから、この両氏の説は、ともにおなじ傾向をもつのである。

故に、両氏の説をあわせて、「部」の制度にたいする認識のちがいを、もう少しはっきりさせねばならぬ。

私説では、「部」の制度は、氏・カバネ（このばあいは部姓）と関係なく、朝廷の官司の部局の制度として出発した。そのころ、すでにわが官司の部局の制度としては、トモノミヤツコ・トモ制があったが、このトモ制には族長制が不可分に結びつき、むしろその方が優位にあったから、官司制としては、まだ未熟であった。「べ」の制度は、このような官司制を革新し、再編するものとして輸入されたが、族長制の否定によって、畿内の族長層は、王権にたいして、理念的にはいわば無差別・平等に奉仕と従属の関係を強いられる官人集団（八十友緒・百八十部）として確立されるにいたったから、畿内の中小豪族を任ずる官人より、下層は馬飼部・鳥飼部などの、面に黥される一種の賤民身分にいたるまで、ともに専制王権のもとで、「部」として把握されたのである。そこに「部」の意味があり、かれらが伴（トモ）ともよばれ、部（べ）と表記されたのも、まったくそのためである。だいいち、大伴（トモ）、物部（べ）、忌部（べ）などというトモノミヤツコ、卜部（べ）、語部（べ）、建部（べ）などというトモの氏の名をみよ。

ともあれ、「部」は、王権のもとでの、このような統治組織として成立した。それは王権に隷属する組織であったかも知れないが、特定の隷属民をさすことばではない。

しかし、貴族制・族長制のたてまえからいえば、この統治組織の内部には、すでに一定の分化があり、身分的差別があって、氏・カバネのうえでも、部名に連・宿禰を加えるトモノミヤツコ（大伴・忌部・物部など）、部名に造・村主を加えるトモ（掃部・鍛冶・錦部・馬飼など）、部名を付さない氏の名を称するトモ（秦・漢・葛野・高市など）が存在し、とくに、この「部」の制度が、王権を中心に、上層から下層へ、中央から地方へと拡大し、コシロ・カキなどの民をこの体制下に編成するにいたると、この分化はさらにすすみ、「部」の名が、もっとも隷属性のつよい部分のカバネに転化する可能性はあった。しかし部姓がはっきり普遍的な身分秩序の一部として、カバネ制の最下層を占めるにいたった時期は、おそらく庚午年籍であって、庚午年籍は、最下層の農民にまで、部・族・人姓の秩序をおし及ぼしたともいえるのである。これは石母田説もおなじであり、しかも石母田氏(146)は、さらに、庚午年籍においても、まだ令制のように、品部・雑戸と公民の区別は成立していないと考えられるのである。

このように、「部」の制度が、官司の「部局」制にはじまり、いわゆる部曲・品部による「部民」制を通じて、農民の「部姓」に定着するまでの経過を捨象して、「部」の問題を論ずることはできない。そこで、もう少し詳しくみてみよう。

大化前代の「部局」制においては、大臣・大連のもと、トモノミヤツコ・トモ・べによる官司の上下の支配体制が成立し、これを軸として、畿内ではカバネによる身分の分化がすすみ、貴族から工房奴隷にいたるまでの、多層な身分が形成された。しかし、カバネは王権によって、個々の「氏」に与えられたものであり、トモノミヤツコやトモは、職務の分掌の体制によって、王権にたいし、「氏」別の、いわばタテ割りの関係を形成していた。たとえば、大伴氏は大連として、国務を分掌し、靫負や門部の諸氏からなる親衛軍をひきいたのであるが、同時に門号氏族の一員として、トモノミヤツコの佐伯、トモの建部・伊福部・海犬養・若犬養らの諸氏と同列にもあり、いわば門号をおびる一二氏は、平等に併列的に宮門を守衛したのである。孝徳天皇の即位にさいして、大伴長徳連がみずから犬上建部君とならび、金の靫を負びて壇上にたったのはその遺制である。一説には、このころ大伴連の地位が下降し、トモと同列化したといわれるが、それは誤りである。大伴長徳は、大化五年、大紫位となり、右大臣に任ぜられていることを忘るべきではない。

これとおなじことは、忌部や物部についてもいえる。令制によれば、忌部は、神祇官の神部、物部は、囚獄司の物部にもそれぞれ任ぜられた。この地位は、百済手部・鍛冶部・馬飼部などのトモと同列の「伴部」にすぎない。しかし、それはトモノミヤツコとしての忌部氏や物部氏がおとろえ、トモ化したためではなく、それが大化前よりの負名氏としての固有の職務であるからであり、『古語拾遺』によれば、神部はもと中臣・忌部・猿女・鏡作・玉作・盾作・神服・倭文・麻績などの「諸氏」から構成されていたが、のち中臣・忌部らの二、三氏に減じたものといい、忌部のみならず、中臣氏にとっても、それが伝統的な職掌であったことを示している。しかるに、負名氏としての忌部は、同時に神祇少副・大祐に、中臣は神祇伯・神祇大副・神祇少副に任ぜられ、物部

（石上）は衛門督・中衛中将・節度使・将軍などの武官に任ぜられたのである。このように、官制上の「氏」の地位は、簡単に上下の関係で律することはできない。そしてこのような天皇にたいする併列的なタテ割りの結びつきが、各氏の無差別・平等な王権への従属関係を生んだのであり、トモノミヤツコ・トモ・べが総体として「部」として把握される原因ともなったのであろう。「氏」の内部にも身分差はあり、カバネの重層的な序列がこれをあらわすが、官司制につらなる氏人の範囲でいえば、その差は決定的なものではなかった。下級の「トモ」は「べ」から採用されることがあり、阿部武彦氏(147)は、「品部・雑戸に規定されたような部（べ）が、自らの中より伴部（トモ）を出す組織は、六世紀後半にはできていた」とされる。だから、雑戸に村主姓を賜わったことも多いのである。(148)

しかし、いわゆる「部民」制においては、トモノミヤツコは「べ」の領有・管理の体制を実現しており、その間に身分の隔絶のあったことが予想される。ただ、私説が部民を「氏」の組織の固有の一部と考えたのは、「氏」の成立を、トモノミヤツコ・トモ制にもとめるからであり、トモノミヤツコ・トモ制は、その支配する「べ」を前提としないでは成立しない。つまり、「氏」とは、津田氏のいう「朝廷の官職の世襲」と、それに対応する「土地民衆の支配」の体制なのであって、この点から、私説は「氏」を政治組織と考え、「氏」と「部」は分離できないことを述べたのである。これは「部」を「氏」のなかに含めるかどうかという問題とはちがう。しかし、私説はいま、さらに部姓は中央・地方の「氏」の下層部分を形成したことを論証しようとした。そこで「部」が主家の領有に帰し、その氏の名を称するにいたる過程を考察する要がある。すでに述べたように、天皇・貴族が在地の族長を介して共同体を支配するコシロ・カキの段階では、共同体の構成員は直接把握されず、「氏」の制度がかれらに浸透するはずはないし、名代のごとく、かれらに主家の名を付してよぶ習慣も当然なかったわけである。

しかし、五世紀末以後の名代・品部制においては、族長の共同体を分割し、その内部の戸を単位とする支配体制を実現し、族長権を王権に吸収してゆくのであって、いわゆる「部民」制の特徴はここにある。あらたに設けられた屯倉の田部、名代（舎人部・膳部）、官司への上番をともなう品部（忌部・卜部・建部、帰化系の才伎）などはそれで、部分的には戸の籍や名帳も作成されていたと推定される。ともかく、戸別の支配は、主家やトモノミヤツコの部名を、その戸に付することを可能にする。もともと「氏」は、戸（家）の集合体であり、氏姓は基本的には「戸」を単位とし、「戸籍」はこの後も氏姓の原簿であった。もちろん、当時、名代や品部のすべての階層に部名が及んだかどうかは疑問もあり、部民化がまず在地の有力農民を把握することからはじめられたであろうことは、十分想像されよう。すでに、本論において、品部・名代の三、四例を検討したのであるが、対馬の「卜部」は上県・下県両郡の郡司・国造クラスをふくみ、壱岐・伊豆の「卜部」も、壱岐県主ともよばれ、あるいはのちに直・宿禰を賜わるクラスであり、常陸の「中臣部」は郡領・鹿嶋神宮司、「物部」と「君子部」は郡領、筑紫の「靫部」は火葦北国造、下総の「他田部」は海上国造であった。また、『姓氏録』の摂津・河内の物部首と物部、阿波・讃岐・遠江　土左の賀茂宿禰と鴨部、このほか阿波の忌部連と忌部の関係も、これらの部が首・

宿禰・連の同族とされるかぎり、あるいは在地の有力農民をさすのではないかとおもわれ、津田氏のいわゆる「部民中の豪族」ということばがおもいあわされる。(149)たしかに、阿波忌部のうち、忌部連一一人とともに改姓された忌部一四人は、忌部の一部にすぎないことはあきらかであろう。しかしまた、右の例はほとんど九世紀より後のものであるから、すでに部姓は戸籍制によって下層の農民にまで与えられていたはずであり、形式的にみれば、「某部」はかれらをも含む下層の身分概念である。カバネからいえば、部姓のなかでの身分差は認められない。そして、このように部姓が下層農民にまで浸透する時期は、この種の部にあっては、大化前代であるらしい。大化元年に、皇族の「名代」や豪族の「品部」をわかってその名を付し、交えて国県におらしめ、ついに父子をして姓をかえ、兄弟宗を異にし、一つ家五つに分れ六つに割くという状態がみえ、共同体の分割支配の徹底によって、領主の名は、すでに名代・品部の構成員に個別に付されていたと想像されるからである。これを逆にみれば、このような先進的な部にあっても、地方ではカバネの分化は少なく、まだ豪族と農民がともに部姓を称し、一様に「部」として把握されていたことになろう。またこの状態が、大化以後の改賜姓を生みだしたのであって、いわば豪族にとっては、部→首(毗登)→連→宿禰のような、連続する改姓のコースが十分可能なのであった。部姓が「氏」を形成しうる条件はまずここにある。

しかし、古いコシロやカキの民で、部民制に編入されたものの事情は、おのずから異なるであろう。八世紀の戸籍をみれば、孔王部や藤原部・刑部・日下部などは、一郷単位ぐらいの部姓を形成し、一つ家五つに分かれ六つに割くというような状態からほど遠いことが知られる。もし、コシロやカキが、共同体を単位とし、族長（国造）を含めて集団として部民化されたとすれば、このような形の生まれるのは当然であって、おそらくかれらは部民化されてからも、所属の変更（大化二年の皇太子奏をみよ）はあったとしても、分割支配の対象とはならなかったであろう。したがって、族長が、「王名を借りて伴造とされる」ことはあっても、共同体の成員が個々に「王名」を称することはなかったものとおもわれる。これを在地に即していえば、一郷すべてが、おなじ部姓を称することは、氏姓としての意味はないのであり、なかんづく、下総国葛飾郡大嶋郷においては、「氏」ばかりでなく、その「名」まで一致するものが多く、たとえば、孔王部小刀自売は一二人、孔王部古麻呂は二〇人、孔王部麻呂は一二人、孔王部宮売は一三人を数え、その他にも同氏同名者が多い。このようなばあい、氏名によって個個人を識別することはできず、在地では別の方法によっていたものとおもわれる。(150) 氏姓はおそらく戸籍という公文書の所産である。私はそれを、庚午年籍による定姓によって生じたものとみるのであるが、この点では石母田説とひとしい。

要するに、孔王部・藤原部・刑部・日下部などは、大化前代においては、「氏」の形成と無関係の存在であったろう。しかしこのばあいも、国造やその一族は、部姓を称するか、某部直をもち、「氏」の組織の一部をなしたものとおもわれる。

最後に、部民がどの程度、古代社会をおおう存在であったかという問題がのこるが、少なくとも当時、「無姓」

や「族姓」の農民がいたことはたしかなのだから、大化前代には、地方豪族の支配下に、「部」とは無関係の農民がいたわけであり、かれらも主として、庚午年籍によって、氏姓をあたえられたものであろう。したがって、かれらも「氏」の形成には無縁の存在であったとおもう。「無姓」「族姓」の農民については、第六編に詳述する。

註

（1） 学界における氏族理論の発展を論じたものに、井上光貞「氏族制に関する二つの理論」「大化改新研究史論」（『日本古代史の諸問題』昭和二十四年）、直木孝次郎「古代氏族研究の動向」（『日本古代の氏族と天皇』昭和三十九年）がある。

（2） 津田左右吉『日本上代史研究』昭和五年 五九〇〜九一ページ。この著は、現在においても、「氏」研究の基本的な文献である。

（3） 川上多助『日本古代社会史の研究』昭和二十三年 三〜一〇ページ。この著は、今もなお参考にすべき名著であり、とくに「公民」について多くの創見が認められるが、「氏」については、なお古典的な見解を守っておられるようにみえる。

（4） 註（2）におなじ

（5） 武田祐吉『古事記説話群の研究』昭和二十九年 一八五〜六ページ

（6） 阿部武彦『氏姓』昭和三十五年 二六ページ

（7） 関晃「古代日本の身分と階級」（『古代史講座』七 昭和三十八年）

（8） 直木孝次郎「古代日本の氏」（『古代史講座』六 昭和三十七年）

（9） 続日本紀 神亀元年二月四日条

（10） 同 右 延暦十年十二月十日条

（11） 石母田正「古代家族の形成過程」（社会経済史学一二―六）「奈良時代農民の婚姻形態に関する一考察」（歴史学研

究九—九・一〇)、「古代村落の二つの問題」(歴史学研究一一—八・九)

(12) 藤間生大「郷戸について」(社会経済史学一二—六)、『日本古代国家』昭和二十一年

(13) 門脇禎二『日本古代共同体の研究』昭和三十五年

(14) 岡本堅次「古代籍帳の郷戸と房戸について」(山形大学紀要人文科学一—二)を手はじめに、岸俊男「古代後期の社会機構」(『新日本史講座』昭和二十七年)、「古代村落と郷里制」(『古代社会と宗教』昭和二十六年)をへて、平田耿二「庚寅の編籍について」(史学雑誌七一—七)、「古代籍帳の溯源的分析」(歴史学研究二六三)にいたる各種の論文がある。

(15) 歴史学者による戸籍の「実態説」「擬制説」とは系統がちがうが、社会学からする有賀喜左衛門氏の家族論も、以上の観点からすれば、実態説にちかいといえよう。有賀氏の「上代の家と村落」(東亜社会研究一 昭和十九年)というかつての著名な論文については、すでに井上光貞「前掲論文」のほか、阿部武彦「古代族長継承の問題について」(北大史学二)にも紹介があるが、同氏はふたたび、『日本の家族』昭和四十年を出版されたので、今、いくらかそれにふれておく必要がある。

有賀氏によれば、古代の族団は、実態説のいう「世帯共同体」や「親族共同体」の概念でとらえることはできず、「家」の集合体、つまり「同族共同体」としてとらえらるべきである。古代の「家」は個々には自立できず、その集合体たる同族共同体を形成して、国家の収奪に対抗するほかなく、これが籍帳における「郷戸」であり、政府もこの郷戸を単位に支配せざるをえなかった。このような同族団は、さらに有力な郷戸を中心に、同族系譜を拡大して、主従関係を根幹とする政治集団を形成した。これが「氏」であり、その支配する下層の部民にいたるまで、同族系譜に包含されるにいたったとされるのである。このように、家族→同族団→氏という拡大の原理は、同族的系譜関係にあるが、その内部においては、主従関係に基づく政治的支配が行われたとする二点に特徴があるといえよう。

しかし、このような家の集合体としての同族団は、中世の武士団にも、近世の大家族にも妥当するのであるから、いわば非歴史的な社会学的概念であり、はたして郷戸をこの概念で説明しきれるかには問題がのこると思われるし、何よりも、「氏」を郷戸の拡大としての社会的組織としてとらえる点に、「氏」にたいする視角の相違があるのである。本論

は、古代の「氏」を、国家組織の一部とみて、特定の豪族が私地・私民を支配する一つの体制であり、その意味での政治集団と考える。したがって、他方には、「氏」を形成しえない戸があり、無姓の農民がなお存在したことに注目するのである。

阿部武彦『氏姓』二八ページには、「朝廷では一定の政治的地位を所有していた氏々には、いわゆるカバネを与え、政治組織を次第に確立していった……この政治組織を氏姓制度とよんでいるのである」とされ、また、一〇二ページには、氏は「自然発生的な氏族でなく、政治的に組織されたものであった。古代朝廷は、この氏を通して、国家を支配していた」と述べられる。私見にはなはだ近いとおもう。

(16) 石母田正「古代家族の形成過程」(社会経済史学一二—六)

(17) 石母田正『中世的世界の形成』昭和二十一年　一二三ページ

(18) 直木孝次郎「日本古代における族について」(ヒストリア五)「再び日本古代の族について」(日本歴史一一九)。この二篇はともに『日本古代国家の構造』昭和三十三年　に収められた。

(19) 井上光貞「族の性質とその起源」(日本歴史一〇〇)

(20) 平野邦雄「古代氏姓・人名に現われた階級関係」(坂本太郎博士還暦記念『日本古代史論集』上　昭和三十七年)。本書では、第六編において詳述。

(21) 津田左右吉前掲書、一六二〜四ページ

(22) 井上光貞「帝紀からみた葛城氏」(『古事記大成』四　昭和三十一年)

(23) 三国史記一　新羅本紀三　実聖尼師今訥祇麻立干条

(24) 三国遺事一　奈勿王　金堤上条

(25) 東国通鑑四　新羅奈勿王四十七年三月条

(26) 三品彰英『日本書紀朝鮮関係記事考証』上　昭和三十七年　一九九〜二〇五ページ。平野邦雄「秦氏の研究」(史学雑誌七〇—三・四)を参照

(27)　竹内・山田・平野『日本古代人名辞典』昭和三十三〜三十六年の各人名参照

(28)　註(22)におなじ

(29)(30)　註(21)におなじ

(31)　時期の多少の前後はあるが、上田正昭「大和国家の構造」(岩波講座『日本歴史』古代二昭和三十七年)もほぼおなじ観点を打出し、阿部武彦『氏姓』二三〜四ページには、氏姓をもって人名を記述するようになるのは、継体・欽明朝ではないかと推定されている。

ここで一つ、重要な問題となるのは、「隅田八幡宮人物画像鏡」の銘文にある「開中費」で、これをもし「河内直」の同姓異字とするならば、癸未年＝四四三か五〇三年に氏・カバネが実在することになる。本論は五〇三年説をとるが、それは本文で述べた百済本記の「加不至費」が、書紀の「河内直」と一致し、五四一年の記事だからである。おなじ表記法の費＝直、しかも河内直が、一〇〇年以上も前に実在したとは到底考えにくいし、むしろこの点をとらえて、画像鏡の癸未年を、五〇三年と決定できるとすら考えている。

さて、癸未については、周知のように、三八三年説(高橋健自氏・西田長男氏)、四四三年説(水野祐氏・神田秀夫氏・小林行雄氏)、五〇三年説(福山敏男氏・藪田嘉一郎氏・乙益重隆氏)、六二三年説(山田孝雄氏・宮田俊彦氏)などがあるが、とくに最近の小林行雄『古鏡』昭和四十年一〇三〜一一三ページに新しい知見がみえる。小林氏によると、この画像鏡は、(1)大阪府南河内郡美陵町沢田の「長持山古墳」、(2)大阪府八尾市郡川の「西車塚古墳」、(3)東京都北多摩郡狛江町和泉の「亀塚古墳」、(4)京都府綴喜郡三山木町の「トツカ古墳」より出土した中国製の同范画像鏡を手本としたものという。しかるに、(1)は允恭天皇陵の陪塚で、允恭陵を五世紀半ばのものとすれば、六世紀までは下るまいし、(2)は五世紀古墳の代表的な出土品である眉庇付冑を出しており、(3)(4)から出土する馬具も、(1)よりは新しいが、同系のものので、やはり六世紀までは下らないであろう。したがって、(1)〜(4)の古墳は、五〇三年より下るとみるよりは、五〇〇年前後のものとした方がよく、その中に入れられた中国製の同范鏡は、五世紀に輸入されたものとみられ、隅田八幡の画像鏡が、これらの同范鏡を模作したものなら、五〇三年とするよりは、輸入後ただちに模作したとする方がよいから、四四三年の製作とする方が自然であるとされるのである。

十分傾聴すべき見解ではあるが、小林氏も確言をさけておられるように、これだけの資料からすれば、かえって四四三年の製作は時間的なゆとりがなく、むしろ五〇三年とした方が無理がないようにおもわれる。とくに、日本内での仿製ときめるのもいかがであろうか。

というのは、おなじ考古学のがわから異見が出されているからである。乙益重隆「隅田八幡神社画像鏡銘文の一解釈」（考古学研究四四―一二）は、銘文中の「斯麻念《ジ》二長寿《ヲ》一」は、「斯麻念《ジ》二長《ク》奉《フルコトヲ》一」としかよめないとされ、この「長奉」の用例は、欽明紀五年三月に、「遂使海西諸国官家、不得長奉天皇之闕」とあるのとおなじ成語であり、「念」も記念する意に近い。よって、斯麻つまり百済の武寧王が、五〇一年に即位した直後に、長くわが天皇に仕えることを記念して献上したのであるとされる。斯麻を島にあて、武烈紀四年条の百済新撰にみえる斯麻王＝島王＝武寧王に擬したのは思いきった意見であるが、成立の可能性はある。三国史記も「斯摩」と記している。

この前後、日本と百済の関係について、書紀は多くの伝承をのせている。雄略紀に引く日本旧記には、天皇が百済の文周王（二〇代）に久麻那利（熊津）の地をあたえて再興せしめたとし、上記の百済新撰、その他には、文周王の弟昆支王とともに質として日本に送られてきた第二子末多王を、筑紫軍五〇〇をして本国に衛送せしめ、東城王（二二代）とし、また昆支王の婦が筑紫で生んだという島君も、本国に送られて、武寧王（二三代）となったと伝えるなど、国際関係に複雑な権力関係の伏在したことを思わせる。斯麻王＝武寧王の即位の年代からも、わが朝廷との特異な権力関係からしても、乙益氏の説はきわめて興味ある推定といわねばならぬ。もちろん同氏のいわれるように、「開中費」が、欽明紀十三年五月の百済からの使人「河内部阿斯比多」にあたり、「今州利」が継体紀七年六月の百済の斯麻王の使者「州利即爾（州利即次）将軍」に比定できるかはさておき、この二人の人名表記法が、百済の臣であるか日系百済人である可能性は依然としてつよい。「河内直」が安羅日本府の官人で、「加不至費」とも表記され、「河内部」も百済の臣であったことを参照すべきであり、年代的にも「開中費」と近いと考えねばならぬ。四四三年に、日系百済人あるいは帰化人が、開中費＝河内直のごとき氏姓を称するとは考えられないとおもう。

(32) 天皇の名や宮号を付してよんだ御名代=部の成立については、平野邦雄「子代と名代について」(九州工大研究報告人文社会科学一四)。本書では、第五編において詳述する。
(33) 続日本紀　神護景雲元年三月十六日条
(34) 同　右　宝亀十年六月十三日条
(35) 同　右　天平神護元年五月二十日条
(36) 同　右　和銅七年六月十四日条
(37) 同　右　天平宝字八年七月十二日条
(38) 井上光貞「庚午年籍と対氏族策」(『日本古代史の諸問題』昭和二十四年)
(39) 松岡静雄『日本古語大辞典』昭和十二年　一〇八八〜九ページ
(40) 日本書紀　神代下　天孫降臨条一書
(41) 延喜式　神祇八　大殿祭
(42) 日本書紀　景行四十年十月七日条
(43) 万葉集七　雑歌
(44) 北山抄九　羽林要抄　二孟旬
(45) 万葉集十八
(46) 万葉集二十
(47) 延喜式　式部上
(48) 令集解　神祇官神部条　讃云
(49) 津田左右吉前掲書、五九〇ページ
(50) 坂本太郎『大化改新の研究』昭和十三年　二一三ページにおいて、すでにこの見解が述べられ、直木孝次郎「政治史上の推古朝」「人姓の研究」「複姓の研究」(『日本古代国家の構造』昭和三十三年)、高橋富雄「部民制の基本概念」(東北大

教養部文科紀要一）も、ほぼこれを継承している。ただし、高橋氏が、臣連伴造は氏姓集団であるが、百八十部はかれらを除いた宮廷・国家への全勤仕者で、部民＝品部を含むとされたのは問題である。「部」が発生史的に「トモ」と「ベ」を含み、高橋氏のいわれる全伴男＝部集団をあらわすことばであることは、本論の論旨でもあり、正しいとおもうが、すでにこの段階においては、「百八十部」は品部＝「ベ」より一定の分化をとげており、官人＝「トモ」をさすことばで、「モモヤソノトモ」と訓まれていた。したがって、かれらは宮廷への上番者＝「トモ」で、貢納する農民＝「ベ」ではないであろう。

(51) 平野邦雄「大化前代の社会構造」（岩波講座『日本歴史』古代二 昭和三十七年）において概説した。本書では、第二編において詳述。なお、阿部武彦「伴造伴部考」（坂本太郎博士還暦記念『日本古代史論集』上 昭和三十七年）にもみえる。

(52) 註（27）におなじ

(53) 続日本紀　天平十六年二月十二日条

(54) 井上辰雄「ミヤケ制の政治史的意義序説」（歴史学研究一六八）

(55) 津田左右吉前掲書、四八九ページ

(56) 「負名氏」の成立は、このように特定の時期に集中したとみなければならぬ。阿部武彦「古事記の氏族系譜」（『古事記大成』四 昭和三十一年）、また前掲書などに、氏姓制度は、名を負うこと、すなわち始祖の仕えた職業を氏の名とし、始祖が仕えたごとく、永遠に奉仕するところに本質があるとされたのは正しいとおもう。ともに阿部氏は、このような氏姓制度は、古代国家成立当初より存在した制度であるよりは、六世紀に一般化した制度であるとする見方に傾いておられるのは興味ぶかい。高橋富雄「平安時代の毛野氏」（古代学九—一・二）に、「負名氏というのは、令制外的に、令制の下でも、古い氏姓制度時代の服従を半ば観念的、半ば現実的な擬制として伝える氏族のことである」と、やや難解な解釈が示されるが、高橋氏はその例として、平安時代末の近衛府において、将監・将曹・府生・舎人などの下級武官に、下毛野氏と秦氏が世襲的に任ぜられたことをあげ、負名氏と規定しておられる。しかし、「弓馬の家」「武芸優長の家」であっても、このような後次的な氏の職掌を負名とした例はないとおもう。下毛野氏、秦氏を負名氏とよんだこ

ともきかない。延喜式では、近衛府近衛は、「便習弓馬者」のうち「入色卅人已上、白丁十人已下」をあてるとあって、「負名入色人」とはなく、これにたいし衛門府門部は、「負名入色人補之、若不足者三分一通取他氏」とあって、あきらかに「負名」をあげている。近衛は兵衛府兵衛と規定上おなじく、兵部式によると、この「入色」とは、「省丼式部位子、留省勲位」をさしており、負名との関係はない。近衛府生もおなじである。むしろ、門部が負名氏を任じたのと対照的ですらあるといえよう。負名氏とは、五世紀後半から六世紀にかけて、職掌の成立したものをさしている。

(57)　津田左右吉前掲書、五〇五〜八ページに、部＝「べ」という漢語は、そのはじめは口語の伴＝「トモ」に相当するものとして用いられ、百済の官司の部制をわが国にとり入れたとき、朝廷の記録を司っていた百済の帰化人が、その本国の習慣を適用したのであろうとされ、そのため、部の称呼は、あらたに帰化人によって組織された「トモ」にはじまり、それから古来存在していた「トモ」に及ぼされ、その後あらたに設けられるトモも、はじめから某部とよばれるようになったと推定された。直木孝次郎「部民制の一考察」(『日本古代国家の構造』前掲)も、「おそらく朝廷に仕える帰化人の下において、進歩した形の部があらわれ、それが皇室直属部民に発展し、ついで中央の豪族、地方の豪族へと波及して、豪族所属部民が成立したのではないかと考える」とされ、林屋辰三郎「部民制の成立」(西田先生頌寿記念『日本古代史論叢』昭和三十五年)も、百済より部＝「べ」の組織が輸入され、たちまち伴＝トモとの習合が行われたとされている。

(58)　本書第五編を参照

(59)　百済の部制および氏姓制については、第二編および第六編参照。阿部武彦前掲書、二三〜四ページにも、日本の氏名称呼の変化は、継体・欽明朝より百済の影響がつよまったため、百済の人名称呼が影響して、氏姓をもって人名を記述するようになったのではないかと推定された。

(60)　津田左右吉前掲書、三三二ページ以下、および第三編、「古語拾遺の研究」

(61)　上田正昭「部民制の構造」(日本史研究五三)に詳しい。とくに上番・貢納の単純な類別が不可能であると述べた点に新味がある。

(62) 平野邦雄「大化前代の社会構造」(前掲)において、この点にふれたことがある。

(63) 石母田正「古代の身分秩序」(『古代史講座』七 昭和三十八年)

(64) 井上光貞『大化改新』昭和二十九年 四四ページに、有賀喜左衛門氏が、主家と部の間に、同族的系譜関係が形成されていたと述べられたこと(註(15)をみよ)に反対し、「部曲も名代とともに主家の名を冠しているが、この領主の名を付するということは、人格を所有するという意識のあらわれであり、部曲が奴隷とみられていた証拠ではあるまいか」とされた点は、少し無理であるとおもう。某部の称をもつ農民が、必ずしも低位の階層に限ったわけでなく、地方の土豪をふくみうること、および某部の称が、ただちに主家との同族系譜を表現するかどうかはともかく、少なくも、主家の氏の組織に編入されたことを示しており、そのため、公民においても、氏の名を賜うことが、国家の民に編入されたことを示す標識ともなりえたことに注目する要がある。反対に、奴婢は氏の名をまったく有しえず、解放されてはじめて「某部」を称したのであるから、少なくとも「某部」が奴隷の表徴であるとは考えられぬ。

また、「部姓」と「族姓」はほぼ同質であるが、直木孝次郎氏が、族姓者はかれらと氏をおなじくする豪族と擬制的同族の関係にあり、しかもこれに隷属する民であるとされたことは、そのまま部姓にもあてはまる。事実、主家の改賜姓と同時に、部姓者も改賜姓された例は多いのである。忌部もおなじである。

(65) 続日本紀 神護景雲二年七月十四日条

(66) 文徳実録 天安元年六月二十五日条

(67) 三代実録 天安二年十二月八日条

(68) 同 右 貞観十二年二月二十日条

(69) 大神宮諸雑事記一 延暦十年八月五日条

(70) 三代実録 貞観九年八月二十二日条

(71) 類聚符宣抄一 天暦三年九月十一日官符

(72) 三代実録 貞観五年九月七日条

(73) 三代実録 貞観十一年正月七日条
(74) 同 右 貞観十四年四月二十四日条
(75) 政治要略廿四所引官曹事類 養老五年九月十一日条
(76) 本朝月令所引秦氏本系帳、松尾社家系図
(77) 続日本紀 宝亀三年十二月六日条
(78) 文徳実録 嘉祥三年九月八日、同年九月二十六日条
(79) 同 右 斉衡三年九月十日条
(80) 同 右 天安二年四月十日条
(81) 同 右 天安二年七月十七日条
(82) 伴信友「正卜考」(『伴信友全集』二)
(83) 三代実録 貞観八年二月十三日条
(84) 同 右 元慶五年十二月五日条
(85) 東大本新撰亀相記 昭和三十三年 解題
(86) 武田祐吉『古事記説話群の研究』昭和二十九年 七～一一ページ
(87) 三代実録 貞観五年九月七日条、姓氏録 右京神別壱岐直、同上未定雑姓津嶋直、松尾社家系図
(88) 続日本紀 和銅二年六月二十日条
(89) 同 右 天平十八年三月二十四日条
(90) 卜部の各人名およびその分布については、竹内・山田・平野『日本古代人名辞典』一 昭和三十三年 参照
(91) 註(89)におなじ
(92) 類聚三代格三 定額寺 天安三年二月十六日官符
(93) 香島神宮文書 延久元年注進状

(94) 直木孝次郎「大伴連と来目直・来目部の関係」(人文研究一三—七、『日本古代の氏族と天皇』昭和三十九年)
(95) 上田正昭『日本武尊』昭和三十五年 四三〜五六ページ
(96) 日本書紀 孝徳天皇即位前紀
(97)(98) 続日本紀 延暦三年十一月二十一日条 建部朝臣人上の奏言
(99) 『日本古代人名辞典』四 昭和三十八年 および三代実録貞観三年八月二十一日条
(100) 出雲風土記 意宇郡舎人郷条
(101) 豊後風土記 日田郡靱編郷条
(102) 高橋氏文 景行天皇東国巡狩条
(103) 建部を日本武尊の名代とする説は問題としない。
(104) 寧楽遺文下 六二三ページ 天平勝宝六年 建部君虫麻呂
(105) 大日本古文書二 天平十一年 出雲国大税賑給歴名帳
(106) 同 右二 天平十一年 備中国大税賑給歴名帳
(107) 続日本紀 大宝二年四月十三日条
(108) 磯貝正義「律令時代の地方政治」(坂本太郎博士還暦記念『日本古代史論集』上 昭和三十七年)
(109) 註(107)におなじ
(110) 令集解 職員令治部省大解部条 古記
(111) 平野邦雄「古代氏姓人名に現われた階級関係」(前掲)
(112) 日本後紀 延暦十八年十二月二十九日条
(113) 新撰姓氏録序
(114) 三代実録 貞観五年三月十一日条
(115) 類聚三代格一 神社公文事 元慶五年三月二十六日官符

(116) 類聚三代格一 神社公文事 寛平五年三月二日官符
(117) 同 右三 定額寺事 延暦二十四年正月三日官符、大同元年八月二十二日官符
(118) 類聚国史百八十 仏道七 諸寺 天長五年十月三日条
(119) 註(108)におなじ
(120) これらはすべて、常陸国調庸布銘にみえる人名である。『日本古代人名辞典』(前掲)参照
(121) 直木孝次郎「大化前代における畿内の社会構造」(『日本古代国家の構造』昭和三十三年)
(122) 上田正昭「郡司に関する一考察」(古代学八—二)
(123) 註(102)におなじ
(124) 出雲風土記 出雲郡健部郷条に、神門臣古禰が景行天皇のとき、健部に定められたとある。
(125) 日本書紀 允恭十一年三月四日条
(126) 同 右 敏達十二年七月条
(127) 大日本古文書三 一五〇ページ 他田日奉部直神護の啓状
(128) 万葉集五 歌番号八七一〜八七五
(129) 三代実録 貞観三年八月十九日条
(130) 以上の人名は、『日本古代人名辞典』(前掲)参照
(131) 続日本紀 延暦十年九月十八日条
(132) 横田健一「上代地方豪族存在形態の一考察」(史林三三—二)、米田雄介「古代地方豪族に関する一考察」(続日本紀研究九—一・二)、平野邦雄『和気清麻呂』昭和三十九年 四〇〜四九ページ
(133) 続日本紀 神護景雲三年六月二十七日条
(134) 以上の改賜姓例は、『日本古代人名辞典』(前掲)参照
(135) 続日本紀 宝亀元年九月三日条

(136)　註(134)におなじ

(137)　三代実録　貞観六年二月二日条

(138)　註(8)におなじ

(139)　註(7)におなじ

(140)　註(63)におなじ

(141)　牧健二・三浦周行・滝川政次郎・石井良助氏らの法制史家による社会階級の区分はみな共通性がある。貴姓・卑姓・白丁・部姓・奴婢などの諸階級に分つのが通例である。

(142)　本書では第六編において詳述する。

(143)　註(20)におなじ

(144)　直木孝次郎「書評『日本古代史論集』上」(史学雑誌七二―八)

(145)　註(121)におなじ

(146)　註(63)におなじ

(147)　阿部武彦「伴造伴部考」(前掲)

(148)　帰化系の村主を論じたものに、松本寿三郎「村主の性質と役割」(『原田教授退官記念論文集』昭和三十五年)

(149)　註(55)におなじ

(150)　阿部武彦前掲書、一五八〜六六ページに、この点にふれ、下総の同姓同名者は、名を修飾し限定する語を上につけていたのではないか。記紀、万葉にも、一つの名の他に、「亦の名」「字」のあったことを記載している。よって、日常生活の名は、戸籍と別にあり、戸籍はそのままでは、日常生活に使われなかったであろうと述べられた。私説と同方向にあり、賛意を表したい。

第二編　「部」の本質とその諸類型

第一章　「部」にたいする視角

第一節　品部制の成立

「部」の文字は、大別して「べ」と「トモ」の両様に訓まれる。それは、「部」がべ（部）とトモ（伴）の二つの実体より成ることを示すものであろう。内田銀蔵氏は、「べ」を漢語「部」の字音「ブ」の転じたものと考え(1)、津田左右吉氏(2)は、内田説をさらに進めて、わが部民制が、百済の官司の諸部や、行政区画としての五方五部制の影響をうけて成立したとき、朝廷の記録を司っていた百済の帰化人＝史部が、本国の習慣に従い、漢語の「部」と、その字音の「べ」を、わが伴（トモ）の制度にも適用したのであろうと説き、これがほぼ現在の定説となっている。

百済の部制とは、『周書』百済伝[3]に、その官には、

各有部司、分掌衆務、内官有前内部、穀部、肉部、内掠部、外掠部、馬部、刀部、功徳部、薬部、木部、法部、後宮部、外官有司軍部、司徒部、司空部、司寇部、点口部、客部、外舎部、綢部、日官部、都市部

とあって、官制にある内・外官の各部司の制度であり、官司の組織を示す語にほかならない。『周書』はさらに、

都下有万家、分為五部、曰上部、前部、中部、下部、後部

と記しているが、都下を五部に区画する制度は、官司制の諸部のあとに発生したものであり、百済の泗沘遷都後のものといわれるから、六世紀半ばのこととなる。したがって、これは直接の影響はなかったであろう。[4]

一方、わが官司のトモ（伴）の制度は、おそらく葛城・平群などの臣姓の豪族にたいして、大伴（トモ）・物部（ベ）などの連姓の豪族が伴造（トモノミヤツコ）として朝廷の有力な構成員となる五世紀に成立することは、常識的にも信ぜられるところである。しかしまた、『日本書紀』には、「諸王卿及八十諸部」「臣連伴造国造百八十部幷公民等本記」「臣連国造伴造百八十部」のごとく、表現上、共通のパターンがあって、むしろトモノミヤツコ（伴造）と区別される多数のトモ（伴＝部）の存在を示している。だから、大伴・物部・中臣・忌部のような大氏族であるトモノミヤツコとちがって、群小の豪族よりなるトモの成立する時期があったのではないか。この「百八十部」の解釈には、古くから諸説があり、少なくともそれは、「臣連伴造国造」よりは下位の、「品部部曲公民」よりは上位の概念であるらしく、多数のトモ（下級官人）をさす用語であるとみてよいであろう。直木孝

次郎氏はこの見解をとり[5]、六世紀に、伴造のもとにあって、特殊な技能と関係ある部民を直接に指揮する多数の下級官人層が形成されていたことを指摘した。かつて、坂本太郎氏[6]が、「百八十部」を、部民の所有者である貴族一般（臣連伴造）にたいする、天皇直属の職業的部民の首長であるとしたのも、すでにおなじ観点にたつ説であり、このようなトモの成立は、五世紀末より六世紀にかけてのこととしなければならない。

これらのトモが、律令制の品部・雑戸（べ）の直接の統率者である伴部（トモ）に継承されていることはあきらかである。

「百八十部」の代表的なものは、第一に、殿部・水部・掃部・蔵部・史部らの宮内官的な職務にたずさわるトモであり、第二には、錦部・鞍部・鍛冶部・馬飼部・金作部・狛部・服部などの宮廷工房の生産にたずさわるトモであるのはいうまでもない。

第一のトモは、天皇のミウチ的な段階にふさわしく、官司の発展過程からいえば、国家政治を担当する外廷の発生する前の古い内廷的官司に属するが、「記・紀」や、『古語拾遺』『新撰姓氏録』などによると、天皇の乗輿を進め（殿部）、宮廷の清掃を監し（掃部）、供御の御膳や氷を進め（膳部・水部）、内蔵の出納と記録を司る（蔵部・史部）などの職務をもち、すべては雄略朝を下限とする年代、とくに雄略朝＝五世紀末に集中して、その成立が記録されている。そして、殿部には車持君や葛野県主が、掃部には掃部連が、水部には大和宇陀・高市県主・山城賀茂県主が、蔵部には秦氏、史部には漢氏がそれぞれ任ぜられ、靫負部には大伴・佐伯配下の氏族が任ぜられたように、伝統的な畿内の族長勢力や古い帰化氏族が主体をなしたのである。かれらは、「負名氏」といわれ、職業世襲制の原則をもちつづけた氏族で、そのためかえって律令官僚への道を閉ざされたトモであるともいえる。ここに五世紀後半の段階での「百八十部」的な官人の特徴と限界が認められるが、しかし、ともかく律令制の主殿寮・主水司・掃部司・内蔵寮・衛門府などの伴部に、はっきりとその遺制をとどめているのである。

第二のトモは、「記・紀」によると、主として雄略朝＝五世紀末に百済から渡来した鉄工・鍛冶工・武器工・織物工・皮革工・衣縫などの生産的技術民よりなり、そのほとんどは、「漢人」「今来漢人」といわれ、倭漢氏の配下に編入されたが、『坂上系図』によると、これらの忍海漢人・鞍部・金作部・飛鳥衣縫・錦部などに対応して、忍海・飽波・鞍作・金作・飛鳥・錦織などの各村主姓の氏族があり、かれらが在地での部（べ）の統率者（トモ）であったらしく、このほかにも、錦部造・鍛冶造（首）・馬飼造（首）・狛造・服部造などの官司のトモがあって、朝廷の工房において、品部（べ）をひきいて生産に従った。しかし、これらの「トモ」と「べ」の距離は決定的なものでなく、「べ」から「トモ」が選ばれることもあった。したがって、品部はシナジナノトモともよばれ、伴部＝トモべという習合語も生まれたのである。いずれにしても、これらの帰化人は、秦・漢二氏よりは後に渡来したのであるから、第一のトモ（蔵部・史部）よりはあたらしく組織されたものとみられ、かれらも律令制の伴部と品部・雑戸に継承されている。造兵司の雑工部と雑工戸、織部司の挑文生と染戸、鍛冶司の鍛部と鍛戸、左右馬寮の馬部と馬甘などは、それに相当するのである。

このように、第一、第二の部（ベ）は、ともに官司に上番する伴（トモ）でもあり、百済の部司の制度とおなじ組織を示している。とくに百済の内官の十二部は、穀部・肉部・掠部（椋部）・馬部・刀部・薬部・木部・後宮部などの名の示すように、わが第一の宮内官的なトモ、第二の宮廷工房のトモの組織に酷似するといってよい。それは外廷成立以前の官司制を示すが、あたかも、百済においても、外官の十部は、徴税・土地・司法をつかさどる司軍・司空・司冦などの外廷諸部より成るのである。

おそらく、百済の内官制は、五世紀後半には成立していたであろう。それが当時すでに成立していたわが第一の内廷的なトモ制を前提に、五世紀末ごろ輸入され、第二の宮廷工房的なトモ制をあらたに組織しつつ、わが朝廷の政治機構を変革した。すなわち、第一の「百八十部」（トモ）といわれる多くの下級豪族を、朝廷の権力的基礎として位置づけ、第二の帰化系技術者を、「品部」（ベ・トモ）として、朝廷の周辺に広範に組織し、これらを中核として、それまでの豪族や皇族の私地私民制（カキ・コシロ）を再編し、いわゆる部民制を創出したのである。(7)

このような第一、第二の「トモ」と「ベ」は、ともに官司に上番勤務する伴であり、貢納民としての部ではない。かれらを統率する「トモノミヤツコ」はあるが、「トモ」や「ベ」との関係は、上下の支配命令関係があるのみで、同族的氏族的な関係はない。ただし、第一と第二では、階級的な差があり、第一は少なくとも畿内の族長であり、したがって、「トモ」に貢納する「ベ」を有する。たとえば、殿部の車持君が車持部を、蔵部の秦氏が秦部を、史部の漢氏が漢部を所有するたぐいであり、「トモ」に発した部制が、貢納民としての「ベ」に及ぶのは、まず、ここに出発点があるのではないか。そしてその貢納民は、いちじるしく公民化し、「トモ」はその管理を委ねられていた色彩がつよいことは、後述するとおりである。

ともかく、部民制が、貢納民たる「べ」の制度としてでなく、官司に上番勤務する「トモ」の制度として出発したこと、または、豪族の私有民たる「カキ」(民部・部曲)の制度ではなく、朝廷の支配する「シナベ」(品部)の制度として出発したことは注目せねばならない。品部も一面では「シナジナノトモ」「トモノミヤツコ」などと訓読されたのである。(8)

おそらく、「部」という官制上の用語が入るまでは、上記の「トモ」は、水取「モヒトリ」、殿守「トノモリ」、掃守「カニモリ」、膳夫「カシハデ」、宍人「シシヒト」、鏡作「カガミツクリ」、玉作「タマツクリ」、鍛冶「カヌチ」、衣縫「キヌヌヒ」などと訓読され、「部」の字は付せられていなかったはずである。また、「部」の字を付されるようになってからも、実際には、「部」の字は読まないことが多かったらしく、『釈日本紀』の秘訓にも、「私記曰、問部字可読否、如何、答師説不読部字」と記している。これも部民制の成立過程を暗示する点であろう。

第二節　部曲制の起源

ここでもう一度はじめにかえって、豪族の私有する「カキ」の民についてみなければならぬ。これに「部曲」の語をあてるようになったのは何故であろうか。

「部曲」の漢音は「ブキョク」であり、もともと中国の法制上の用語で、玉井是博氏[9]によると、(1)漢代には、隊伍・士卒・私兵の意味に用いられ、(2)南北朝には、私家の下僕の意となり、(3)唐代に、はじめて私奴婢と良人の中間に位する賤民階級を示す語となった。つまり、(2)の南北朝の段階では、豪族が無産者を郷里にあつめ、その家に寄寓させて、部曲という隷民に組織したものであり、部曲はなお家族・宗族・親戚などと連称され、法制上の賤民となっていたわけではない。だから坂本太郎氏[10]は、わが大化前代の部曲は、この南北朝の部曲の制度を、朝鮮を通じてとり入れたものであろうとされるのである。

(3)の唐代にいたると、律令にも「部曲・奴婢」(ブキョク・ドヒ)と連称され、主家に身分的に隷属する賤民となり、生涯服従の義務を負わされ、移転の自由をもたぬものをさすようになった。ただ奴婢と異なるところは、法律上売買の目的物となりえず、主人の戸籍にのせられたばあい、奴婢が原則として名のみしかもちえぬのに、姓(氏の名)を称するものが多く、現存のトルファンの戸籍によると、親子・夫婦関係を明示するものがあり、家族関係を公認されていたのである。[11]そして、この唐代の「部曲」がわが律令の賤民制の「家人」にとり入れられ、「家人・奴婢」(ケニン・ヌヒ)と連称されたことは周知のとおりである。

だから、律令用語としての「家人」は、唐令の「部曲」に代置され、その性格をひきつぐべきものであった。

それはおそらく、大化前代に、すでに「部曲」が南北朝のそれをうけつぎ、唐令の賤民とは異なる、豪族の私民の意味に使われてしまっていたためであろうとされている。(12)

しかるに、朝鮮においては、あたかも唐代にあたる統一新羅の時代より、高麗末にいたるまで、「部曲」の制度は存在した。それは、州・郡・県のさらに下級の行政区画である「郷」「部曲」として用いられ、賤民的な農民の居住区と考えられ、時として、犯罪者を出した郡・県そのものが、全体として部曲におとされることもあった。もちろん、かれらの下に、家奴・家僮・奴僮とよばれる純然たる奴隷があったから、部曲は、それより上の存在と考えられていたことは確かであろう。このような朝鮮における「限られた区域」＝隷民村落としての「部曲」の制度が、どこまで遡及されるかに問題はあるが、ある意味では、わが大化前代の部曲に類似する点もある。

しかし、百済に部曲制の存在した例をきかず、統一新羅のそれは、あきらかに唐の影響下に成立したもので、賤民である点において、南北朝のそれと異なり、わが大化前代の部曲ともちがう。また年代も合わない。おそらく、部曲自体は、朝鮮の影響を認めがたいのではあるまいか。(13)あるいは、統一新羅の影響をつよくうけた天武朝以降に、『書紀』の編者が、新羅の「部曲」の文字を、わが「民部」にあてたのではないかとすら考えられる。(14)

わが「部曲」の国訓は、「カキ」「カキノタミ」である。カキとは区画することで、一般の民を区画し、領主の名を付して、その集団を領有する意味といわれ、もともと地方で家をなし、村をなし、自営の農業を営んでいた民を、集団として、特定の豪族の領有民に編入したものであるから、それ自体、賤民とはいえず、カキノタミとよび、部民制がしかれたのちは「民部」と表現するのが普通であったのではないかとおもう。

ともあれ、「カキ」の民が「カキベ」とよばれるようになるのは、朝廷のトモ・ベ（伴部・品部）にはじまる官制としての部民組織が、豪族の領有民にも及んだためとおもわれるが、それには、朝廷の「トモ」に任ぜられた豪族が、不可分に官司や「トモ」の費用を分担する「べ」を設定管理せしめられ、また「トモノミヤツコ」に任ぜられた有力豪族も、これに準じて、「カキ」（民部）を単なる私有民としてでなく、朝廷でのかれらの職掌に応じて物資を貢納する「べ」（品部）として領有を公認されたことが作用しているのであろう。

そのため、この五世紀後半の段階にいたって、はじめて「部曲」が史料にあらわれ、また部曲を地方の直・首・公などの首長がひきい、これが中央の連姓伴造に隷属する領有組織も出来上るのである。

このように、部の組織上、原理的に「品部」が「民部」（部曲）に優先することは、部曲の起源をすべて品部におく説話からもうかがえる。部曲が古い史料にあらわれるのは、品部としての性格の故であるといってよい。今、『日本書紀』や『古語拾遺』から、神代より垂仁天皇にいたる古い起源説話をあつめてみよう。
(イ)忌部首の祖フトダマノミコトが神祭を奉仕したとき、紀伊・讃岐・筑紫・伊勢・阿波などの忌部の祖神が、それぞれ、「作笠者」「作盾者」「作金者」「作木綿」「作玉者」となった。
(ロ)神武天皇の即位にあたり、忌部の祖が斎斧・斎鉏をもって料材をとり、正殿をつくり、同族の諸氏をひきいて、「神宝、鏡玉矛盾木綿麻」などをつくった。

(ハ)綏靖天皇が、「弓部、倭鍛冶、矢部」の諸氏に、「弓、鏃、箭」をつくらせた。
(ニ)物部連の祖イカガシコヲが、神班物者となり、「物部八十手」は、「平瓮、楯、矛」などの祭具をつくった。
(ホ)土部連の祖野見宿禰が、土部職に任ぜられ、「土部」をひきいて「埴輪」をつくった。
(ヘ)垂仁天皇の皇子イソマガシキノミコトが、河内川上宮において作らせた劔一千口を石上神宮に納め、このとき、「楯部、倭文部、神弓削部、神矢作部、大穴磯部、泊橿部、玉作部、神刑部、日置部、大刀佩部」などの「十箇品部」を賜わった。

これらの説話は、(イ)(ロ)忌部連、(ニ)物部連、(ホ)土師連らの古い連姓トモノミヤツコと、(ハ)倭鍛冶部、(ヘ)倭文部に代表される、帰化系技術民の渡来前のトモとの祖先説話で、整然とした分業組織をすでにもつようにみえるが、「倭鍛冶部」や「倭文部」の名は、「韓鍛冶部」や「錦織部」の渡来後につくりだされ、「品部」の語も、品部制の成立後にはじめて用いられたことはあきらかであって、のちの百済系品部に比べると、倭文部・作木綿は錦部・呉服部に、倭鍛冶・作金者は韓鍛冶・金作部に、神弓削部・弓部は弓削部に、神矢作部・矢部は矢作部に、土師部は陶部に、それぞれ対応して書かれているのであるから、いずれも、五世紀末の帰化系品部の組織化の過程に、古いトモノミヤツコやトモの組織が擬定されるか、あるいは実際に再編されたものとみねばならない。原始的品部制に、これほど分化した組織はありえまい。しかしともかく、われわれの知りうる原始的部民制において、すでに「部曲」は「品部」と分ちがたく結び、品部としての側面が強調されていることに注目せねばならない。ここに部の組織の本質があるものといえよう。

この後においても、部曲は品部として史料にあらわれることが多い。たとえば、忌部首（連）は、阿波・讃岐・紀伊などに、多くの貢納民たる忌部（部曲）をもち、そのなかに、主家の神事（祝詞・卜占・御幣）と、宮殿造営の職務に応じて、木綿・麻布を出す阿波忌部や、材木を貢する紀伊忌部（品部）があり、紀伊からは実際に忌部連にひきいられ、上番して宮殿・神社の建築に従うものがあった。単に阿波のように、国造を介して製品を貢納するばかりではなく、上番服役したことは注目せねばならぬ。土部連も、摂津・山城・伊勢など諸国に、「私民部」（部曲）をもち、これを朝廷に奉献して、「贄土師部」（品部）としたといい、大和・河内に実在した「贄土師」がこれにあたるならば、実際に移住を伴ったのかも知れず、さきに述べた野見宿禰が、出雲から「土部」一〇〇人をよび、埴輪をつくらせたという説話とおなじく、京畿において領有管理した品部をさしている。この氏は、品部をひきい在地で土器生産に従うとともに、上番もしたのであろう。そしてやがては凶礼にも預かることになるのである。山部連の領する「山部」も、大和・吉備などに広範に分布し、「山守部をもって民となす」といわれたとおり、「部曲」であるが、他面それは、「山官」に任ぜられた山部連が管理したものであり、朝廷直轄の山林に設定された「品部」といえよう。阿曇連の領する「海部」も、淡路・阿波・吉備・紀伊などに広く分布したが、阿曇連を「海人の宰」に任ずることによって、「海部」の領有支配を認め、海産物を朝廷に貢納せしめたものである。やはり「部曲」は「品部」の性格をおびるといえよう。物部連の領する物部も全国的に見出されるが、物部は私民であるよりも、物部連の経営する屯倉の民を多く含むものではないかと井上辰雄氏はみている。(15)

かくて、「部曲」は私民であるが、「品部」として朝廷に貢納し、また上番服従するばあいもあって、必ずしも、これらを「貢納型」「番上型」の範疇ではとらえにくい。むしろ、部民制の原型は、品部・番上型にあるといえよう。

豪族の領有民は、大化元年詔に、「臣連伴造国造」がおのおの「己が民」をおき、「調賦」を朝廷に進めるには、まず「自ら収め」とり、のち「分進」するといい、また「宮殿を修治し」「園陵を築造する」には、おのおの「己が民」をひきいてつくるとあって、部曲は原則として首長を介する支配の段階にとどまっていたが、朝廷に貢納し上番する点において、機能的にはいちじるしく品部化していたといえるだろう。

ましで、このような伝統的な豪族（トモノミヤツコ）の領有する部でなく、五世紀末以来の百八十部（トモ）の管理する部は、一層公民化していた。川上多助氏(16)は、大化前代に、皇族や豪族の有する部民にも公私の区別を生じ、依然、「部曲」にとどまるもののほか、氏族は単に管理を委ねられるだけで、朝廷に納税の義務を有する部民が発生したことを指摘し、これを「公民」と規定された。たしかに、殿部に任ぜられた車持君が管理した「車持部」は、「天子之百姓」と記され、私民として扱うことを禁ぜられ（履中紀）、蔵部・史部に任ぜられた秦・漢二氏の管理した「秦部」「漢部」も、天皇の命により、それまで他氏族の駆使に委ねられていた民をあつめて、両氏に管理させ、伴造に任じたものであり、ために秦氏は、「百八十勝」をひきいて、朝廷に「庸調」を納めたのである（雄略紀）。つづいて、「秦人」を国に安置し、「戸籍」に編貫したとも記されている（欽明紀）。これらが朝廷の支配下の公民と化していたことは確かとみてよいであろう。

部民制の各論に入るまえに、部民制にたいする視角を以上のように定めておきたい。

第二章　べとトモの区分
――諸学説の批判

「部」の文字は大別して、「べ」と「トモ」の両様に訓まれていることはすでに述べた。しかし、「部」におけるこの両様の区分およびその相互関係については、これまで必ずしもあきらかにされなかった。「部」がこの二つを総括するものであるだけに、その関係をみることが肝要であるといえよう。

古く、本居宣長(17)や伴信友(18)は、膳夫といえば後世賤職のごとく聞えるが、上古ではその人を選び、軽からざる職務であったと述べたが、これも膳部が「べ」と混同されることにたいする、「トモ」であるとの主張とみることもできるだろう。

中田薫氏[19]は、「部」の訓みかたに、(イ)べ、(ロ)トモ、(ハ)トモノヲ、(ニ)ラ、(ホ)トモノミヤツコ、(ヘ)無訓の六つがあるとし、とくに、(イ)と(ロ)以下の区別に重点をおかれた。すなわち、(ロ)は同種部類に属する人々の一団をさし、(ハ)はその一団を組織する氏人をさすから、両者は集団とその構成員の関係となり、事実上同一物である。つまり、(ロ)(ハ)は、各氏の世襲的職務をもって朝廷に奉仕する官人＝名負氏人の一団をさしている。(ニ)については、たとえば菟田主水部・葛野県主主殿部を、「モヒトリラ」「トノモリラ」と訓み[20]、大来目部を「オホクメラ」と訓んだ例があり[21]、(ヘ)については、漢手人部・衣縫部・宍人部が、「已上不可読部字」とされ[22]、掃部・服部もおなじく部字を訓まず、また膳臣を膳部と書く反面、膳部臣を膳臣と書いた例[23]などからすれば、上記の水部・殿部・掃部・膳部や、手人部・服部・衣縫部などは、ともに貢納民としての「べ」でなく、官司に上番する「トモ」であったことになるかも知れぬ。事実かれらは、(ロ)に属する一団であった。(ホ)はもとはこれらの「トモ」の長であり、「トモ」を構成する氏の氏上である。そのばあい、これには職業部・農業部などの隷属的貢納民、すなわち(イ)が付属するから、(ホ)は「トモ」の長として、同時に「べ」をも領すると解される。要するに、中田氏によれば、(ロ)以下は「各種職務を奉じて朝廷に奉仕する官人」、すなわち「トモ」で、「各氏に属する部曲、私民部のごとき部民」である(イ)の「べ」とは、存在を異にするものであった。

津田左右吉氏[24]も、「部」ははじめ口語の「トモ」に相当するものとして用いられ、帰化人によって組織された「トモ」にはじまり、古来よりの「トモ」に及ぼされていったが、これと別に、ある一団の民衆を「部」とよぶことも、また百済から学ばれたらしいとされ、「ここに、部という語が二様に用いられるようになるので、伴造に隷属して、直接に朝廷における何等かの職掌を有し、その勤務に服するものの一くみをも（トモ）、伴造の部民、すなわちそれに租税を輸する農民の一団をも（べ）、おなじように『部』という語でいいあらわされるのである」と述べられる。

渡部義通氏[25]も、部の字を「トモ」と訓ずるはなはだ多くのばあいがあるとし、「同一の部にして、一はトモ自体を意味し、他はそのトモの活動を援助すべき諸務に服するもの、ないし農業に従事して、そのトモを支養する義務を負うものなどがあり、さらにただ所定の生産物を貢献する部がある」として、「べ」と「トモ」を混同することを警戒された。

早川二郎氏[26]は、「トモ」は一定の家をさしたものでなく、人間をさし、しかも生産物を納付する「べ」でなく、徴集されて群団をなしてはたらく人々であり、諸官司に勤務する下級官人をいうが、「トモ」と「べ」は同一視されることもあったとされる。

井上光貞氏[27]は、たとえば子代・名代の部のなかには、諸国国造の所有民を割き取って設けた貢納民と、かかる普通の農民でなく、国造一族で、朝廷に上番する官人の両様があったとして、やはり「べ」と「トモ」を区別されているのである。

以上の諸説は、内容の相違はあれ、部に「べ」と「トモ」の二側面を確認する点にかわりはない。ただその解釈には問題もあり、とくに個々の「部」における「べ」と「トモ」の類別・相互関係となると、いくたの混乱が認められる。

今、そのうち本論に必要な二点だけをとりあげるが、部民制の不分明さも、かかる「べ」と「トモ」の関係の不明確さにもとづく点が多いのではあるまいか。

第一に、中田薫氏[28]が、膳大伴部は諸国より人民をあつめ、「べ」に編成したものでなく、諸国においてしかるべき「トモ」に定めたものであるとされる一方、靫負部・白髪部・河上舎人部などは、壬生部・田部とおなじ範疇の「べ」であると考えられるに反し、津田左右吉氏[29]は、子代・名代部は、皇族の私有民、すなわち「べ」であるが、舎人部のばあいは子代でなく、朝廷に上番する「トモ」であるとし、井上光貞氏[30]も、総じて舎人部・靫負部・膳部を番上する「トモ」であるとして、この説を継承しながら、津田氏が、子代はすなわち皇族のため設けられた貢納民（べ）であらねばならぬから、「トモ」である舎人部は子代でありえないとされるのを否定し、舎人部などはあくまで子代であり、子代は天皇・皇族の私有民ではあるが、貢納民とかぎらず、官司に上番する「トモ」もありえたと主張されるのである。そこで、井上氏の分類では、舎人部が子代と品部の両項に所属し、二元論的な不分明さをのこすことになる。

一つの解決策として、舎人（トモ）と舎人部（べ）を分離することが可能であり、すでに太田亮氏[31]は、「天皇、皇子の左右に近侍するのを舎人といい、その舎人のために設けられた部民を舎人部という」、そして舎人部は、

「高貴の人の私領民にして、田畑を耕作せしめ、もしくは他の労働に使役せし部民」であり、膳大伴部は、「大膳、内膳のために設けられたる品部にして、それに要する費用を徴し、また膳夫を出せし」ものであるとし、早川氏[32]も、舎人部を「トモの生活を補償する農業部」と規定しているのである。

また、渡部氏[33]は、「べ」と「トモ」を混同せしめがちな例として、膳大伴部をあげ、これは「べ」とよばれ、「トモ」ともみるべき職業的集団で、諸国人を割きうつし、あるいは諸氏の国造などから献上した人々からなるとし、膳大伴部は、六雁命に賜わった「べ」であると同時に、朝廷にあって、調理に従った「トモ」でもあったとされるのであるが、これは『高橋氏文』の膳大伴部の解釈としては、後述のように、結局不分明で賛成できないにしても、膳部に、実体の異なる「トモ」と「べ」の二側面を、舎人（トモ）と舎人部（べ）の関係とおなじく認められるのであれば、一つの重要な解釈たるを失わない。

第二に、蔵部・史部・殿部などの「トモ」に関し、たとえば蔵部・史部に、秦・漢両氏の一族が任ぜられ、内蔵のばあいは内蔵直・内蔵首、大蔵のばあいは大蔵直・秦大蔵造などを称するようになったことや、殿部に、日置・子部・車持・笠取・賀茂の五氏が任ぜられていることも、これらの「部」が、それ自体、いわば京畿の卑姓豪族で、一族内の一定戸が当たったにすぎず、上級の伴造に隷属せぬ独立の官人の一団であることを示すであろう。すなわち井上説[34]のように、かかる官人としての「トモ」は、忌部・阿曇・土師などのごとく、全国的に貢納民たる「べ」を所有しつつ、朝廷内の職務を分掌する氏族制的な「トモノミヤツコ」と異質のものであることは否定できないにしても、一方の馬飼造・漆部連・鍛冶首などの「トモ」のごとく、配下の馬飼部・漆部・鍛冶部をそれぞれひきいて、官司に上番勤務する「トモ」とも、いささか範疇を異にするというべきであろう。少なくとも、津田氏(35)が蔵部・史部を構成した漢直・秦造が、その経済的基礎として、地方に漢部・秦部・秦人部などの農民を「べ」として領有していたとされ、また殿部であった車持君が、地方に車持部を有し、これが「車持君の部民たる農民をさしていることは明らかである」と結論されたことを考えるべきである。水部を構成した水取連が水取部を所有していたのも同然である。

ここに、このような「トモ」における「べ」との関係が、あらためて論ぜられなければならぬ。

以上のような観点からすれば、(1)忌部連・阿曇連・土師連、(2)秦造・漢直（蔵部・史部）、車持君（殿部）、水取連（水部）、(3)舎人・膳夫・靫負、(4)馬飼造（馬部）、鍛冶首（鍛部・雑工部）などの「トモ」の区分が一応できるであろう。

このうち、本論の主題として、(2)(3)をおもに考察し、(4)も(2)(3)との比較上、はじめに簡単にみてゆくが、(4)については、なお第三編で細述することとする。(1)はすでに、第一編において概観した。ここでは、(2)をA型、(3)をB型、(4)をC型と名づけるが、そのおのおのの考察にさいしては、第一、第二の「トモ」と「べ」の関係が中心とならねばならない。両者の関係を明確にしておくことが是非必要である。

第三章　べとトモの相互関係

第一節　C型――生産的トモ

まず、C型の「トモ」からはじめよう。

令では、各省寮司に番上官である伴部が付属している。伴部は現在、「ハンフ」「バンブ」などと訓まれているが、当時、「トモノミヤツコ」とよばれたことは、

諸司伴部等、皆直称友造耳

伴部、謂諸司友御造也(36)

とあることからもあきらかであろう。その理由はおいおい述べるが、内容からいえば、令制「トモノミヤツコ」は、すでに左の三様に分化しているといえる。

(a)馬部（左右馬寮）、漆部（漆部司）など

この種のものについては、

馬造等仕寮者為伴部……其馬甘為雑戸[37]

とあるように、馬部（トモ）は馬甘造の戸より、飼丁（べ）は馬甘部より出し、それぞれを伴部・雑戸としたらしく、漆部をみても、

伴造為伴部、漆部為品部[38]

とあって、大化前の漆造を伴部たる漆部（トモ）とし、おなじく大化前の漆部を品部（べ）に編入したらしく解される。これらには、大化前の伴造と品部との関係がむしろ維持されており、伴造が令制伴部に移行し、やはり品部をひきいて、官司に上番勤務したのである。したがって、かかる伴部が「トモノミヤツコ」とよばれたのは自然であって、「トモノミヤツコ」とはすなわち「トモ」にほかならぬ。

(b)百済手部・狛部（内蔵寮・大蔵省）、雑工部（造兵司・鍛冶司・典鋳司）など

まず、前者をみると、これらの「トモ」は、雑戸（べ）である百済戸・狛戸から充てられたために、あきらかに伴部＝番上官でありながら、『集解』に得考の資格なしと誤り考えられ[39]、後者も、

謂此取雑工戸而充之[40]

とあるとおり、「トモ」を雑工戸（べ）から取り充てたのである。雑工戸とは、大化前の鍛戸・甲作・靫作・弓削と、爪工・楯縫・幄作の二グループからなり、伴部とともに、前者は一定期間、後者は臨時に、上番服仕した。また、

其鍛冶司鍛冶部、土工司泥部等、如此之類者　皆自鍛戸泥戸内而取充(41)

とあるのも、「トモ」がみな「ベ」から充てられたことを示している。以上は、大化前の「ベ」が上番勤務して、「トモ」に組織され、いわば官人化したもので、(a)と異なり、「ベ」と「トモ」の区別ははなはだあいまいなものであった。そしてこれらにも、

泥部者古言波都加此乃友造

雑工部謂友造也(42)

のように、やはり、「トモノミヤツコ」の称呼が適用されたことは、ある意味では、大化前の伴造・部民制の崩壊を示すものであろうが、この種の帰化系才伎は、本来そのような色彩のつよいものであったとみられる。もともと官制的「ベ」は、(a)においても上番する民であり、官人「トモ」へのつよい指向を有していたのである。

(c)工部（木工寮）、画部（画工司）など

この「トモ」は、品部・雑戸（ベ）をまったく付属しない。したがって、

謂不限雑色白丁取知工者(43)

のごとく、負名氏にあらざる一般の白丁から組織され、独立の官人として創設されたのである。大化前の部の遺制を遮断した新しい型の「トモ」といえるが、これらも一様に「トモノミヤツコ」と称せられたことは、

友造等知工才人等為工部(44)

のとおりであって、実は伴造制と関係のない白丁番上工にすぎず、原理的には、(b)を一層前進せしめたものであろう。

　このようにみると、もともと「べ」が貢納民として、伴造（トモ）に隷属する関係はきわめて稀薄であり、部それ自体が伴造とともに上番する民にほかならず、この上番勤務を通じて「トモ」化し、伴造との差異を消滅する一方、伴造自身も、本来上番する「トモ」であるうえ、帰化系の馬飼や才伎など、その地位の低さからしても、部との同一化は促進されたとみるべきであろう。原理的には、(a)→(b)→(c)の発展が考えられる。(c)は大化後の新制かとおもわれる。そして、この(a)→(b)→(c)の発展過程のうちで、令制トモノミヤツコにもっとも多いのは(b)であり、ついで(c)、(a)はすでに退歩を示している。かくて、「トモノミヤツコ」の称呼が、令制「トモ」（伴部）に発展的に適用される素地は十分準備されていたことになるが、この発展的適用を決定づけたのは、律令政府の政策であった。かの天武朝の八色姓の制定において、臣・連の地位をさげ、真人・朝臣・宿禰・忌寸の四姓の下においたこと、大化の郡司設定にさいし、国造をこれに移して、国司の四等官の下においたことと密接な関係があり、このばあいも、伴造を番上官の名称に引きさげ、それを各省寮司の四等官＝長上官の下に所属せしめたのである。

　そこに、律令官僚制の創設にたいする積極的な意図を認めうるであろう。

　なお、C型の手工業部民の内容、帰化系技術との関係などについては、第三編で述べることにする。

第二節　A型――内廷的トモ

前節で述べたC型の「トモ」にたいし、A・B型の「トモ」の特色は何か。

A　殿部（主殿寮）、水部（主水司）、掃部（掃部司）、蔵部（内蔵寮・大蔵省）など

B　膳部（内膳司・大膳司）、舎人（大舎人寮ほか）、采女（縫司ほか）など

はじめに、A・B型の「トモ」に共通する特色を述べよう。

この二系統の「トモ」の属する諸官司は、もともと天皇に親近する内廷諸官で、いわば外廷（政府）の成立するまえのミウチ的な政権の段階に対応するものであろう。かれらは、

(1)(イ)靫懸流伴雄広伎大伴(45)

(ロ)左右乃近以衛乃府申久　其月乃上都番仁仕戸末ッ留可支剣八岐乃舎人(46)

(ハ)皇御孫命　朝乃御膳夕乃御膳供奉流比礼懸伴緒、繦懸伴緒(47)

(ニ)天皇朝廷爾仕奉留比礼挂伴男　手繦挂伴男　靫負伴男　八十伴男(48)

のごとく、伝統的なよび方をされたが、たとえば、膳夫・采女の手繦・肩巾（比例）を服するのを禁ずる（天武紀）、采女肩巾田を復活する（続紀慶雲格）、襷を賜い御膳部をなす（姓氏録）などの例からも知られるように、そ

れが、(イ)靫負または「トネリ」、(ロ)「トネリ」、(ハ)采女または膳夫、(ニ)采女・膳夫・靫負などをそれぞれ指すことはあきらかである。また、

(2)天武天皇の殯庭において、

(イ)大海宿禰が　壬生事を、
(ロ)伊勢王が　諸王事を、
(ハ)県犬養宿禰が　惣宮内事を、
(ニ)河内王が　左右大舎人事を、
(ホ)当麻真人が　左右兵衛事を、
(ヘ)采女朝臣が　内命婦（采女）事を、
(ト)紀朝臣が　膳職事を、
　　それぞれ誄した。

という記事があり、これにつづいて、(チ)太政官事、(リ)法官事（式部）、(ヌ)理官事（治部）、(ル)大蔵事、(ヲ)兵政官事（兵部）、(ワ)刑官事（刑部）、(カ)民官事（民部）、(ヨ)諸国司事に及んでいる。その順序は、天皇のミウチ的な内廷諸官を先にし（(イ)〜(ト)まで）、外廷を後にした（(チ)〜(ヨ)まで）証左で、(ハ)の惣宮内事は、(ニ)(ホ)(ヘ)(ト)の書例からすれば、のちの宮内省所管の殿部・酒部・主水部・掃部などにあたることは確かであろう。とすれば、内廷諸官では、(イ)壬生（皇子）、(ロ)諸王についで、(ハ)はA型の「トモ」、(ニ)〜(ト)はB型の「トモ」をかかげたことになる。(49) これらの

点について、

(3)本居宣長は、『玉勝間』において、(50)令制官職を類別し、

(イ)上つ代よりまさしく官職の名にて有しに、漢字を後にあてたるもの

(ロ)名はふるくてまさしく官名になれるは後なるもの

(ハ)漢字をもて新につくりて、それに訓をつけたる(もの)

の三種をあげた。この(イ)→(ロ)→(ハ)の三段階は、原理的には官職の発展過程を示すものであろう。そして宣長は、八省では大蔵・宮内、諸職では大膳、諸寮では大舎人・内蔵・掃部・大炊・主殿、諸司では内膳・造酒・主水が官名において、もっとも発生の古いもの、すなわち(イ)にあたるものと断定したのである。この(イ)には、(2)に示した(イ)〜(ト)までの内廷諸司がそっくり含まれる。そして、宣長のあげた(ロ)(ハ)が、(2)の(チ)〜(ヨ)までの外廷諸司にあたるものであった。

以上の(1)(2)(3)を、A・B型の最初の共通点として注意しておきたい。それではつぎに、A型の特色を、C型との比較において述べよう。

第一に、A型は、令では独立の官人=伴部で、品部・雑戸を付属していない。したがって、C型の(a)(b)のごとく、「トモノミヤツコ」が「べ」をひきいて上番する品部制のなお濃厚な部と異なり、むしろC型の(c)に類似し、官人化のもっとも進んだ外形を呈する。しかし実は、部の遺制から脱却した「トモ」なのではなく、(a)(b)よりも

さらに伝統的、世襲的な負名氏によって構成され、この点、(c)にもっとも遠い存在といえる。しかも、この負名氏の伝統は、平安時代までつづいているので、C型の(a)→(b)→(c)の発展的傾向とは相反し、かえって官人化への道をとざされた「トモ」であるといえるであろう。すなわち、たとえば、

(イ)水部十二人を増加するが、並に名負雑色人よりとる。(51)

(ロ)囚獄司物部の定額四十人は、名負氏の欠少のため、他氏より十人を補することにする。(52)

(ハ)造酒司酒部は、名負酒部の欠として、他氏二十人を通取することを許す。(53)

(ニ)衛門府門部は、まず負名入色人をとり、もし不足ならば、二分の一だけ他氏を通取する。(54)

(ホ)主殿寮殿部・掃部寮掃部・主水司水部は、負名入色者より補するが、負名外の異姓白丁をも五人までは許す。(55)

などは、負名氏を原則としつつ、その欠乏により、やむなく他氏を補任したことを示す。これに反し、C型の「トモ」「べ」は、(a)馬飼を天平十六年に免じ、(b)同時に雑工戸をも免じたが、天平勝宝四年の格によると、それは、鉄工・銅工・甲作・弓削・矢作であることが知られるなど、(a)(b)品部制の発展的解消がこころみられており、まして内匠寮のごとき、新置の官司においては、当初より「トモ」を「雑色匠手」(56)「番上工」(57)と称し、けっして「某部」とはいわず、

番上工百人、並取白丁、入色人情願亦聴(58)

のごとく、大部分を一般白丁からとっていることは、(c)の一層の発展を示し、むしろ(d)とも名づくべき新しいタ

イプがそこにみられる。『延喜式』では、令に最多の(b)の「トモ」、すなわち品部・雑戸より取りあてるべき伴部は、兵庫寮工部・鼓吹部、木工寮鍛部の三者のみで、他は「某手」「某工」とよばれる「トモ」がこれに代わっている。内蔵寮百済手部・狛部は、造御櫛手・夾纈手などの雑作手や染手に代わられ、縫殿寮には染手、織部司には織手・絡糸女、内膳司に作器手、図書寮に写書手・装潢手などがみられるのも、品部制と無関係な工人的属僚にほかならぬ。そして、令と異なり、かような「工」「手」が、「トモノミヤツコ」とよばれた形跡はまったくない。そして、中務省式によると、A型とC型は書きわけられており、

　掃部寮廿五人　頭一人…掃部八人、作手八人
　内蔵寮八十五人　頭一人…蔵部十人、作手三十二人
　内膳司六十六人　奉膳一人…膳部三十人、作器手十七人

など、春夏時服を支給すべき定員にも、「部」と「手」は明別され、「部」とあるのは、掃部・蔵部・殿部・水部などのA型の「トモ」であり、「手」とあるのは、かつての百済手部・狛部・画部・工部などのC型の「トモ」をさしている。すなわち令制の伴部は、かえってA型において、よくその伝統を保持し、C型において発展解消の方向を示したといえる。前者は負名氏、後者は白丁番上工で、後者においては、したがって「トモノミヤツコ」の称呼は消滅し、「トモノミヤツコ」はもっぱら前者において、維持されることになったのである。

主殿寮殿部が、「殿もりのみやつこなるをのこの侍るも(59)」とか、「殿守のとものみやつこ心あらば、この春ばか

り朝きよめすな」[60]といわれ、衛門府門部が、「左右乃衛門府中久某月乃上番仁可奉仕支伴乃御奴乃名簿」[61]とか、「伴宮都古」[62]と称せられたことは注意せねばならない。

第二に、すでに述べたとおり、C型は「べ」をひきいて上番勤仕する「トモ」であり、賤視されたのにたいし、A型は、たとえば山城葛野県主（殿部）、車持君（殿部）、東漢直（史部）、西文首（史部）、秦造（蔵部）、大和宇陀県主（水部）、高市県主（水部）、大伴・物部一族（門部・物部）などのごとく、畿内の諸豪族によって構成され、C型のごとく上番する「べ」を管しない。このようにA型が畿内豪族の「トモ」であり、C型より一層古い伝統的な組織の「トモ」であったことが、貢納民としての「べ」を所有させた原因であったかも知れぬ。

しかし、その「べ」の所有の仕方には問題がある。すなわち、履中紀に、車持君が筑紫にいたり、車持部を校り、神戸の民を奪った罪のため、以後、「筑紫之車持部」を掌ることを禁じ、収公したとみえ、その理由に、車持君といえども、ほしいままに「天子之百姓」を校るべきでない、つまりわが物として扱うべきでないということをあげているのは、車持部が私有民であるよりは、公民に近い存在であることを示す。また「充神者」すなわち神戸（封戸）と同一視されているのは、この部が車持君の殿部たる職務に付随する後の職封にあたるものではなかったかを思わせる。いずれにせよ、「トモ」の官職にたいし、封戸のごとく、資養のため、天皇から賜与された「べ」であろう。「カキ」の民とはいわれない。

つぎに、秦氏・漢氏が、下野・美濃・備中・備前・讃岐・筑前・豊前などの国々に部民を所有したこと、なかでも美濃の春部里・三井田里・栗栖太里、豊前の丁里・塔里・加自久也里に集中する秦部・秦人部、あるいは漢部・漢人部の多さは注目に値するが、これらの部民が主家に租税を納入する農民であることはあきらかである。ところが、欽明紀に、秦人・漢人を召集し、国郡に安置して、戸籍に貫するとあるのは、秦人・漢人の用字法や、その戸数七〇五三戸の真偽はともかく、かかる農業部の由来を説いたものであることは津田左右吉氏のいわれるとおりであるとともに、(63)その際、大蔵掾の秦氏を伴造としたことは、この部が官吏によって管理されたものであり、雄略紀のいうように、秦部より調庸を徴集せんがためのものであることを示し、いわば、大族の私有民的な部民と異なる存在でなければならない。おそらく車持部のばあいとおなじく、大蔵・内蔵における秦氏の職務にたいし、つまり「蔵部」(トモ)の資養のために設けられた農業部であろう。欽明紀の白猪田部の設定とおなじく、天皇に所属するのではあるまいか。

つぎに、『常陸風土記』に、倭武命の遠征にさいし御膳をすすめ、水部をして清水をほらせた説話があり、大宝の美濃戸籍に、水取部三人の名がみえ、景雲三年、備前国人に母止理部姓のもの数人、つづいて美作・備前の母等理部姓のものを、頭をつくしすべて改姓せしめる旨がみえる。これらの部も、京畿諸国にあって、供御の氷を貢納した令制の水部・氷戸とちがって、水部(トモ)の資養にあてられた農業部であること疑いないであろう。

以上の部に共通なことは、ともに主家にたいする貢納民ではあるが、伝統的氏族制的な大族の有する私有民とちがい、主家の「トモ」としての職務にたいし、またその活動を援助する意味で、天皇から賜与された部であり、窮極には、天皇に帰属すべき民と考えられていたことである。

これは、つぎに述べるB型の舎人部・膳部などの性格と類似し、舎人部などが天皇・宮廷に属する名代で、「トネリ」「カシハデ」の資養にあてられ、某舎人造らはその管理を委ねられていたにすぎないこと、『高橋氏文』にも、膳大伴部は、天皇が膳臣の「トモ」としての活動にたいし賜与したもので、本来の私有民でないらしく記載されていること、名代の膳部も膳臣が管理したとみられることから、この両者は結局同一のものをさすと思われることなどがわかり、A・B型の共通性のつよいことが知られるのである。A型の車持部・秦部・水取部の分布が、美濃・下総・下野などの東国、備前・美作・備中などの吉備、筑前・豊前などの筑紫に集中しているのも、B型の舎人部・膳部など名代の分布と一致する率が高い。

以上、A型のC型と相違する点を述べ、あわせて、A・B型の共通点を追加したのであるが、それでは、A型の形成期はいつであろうか。もちろん、それらが令制のごとき「トモ」、すなわち殿部・門部・水部などに編成されるのは、大化後のことである。というのは、殿部らが負名氏とされながら、殿部らの姓自体を称するものはなく、事実は、車持・笠取・賀茂らの五姓人、その他の姓を名のったにすぎぬからである。氏名として門部をみるのは、孝徳紀の遣唐使人門部金がもっとも古く、水部も同紀の遣唐使学生氷連老人を古しとする。いずれも官名として発生後、氏姓に転化したものであろう。蔵部に、椋部秦久麻があり、膳部に、膳部高橋朝臣乙麻呂をみるのも、主殿允車持朝臣広真・奉膳高橋朝臣某・主殿頭車持朝臣国人などの書きかたと同様で(64)、椋部・膳部は官職名を示すにすぎぬ。すなわち負名氏といっても、すでに官職名と氏姓は分離しているのである。かかる意味では、「某部」の「トモ」の組織化はあたらしく、律令官僚制の発達と表裏をなすが、しかしこれらの官名中には、すでに大化前から成立していたものもあり、ましてこれを構成する負名氏やその職掌、および官司の発生自体は一層古いとおもわれる。

たとえば、ここに神部がある。職員令集解が、

中臣、忌部取用当司及諸司中者、然則不必神部、神部本何色人、忌部是神部耳

とした意味は、中臣・忌部らの負名氏をあてて、神部と称したにすぎないというので、神部の名称に本来性のないことを示すのであろう。おそらく「神部忌部某」などと称したのであろう。しかし、中臣・忌部の神祇における職掌の古いことは論をまたない。「神部」とおなじことは「門部」にもいえるであろう。また「雑工部」も同様で、鍛部・弓削・靫作などを総称したにすぎない。令制になってあらたに造出した部名である。しかし、蔵部・殿部・掃部・水部などは、その部名自体も、古いかも知れない。

それでは、このような意味で、A型の「トモ」の形成期はいつごろであろうか。

蔵部　履中紀に、「始建蔵職、因定蔵部」とあり、『古語拾遺』も、履中条に、内蔵と蔵部の設定を、雄略条に、大蔵の設立を述べる。

殿部　『姓氏録』に、雄略朝に車持君が乗輿を供進したので、車持公を賜わったとある。

掃部　『姓氏録』に、雄略朝に、掃除のことを監したので、掃守連の姓を賜わったとある。
水部　仁徳紀に、供御の氷を進める慣習が生じたとあり、『古事記』仁徳巻にも、水取司駈使丁をのせている。
門部　『姓氏録』に、雄略朝に、大伴大連が入部靫負を賜わり、このことが、大伴・佐伯二氏に衛門開闔を司らせる縁になったとあり、弘仁二年官符(65)には、この二氏の言を引き、祖の大伴大連室屋（雄略朝の人）が、靫負をひきいて左右を分衛し、衛門開闔を司るにいたってから、二氏がこの職掌を世襲したと述べている。
物部　雄略紀に、木工闘鶏御田と木工猪名部真根を、それぞれ物部に付し、刑せしめようとしたとある。
以上の起源説話をみると、総じて仁徳朝より雄略朝にかけて、A型の「トモ」が設定されたらしいことを伝えるが、とくに雄略朝＝五世紀後半に集中して記録されていることが知られよう。中臣・忌部や、大伴・物部のごとき大族の「トモノミヤツコ」が、朝廷内において神祇や軍事の職務を分掌する体制が五世紀に成立するとすれば、かれらによって、神祇官の「神部」、衛門府の「門部」、囚獄司の「物部」などの「トモ」が分化構成されるのは、やはり五世紀後半とみてよいのではないか。同時に、名代の舎人部・膳部・靫負部なども、このとき形成されることは、第五編において詳述するとおりである。

第三節　B型——近侍的トモ

まず、A・B型の相違点を考えてみよう。
第一に、Aは負名氏であり、畿内の豪族より成っていたが、Bは負名氏でなく、個別の「トモ」で、畿内諸氏のみでなく、地方国造の子弟・一族から構成された。それはBが、令において、選叙・考課・俸禄・課役免除とともに伴部と同列にあつかわれ、A・C型の「トモ」との親近性を示しながら、けっして「トモノミヤツコ」とよばれなかったことにもあらわれている。令制では、上述のごとく、舎人・兵衛は蔭子孫・位子・国造子弟をもって構成され、実際にはもっと雑多な階層の出身者、たとえば白丁や奴にいたるまでの階層をもふくみえたのである。(66)

膳部に高橋氏の任例はもちろんあるが(67)、負名氏の規定はないし、弓削宿禰伯万呂(68)・多治忠岑(69)・大春茂蔭(70)・壬生忠見(71)などの名も散見している。これはすでに大化前代からであり、舎人鳥山（仁徳紀）、舎人中臣烏賊津使主（允恭紀）、皇子帳内《とねり》佐伯部売輪（雄略紀）、宦人《とねり》吉備弓削部虚空（雄略紀）、帳内日下部連使主（顕宗紀）、皇子舎人迹見赤檮（用明紀）の名や、膳夫にも、七掬脛（景行紀）、吉備国造（応神紀）、無邪志・知々夫両国造（高橋氏文）の名が見出され(72)、いかに雑多な氏姓より成るかがわかるであろう。要するにB型は独立かつ個別の「トモ」で、階層も多岐にわたり、負名氏との関係はないといえよう。

第二に、B型の「トモ」の初源はきわめて古い。もともと「トネリ」とは貴人の「左右近く仕奉る者」の総称で、「近習舎人」（仁徳紀）、「近侍舎人」（武烈紀）、「左右舎人」（顕宗紀）など、「これらもただ舎人なり、別にかかる称どもあるにはあらず」(73)であり、したがって、「従人」(垂仁紀)、「近習者」(垂仁紀)、「左右」(垂仁紀)、「従者」(仁徳紀)なども、「トネリ」の範疇に属すべきであろう。そもそも、かれら「トネリ」に「舎人」の文字をあてたのは、『古事記伝』『書紀集解』などが例外なく認めているように、『漢書』第一上高帝紀、秦三年六月条の注に、

舎人親近左右之通称也、後以為司属官号

とあるのに出で、宣長などは、「後為官と云ふさへよく合へり」と述べるほどで、要するに左右の親近者を「トネリ」とよんでいたにすぎない。だからこのような「トネリ」であったならば、その初源は無限に古くさかのぼられるであろう。

しかし、重要なのは、それが後に「官」となり、「官号」に変化する時期であり、舎人・膳夫・靫負などの職能のあらわれてくる時代はいつかということである。それはやはり五世紀後半ごろだとおもう。舎人部・膳部・靫負部の文字は雄略朝からあらわれ、それ以前にはまったくみえない。もちろん舎人・兵衛も、律令的官制として確立されるのはさらに後のことで、A型よりもむしろおそく、天武朝をまたねばならない。

第三に、B型の「トモ」にも一応「べ」は付属するが、A型のそれが、一応諸豪族名を冠し、諸豪族の領有する「べ」の外形をとったのに比べ、これは天皇・宮廷名を冠し、いわば朝廷の領有下にある名代で、某舎人造などは単に管理したにすぎないことがあげられる。

以下、これらの部を各個にみてゆこう。

㈠　カシハデ

天皇の供御に奉仕した阿曇連と膳臣（高橋朝臣）の職掌のちがいをみると、前者が各地に海部・阿曇部などの貢納民を私有し、朝廷の御饌の材料を供給する氏族制的な「トモノミヤツコ」であるにたいし、後者は膳部をひきいて膳司に出仕し、大膳の調理に従った官司制的な「トモノミヤツコ」であるといえるだろう。(74)『書紀』の記すところでは、膳臣余磯（履中紀）、膳臣長野（雄略紀）、膳臣大麻呂（安閑紀）、膳臣傾子（欽明紀）など、(75)いずれも内膳卿あるいは膳職における御膳調進者、すなわち独立の「トモ」としてであり、阿曇連のごとく、海人の所有者としてではない。また『高橋氏文』に、景行天皇の東国巡幸にさいし、無邪志知々夫両国造の上祖が、膾をつくり煮焼して御饌に供し、膳臣上祖六雁命は、

令料理天将供奉止曰天遣喚無邪志国造

のごとく、国造に命じて調理させ、これを監知するのを任としたとあり、令の内膳奉膳が、

掌惣知御膳

を職務とし、『令集解』の解するとおり、「典膳以下所造監当耳」「監知典膳所造耳」と考えれば、まさにこの奉膳の職務にあたることになる。

このような膳臣が「膳大伴部」を支配したことは、あたかもA型の大蔵掾たる秦造が、伴造として「秦部」を管理し、また衛門開闔の任をおびた大伴連が「入部靫負」を賜わったとある説話と似たところがある。

問題となる『高橋氏文』の文章は、つぎの二つである。

(1)日竪日横陰面背面乃諸国人乎割移天大伴部止号天賜盤鹿六雁命

(2)又諸氏人東方諸国造十二氏乃枕子各一人令進天手次比例給天依賜支

これまで、伴信友[76]や本居宣長[77]は、大伴部とは膳夫どもの集団で、数多の膳夫の「トモ」を六雁命の部下としてひきいさせたものとし、(1)(2)を同一視した。以来、この説は継承され、(2)は(1)の説明であり、「諸氏の長だちたる人の中より選出、またかの（東方）十二国の造の赤子を一人づつ進らしめ給ひて、六雁命に依し給へる」（高橋氏文考注）意味であると井上光貞氏も解されるのである。[78] しかし、この説には賛成しがたいとおもう。

第一に、「日竪日横陰面背面」とは、成務紀にもあって、かの国郡県邑の行政区画の設定にさいし、「以東西為日縦、南北為日横、山陽日影面、山陰日背面」としたのは、東海・東山・山陽・山陰のごとき明確な区分ではないにしても、天下諸国の表現であることはあきらかで、大和を中心とする東西南北の諸地方を指向することばであろう。[79]『万葉集』に、「背友」の国として美濃をさしているのも、[80] 大和からいってのことである。これに反し、(2)の東方十二国は、信友のいうごとく、伊勢・伊賀・尾張・参河・遠江・駿河・甲斐・伊豆・相模・武蔵・上総・下総・常陸・陸奥などをさすと一応解してよいだろう。このように、(1)と(2)では、地域のたて方がまったく異なるとともに、その拡がりにおいても、(1)は(2)を含むとみてよいとおもう。

第二に、(1)の「諸国人を割移して」と、(2)の「国造の枕子各一人を進めしめて」とはまったく内容を異にする。(1)はたとえ集団移民のごときものでないにしても、諸国の国造治下の人民の所有権の移動を意味し、(2)は東国国造の子弟を一人ずつ京に進めしめたものである。すなわち、(1)は地方における「べ」を、(2)は中央における「トモ」をさしたものにほかならぬ。

第三に、(1)ではこの「べ」を「賜」とあり、「記・紀」にも、「定膳之大伴部」とか「賜膳大伴部」とあって、「べ」を設定し、これを膳臣に賜与したことを明確に表現しているのに、(2)では、「トモ」を「依賜」とあり、その統率を命じたことを示している。「任」「寄」「依」などの語は、ともに「ヨサス」と訓み、事をその人に任せ執り行わしめる、任務を付与する意味で、所有の意は含まれない。すなわち、(1)は伴造として「べ」の所有を、(2)は官人として「トモ」の統率を正確に表現したことばである。

第四に、(2)において「諸氏人」と「東方十二国造」を対置させた書きかたは、令の規定においても、采女・舎人の点定にみられ、あたかも、膳臣の職掌が、令の内膳奉膳のそれの正確な反映であったのとひとしい。まず、采女は、

(イ)諸氏々別貢女、古記云、其氏女謂京畿内也、穴云、氏謂石川氏一人紀氏一人之類是也[81]

(ロ)貢采女者、郡少領以上姉妹及女[82]

とあり、(イ)は畿内諸氏から「氏女」を、(ロ)は郡領、畿外国造から「采女」を貢進したことを示し、令に女孺とあるのが、(1)の氏女をさすらしく、「女孺、謂下条諸氏々別貢女[83]」とか「氏女令仕縫殿寮耳[84]」「問縫女部亦女孺歟、答非也、召京内婦女等令裁縫耳[85]」などの諸説は、女孺が諸氏々別貢女にあたること、女孺を京畿内より取るために、縫女部と混同し、氏女が縫殿寮に直するために、縫女部と女孺を混同したらしいことなどを示していよう。

つぎに「トネリ」をみると、まず兵衛（トネリ）は、

(ハ)国司簡郡司子弟強幹便於弓馬者[86]

ついで舎人（トネリ）は、

(ニ)内六位以下八位以上嫡子[87]（大舎人）

(ホ)五位以上子孫年廿一以上、見無役任者[88]（内舎人）

(ヘ)取六位以下子及庶人為之謂内六位以下子[89]（帳内）

とあり、(ハ)の「兵衛」は諸国郡司子弟を主とし、(ニ)(ホ)(ヘ)の「舎人」「帳内」は五位以上か内六位以下で、いずれも畿外諸国はほとんど対象に入れられず、畿内諸氏を主にしたことを示している。事実、その後も、和銅三年、畿外人を帳内資人に用いることを禁じ[90]、延暦十四年、左右大舎人は蔭子孫か位子をあて、畿外人をみだりに補任することを禁じた[91]などの記事がみえる。かくのごとき原則は、天武朝に確立したのである。この朝の八色姓や内外位の制が、天皇を頂点とする官僚制国家のヒエラーキーを確立することを目的としたのは諸論の説くとおりで

あって、[92]「畿内有位人」（天武紀）、「外国人欲進仕」（天武紀）、「内外文武官」（天武紀）、などの語の示すように、官僚制における内外の別も、このころ整えられたのである。

今、ここに述べる采女・舎人についても、(イ)「諸氏々別貢女」は、すでに天武紀の「諸氏貢女人」にみられ、(ニ)(ホ)の内位舎人は、天武二年の「公卿大夫及諸臣連并伴造」は初出身に必ず「大舎人」を経べきものとする規定にすでにみられ、この規定では、「国造」すなわち外位外官は排除されているのである。いずれも畿内貴族の官制上の地位を確立したものといえるであろう。かくみると、大化前の「トネリ」（舎人・兵衛・帳内・宦者の文字で表わされる）が、官制としての舎人・兵衛・帳内に定着するのは天武朝であり、その際「トネリ」のうち、畿外国造出身者が主として「兵衛」に、畿内諸氏（臣連伴造）出身者が主として「舎人」「帳内」に組織されたものとおもう。[93]前者は東国国造などを中心としたようで、古く上野国麻奈古（応神紀）や、新しく美濃の村国連雄依（天武紀）の名がみえ、のちにも「中衛」を「東舎人」といい、あるいは「朕我東人爾授刀天侍之牟留」の慣用句もみえる。[94]

さて、采女・舎人における畿内諸氏・畿外国造の出身別は上記のごとくであり、膳夫においても、(2)の諸氏人・東方十二国造の意味を同様に理解すべきであった。そのばあい、采女にしても、舎人にしても、みな独立かつ個別の「トモ」であって、その中には、「某部舎人」とか「某部采女」を名のったものをみない。かれらはそれぞれの氏姓を称し、間々出身地名を冠したにすぎぬ。井上氏[95]が、膳夫や舎人に、卑姓貴族出身者と車国国造子弟の二系統を認められたのは、上述の意味では首肯されるが、それは(2)内部の区分とすべきで、(2)の国造出身者を、(1)の某部、すなわち名代と混同してはならぬ。そうしなければ、たとえばおなじ東国から、某部舎人を称するものと、独立の氏姓をもつ二様の舎人が出仕することになる。膳夫も同様である。

『高橋氏文』の二文を、第一から第四までのごとく理解せねばならぬとおもう。

実際に史料を検討すると、膳部や舎人部は国造一族のごとく、特権階級に限定されてはいない。舎人部については「トネリ」の項で述べるから、膳部についてのみ見てゆくと、大宝二年、豊前国上三毛郡加自久也里の戸主河辺勝某の寄口に、膳大伴部犬麻呂とその男女・妹三人、塔里の戸主塔勝岐弥の寄口に、膳大伴部沙与知があり、東国には、養老五年、下総国葛飾郡大嶋郷の戸主孔王部志漏の妻大伴部稲依売、相馬郡意布郷の房戸主藤原部結の妻大伴部佐加売、戸主藤原部金弟の妾大伴部伎奴古売、天平十三年、匝沙郡磐室郷の戸主大伴部麻呂とその戸口一人、勝宝七年、相馬郡防人大伴部子羊、埴生郡防人大伴部麻与佐のほか、上野国防人大伴部節麻呂、下野国那須郡防人大伴部広成、武蔵国秩父郡防人大伴部少歳、那珂郡防人檜前舎人石前の妻大伴部真足女、相模国鎌倉郡の戸主大伴部広麻呂らの名がみえる。(96)『氏文』にも、「膳大伴部」を「大伴部」と称した例があり、しかも、武蔵国「知々夫大伴部上祖三宅連意由」(すなわち膳大伴部)などは、おなじ『氏文』の「知々夫国造上祖」(すなわち膳夫)とあきらかに区別して書かれており、膳夫(トモ)と膳大伴部(べ)の範疇的相違を表現しているが、太田亮氏(97)はこのような観点から、先にあげた武蔵の大伴部少歳などをも膳大伴部と考えられたのである。東国の大伴部が、磐鹿六雁命の伝承につよく反映していることはまちがいないであろう。

とともに、上記の例は、膳大伴部がけっして国造一族などの特権階級に所属しないことを示し、とくに寄口とあるのは舎人部にも多いのである。[98] またこの部が、豊前・武蔵・下総・美濃に多いことは、A型の部（車持部・秦部・秦人部・水取部）が、東国・吉備・筑紫に集中したことや、壬生部の所在について、『書紀集解』が、「検類聚鈔、遠江国磐田郡、安房国長狭郡、美濃国池田郡、安芸国山県郡、筑前国上座郡、有壬生」と述べたこととあわせ考え、これら三者間にきわめて象徴的な類似性の存在することに気づくであろう。子代・名代の分布については、第五編において詳述する。

なお、豊後国大分郡擬少領膳伴公家吉（続後紀）、豊前国仲津郡擬少領無位膳東人（続紀）、豊前国宮子郡少領膳臣広国（霊異記）などの例は、地方で膳部をひきいたクラスとすべきであろうか。

それでは積極的に、膳大伴部がいかなるものであるかを推論してみよう。

第一に、神祇の古義を伝えるものとして、践祚大嘗会の悠紀御膳の行立次第がある（神祇式）。

最前内膳司膳部伴造一人、次采女司采女朝臣二人、次宮主卜部一人、次主水司水取連一人、水部一人、次采女一人、次内膳司高橋朝臣又安曇朝臣一人、膳部五人、酒部四人

おなじく神今食の儀式次第（儀式）によると、

膳伴造鑽燧即炊御食、安曇宿禰吹火、内膳司率諸司伴部及采女等各供其職料理御膳雑物

とあり、『江家次第』はこれを伴造（神今食・大嘗会）、膳伴造（新嘗祭）ともよんでいる。要するに、膳部伴造が、高橋・安曇両氏と別個に内膳司のメンバーとして、忌火を鑽る伝統的な儀式に参加したのである。これは『高橋氏文』に、

若湯坐連等始祖意富布連之豊日連乎令火鑽天此乎忌火止為天…供御食…神嘗大嘗等仁仕奉始支

とあるのにひとしく、『氏文』の文はかえって上記の儀式を反映したのかも知れぬ。しかるに、ここでは、膳部伴造の任が、かつては若湯坐連の始祖物部豊日連の掌るところであったごとくに語られ、『氏文』がその註に説明として、

今令鑽忌火大伴造者物部豊日連之後也

とつけ加えたのも、そのためであろう。津田氏(99)は、これを湯坐氏が一般の供御（内膳）にも関係ある家であったろうとされるのであるが、むしろ湯坐連が膳部伴造と同系列に扱われている点に注目すべきであろう。すなわち膳部が湯坐連にひきいられた湯沐部（子代）と同系列のものではなかったかということである。

第二に、『高橋氏文』は、「武蔵国知々夫大伴部上祖三宅連意由」をあげる。継体・安閑紀などに「名代屯倉」の設定があり、『播磨風土記』でも、安閑朝に、天皇の寵人但馬君が「三宅」をつくり、「皇子代君」の姓を賜わった説話があるが、屯倉設定が名代に準じて扱われるようになることを思えば、膳大伴部と三宅連が事実上重なりあう存在となったことも、十分意味のあることである。膳大伴部とは、このような在地の部民をさすであろう。

第三に、『姓氏録』の丹比宿禰に関する二つの説話も、この観点から理解されるであろう。

(イ)丹比宿禰の祖御殿宿禰色鳴は、仁徳天皇の皇子のため、「多治比部」を「諸国」に定め、「皇子湯沐邑」とし、その宰となり、「丹比部戸」を領したので、丹比連の姓を賜わった。

(ロ)襷多治比宿禰と靫負多治比宿禰は兄弟で、それぞれ「膳夫」「靫負」として奉仕したから、この氏姓を賜わった。

右の二例について、(イ)「多治比部」は皇子湯沐邑、すなわち皇子養育のための「ユヱ」であり、壬生部である。(ロ)「襷多治比」や「靫負多治比」は、それぞれ膳夫や靫負となったので、「トモ」であり、おそらく「べ」を統率していた一族のなかから、後になって宮廷に奉仕するものを出したことであろう。すなわち(イ)は「べ」であり、(ロ)は「トモ」であるといえる。もし「べ」の統率者のなかに国造一族のものがあったとすれば、その国造一族より、舎人・靫負・膳夫などを出すことはありえたであろう。孝徳朝に、茨城国造小乙下壬生連麻呂、那珂国造大建壬生直夫子（常陸風土記）、上野国甘楽郡大領外従七位下勲六等壬生公郡守（日本後紀）、武蔵国男衾郡大領外従八位上壬生吉志福正（続日本後紀）、上野国群馬郡外散位正八位上壬生公石道（三代実録）などは、推古朝の壬生部の設定と関係あるのであろうが、ともかくそれらの統率者であり、東国にいかに集中していたかがわかるであろう。

第一より第三までの例によって、膳部が「トモ」をさすのでなく、「べ」をさしていることが知られるとおもう。

(二) ウネメ

前項で述べた「トモ」と「べ」の関係を一層あきらかにするのは、「采女」と「采女部」の関係である。安閑紀に、廬城部連枳莒喩の女が物部大連尾輿の玉を盗み、春日皇后に献じたことが発覚し、その罪を贖うため、

枳莒喩以女幡媛献采女丁（是春日部采女也）

とあるについては、ここに記されている采女丁（采女部）がけっして采女でないことに注意したい。

第一に、春日部采女の「春日部」が出身地を意味するものでないことは、某部舎人・某部靫負などの「某部」が、主家の名、つまり天皇名や宮号を示すものであるのとまったく同様で、春日皇后の名代を意味している。これに反し、采女はすべて出身地名をもって呼ばれる。たとえば、小墾田采女（允恭紀）、倭采女（雄略紀）、伊勢国三重采女（古事記雄略巻）、栗隈采女（欽明紀）、八口采女（欽明紀）、伊賀采女（天智紀）などがそれで、例外はない。河村秀根[100]が、

按以地名称采女其地於貢采女伊勢采女之類是

と述べ、伴信友[101]が、

采女は其本国本郷の名をもて其采女を喚さるる例なれば、（下略）

と説くとおりである。春日部采女がこれと異なることはあきらかである。

第二に、宝亀元年、今良大目東人とその子秋麻呂ら六八人が、解放とともに姓を賜わっているが、そのなかには多くの部姓とともに采女部があり、これが低い姓であったことを証拠だてる。このとき、同時に、秦部・若桜部・伊福部・湯坐部・壬生部などの名・子代系の部が含まれることは、采女部の性格を知る一つの手がかりとなるであろう。おなじく宝亀七年、丹後国与謝郡人采女部宅刀自女が、多産の故をもって、正税を賜わったのも、宅刀自女が国造一族であると思えない一証となるとおもう。(102)

第三に、『書紀集解』が、

采女丁孝徳二年紀曰、采女者従丁一人、従女二人

と指摘しているように、采女丁は采女の従女・従丁である。大化の采女制は仕丁制とともに、古い制度の立法化であって、仕丁の廝丁も、采女の従丁も固有制であろう。天平年間、縫殿寮解文によれば(103)、采女一人に樵一人、盧守一人の従っていたことが知られ、『延喜式』(104)では、樵丁一人、守盧丁一人をあてる規定となっている。前者は採薪、後者は守舎の義で、ほぼ仕丁にたいする廝丁の役割とひとしく、ともに男丁である。(105)

このばあい、大化制では、采女に一〇〇戸、仕丁に五〇戸の養戸が付され、廝丁を出すとともに、庸布庸米をも出して「トモ」の資養にあてていることは、おそらく廝丁を通じて、養戸が「トモ」の扶養義務を負うた証左

で、采女丁と采女部は、この厮丁と養戸の関係にあたるものではないか。そしてこの養戸は、皇子の壬生部＝子代、天皇・宮廷の名代に相当するであろうし、後の封戸（一郷五〇戸を単位とする）にあたると考えられる。

第四に、春日部采女を貢進した盧城部連は、枳莒喩の子武彦が皇女を犯した罪で、父に殺されたとき、

湯人盧城部連武彦

と明記されたのをみても（雄略紀）、湯沐＝壬生部をひきいる家筋であったことはまちがいない。おそらくその一部を割いて采女部とし、采女丁を献上したのであろうし、要するにそれは部民である。仁徳紀は盧杵河（伊勢）を記し、『延暦儀式帳』は、大神宮所管度会郡東限、五百木部浄人家を記している。『書紀集解』も、この湯沐の伊勢に所在することを認めているようである。とすれば、それはいわゆる「伊勢采女」(106)とは別個の存在でなければならぬ。

三　トネリ

舎人部の細部を検討するまえに、それが膳部・采女部と同性格のものであることは、すでに諸説の認めるところであるから、この舎人部もまた、天皇・皇子の名代・子代と同種のものであり、親近する「トネリ」の資養のため設けられたものであることが、当然結論されてくるのである。そのばあい、二、三の障害となりうべき点をまず考えてみよう。

第一に、舎人部にも、国造一族のものの名が多くみえるが、それはおもに史料的な制約によるもので、『万葉集』や、戸籍・計帳のたぐいでは、かえって一般農民の方が多い。たとえば、

常陸国茨城郡防人　若舎人部広足
同　那賀郡防人上丁　大舎人部千文
下野国足利郡防人上丁　大舎人部禰麻呂
上野国防人　他田部子磐前
武蔵国那珂郡防人上丁　檜前舎人石前
信濃国小県郡防人国造丁　他田舎人大島

（万葉集巻二〇、防人歌）

出雲国神門郡伊秩郷高年已下不能自存已上

寡、戸主舎人部立麻呂、口、凡治部阿豆売
寡、戸主舎人中麻呂、　口、舎人部佐流売
不能自存、戸主舎人竜麻呂、口、舎人部百足
同　同　口、舎人衣売

（出雲国大税賑給歴名帳）

遠江国浜名郡　戸主小長谷部奈為　田四段二四〇歩
戸主大湯沐部枚夫、戸白髪部得麻呂　田一町
（遠江国浜名郡輪租帳）

美濃国加毛郡　某戸、寄人石上部加多爾
同　寄人石上部根猪
戸主県主族長安同党都麻呂、妻白髪部長売
（美濃国加毛郡半布里戸籍）

下総国葛飾郡　某戸、戸主甥日奉舎人部真嶋
戸主孔王部猪、母小長谷部椋売
（下総国葛飾郡大嶋郷戸籍）

山背国愛宕郡　戸主出雲臣某、寄口白髪部佐万売
同　寄口白髪部長売
（山背国愛宕郡雲下里計帳）

備中国窪屋郡　（白髪部郷）戸主白髪部波伎自
（同）　戸主白髪部首智麻呂　口、白髪部紲売

右京　　　戸主椋垣伊美吉意伎麻呂、寄口檜前部意富佐売
　　　　　同　　　　　　　　　寄口檜前部売斐売
（備中国大税負死亡人帳）
（右京計帳）

のような例がただちに見出せる。(107) 舎人部がけっして国造一族のごとき特権的地位にあるものに限られなかったことが知られるであろう。先述の宝亀年間、今良六八人の賜姓中、檜前部・真髪部・石上部・丈部などの舎人部に関する氏姓が、他の多くの部姓とともに記されていることも、以上の論旨をたすけるであろう。

もしそうならば、国造一族、すなわち直姓のものや郡司クラスのものは、この部の上位者あるいは統率者であって、中央には、たとえば檜前舎人造・川瀬舎人造等々の管掌者があったのである。すなわちこの形は、

某舎人造――某舎人部直――某舎人部

の図式で一応表現されよう。これを、

藤原部造――藤原部直――藤原部
穴穂部造――穴穂部直――孔王部

という子代＝壬生部の統属関係と比べれば、その類似は否定さるべくもない。後者が貢納民（べ）であるとすれば、前者も同様であったろう。

第二に、某舎人部が朝廷に上番勤務した「トモ」であったといわれるが、大化前のみならず、それ以後においても、実在の「トネリ」のうち、某舎人部を称するものは一例もないのである。「トネリ」の数はかなり多いから、偶然ではない。その実例をあげ、いかなる階層から出仕したかを推定してみよう。

(イ)舎人上野国麻奈毗古（播磨風土記）
(ロ)近習舎人播磨国造祖速待（仁徳紀）
(ハ)官者吉備弓削部虚空（雄略紀）
(ニ)大舎人日置臣志毘出雲国人（出雲風土記）
(ホ)舎人（カ）守君大石美濃国造（斉明紀）
(ヘ)舎人村国連雄依美濃国人（天武紀）
(ト)兵衛大分君稚君・大分君恵尺（天武紀）
(チ)舎人中臣烏賊津使主（雄略紀）
(リ)舎人（カ）河内三野県主小根（清寧紀）
(ヌ)帳内日下部連使主（顕宗紀）
(ル)舎人大伴連馬来田・大伴連友国（天武紀）
(ヲ)舎人文首根麻呂・文首智徳（天武紀）
(ワ)舎人黄文連大伴（天武紀）[108]
(カ)舎人山背直小林・山背部小田（天武紀）
(ヨ)舎人佐伯連大目（天武紀）

このうち、(イ)〜(ト)までは諸国造出身、(チ)〜(ヨ)までは畿内豪族出身の「トネリ」であるといえよう。たまたま、前者のうちで、大分君を「兵衛」、後者の日下部連を「帳内」としたのも、令制の兵衛（畿外郡司）、帳内（畿内有位）を反映するのかも知れぬ。そして、前者は少数例で、やや不確かではあるが、上野・美濃（東国）・出雲・豊後（筑紫）にわたっており、舎人部の分布とも一致するのは、両者の併存を物語るものである。それは「べ」と「トモ」の関係においてであろう。

第三に、『出雲風土記』の意宇郡舎人郷に、

志貴嶋宮御宇天皇御世、倉舎人君等之祖日置臣志毘大舎人供奉之、即志毘之所居故云舎人

とある倉舎人君の説話が、欽明天皇の皇子倉の「トネリ」として上番した倉舎人志毘に関するものと考えられてよいかどうか。たとえ倉舎人志毘が上番したとしても、倉舎人部の統率者としての志毘を否定することにはならないが、私は倉舎人部が当時存在していたとは思わない。「記・紀」にもそういう名代は存在しないし、何よりも、もし名代ならば、志毘こそ倉舎人を名のるべきであった。すなわち志毘は、大舎人として出仕した独立の「トモ」で、名代との関係はない。倉舎人と称するようになったのは、そういう祖先説話によって、子孫がみずから名のったのであろう。これと類似のものに、『豊後風土記』の日田郡靫編郷の説話がある。やはり欽明朝に、日下部君等祖邑阿自が靫部に仕奉った事実によって、郷名が付せられたとあるが、邑阿自が靫負として出仕したにもかかわらず、この氏はあくまで日下部君であって、某靫負部ではなかった。邑阿自もまた名代と関係のない独立の「トモ」であったか、また在地における靫編の集団の居住地をかく称したにすぎないであろう。

第四に、他田日奉部神護の解文があり、他田日奉部が世襲的に「トネリ」として出仕した例と考えられているようであるが、これも出仕したのは八世紀における神護であり、養老二年以後の事実にすぎない。すなわち神護は、養老二年～神亀五年（一一ヵ年）を位分資人、天平元年～同二十年（二〇ヵ年）を中宮舎人として、計三一年

間在京し、この間、左京七条に移貫した。このように、郡司子弟が「トネリ」として出身し、昇叙改姓をへて、やがて京に移貫するのは、むしろ奈良時代の通例であり、神護はその一例にすぎない。重要なことは、彼の祖父は孝徳朝に下総海上郡少領、父も天武朝に同郡少領、持統朝に大領であったことで、いずれも郡司として地方に留まっている点である。まして大化前に、他田日奉部が「トネリ」として出仕した保証はまったくない。他田日奉部は名代であり、この氏はその統率者であったであろう。

さて、以上のごとく、通説にたいする障害が除かれ得たとするならば、舎人部を積極的にはいかに解釈できるであろうか。つぎの材料を検討してみよう。

(1)天武朝に、屯田司舎人土師連馬手が、菟田吾城で駕に従う一行に食を供した。屯田司舎人は、屯田司所属の舎人と解されてきたようであるが、これは舎人馬手が屯田司の職にあったので、滝川政次郎氏(109)などは、馬手が皇子の湯沐令であったと断定しておられる（天武紀）。

(2)天武朝に、舎人村国連男依があり、美濃国出身かとおもわれるが、かれは同国安八磨郡湯沐令多臣品治に命を伝え、美濃師三〇〇〇人を発している。この兵は、「当郡兵」と「諸軍」より成っていたらしく、後者は国司治下の軍団兵、前者はかの山背大兄王が、「諸東国以乳部為本、興師戦其勝必矣」としたと同様な壬生部の軍であったろう。雄依みずからが、この湯沐軍をひきいたとすれば、かれは湯沐にたいし、何等か支配的地位にあったのではないか。ただし確実とはいえない(110)（天武紀）。

(3)厩戸皇子は、屋栖古連公をもって、「肺脯侍者」とするとともに、播磨国揖保郡内二七三町五段余に及ぶ「水田之司」に任じた。同時に「雄略天皇之随身肺脯侍者」の語をみるが、これが「トネリ」であったことはまちがいあるまい（霊異記）。

(4)勾宮天皇（安閑）の寵人（とねりヵ）但馬君小津が、播磨国越部里に三宅を造り、皇子代君の姓を賜わった（播磨風土記）。

(5)調使と膳臣の二氏は、聖徳太子の近習であったらしいが、前者は御宅の税収を、後者は膳部の統率を司ったのであろう。太子の舎人に、調使麻呂の名もみえる（聖徳太子伝補闕記）。大海人皇子の舎人にも、調首淡海がいる（天武紀）。

(6)有間皇子の舎人に新田部連があり（斉明紀）、天武天皇の舎人に県犬養連大伴があり（天武紀）、大草香皇子の舎人とおもわれる難波吉士日香蚊父子の名もみえるが（雄略紀）、これらは、安閑紀に、桜井田部連・県犬養連・難波吉士らに、「屯倉之税」を掌らせるなどの記事からすれば、本来、屯倉の職務を執行するものであったかも知れぬ。

右の(1)〜(6)までの例は、総体として、「屯倉」と「舎人」の関係のきわめて深いことを示している。この段階における屯倉は、名代・子代に準ぜられる扱いをうけ、いわば人的区分としての名代・子代が、土地区分としての屯倉にまで拡大使用されるにいたったとみられるが、そのばあいの舎人の屯倉にたいする関係の仕方は、(5)(6)

のごとく、屯倉や名代にたいし、一定の職掌を有する家柄とおもわれる例もあるが、そのばあいでも、一種の官人たる資格によるもので、屯倉や名代・子代にたいする族制的所有的関係はまったく認められない。すなわち、(1)舎人が「屯田司」の地位にあり、(2)「湯沐」の軍をひきい、(3)「水田之司」に任ぜられ、(4)「三宅」を新設し、(5)(6)「屯田之税」の徴収に携わるなど、いずれも官人として、屯倉を統治する意味以上には出ない。

さて、後述するように、「トモ」と「べ」の関係について、令制になお痕跡をとどめるものに、三種の別があるとおもう。第一は、仕丁のごとく、「トモ」がその「べ」から出身すると同時に、「べ」は厮丁、養物を貢進し、「トモ」の資養義務を負うごとき、族制的共同体的な関係で、ここでは、「トモ」と「べ」は一体である。第二は、采女のごとく、「トモ」は出身の上では、すでに「べ」との関係を失っているが、「トモ」のため、従丁・養物を貢進し、これを資養せしめるための「べ」が別に設定される。つまり「トモ」にたいする「べ」の貢納関係は維持されているが、「トモ」と「べ」は、一応分離されているわけである。第三は、舎人のごとく、「トモ」は出身のうえではもちろん、資養の点でも、もはや「べ」と直接の関係をもたず、「トモ」は官司より俸禄を支給される官人に転化し、その官人の俸禄は調庸などの租税から支払われるにいたるのである。このばあいでも、「トモ」は官人として、朝廷所属の屯倉や名代を支配する、いわば官司的関係を維持する傾向をもつ。上記の(1)〜(6)の例はこれにあたる。

以上のようにみてくると、A・B型の「トモ」と「べ」は、第二に相当することがあきらかとなる。A型の車持部・秦部や、B型の舎人部・采女部・膳部などが、大族の有する氏族制的な部と異なり、官人の資養のために、天皇によって設定された部であることは、すでに繰返し述べたところである。そうすると、上述の(1)〜(6)の例は、第二の舎人部に関するものではあり得ない。それは第三の範疇に属する。その背景をなす時代は、(1)天武、(2)天武、(3)推古、(4)安閑、(5)推古・天武、(6)天武・斉明の各朝であって、概していえば、舎人部の設定期よりは新しいといわねばならぬ。つまり、「トモ」と「べ」の関係の仕方からいえば、第三は第二の順当な発展としなければならぬ。

第四章　べによるトモの資養

最後に、「トモ」を資養する「べ」の意味について、少し細かく分析してみよう。

大化の制では、一郷五〇戸が仕丁を出すとともに、厮丁および仕丁の資養にあてるための庸布・庸米を輸した。これにたいし、采女は郡司の子女で、それとは別に一〇〇戸の養戸を定め、それより庸布・庸米とともに、従女・従丁をも負担せしめたものであろう。このばあい、「トモ」と、その従丁・資養物を出す主体が分離している点、仕丁とは異なっている。さらに進んで、舎人は大化制に規定されなかったが、それは舎人が、まったく仕丁・采女のような賦役的意義をもたず、官人化していたからで、令によると、番上官としての俸禄を給されているのである。その後、仕丁・采女のばあいは、一且資養戸の制が消滅し、令では庸をもって資養にあてることとなった。賦役令の「主計々庸多少、充衛士仕丁采女女丁等食」とあるのはそれであるが、すでに養老二年には、「向京衛士仕丁免其房戸雑徭、以後当身資養」となり、また養老四年、「兵衛采女養物等類事、便以太政官印印之」とあって、仕丁・采女とも、大化前と異なる形式ながら、養物制が復活しているのである。かくのごとく、出身地の「べ」の貢進する養物をもって、「遠資」にあてる風習は伝統的なものであった。ただし、このばあいにも、両者には相違があり、仕丁がみずからの出身国郷の房戸、のちには養丁の輸物（国養物）をもって資養にあてたこと、一層明瞭には、食封制において、仕丁を出す封戸五〇戸が、養米・養布をも、また厮丁をも同時に封主に貢進しているのにたいし、采女は、養丁や封戸（養戸）に関係なく、養物は国郡司が未納の責を負い、一般の租税と変りないものであった。(111) 一体、封戸の仕丁は、賦役令義解に、「其封戸仕丁亦給其主」と規定し、さかのぼって大化二年に、「以入部及所封民簡宛仕丁従前処分」として、皇子らに、旧の壬生部、新置の封戸のいずれからも、仕丁を選びあてる許可を与えたのに由来するもので、大化前代より、壬生部より仕丁をとり、同時に厮丁・養物を輸さしめていた古来の伝統に基づき、これを封戸制に継承したものにほかならない。(112) 大化に入部＝壬生部より所封民＝封戸への転化が行われたことは確実であり、封戸仕丁は、直接にはこのときから発生したのである。しかるに、これと対照的なのは「トネリ」である。

大化後、皇族・貴族の近侍者としての舎人のばあいは、養老二年、一品舎人親王、二品新田部親王がそれぞれ内舎人二人、大舎人四人を賜わり、左右雑使に供したのが初見であるが、要するに官人としての舎人を一定期間賜わったにすぎず、もっとも私的な色彩のつよい帳内・資人のばあいでさえ、封戸から取りあてられた形跡はまったくない。令制では、内六位以下(畿内有位人)、実際には外位(畿外有力者)をあてる例も多かったようである。このようにみれば、(1)仕丁、(2)采女、(3)舎人には、それぞれ段階差のあることがわかるであろう。(1)はもっとも力役的性格のつよいもの、(3)は官人化のいちじるしいもの、(2)はその中間的段階にあるものと一応いいえよう。ところで、この(1)に類別されるものに、「戸座」や「卜部」がある。戸座は、七歳以上の童男をとり、結婚まで卜食に従わせる古い慣習に基づく制度であるが(延喜式)、職員令集解の古記に、

戸座三人、吉備前国一口、阿波国一口、斎宮一口、各給養丁一口如常

とあり、天平三年格(113)には、

戸座　阿波国　阿曇部、壬生、中臣部、右男帝御宇之時供奉

備前国　壬生、海部、壬生首、壬生部、右女帝御宇之時供奉

備中国　海部首、生部首、笠朝臣、右皇后宮供奉

とあって、『類聚符宣抄』(114)などによると、卜部を遣わして、右諸国の当該氏姓中より卜定し、戸座として貢進させる定めであり、その氏で世襲されたらしい。その際、戸座(トモ)は、宮廷の供御に関する阿曇・海・壬生

（生）などの諸部（べ）より進められ、おそらくその養丁も、同時に貢進されたのであろう。養丁の語をみると、おなじく『集解』に、

御巫五人…各給盧守一人、戸座三人…各給養丁一口

とあり、また同条で、養丁を廝丁とも記しているから、要するに養丁とは、采女の盧守、仕丁の廝丁と同内容のものをさしていた。賦役令集解の釈説に、「廝使也養也」とあり、『史記』に、「廝養卒」の語がみえ、わが諸文献に、養丁を「資丁」[115]、廝丁を「資丁」[116]、養物を「資物」[117]と記しているのも、すべて、廝丁の本質が「資養之丁」にあり、養丁と同一であることを示している。また、仕丁の資養制が養老二年に復活すると[118]、やがて仕丁を貢する国郷において、数人の廝丁の雑徭分を輸さしめて、これを「養物」と称するようになり、この廝丁のことを、「養丁」「資丁」「副丁」と称するにいたるのは、これが、かつての廝丁と同意義の「資養之丁」であったからにほかならぬ[119]。令において、一郷五〇戸の庸布・庸米の制が消滅し、これが歳役の代償の意味に転化すると、廝丁に資養の意味が失われ、実質を伴わない存在となり、その廃止問題が生じてくるのであるが、本来の廝丁は資養之丁たるところに意義があったものであろう。すなわち、廝丁を貢進する壬生部が、廝丁を通じて「トモ」の食料を供給し、資養の義務を負うたところに、その純粋な形があった。上述の戸座の養丁はすなわちこれであり、壬生部が戸座の資養をも負担したのである。因みに、封戸を「養戸」と称した例のあることをあげておきたい[120]。

神祇官卜部も、古記に津島・伊岐・伊豆の各国造より貢進された旨を記し、おのおのに廝丁を付属するが、た

とえば、対馬のばあい、貢進した卜部の厮丁は伝統的に当島人（対馬）を三カ年を限り差送る習慣であったのも[121]、「トモ」と「べ」がともに本国において、一体的な関係にあったことを物語る。古記の、

　津嶋上県国造一口、京卜部八口、厮三口、下県国造一口、京卜部九口、京厮三口、伊岐国造一口、京卜部七口、厮三口、伊豆国嶋直一口、卜部二口、厮三口、斎宮卜部四口、厮二口、伊岐二口、津嶋二口、伊豆二口、国造直丁等、各給厮一口、亦常食、

の文意は、やや不明のところもあるが、「国造」とあるのは、卜長上にあたり、卜部の統率者で、のち「直」「直宿禰」などの姓を称し、「卜部」とあるのは、番上の伴部で、のち「卜部」の姓を称したもので、「京卜部」とは、すでに本国より京に上番したのち、京に移貫したものをさすのであろう。したがって、それに伴う「厮」にも、本国より上番するものと、京に居住するものの二系統がいたわけである。

　要するに、おなじ神祇官のもとに属する「戸座」と「卜部」は、その形態においてきわめて類似し、ともに伝統的な手法を墨守していたのである。

　このような(1)の「トモ」と「べ」にたいし、(2)の部類に属するのが采女部・舎人部・膳部であり、(1)と異なる点は、采女・舎人・膳夫などの「トモ」が、厮丁や壬生部（べ）から分離し、一応独立の「トモ」に発展していたことである。たとえば、采女部は采女の資養にあてられたが、采女は采女部から出身したものでなく、国造・郡司の子女であり、舎人も畿内豪族や畿外国造の子弟より構成され、その資養のための舎人部が別置されていた。

しかし、(3)の段階と異なるのは、特定の部民が設定されていたことであり、そのため、厮丁（従丁）と資養戸（部）は、(1)とおなじく一体的な関係を保っていた。かの盧城部連が、春日皇后の采女の資養のため、名代として采女部（養戸）を設置し、采女丁（厮丁）を貢進したのは、まさしくこれをあらわしている。

さて、本論で扱ったA・B型の「トモ」と「べ」が、忌部連（忌部）、阿曇連（海部）などの氏族制的な部民制や、C型に属する馬飼造（馬部）、鍛冶首（鍛部）などの官司制的な部民制と異なるのは、上記のごとく、「トモ」を資養する意味での「べ」を付属した点にあった。いわばそれは、氏族制的な部と官司制的な部を両極とする中間的性格のものと称してもよいであろう。そして、「トモ」が官人であったのとおなじく、「べ」も窮極には天皇・宮廷に所属するものであった。このような「トモ」「べ」の制度が広範に組織されるところに、五世紀後半以後の大和朝廷の権力の発展があるといえるのである。

註

（1）　内田銀蔵『日本経済史の研究』下　大正十年　一〇三〜四ページ

（2）　津田左右吉『日本上代史研究』昭和五年　五〇七〜八ページ

（3）　周書四十九　列伝四十一、異域上、百済

（4）　今西竜「百済五方五部考」（『百済史研究』昭和九年）は、百済において、王都内を上・前・後・中・下の「五部」に分け、地方を中・東・西・南・北の「五方」に分ける、いわゆる五方五部制は、百済の泗沘（扶余）遷都＝聖明王十六年（五三八）以後に発生したもので、周書や隋書に、百済の都固麻（居抜）城について、「畿内為五部」、「都下有万家、分為五部」としているのも、この泗沘の状態を伝えているのであるとし、熊津（公州）時代にも、その計画はあったが

実施はされなかったとされた。これにたいし、池内宏「高句麗の五族及び五部」(『満鮮史研究』昭和二十六年)は、書紀継体十年五月に、百済の使節「前部木劦不麻甲背」がみえるから、たとえ周書、北史の五部が、泗沘遷都後の状態を伝えたものであるにせよ、その起源は熊津時代にあったものとし、このほかに、旧唐書百済伝によると、唐顕慶五年(六六〇)、百済の亡びたとき、その旧土が「郡三十七、城二百」を統べる五部に分かれていたとあり、その翌年の記事によると、東・西・南・北・中の五部がこれにあたるらしいから、王都の五部のほかに、地方の五部制が発生しており、これが泗沘において現われたのであろうとされた。同時に、そのいずれも、起源は高句麗にあり、高句麗では、都下五部制の設立年代は、文咨明王(四九二〜五一八)より以前にさかのぼりうる。おそらく長寿王十五年(四二七)の新都平壌の経営にさいし、はじめて現われたもので、これが百済の熊津の五部制にとり入れられ、別に地方の五部は、少なくとも長寿王二十三年(四三五)より以前には存在せず、これが百済の泗沘にひきつがれ、地方五部制となったものであろう。五方も泗沘において創設されたらしいが、これは五部とちがって、軍政に重きをおいた区画であろうとされた。

このほか、末松保和「新羅六部考」(『新羅史の諸問題』昭和二十九年)は、新羅の王都慶州における六部の区分にふれ、それは二十九代武烈王(六五四)より三十六代恵恭王(七七九)までの、いわゆる中代末に確認され、「六部監典」「典邑署」「典京府」など、「分領六部」とあるごとく、王都を治める官司が現われたものとされる。しかし、真興王(五六〇代)の巡狩碑にも、三部=喙・沙啄・本彼はすでに存在していた。ただこれより古い史料は見あたらないとされた。

末松保和『図説世界文化史大系』朝鮮東北アジア 昭和三十四年においても、百済の五方五部制の起源は高句麗にもとめうるかも知れぬとされるが、百済のそれはやはり泗沘(扶余)時代に確認され、五部はやはり王都内の貴族の区分であり、五方は全国の行政・軍事の双方にかけた組織であるとされる点は、池内説と異なる。

百済・新羅の部名と氏姓については、第六編でもふれるが、要するに、以上の諸説を綜合すると、朝鮮における行政区分としての「部」制は、高句麗→百済→新羅の順に伝播したものと考えられ、少なくも年代は高句麗がもっとも古い。百済・新羅とも、ほぼ六世紀半ばの成立となり、わが「部」制への直接の影響はないことになる。もっとも、百済については異論があり、五三八年が一つの争点となるが、たとえそれ以前の熊津時代にさかのぼりうるとしても、さほど古くはならないであろうし、一般化するのはあくまで泗沘においてである。また、この五部制が行政区画である点において、わが官司の「部」制とは本質的に異なるのである。津田左右吉氏は、百済の五部制は、欽明紀十三年五月条の、百済使人「中部徳率木刕今敦、河内部阿斯比多」とある、「中部」と併記される「河内部」にはじめて影響があらわれたとされる。この「河内部」は、わが朝廷の「トモ」「べ」制の部の表示法でなく、百済とおなじ行政区画的な用例であると考えられたからである。津田氏は、この用法から、ある地域に住む民衆の一団をも部とよぶようになったのかも知れぬと推定されるが、もしそれを厳密にいえば、わが民部の成立は六世紀のこととなる。もちろん、この結論は保留しておきたい。

(5)　直木孝次郎「人制の研究」「複姓の研究」(『日本古代国家の構造』昭和三十三年)

(6)　坂本太郎『大化改新の研究』昭和十三年 二一三ページ。すでにこの点については、第一編註(50)において述べた。

(7)　この部民制の成立にたいする基本構想は、すでに平野邦雄「大化前代の社会構造」(岩波講座『日本歴史』古代二 昭和三十七年)において述べ、大方の御承認を得ているものとおもう。井上光貞「一九六二年の歴史学会回顧と展望 古代」(史学雑誌七一―五)において、ほぼ肯定され、最近では、八木充「部民制の解体過程」(山口大学文学会誌一五―二)においても、この基本を生かされたようにおもう。

(8)　この点で、もし部民を貢納型・番上型に分けるとするならば、番上型が貢納型に先行するといえよう。

高橋富雄「部民制の基本形態」(東北大学教養部文科紀要一)は、部民制とは、大和国家の原始的官司制にほかならぬとし、まず周辺国造の労働力を集団的に朝廷に組織する徭役収取制から、一般品部の生産物収取へと転化してゆくとされているのは、肯定できるとおもう。

(9)　玉井是博「唐の賤民制度とその由来」(『支那社会経済史研究』昭和十七年)。このほか、仁井田陞『支那身分法史』昭和十七年 八六六〜七〇ページ、浜口重国「唐の部曲・客女と前代の衣食客との関係」(山梨大学学芸学部紀要一)、「唐の賤民・部曲の成立過程」(山梨大学学芸学部研究報告三)にも、これと共通する見解が述べられ、仁井田陞『中国法制史研究』奴隷農奴法 昭和三十七年 六ページには、浜口氏の見解が多く引用されている。

（10） 坂本太郎「家人の系譜」（史学雑誌五八―二）

（11） 仁井田陞『支那身分法史』昭和十七年 八九九ページに、部曲の法律的性質についてまとめてある。同『中国法制史研究』昭和三十七年 一三ページにトルファン戸籍の記載についてふれてある。

（12） これまでの法制史家のほぼ一致した見解であった。さいきん八木充「天武紀の部曲について」（山口大学文学会誌一七―二）は、わが律令が部曲・私奴婢にかえて家人・私奴婢の語を用いたのは、律令編纂時により近い天智・天武朝における特定身分に部曲の語が用いられた事実と関係あるのではないか。大化前代の部曲と、天武紀の部曲とでは、用法にちがいがあり、後者は、中国の部曲とほぼ同意義で、共同体所有の身分制的奴隷を指すのではないかとの仮説を出されている。

ともかくわが律令の家人が唐令の部曲にあたることは明白で、これについては第七編において詳述する。

（13） 宮崎道三郎「部曲考」（『法制史論集』昭和四年）が、朝鮮において部曲はすべて聚落（村落）の意に用いているので、わが国の部曲とは別種の用法であるとして以来、朝鮮の部曲制とわが部曲制は直接の関係はないと考えられているとおもう。

ただ最近紹介された林建相「朝鮮の部曲制に関する研究」（朝鮮学報三三）のように、部曲制を意外に古く遡及して考える説もあるから、年代的な関係は確定できないかも知れぬ。林氏によれば、朝鮮の部曲制は、新羅統一時代より認められるが、その素地はすでに三韓時代にあり、三韓時代には、各土豪勢力が各小国の中心部に、国邑・別邑（ソト）をおき、多くの邑落をあわせて領域を拡大したが、国邑の主帥・渠帥に対応する別邑の邑落民という構造が、すでに部曲制の萠芽であったとし、ついで三国時代になると、郡県制の設定されるまえに、城邑制があり、そのもとでは、土豪的な地方官人＝村主が家父長的な大家族の親族関係を通じて、族団的な村落統治を行なっていた。この共同体的統治と、階級収奪の矛盾的統一体として、部曲制が存在したとし、こののちさらに、新羅時代の部曲―郷より、高麗時代の郡県制下の、(イ)部曲―郷、(ロ)所・処―庄の支配へと展開するが、部曲とは、要するに奴婢に非常に近い身分に属する人間で構成される特殊な集落をさしており、(イ)は州郡県の官僚機構に寄食する戸長＝地方豪族が、土着の官人として、部曲の賤籍をにぎり、その集団を支配するもので、いわば、部曲主＝戸長の専断に委ねる統治形式をいうが、(ロ)は国王の権限のもとに、所属州郡県の機関を通じて、直接にかれらの賤籍をにぎり、その集団より国家に租税収奪が行われるものをさしている。ただ、(イ)と(ロ)は、その区分も不明確であり、地位もあまり変らなかったとみるのである。

ともかく、部曲制は十二世紀より急速に消滅するが、このような部曲制を、三国、さらに三韓とさかのぼらせうるのかどうか。さかのぼらせうるとしても、部曲という呼称がすでに発生していたのかどうか。問題は多いとおもう。

(14) 天武朝における新羅の政治・文化の影響力のつよさからいうと、この構想はすてきれないとおもう。新羅の骨品制が天武朝の八色姓と密接な関係ありと思われること、新羅仏教の急速な受容など、第三編で詳述する。

(15) 井上辰雄「ミヤケ制の政治史的意義序説」（歴史学研究一六八）

(16) 川上多助『日本古代社会史の研究』昭和二十三年　四一～七ページ。いわゆる「公民」については、第六編において詳述する。

(17) 本居宣長『古事記伝』二十九　景行天皇条

(18) 伴信友「高橋氏文考注」（『伴信友全集』三）

(19) 中田薫「我古典の部及び県に就て」（『法制史論集』三　昭和十八年）

(20) 河村秀根『書紀集解』第三本第三巻　神武天皇紀、二年春二月条、莬田主水部・葛野県主主殿部

(21) 同　右　即位前紀戊午年十月条、大来目部

(22) 釈日本紀　秘訓二、第十四、雄略天皇紀

(23) 上宮聖徳法王帝説、日本書紀　持統五年七月条など、この種の部字を省略する氏姓の表記法はきわめて多い。第六編においても述べるが、竹内・山田・平野『日本古代人名辞典』において、各人名の下に異字同姓の例が掲げてあるから、それを参照。

(24) 津田左右吉前掲書、四八五ページ

(25) 渡部義通『古代社会の構造』昭和二十三年　八八～九四ページ

(26) 早川二郎『日本古代史の研究』昭和二十二年 九〇〜九五・一一三〜六ページ
(27) 井上光貞「部民の研究」(『日本古代史の諸問題』昭和二十四年)
(28) 註(19)におなじ
(29) 津田左右吉前掲書、五三〇〜三四ページ
(30) 註(27)におなじ
(31) 太田亮『日本上代に於ける社会組織の研究』昭和四年 一八二ページ。『姓氏家系大辞典』昭和九年 三九八四ページ・舎人部条、一四六五ページ・膳大伴部条
(32) 註(26)におなじ
(33) 註(25)におなじ
(34) 註(27)におなじ。ここで井上氏は、阿曇・土師らを品部A型に分類し、蔵部・史部と、馬飼・鍛冶らの両系をともに品部B型として一括された。
(35) 津田左右吉前掲書、四九四〜五ページに、漢部・秦部・秦人部などは、部民たる農民をさし、大部分は日本の農民であるが、朝廷が帰化人の技芸を朝廷に採用するとともに、領土とその地の農民を与えたものがそれにあたるとされた。その根拠として、履中紀に、阿知直を「始任蔵官、亦給粮地」とあるのと、延暦二年七月紀に、越前国人「秦人部武志麻呂 依請賜本姓車持」とあるのをあげ、とくに後者は、秦人部がもと日本の農民たる証とされた。おなじく、四八七〜八ページに車持部の記載がある。
(36) 令集解 職員令 典鋳司雑工部条、跡云
(37) 同 右 左馬寮飼丁条、古記及釈云 別記云
(38) 同 右 柒部司柒部条、古記及釈云 別記云
(39) 同 右 内蔵寮百済手部条、師説
(40) 令義解 職員令 造兵司雑工部条、同条集解 穴云

(41)　令義解　職員令　造兵司雑工部条
(42)　令集解　職員令　土工司泥部条、穴云、同職員令　典鋳司雑工部条、跡云
(43)　令義解　職員令　木工寮工部条
(44)　令集解　職員令　木工寮工部条、跡云
(45)　万葉集七　歌番号一〇八六
(46)　北山抄九　羽林要抄二孟旬
(47)　延喜式　神祇八、大殿祭
(48)　同　右　神祇八、大祓
(49)　天武天皇の殯庭記事に、宮内官を先とし、太政官を後にしたことは、内廷を先とし、外廷を後としたことと考えられているが、青木和夫「浄御原令と古代官僚制」（古代学三―二）は、「前者は天皇氏一族の家政機関的なにほひがし、後者は大和朝廷の公的行政機関の発達した姿らしい」とし、後者は律令官司の八省のうち、六官はすでに存在しているが、前者はまだまとまった姿をなしていないと解された。そののちも、八木充「太政官の成立」（古代学一一―二）はほぼこれをうけ、井上光貞「律令体制の成立」（岩波講座『日本歴史』古代三 昭和三十七年）も、前者はこれまで内廷とよんできた天皇家の家政機関そのもので、後者の外廷、すなわち国家機関と二元的に併立していたとされ、さらに同氏『日本古代国家の研究』昭和四十年 四九八ページには、さらに詳しく説明されており、天武朝には、のちの中務・宮内両省に相当する天皇の家政機関が、大宝令制のごとく、大政官機構には吸収されていなかったと述べられた。
　最近、川副武胤「天武十四年巡察使派遣と朱鳥元年当時の官制」（大和文化研究一一―一二）は、さらにすすんで、前者の宮内官系も、たんに天皇の私的な家政機関ではなく、後者の太政官系とおなじ公的機関で、宮内官大夫や直大参、その他の爵位（官位）をもつ官人にひきいられる舎人・兵衛・命婦・膳職らの諸職が、公権力を行使していた。これこそ、天武朝の「朕即国家」の観点にふさわしく、後、それが大宝令の官制のごとく、太政官系に吸収されるのは、現人神・天皇親政の体制から、天皇機関制への退化を示すもので、天皇の権威の失墜とすらいいうるとされるのである。

いずれにしても、宮内官系が太政官系より優先、別置されていたことは事実であり、本論の主張もかわらない。ただ、本論では、天武紀に「惣宮内事」とあるのが、舎人・兵衛・命婦・膳部などの先におかれていることは、宮内官がこれら四者の総称であるにとどまらず、あたかも大宝令の宮内省に、大膳（内膳）・主殿・主水・内掃部・造酒などの諸寮司がふくまれていたのとおなじく、殿部・水部・掃部・酒部らをもふくむものと解しておきたい。天武朝においても、当然、これらの「トモ」は、上記の四種の「トモ」以外に存在したものとせねばならぬからである。後者の太政官が八省のほかに、太政官自体の機関を有したのとおなじである。

(50) 玉勝間　官名の事
(51) 令集解　職員令条所引、弘仁七年九月二十三日官符
(52) 類聚国史百七　職官、囚獄司、天長八年二月十八日条
(53) 同　右　職官、造酒司、天長八年二月十五日条
(54) 延喜式二十八　兵部省条
(55) 三代実録　元慶六年十二月二十五日条、延喜式十八　式部省上
(56) 類聚国史百七　職官、内匠寮、神亀五年八月一日条
(57)(58) 類聚三代格四　大同三年十月二十一日官符、大同四年八月二十八日官符
(59) 今鏡
(60) 拾遺和歌集十六　雑春
(61) 江家次第六　二孟旬儀
(62) 西宮記六　十月旬番奏
(63) 註(35)におなじ
(64) 竹内・山田・平野『日本古代人名辞典』昭和三十三年〜四十一年参照。このうち車持朝臣広真は、三代実録貞観元年十一月十九日条。

(65) 令集解 職員令条所引、弘仁二年十一月二十八日官符

(66) 律令制下の舎人・兵衛などについては、たとえば、授刀舎人春日部三関(天平宝字四年)、左兵衛丈部福道(天長十年)、中衛物部蜷淵(天平神護元年)、左大舎人物部吡登塩浪(天平宝字五年)、紫微中台舎人秦部家主(天平勝宝二年)、近衛薬師寺奴百足(宝亀二年)などがあり、これらも国造または畿内卑姓者出身とならんで、独立のトモであった。

(67) 膳部大初位下高橋朝臣乙万呂(天平二十年ごろ)、典膳従七位上高橋朝臣乎具須比(霊亀二年)、内膳奉膳高橋朝臣子老(天平宝字三年)、内膳奉膳高橋朝臣老麻呂(天平宝字六年)、典膳(カ)高橋波麻呂(宝亀六年)、内膳奉膳高橋朝臣祖麻呂(宝亀十年)などがあり、膳部が高橋氏の伝統的な職掌であったことがわかるし、そのため安曇宿禰としばしば争論したのであって、高橋氏文を作成した意図もそこにある。しかし、このほかの氏出身者も多い。律令制下においては独立個別のトモであった。以上、『日本古代人名辞典』(前掲)参照

(68) 大日本古文書五 三八七ページ

(69)(70) 朝野群載十一 廷尉、進物所給仮申文、貞観十八年二月七日条

(71) 三十六歌仙伝 天暦年間

(72) 『日本古代人名辞典』(前掲)参照

(73) 本居宣長『古事記伝』三十三 応神天皇条

(74) 津田左右吉前掲書、四七二ページに、「この両者は、本来大膳の調理者と其材料の供給者であったが、相互に密接な関係を有する職務であったため、いつの頃からか其地位が混同され、従って其間に競争が生じた」とされている。

(75) 註(72)におなじ

(76) 伴信友「高橋氏文考注」(『伴信友全集』三)

(77) 本居宣長『古事記伝』二十九、景行天皇条に、「膳夫といへば、唯賤き職の如聞ゆれど然らず、上つ代には凡て御膳を厳重みせられつるからに、膳夫も其人を選ばれて、軽からざる職にぞありけむ」と述べ、「高橋氏文考注」もまっ

たくおなじである。

(78) 井上光貞「大和国家の軍事的基礎」(『日本古代史の諸問題』昭和二十四年)

(79) 伴信友前掲論文に、「東南西北の四面の名をおほらかに称へる古語なり」とある。

(80) 万葉集二、歌番号一九九、柿本人麻呂の歌に、「背面の国の真木立つ　不破山越えて云々」とみえる。

(81) 令集解　後宮職員令、氏女采女条、古記云　穴云

(82) 令義解　後宮職員令　氏女采女条

(83) 令義解　後宮職員令、内侍司、検校女孺条

(84) 令集解　後宮職員令、内侍司、検校女孺条

(85) 令集解　職員令、縫部司、縫女部条、穴云　跡云

(86)〜(89) 令義解　軍防令、兵衛・内六位・五位子孫・帳内各条

(90) 続日本紀　和銅三年三月七日条

(91) 類聚国史百七　職官、大舎人条、延暦十四年六月十四日条

(92) 竹内理三「天武八姓制定の意義」(史淵四三、『律令制と貴族政権』I 昭和三十二年)において、「政治的にも、社会的にも、親王・諸王・准皇親(真人)・遠皇親(朝臣)・非皇親(宿禰)・下層官僚の段階を固定し、その最上に天皇が臨むというヒエラーキーの確立」をめざしたものと述べられたが、この点はその後の学説にも継承されている。

(93) もとより兵衛に、内六位以下八位以上の嫡子からの道もあったが、これは大舎人に比して二義的であるといえよう。

(94) 続日本紀　神亀五年八月一日条および神護景雲三年十月一日条

井上薫「舎人制度の一考察」(『律令国家の基礎構造』昭和三十五年)は、主として律令制下の兵衛・授刀舎人・中衛舎人を論ぜられたものであるが、本論のもととなった拙論「部に関する若干の修正的研究」(九州工大研究報告・人文社会三)のこの部分にたいする批判を含んでいる。もう少し詳説すべきであるが、律令制下の舎人・兵衛を論ずるのが目的でないので、いずれ別に論文を起草することとして、文を追加しないでおいた。

(95) 註(78)におなじ
(96) すべて人名は、『日本古代人名辞典』(前掲)参照
(97) 太田亮『姓氏家系大辞典』昭和九年 一二五二ページ大伴部条に膳大伴部が引用されている。
(98) 津田左右吉前掲書、四七二〜七ページに、「膳大伴部とか語部とかいうような部の名は……地方の農民によって、氏の名として用いられたことは明らかである」とみえる。
(99) 津田左右吉前掲書、四七三ページ
(100) 河村秀根『書紀集解』第九本第十四巻 雄略天皇紀
(101) 伴信友「長等の山風」上(『伴信友全集』四)
(102) 以上すべて、『日本古代人名辞典』(前掲)参照
(103) 大日本古文書二 四六七ページ
(104) 延喜式四十 采女司
(105) 令抄 厮丁、史記注 採薪為厮、清書陳余伝注 厮取薪也
(106) 雄略紀に「伊勢采女」とみえ、古事記は「伊勢三重采女」と記している。続日本紀宝亀八年五月伊勢国飯高郡人飯高宿禰諸高の薨伝に、飯高郡采女から典侍にいたり、飯高氏の采女を貢することはここより始まるとみえる。
(107)(108) 以上の人名はすべて、『日本古代人名辞典』(前掲)参照
(109) 滝川政次郎『人物新日本史』昭和二十八年 一〇六ページ
(110) 直木孝次郎「壬申乱の一考察」(史学雑誌六二—六)、『壬申の乱』昭和三十六年、関晃「甲斐の勇者」(甲斐史学創刊号)、野村忠夫「村国連男依とその一族」(岐阜大学学芸学部研究報告・人文科学四)、亀田隆之『壬申の乱』昭和三十六年にもそれぞれふれられているように、壬申乱の天武側の軍は、たとえ正規の軍団でなくとも、国司を通じて動員される官兵と豪族の私的兵力が併存していたとおもわれる。野村氏によれば、美濃の豪族村国連男依の本拠は、美濃国村国郷、尾張国村国郷の一帯、つまり山間を流れ下った木曾川が平地へ出たあたりの一連の地域で、湯沐令の発した美濃師三〇

○○のなかにも、男依一族の私的兵力が入っていたであろうという。

(111) 断丁の廃止後は、一郷に仕丁二人とし、しかも大半は擬制化され、正身を貢せず、日功銭・養物を出している。断丁廃止の時期はあきらかでないが、本文にふれたとおり、資養丁の意義を失い、存続の理由がなくなったからであろう。ちなみに、天平十七年には、一度断を廃止しながら、翌年には復している。また宝亀十一年、断丁・火頭の類が徒に調庸を免れ、公家に益なしとの理由で、本色に還されたこともある。

(112) 坂本太郎『大化改新の研究』(前掲)四〇一ページに、大化二年の記事の解釈には難点があるとされながらも、五〇戸一人の仕丁は、皇太子の「旧部民」および「新封民」の間では、皇太子の御用にあてるべく、点ぜられたことになるので、私有地民廃止の代償として、食封が給せられたごとく、仕丁もまた給せられたものとなすべきであるとし、後の食封制において、仕丁を封主に給わった事情が考えあわされるとされた。正しい解釈であるとおもう。

(113) 類聚三代格一 神宮司神主禰宜事、天平三年六月二十四日官符

(114) 類聚符宣抄一 卜貢戸座事、長和五年七月十日官符、長和二年十二月七日官符、天暦三年九月十一日官符

(115) 延喜式 民部上、大宰府及九国二島選士資丁

(116) 類聚三代格十八 統領選士衛卒衛士仕丁事、天長三年十一月三日官符

(117) 続日本紀 天平元年四月十日条、諸国兵衛資物。続日本紀考証五、聖武には、「兵衛資物 案養物即資物也」とある。

(118) 養物制の創始については、令集解、賦役令仕丁条所引養老二年四月二十八日格に、「向京衛士仕丁、免其房雑徭、以供当身資養」とあるのにもとめられるが、まだ疑問もある。

(119) 政治要略五十九、交替雑事、事力、弘仁十一年二月二十三日民部省符に、衛士仕丁に副丁五人を給い、遠資としたとあること、貞観十年十一月十六日に、衛士・仕丁の副丁を七人半=元五人、今加二人半としたことなどにみられる。

(120) 続日本紀、天平四年二月十五日条に、「故太政大臣鐵田、位田幷養戸、並収於官」とあるのはその一例であろう。また、釈日本紀十五、述義十一、誄壬生事に、「兼方案之、御封戸事」としたのも、ミフ・ミブの音通によって、壬生=

御封と考えていた証拠である。

(121)　類聚三代格一　神宮司神主禰宜事、天安三年三月十三日官符

第三編　品部と雑戸

第一章　百済才伎の渡来

前編では、A型の殿部・掃部・蔵部・水部、B型の舎人部・采女部・膳部などについて主に述べたので、本編では、C型の鍛部・弓削部・錦部・鞍部・馬部などの部についてさらに細述することにする。

これらの、いわゆるC型の部は、太田亮氏の名づけられた「職業部」に属し(1)、大化前代においては、井上光貞氏が論証されたように(2)、「品部」とよばれていたらしい。

しかも、本論では、部民制の原型を「部曲」でなく「品部」にもとめ、その「品部」は、直接にはC型の帰化系技術民の渡来によって成立したと考えるのであるから、すべての部民制の中核は、まさしくこのC型にあることになるのである。

そこで、まずこの種の帰化系技術民の渡来から考えよう。左に、大化前代の帰化系技術民の渡来と、これに対応する令制の品部・雑戸、および八世紀における雑戸解放の記事をかかげる。

第二表　帰化系技術民と品部雑戸

所属官司		令制　伴部・品部雑戸	令前（大化前）　渡来才伎	令後（大宝以後）　品部雑戸の解放と改姓
中務省	図書寮	写書手 装潢手 造紙手・紙戸 造筆手（古記、紙戸） 造墨手（前令、各生）		
	内蔵寮	百済手部・百済戸（古記、百済手部・百済戸）		
	画工司	画部・――	（百済）新漢画部因斯羅我（雄略）	
兵部省	造兵司	雑工部・雑工戸（古記、鍛戸・甲作・靫作・弓削・矢作・鞆張・羽結・桙削・爪工・楯縫・幄作）	（百済）漢手人部（雄略） （百済）手人韓鍛冶（応神） （百済）新漢鞍部堅貴（雄略）	三田首（大宝）　桉作（和銅）　山背甲作（霊亀）　朝妻手人（養老）　河内手人（養老）　朝妻金作（養老）　金作部・忍海漢人・飽波漢人・忍海部・韓鍛冶・弓削部（養老）　韓人部（神亀）　忍海手人（神亀）　鉄工・銅工・金作・甲作・弓削・矢作・鞍作等（天平）
	主鷹司	――・鷹戸	（百済）鷹甘部（仁徳）	鷹戸（神亀）
		百済手部・百済戸	（高麗）熟皮高麗（仁賢）	

大蔵省	大蔵省	狛部・狛戸（古記、衣染・飛鳥沓縫・呉床作等）		
大蔵省	典鋳司	雑工部・雑工戸（古記、鍛冶造兵司部人及高麗百済新羅雑工人）		
大蔵省	織部司	桃文生・染戸（古記、錦綾織・呉服部・川内広絹織人・緋染・藍染）	〈百済〉呉服西素（応神） 〈百済〉新漢錦部定安那錦（雄略） 〈呉〉来目・呉・蚊屋衣縫（応神） 〈呉〉漢・飛鳥・伊勢衣縫部（雄略） 〈百済〉衣縫部（雄略）	（河内錦部郡・若江郡錦部郷） 河内国錦部郡人錦部毗登姓二十六人→錦部連（神護）
宮内省	木工寮	工部・――（古記、不限貴賤知工人）		
宮内省	鍛冶司	鍛部・鍛戸（古記、鍛戸）	〈百済〉手人韓鍛冶（応神）	（造兵司とおなじ）
宮内省	筥陶司	――・筥戸（古記、筥戸）		
	右左馬寮	馬部・飼戸（古記、飼造戸・馬甘造戸・馬甘）	倭飼部（允恭） 河内飼部（履中）	天下馬飼雑戸人（天平）

註1　本論に不要の官司は適宜省いた。

2　鞍部は、大蔵省の雑戸のように、皮をもって鞍具を製作する工人でなく、鞍金具を造る工人であるらしく、造兵司に属する。のちには、一般の金工と同一の職掌をもったらしい。

3　衣縫部は、縫部司の縫部・縫女部にあたるものと考え易いが、渡来説話に、呉織（呉服部）・漢織とあるように、織絹に従う工人である。

4　熟皮高麗は、皮工としての狛戸にあたるのであろう。

右の第二表にみられる全般的な特徴から述べる。

(1)大化前に渡来した才伎のほとんどは、百済・呉よりのもので、ほかには高句麗が一つだけあり、新羅にいたっては、まったくみえない。呉とあるのも、百済経由と認めてよく、衣縫のうちでも、来目衣縫（応神）、衣縫部（雄略）は、百済渡来を明記している。

(2)これらの才伎は、手人部・衣縫部らが「漢」を冠し、陶部・鞍部・画部・錦部らが「新漢」を冠するように、漢氏系の才伎で、正確にいえば、東漢氏の渡来後に、百済より渡来したという「今来才伎」にほかならず、(3)この点では、後に述べる船・白猪・津らの「今来漢人」が、西文氏よりは後に渡来し、河内の同地域に、同族として居住するにいたったのと似ている。(4)右の事実は、「呉衣縫」が阿知使主に迎えられ、(5)「飛鳥衣縫部」らが檜隈民使博徳らに招来され、(6)「新漢陶部」が東漢直掬によって大和に安置されたとあるように、(7)いずれも「今来才伎」が東漢氏のもとに迎え入れられたとある説話に反映しており、ともに大和高市郡（今来郡）に居住するにいたったのである。

(3)かくて東漢氏のもとに組入れられた技術民をみると、忍海漢人・飽波漢人・鞍部・金作部・飛鳥衣縫・錦部などで、あたかも『坂上系図』に、東漢本系の忌寸姓約六〇氏と区別して、七姓漢人の子孫と村主姓氏族を記している、その村主姓三〇氏のなかの忍海・飽波・鞍作・金作・飛鳥・錦部などの各村主にそれぞれ相応することは明白である。

(4)これらの漢系才伎の渡来を、『日本書紀』が応神朝より雄略朝にかけているのは、絶対年代からいえば、四世紀末より五世紀後半にかけての約一世紀間にあたり、あたかも倭五王の年代に一致するかにおもわれる。ところが、倭五王の通交は、もっぱら政治的な「進号除爵」を目的とするもので、宋―百済―倭の間に、文物・工人の渡来をさほど認めることはできない。これは、漢山城時代の百済をみれば、南朝(『書紀』に「呉」という地方)の文化的影響が皆無にちかいことからもわかるであろう。百済と倭においては、その後の熊津遷都と、それにつづく倭王武=雄略の南朝通交の杜絶が外交関係に転期をもたらしたのであり、第四編で詳述するが、ともかくその結果、南朝―百済、百済―倭という、百済を介する二段階の緊密な文化的結合が、北朝―高句麗の連合勢力に対抗して、形成されざるをえなかったのである。よって雄略以前、とくに応神朝に集中して、南朝(呉)や百済からの工人・文物の渡来を記録するのは、あまりあてにならないとおもう。『日本書紀』の外国関係記事をみると、応神紀には、雄略紀からの混入が意外に多く認められ、右の第二表においても、応神紀に、呉より渡来したと語られる衣縫説話は、雄略紀のそれとほとんど完全に重複し、『日本書紀通釈』も、雄略紀の記事を、応神紀に混入したものとしているのである。この辺の比較も、後述するつもりである。(8)

事実、延暦四年の坂上苅田麻呂の上表文によれば、(9)応神朝に、阿知使主が(3)に掲げた七姓漢人をひきいて渡来したとあるが、村主姓三〇氏をひきいたとはみえず、村主姓とその配下の部民たちは、阿知使主が渡来してのち、旧居帯方の人民で、百済・高句麗の間に住むもののうち、才芸あるものを迎えたものであるとみえる。そのため、大和に「今来郡」をたてたというのである。この記事は、雄略紀七年に、歓因智利が、韓国にある才伎を迎え、これら百済所献の才伎を、大和高市郡（今来郡）に安置したとある記事(10)に対応するものであることはいうまでもない。したがって、応神紀の才伎渡来説話の原型は、むしろ雄略朝にあり、五世紀後半以後であるとみてよいであろう。

(5)渡来の下限は、敏達紀に、百済より造仏工・造寺工、崇峻紀に、百済より寺工・鑪盤博士・瓦博士・画工らの渡来を記し、これらが「某工」「某博士」とあって、「某部」とないことからも、またこれらが飛鳥仏教の造寺専門工で、南朝人を主体とするとみられていることからも、すでに部民ではありえず、したがって、百済才伎の渡来の下限は、敏達・崇峻朝、すなわち六世紀末で、品部制の形成も、このころすでに終ったものとみてよい。このことは、崇峻元年、蘇我馬子が、飛鳥衣縫の祖樹葉の家をこわして法興寺を造ったという、その飛鳥真神原の地が、かつて雄略朝に、「今来才伎」たる陶部・鞍部・錦部らを安置した土地であり、すでにこのころ、かつて渡来した衣縫が、衣縫造として馬子に重用されていたことを示し、またおなじく馬子の命で、最初に出家尼を出した錦織壺と鞍部司馬達等らの説話も、錦部・鞍部の在地でのいちじるしい成長を物語っている。六世紀末に、かつて渡来した衣縫・錦部・鞍部らの今来漢人（百済才伎）が、蘇我氏の腹心として、重要な政治的役割りをはたすまでに達していたことがわかるであろう。

要するに、百済才伎の渡来の上限は、五世紀後半であり、下限は六世紀末とおもわれる。この一世紀間こそ、品部制の形成に重要な時期であり、それがほとんど百済の影響下になされたことは注目せねばならぬ。

第二章　品部雑戸制の構造

第一節　品部雑戸と漢系才伎

第二表によって、百済才伎と律令制品部・雑戸を個々に比較してみると、両者の間にはきわめて緊密な脈絡があり、品部・雑戸制は百済才伎を直接の基礎として組織されたことがわかる。つまりそれは、大化前代の品部制の遺制であることがあきらかである。

(1)造兵司雑工戸は、鍛戸・甲作・靫作・弓削など八色、計四六五戸の雑戸と、爪工・楯縫など三色、計七〇戸の品部から成りたっているが、これらの多数の品部・雑戸が、百済才伎の韓鍛冶・鞍部・金作らより組織されていることは、大宝令後の雑戸解放に、甲作・金作・韓鍛冶・鞍作・忍海漢人・飽波漢人らのみえることからも明白であろう。

(2)織部司染戸、または錦織・呉服・川内広絹など五色、計五七〇戸の品部は、百済才伎の錦部・呉服・衣縫などより組織されていたことは、おなじく大宝令後に、河内国錦部郡人錦部毗登姓二六人を連姓に改める記事や、同国錦部郡・若江郡錦部郷などの存在によって推しはかられよう。

(3)左右馬寮飼丁は、飼造戸・馬甘など計一〇二八戸の伴部・雑戸よりなり、大和・河内にもっとも多く、これらは倭飼部（允恭朝）、河内飼部（履中朝）などの、おそらく東・西漢氏の配下とおもわれる部民によって組織されたもので、大宝令後の雑戸解放に、「天下馬飼雑戸人」のみえるところよりしてもあきらかであろう。造兵・鍛冶二司所属の雑工戸と、左右馬寮の馬飼雑戸が、ともに雑戸の解放・復活に同等の扱いをうけたことは、その性格の共通性を示すものとして注目に値しよう。

要するに、百済才伎と、令制品部・雑戸との対応関係はまことに正確であるといわねばならぬ。(11)

第二節　非品部雑戸と秦系才伎

しかるに、第二表のうち、図書寮・画工司・典鋳司・木工寮などの才伎は、百済才伎と関係なく、品部・雑戸制ともきわめて縁がうすい。この点、右に述べた(1)(2)(3)の才伎とは対蹠的であるといえよう。以下、順次にみてゆこう。

(4)図書寮装潢手・造紙手などは、すべて「某手」とあって、品部・雑戸でないばかりか、借品部たる紙戸ともなんら関係がない。『集解』古記によると、大宝令には「某生」とあったらしいが、おそらく「白丁」をあてる建前であったであろう。実例をあつめてみても、特定の「負名氏」と関係あるらしくはみえず、多くの氏姓に分散している。

しかし、そのなかでは秦氏のみが例外的に多い。神亀五年、「装潢図書寮番上人」「図書寮装潢生」秦常忌寸秋庭[12]がみえ、弘仁三年、「図書寮造紙手」秦公室成は、同寮の「造紙長上」秦部乙足の替として、「造紙長上」に補任された。[13]このほか「装書匠」秦忌寸東人の名もみえ、[14]おそらく図書寮の造紙・装潢は、秦氏の伝統的な職掌であったとおもわれる。したがって、図書寮以外の東大寺写経所関係の装潢にも、秦氏はきわめて多く、天平年間、秦秋麻呂・秦東人・秦呰万呂・秦五百・秦犬・秦小東人・秦小広・秦大嶋・秦大床（大得）・秦末広・秦原人、宝字年間、秦道方（通形）・秦百足らの名をただちにあげることができる。[15]秦氏は造紙・装潢の負名氏ではないが、その集中性はすこぶる高いといえよう。あたかも、(1)(2)(3)にあげた品部・雑戸が漢氏系の負名氏によって構成されたのと対蹠的であり、その意味が問われねばならないが、以下これと同系の秦氏の「部」を一通り検討しおわってから、取り上げることとしたい。

(5)画工司画部は、『集解』穴説に、「画部六十人、謂識画也」とあり、品部・雑戸制と関係のない独立の技術者で、長上たる画師にも昇任される規定であったことは、(4)の造紙手が造紙長上の替に補任されたのとひとしい。したがって本論では、第二編において、画部を工部とともに、あたらしい型の「トモ」に分類し、「負名氏」と関係のない「白丁」から組織されたことを指摘したのである。(16)なるほど画部には、黄書・山背・河内・簀秦・楢などの家系があり、いわゆる「負名氏」と混同されやすいが、たとえば、『聖徳太子伝暦』などには、「永定名業」と記されていても、「負名氏」と称されたことはない。(17)その理由は、おそらく画部家系の定立が、五、六世紀の品部制と関係なく、推古朝にあるとみられるからで、『書紀』によれば、推古十二年、「始定黄書画師、山背画師」とあり、これに加え、『太子伝暦』では、「簀秦画師、河内画師、楢画師」も同時に設立されたとしている。これは同書に、画師の職掌を、「為絵諸寺、仏像荘厳」にありとし、画師家系の分立は、六世紀後半からの仏教文化の盛行によるものと考えているからである。あたかも、敏達・崇峻朝に、百済より造寺のため貢進された「某工」「某博士」が、すでに品部制とまったく関係なかったのとおなじく、ともに「負名氏」から区別さるべき存在だったわけである。しかも、家永三郎氏の指摘されるように、(18)「黄書」は、『姓氏録』に、「高麗国人久斯祁王之後也」とある黄書連の同系氏であろうとおもわれ、(19)大和山辺郡・山背久世郡を本貫とし、(20)「山背」は、天武十年、山背狛烏賊麻呂に連姓を賜うとあるのをみても、(21)やはり高麗系氏族かとおもわれ、「河内」は、『姓氏録』に広階連同祖とあり、「魏武皇帝男陳思植之後」にほかならず、(22)河内丹比郡を本貫とし、「簀秦」は、近江犬上郡を本拠とする秦氏一族で、(23)「楢」(奈良)も、『姓氏録』にある己智と同系の秦氏一族とみられる点からしても、(24)画部には、漢氏系の百済才伎は一例もないことになるのである。

八世紀の画師の氏の名は、秦・簀秦一八(同族の赤染・勝を加えると二三)、河内九、黄文二、息長九と画師家系への集中性が認められるが、他方では、史部・茨田・錦部・竹志・新羅・高・相李・狛堅部・価・辛国・後部高などの帰化系があり、一般の氏姓も、尾張三、丈部二、上二、大原二、能登二、委文二、平群二のほか、穴太・鴨・笠間・上道・掃守・辛子・郡・越田・下道・相模・薩摩・下・坂田・布師・山・大石・小幡・別・紀部・忌部・私部・日下部・刑部・小長谷部・春日部・若倭部の多数に上っているのである。(25) 画部が特定の負名氏でなく、白丁より取るという意味が了解されるであろう。

しかし、そのなかでも、圧倒的に秦氏の多いことが知られ、あきらかに「画工司」に属するものとしては、天平年間、「画工」秦忌寸牛養、勝宝年間、「画工司未選」簀秦画師道足、「画工司画部」簀秦画師豊次、「同上」簀秦画師君万呂、「同上」秦連稲守、「同上」秦虫足らがあり、それぞれ近江犬上郡、河内丹比郡、左京などに居住し、このほか「画師」として、簀秦画師千嶋・簀秦豊敷・簀秦大市・簀秦男山・簀秦麻呂・秦堅魚・秦竜麻呂・秦伊美吉継手・秦羸姓田主がみえ、後二者は、摂津嶋上郡・河内丹比郡に居住していた。ついで、宝字年間に、「画師」秦広浜、「画師」簀秦宮足、「里人画師」秦朝万呂らがみえる。(26) その集中性はすこぶる高いといわねばならぬ。

(6)典鋳司雑工戸は、『集解』古記に、「抽取鍛冶造兵司部人」とあって、まず鍛冶・造兵二司の「雑工戸」を移し用いる規定で、同司に固有の雑工戸は付属しないうえに、そのつぎに、「高麗、百済、新羅雑工人」をつけ加えたのは、典鋳司の固有性がこの方にあることを証するとともに、「雑工人」が「雑工戸」でないことを物語っている。この点は、後述する大蔵省百済戸・狛戸条の古記に、「紀伊国在狛人、百済人、新羅人幷三十戸」とあって、それがやはり品部にも雑戸にも入れられていないのとおなじである。とくに、これらの非品部・雑戸には、いずれのばあいも「新羅人」の入っていることが注目される。これはほとんど百済才伎より成り立つ品部・雑戸とは対蹠的であるといいうるであろう。

一体、典鋳司の職掌は、跡説のいうごとく、「鋳造物」の生産にあり、鍛冶・造兵二司の韓鍛冶のごとく、「鍛造物」を生産するのではない。正一人の職掌にも、「掌造鋳金銀銅鉄」と記されている。したがって「雑工人」は「雑工戸」と異ならねばならぬ。養老六年の雑戸解放にも、鉄工・銅工・韓鍛冶・金作・甲作はみえるが、鋳工はみえない。もともと、鉄においても、鋳鉄＝銑鉄と鍛鉄＝錬鉄・鋼鉄は、その製法と成分において決定的な相違があり、技術系統を異にしたが、[27]鋳工とは主として銅の鋳造に従ったものらしく、銅工・鉄工・銅鉄工などは、おそらく銅・鉄の鎚延・鍛造に従ったものではないかとおもわれる。いずれにしても、典鋳司は主として「銅」を、鍛冶司は主として「鉄」を扱ったことはたしかであろう。

以下に述べるように、典鋳司の「鋳工」には、雑戸系の負名氏は事実上も存在せず、逆に秦氏がきわめて多いのが特徴であるが、このような雑戸以外の「鋳工」が、令に規定する「新羅人」をもふくめた「雑工人」であることは、ほとんどまちがいのないところであろう。

左に八世紀の金属工の一覧表をかかげる。

第三表　八世紀の金属工

	年代	人名	専業（所属など）	出典
1	大宝元	凡海（宿禰）麁鎌	冶金工（陸奥派遣）	続紀
2	同	三田（首）五瀬	冶金工（大倭忍海郡人雑戸、対馬冶金）	同
3	同	家部宮道	獲金人（対馬）	同
4	慶雲元	佐備太麻呂	鍛冶（常陸砂鉄）	常陸風土記
5	神亀三	磯部（君）牛麻呂	鍛師（上野国人）	上野山名下賛郷碑
6	天平六	穴太小広	銅工（造仏所）	古一552
7	同	野家葦人	鉄工（造仏所）	同
8	勝宝元	戸　浄山	冶金工（左京人）	続紀
9	同	丈部大麻呂	獲金人（上総国人）	同
10	同	柿本小玉	大鋳師（大仏鋳造）	東大寺要録
11	同	高市大国	大鋳師（大仏鋳造）	同
12	同	高市真麻呂	大鋳師（大仏鋳造）	同
13	同	丸子連宮麻呂	獲金人（陸奥小田郡人）	続紀
14	勝宝二	朝妻望万呂	銅鉄工（内匠寮造東大寺司）	古三403

第三表によると、鋳工には、10柿本、11高市、12高市、21秦常、22秦、25石村、27額田、30日置、31椋人、32辛人、33秦、34秦、35狛、36山代、37王、40昆解などの諸姓がみえ、そのなかには、「雑工戸」に属する氏姓のないことが注目される。このうちとくに多いのは秦氏であり、21 22 33 34の四人と、23の銅工とを加えれば、同一氏族中に五人を数え、しかもこの氏には鍛冶・鉄工の類が一人もいないことが注目される。とくに、33秦乙万呂、34秦仲国は、造石山院所において、孝謙天皇勅願鏡の

15	勝宝二	日佐(首)智久万呂	銅鉄工(内匠寮造東大寺司)	古三403
16	同	三宅庭万呂	銅鉄工(内匠寮造東大寺司)	古三402
17	同	山下黒麻呂	銅鉄工(内匠寮造東大寺司)	同
18	同	三使(連)浄足	獲金人(駿河盧原郡)	続紀
19	勝宝三	川輪床足	内匠寮番上工	古三535
20	勝宝四	高笠万呂	金工(東大寺)	正人名
21	勝宝七	秦常(伊美吉)大吉	鋳工(山背葛野郡人造東大寺司)	古四50
22	同	秦(伊美吉)船人	鋳工(山背葛野郡人造東大寺司)	同
23	同	秦物集(伊美吉)広立	銅工(山背葛野郡人造東大寺司)	同
24	宝字五	調乙万呂	鉐修理使・鉄工カ	古十五158
25	宝字六	石村宿奈万呂	鋳工(造石山院所)	古十六309
26	同	守　小萎	鉄工(造石山院所)	同
27	同	額田広海	鋳工(造石山院所)	同
28	同	海　弓張	鉄工(造石山院所)	古十六311
29	同	物部根万呂	鉄工(造石山院所)	同
30	同	日置足桙	鋳工(造石山院所)	同

鋳造に従った四人の工人のうちの二人で、斎藤孝氏によれば[28]、この唐式鏡は典鋳司工人の技術になる仏事用鏡であるという。とすれば、この二人の秦氏は先にかかげた「典鋳司雑工人」(雑工戸でない)であらねばならぬ。この『東大寺鋳鏡用度注文案』によると、鋳工のほかに、細工・轆轤工・鉄工・共作夫がいた。小林行雄氏の推定によれば[29]、轆轤工は鏡の原型の円形部分をひく作業をし、細工はその上に蠟で文様を画き、鋳工はその上に鋳型を造り、銅を流し込み、鉄工は鋳型を保護する鉄棒をつく

31	同	椋人深万呂	鋳工（造石山院所）	古十六 315
32	同	辛人三田次	鋳工（造法華寺作金堂所）	古五 205
33	同	秦乙万呂	鋳工（造石山院所 御鏡鋳造）	同
34	同	秦 仲国	鋳工（造石山院所 御鏡鋳造）	同
35	同	狛身名万呂	鋳工（造石山院所 御鏡鋳造）	同
36	同	山代野守	鋳工（造石山院所 御鏡鋳造）	同
37	同	王 広嶋	鋳物師（山背相楽郡岡田郷人 造石山院所）	古五 266
38	同	和久真時	鉄工（造東大寺司）	古五 30
39	宝字七	宗形石麻呂	銅工（造東大寺司 大宰帥宅）	古五 464
40	神護二	昆解宮成	鋳工ヵ（丹波天田郡人 鋳鏡）	続紀
41	景雲元	王清麻呂	私鋳銭人・鋳工ヵ	同
42	?	川原□万呂	銅工ヵ	書陵部紀要一

註1 竹内・山田・平野共編『日本古代人名辞典』による。したがって、「古」とあるのは『大日本古文書』をさす。ただし、関根竜雄「奈良時代における金工に就て」（考古学雑誌三三―四）、浅香年木「手工業における律令制成立の一様相」（北陸史学七）をも参照した。

2 右表のほか、たとえば慶雲五年、武蔵国和銅採取に関係ある阿刀・高・賈・日下部・津島・金などの諸氏名もみえるが、不確定の故に除外し、これに類するものも省いた。

り、共作夫は作業助手として雑用を行い、一尺鏡四面を製作したのである。「鋳工」の作業範囲が知られるとともに、ここでも「鉄工」とはあきらかに区別されていた。秦氏は「鋳工」であって、「鉄工」ではないことに注目したい。「狛」とは画師系のそれとおなじく、山背狛であり、山背国相楽郡に分布しており、「山代」も当然山背出身の氏族であったとすれば、鋳工たる他の二人も秦氏と近いとみてよく、それが同時に、37 41の「王」氏にも通ずるのである。すなわち「王」は山背国相楽郡岡田郷人とあり、岡田鋳銭司の技術的背景が知られるであろう。秦氏と鋳銭司の関係は山背のみでなく、周防や長門においても認めうることは後述する。(30)

このほか、31椋人、39宗形も秦氏に近い氏であり、6「穴太」も、和銅四年、宗形部加麻々伎が穴太連に改姓されたことをおもえば、宗形氏との関係が知られ、宗形氏にはこのほか、養老四年、「解工」として学業優游のため表彰された宗形朝臣赤麻呂がいる。秦・宗形両氏には、豊前における氏的結合があり、豊前採銅所の産銅と、筑前観世音寺、京都妙心寺の白鳳鐘の鋳造がただちに想起され、宗形沖ノ島における鋳銅製品の発掘も、ともに新羅系技術の濃厚な影響によるものであった。典鋳司雑工人たる「高麗人、新羅人」とは、以上の系統に属する工人をさすものではないか。

しかるに、鍛冶・鉄工の方に目を転ずると、一転して漢氏配下の「雑工戸」系の多いのが目につく。まず、4「佐備」は、常陸若松浜の砂鉄をとって、剣を鍛造したとあって、まさに鍛冶にほかならないが、これと同系説話は、『肥前風土記』にもみえ、来目皇子の新羅遠征にさいし、忍海漢人が兵器を造ったとみえる。佐備とは、佐糜・佐味の同姓異字であり、「サビ」とはあるいは「サヒ」、すなわち砂鉄を意味することばかも知れぬ。(31)そして忍海漢人とともに、百済才伎であり、大和の桑原・高宮・佐糜・忍海の四邑に安置された「四邑漢人」に相当する。かれらが実は雄略朝に渡来した今来漢人であることは後述する。

ところで、これとおなじ説話は、さらに『播磨風土記』にも見出される。同国美嚢郡の条によると、志深村伊等尼（顕宗紀には、縮見屯倉首忍海部造細目につくる）の家にかくれた袁祁皇子（顕宗）が、伊等尼（細目）の催す宴に、「吉備鉄の狭鍬もち、田を打つごとく」と歌ったといい、鉄製鍬は、『古今集』にも、「まかねふく吉備の中山」とあるごとく、この地方一帯の特産でもあった。そこにみえる忍海部造は、忍海部・忍海漢人らの伴造の姓とおもわれ、鉄の鍛造を専業としたものであろう。なぜなら、延暦八年、おなじ美嚢郡の大領に韓鍛冶首広富の名がみえ、(32) この美嚢・赤石二郡あたりが、忍海漢人や韓鍛冶らの有力な居住地であったこと、つまり同族を屯倉首や郡大領にもつような地盤であったことを示しているからである。養老六年、播磨国忍海漢人麻呂・韓鍛冶百依らの「雑戸」を解放したとあり、木工寮式に、播磨国「鍛冶戸十六烟」とみえるのも、すべて、この地域に居住する「雑工戸」をあらわしている。

以上の諸例は、佐備・忍海・韓鍛冶らの漢系才伎が、鉄の鍛造に従っていたあきらかな証拠となるであろう。これを念頭に、第三表をみてゆくと、14「朝妻」も同系の「雑戸」である。朝妻金作が韓鍛冶・忍海漢人らと雑戸解放の対象となったのはいうまでもない。これとおなじ例を、八世紀以前にもとめれば、『元興寺露盤銘』の、「作金人」阿沙都麻首未沙乃がある。阿沙都麻は朝妻であり、このとき同時にみえる意奴弥（忍海）首辰星、鞍部首加羅爾、山西（河内）首都鬼らをみても、そのすべてが、東西漢系の才伎であることがわかるであろう。このほか、後の例では「内匠寮大属」桉作（鞍作）村主益人の名もある。(33)

第二表にみられるように、八世紀の造兵司・鍛冶司の「雑工戸」のなかで解放されたものは、すべてかれらの系統であり、鍛冶・鉄工・銅鉄工に相当するとみられよう。この種のものを第三表よりもう少し選ぶと、24「調」は鉄工で、倭漢氏の一族であり、15「曰佐」も銅鉄工で、百済帰化族であるらしく、26「守」も鉄工であるが、神亀五年、鍛冶造大隅が守部連に改姓されたこと、および太田亮氏のように守・守部を同一氏族と解しうれば、[34]守も鍛冶に属するであろうし、28「海」も鉄工であるが、養老三年、朝妻手人を海語連に改姓したことと無関係ではあるまいとおもわれる。

しかしながら、以上の「鋳工」と「鍛冶」との二系統の対立は、すでに歴史的遺制としてのみ存在するから、第三表においても、あたらしい帰化人を中心とする、大化前代の品部制には見出されぬ氏姓が、はるかに増加しているのは事実である。雑戸解放を背景として、神亀五年の内匠寮新設と、[35]天平十六年の鍛冶・造兵両司の廃止が、[36]一層その傾向をつよめたとはいえるだろう。7野家、8戸、17山下、19川輪、20高、27額田、37王、38和久、40昆解、41王などの氏姓はそれで、六世紀までには見出せぬものといえるし、むしろこのようなあたらしい技術者の登場こそ、この表の示す特徴といえるかも知れない。

(7)木工寮工部は、『義解』に「不限雑色白丁、取知工者」とあり、『集解』古記にも、「不限貴賤、知工人充得考」とあるとおり、品部・雑戸制に関係のない、新設の番上工にほかならぬ。したがって、八世紀の実例でも、「木工」としては、阿刀・他田・川瀬・高・衣縫・佐伯・高向・土師・穂積・勾・刑部・弟訓部・春日部・額田部・丈部・服部・六人部・物部・矢田部・丸部らがあり、「大工」「長上木工」には、阿刀連・尾張連・神儀部・軽間連・船木臣らがみえ、要するに、雑色・白丁を限らずひろく採用したことを示している。(37) 強いて特徴をいえば、勾部(飛騨荒城郡人)、甲賀(近江甲賀郡人)、穂積(美濃山方郡人)、針間(播磨賀茂郡人カ)、佐波部(周防佐波郡人カ)、山(山部カ)のごとく、木材産地や木工出身地と縁の深いものがいることであり、これは当然ともいえるだろう。(38)

ところがこのばあいも、秦氏関係者がもっとも鮮明な特色をみせている。宝字年間、「造東大寺司番上木工」秦九月、その他秦小鯨・秦広津がおり、景雲年間、「造宮省長上」秦倉人呰主、「造東大寺工手」秦姓綱麻呂がみえ、大同年間、「造西寺次官木工少工」秦宿禰都伎麻呂の名もみえる。さらに秦氏の配下猪名部からも、天平年間、「興福寺西金堂造仏所木工」猪名部多婆理、宝字年間、「造東大寺司工・木工寮長上・大工」猪名部百世が出で、そのほか勝広岡もある。(39) かくて木工が秦・猪名部の伝統的な職掌であったことはあきらかであり、かれらには新羅系技術者の伝承があったのである。

第三章　帰化系技術の二系統

第一節　秦・漢両氏と新羅・百済系技術

前節で述べた(1)(2)(3)と、(4)(5)(6)(7)の二様に対立する技術系統の生じた理由はなにか。そのわけを考えてみねばならぬ。すなわち、図書寮・画工司・典鋳司・木工寮など、令制においては、すでに品部・雑戸の遺制から解放され、白丁番上工の多い生産官司にかぎって、秦氏出身の工人が集中し、それが秦氏の伝統的な職掌であったことを示し、逆に、造兵司・織部司・鍛冶司・左右馬寮のごとく、令制において、品部・雑戸の遺制をはっきりとどめている官司にあっては、漢氏配下の百済才伎が多く、かれらは「負名氏」「負名入色人」と称せられていたことである。それは偶然の符合ではない。

まず、木工寮工部をみると、大化前代に負名氏的な伝統がなかったわけではない。たとえば、雄略紀に、猪名部御田が、木工としてはじめて楼閣をつくり、猪名部真根が石をもって台となし、斧をとって終日木を削ったが、少しも刀を損うことはなかったとみえ、大宝令後も先に述べたごとく、猪名部は伝統的な技術を伝習し、専門工として木工寮に出仕していた。にもかかわらず、猪名部は品部・雑戸に組織されなかったのである。伝承によれば、猪名部の渡来は、応神朝にさかのぼり、しかも新羅王より貢進された「能匠」を始祖とするという。(40)百済系才伎の渡来する雄略朝には、すでに世襲的技術者として、宮室の造営に従事していたことになるが、ある意味では、雄略朝の猪名部の説話は、御田・真根ともに、天皇に処罰されようとしたところに核心があるのであるから、猪名部の危機を表現するものであった。浅香年木氏の説(41)のように、猪名部の技術は、六世紀に、仏教に付随して渡来した倭漢系のあたらしい寺院建築技術によって圧倒されたとみるのは、おそらく正しい着眼であるとおもう。しかも、このとき、猪名部は雄略天皇に侍座する秦酒君の助命により、刑を免ぜられたとあり、その他の事例からしても、秦氏と猪名部の族的結合は疑いえないとおもう。

これを一応図式化してみると、左のようになる。

応神（五世紀初）　新羅→猪名部（木工）→非品部・雑戸＝秦系

雄略（五世紀末）　百済→鞍部（金工）・錦部（織工）→品部・雑戸＝漢系

つぎに、これとまったくおなじことは、大蔵省・内蔵寮の百済戸・狛戸についても指摘できる。

これらの皮革工が馬具（鞍）の製作に従っていたことは、左馬寮義解に、「供御乗具、謂是即自内蔵寮所送者、其在大蔵賞賜之料、亦同送焉」とあるのをみれば明白であるが、ここには、「百済戸」と「狛（高麗）戸」のみがあって、「新羅戸」の欠けているのがとくに注目される。(42)すなわち「新羅戸」は品部・雑戸に組織されていないのである。これは前節の(6)で述べたおなじ大蔵省の「狛人、百済人、新羅人」が品部・雑戸に入れられず、典鋳司の「高麗、百済、新羅雑工人」も雑戸より除外されていたことと表裏の関係をなす。すなわち、このばあいは、「新羅人」の工人が存在したにもかかわらず、かれらは雑戸から除外されているわけである。いいかえれば、新羅系技術のみは、つねに品部・雑戸に組織されていないことになる。

しかるに、古墳時代後期の馬具のほとんどは、新羅の馬具と様式を一にしている。もちろん残存するものは、金属部分であるが、小林行雄氏(43)によれば、五世紀中ごろより六世紀はじめまでの遺物とおもわれる筑後月の岡古墳・大和円照寺古墳・和泉七観古墳・河内長持山古墳・近江稲荷山古墳・尾張志段味大塚古墳など、きわめて広い範囲から出土する「木心鉄板被輪鐙」は、慶州金冠塚・金鈴塚・飾履塚などの新羅古墳出土のものとまったく同一形式であり、備中都窪郡加茂村榊山古墳出土の「馬形帯鉤」は、慶北永川漁隠洞出土のものと似ているという。後藤守一氏(44)は、わが古墳発見の「杏葉」が、新羅・任那より見出されるものとひとしいことを指摘され、また、最近の宗像神社沖ノ島の祭祀遺跡の発掘によれば(45)、馬具をふくむ七号遺跡の金製輪・金銀銅製指輪・金銅製雲形透彫雲母板・玉虫翅飾帯金具、八号遺跡の金銅銀装矛鞘・歩揺飾雲珠金象嵌鞍などは、すべて慶州金冠塚・金鈴塚出土のものとまったく同一で、報告者は、「百済、高句麗、任那諸国の古墳墓の出土品と対照すれば、新羅により近い品が多いことは事実である」と、控え目ながら明瞭に指摘しているのである。

この種の馬具の上限は、誉田八幡宮所蔵の「金銅製蟠竜文透彫鞍金具」にもとめられるが(46)、それが応神天皇陵の陪塚の出土品であることから、やや応神朝より年代が下るにしても、五世紀初ごろのものと推定され[47]、新羅の木工猪名部の渡来を応神朝にかける説話との整合性が注目される。もとよりこれらの馬具のなかには、直接新羅よりもたらされたものも多いであろうけれども、またわが国での製作品もあったであろう。そして、新羅製の華麗な馬具は、六世紀前半までつづくが、それ以後は実用的な馬具に変化するといわれる。これはあたかも、猪名部の木工技術が、漢系技術に克服されるのと同様に、新羅系馬具より令制にみえる百済・狛系の馬具へ変化するものともみなされよう。外交史のうえでも、六世紀よりほとんど百済一本に集約されてゆくことは、第四編で述べるとおりである。百済才伎の鞍部の渡来も、『書紀』では雄略朝にかけられている。鞍部は鞍金具の製作を行う金工であったらしく、その渡来が、新羅系馬具（鞍金具）の伝来より一時代下るのは事実であり、疑いえないが、この鞍部は逆に品部・雑戸に組織されているのである。

小林行雄氏[48]は、五世紀末ごろ、馬鐸や馬鈴などの鋳銅製の馬具が日本で造られはじめるが、それは、それまでに存在した鏡作部の技術とちがうあらたな帰化人集団によって製作されたわけではなく、五世紀後半から六世紀前半にかけてつくられた鈴鏡の技術と類似する。つまりは鏡に鈴をつけることを考えついたのも、鏡作部の工人が、鈴をつけた杏葉や鏡板などの馬具の輸入によりヒントを得て、それを摸作したのであるとされた。この考え方はきわめて論理的であり、要するに、六世紀前半を下限とする馬鐸・馬鈴・鈴鏡などの製作が、それまでの新羅系馬具を摸したもので、古い技術者＝鏡作部によってつくられたものにすぎないこととなる。先来、このような意味で秦氏の鋳造技術を述べたのであり、それを五世紀末以後の百済才伎の技術から区別したのである。したがって鋳工は令制の品部・雑戸には組織されていなかった。

これをふたたび図式化すると

応神（五世紀初）　新羅→金銅製馬具→馬鐸・馬鈴・鈴鏡（鏡作部）→非品部・雑戸＝秦系

雄略・仁賢（五世紀末）　百済→鞍部（馬具金工）
　　　　　　　　　　　　高句麗→熟皮高麗（革皮工）
　　　　　　　　　　　　　　　　　　　　　→品部・雑戸＝漢系

ということになろう。

これと関連して、鍛冶と鋳工との関係を再考したい。石川恒太郎氏[49]は、香取秀真氏が、韓鍛冶と倭鍛冶の技法上の差を、鉄の「鍛煉」と、銅鉄の「鋳冶」の相違にもとめた説を継承しつつ、両者の差は、「錬鉄」をつくるか、「銑鉄」をつくるかの差にあるとし、古く中国において、銑鉄をつくる技術がはじめられ、これがわが国に伝えられて「倭鍛冶」となり、ながく鋳物師として残ったが、一方、あたらしくこの銑鉄を鍛錬し、錬鉄をつくる技術が朝鮮をへてわが国に伝えられ、「韓鍛冶」となったと主張される。この中国の鉄文化について、鋳鉄→鍛鉄説にたいし、反対説もあって、まだ一定していないが、少なくとも、倭鍛冶を「鋳冶」に、韓鍛冶を「鍛冶」にあてる説には興味がある。わが弥生式時代中期に、すでに九州に鋳鉄の存在したことはたしかで、宮崎の銑鉄製造遺跡や大分の下城遺跡で、鋳鉄品と製鉄址の発見報告があるのである[50]。文献からみると、「韓鍛冶」の初見は応神朝で、百済より卓素の渡来が報ぜられているが、この記事が雄略紀の混入であることは後述するところである。これにたいし、「倭鍛冶」は一段と古く、神代紀一書や綏靖紀（記）、『古語拾遺』などに、天香山の金をとって、日矛・日像之鏡をつくったという倭鍛冶天津真浦や石凝姥の名がみえ、この日矛のモチーフが、新羅王子天日矛の渡来説話に用いられ、出石小刀や出石桙・日鏡などをもたらしたとされている。これらは、金銅の鋳冶を述べているのであり、韓鍛冶より古いことを印象づけてもいる。そして韓鍛冶が鉄の鍛冶を行なったことと対照されているのである。

『播磨風土記』によれば、天日矛の説話を有する地域は、秦氏の居住区とほぼ完全に重複し、播磨西部諸郡を占める。すなわち餝磨・揖保・神崎・宍禾四郡がそれで、たとえば、餝磨郡巨智里は韓人山村らの上祖柞（楢・奈良）巨智賀那が拓いたものといい、『峯相記』(51)は、同郡白国（新羅訓）山の麓に亀井寺、安室郷高丘西原に昌楽寺があり、「巨智大夫」の氏寺であるというが、東大寺写経生の秦在礒・許智在石・秦在石・己知在石・己智在石・己知荒石・許智蟻石・秦蟻礒・秦荒礒・己知蟻石らは、いずれも勝宝元年前後にみえ、同一人とおもわれ(52)、秦・己知・己智・許知などは同一氏姓として用いられたことがわかり、『姓氏録』大和諸蕃には、「己智、自秦太子胡亥出也」とあって、己智を秦氏とおなじ秦始皇の裔とするが、山村・奈良両忌寸は巨智一族であるから、秦始皇の後は、秦と巨智両氏の外はないことになり、実際上も、奈良（柞）許智・山村許智・楢日佐・山村日佐らが、長岡忌寸・山村忌寸・奈良忌寸に改姓され、また同族と考えられたらしく(53)、秦忌寸も奈良忌寸に改姓された例があるなど、要するに巨智は秦の同族にほかならぬ。さらに、『風土記』によると、この郡に豊国村があり、筑紫豊国の神を祭るとあって、それが豊前秦氏の祭祀した香春の「新羅神」であることにまちがいなく、また同郡に新羅訓村もあり、「新羅人」の居住したところと伝えていることからも、この郡が巨智・秦・新羅人らの生活集団の形成されていた場所であることはまちがいない。隣接する揖保郡少宅郷にも、秦田村君有礒や秦小宅公らの名がみえ、この秦田村君有礒こそ、先の経師秦在礒と同一人物であり、巨智（己知）氏なのであった。赤穂郡に入ると、郡大領その人が秦造内麻呂で、『本朝皇胤紹運録』によれば、この郡の大避大明神は「秦氏の祖」といわれ、秦河勝を祭ると伝承されていたのである。

かくて、倭鍛冶の天日矛伝承が、秦一族によって荷なわれていたのではないかという推定は現実性あるものとなる。同時に漢氏系の韓鍛冶・忍海漢人の居住区が、美嚢郡など播磨東部を占めるのであるから、まさに、秦・漢両系は、播磨の東西を対照的に分ち占めていることになるのである。

最近、八木充氏は、山陽道の銅産と鋳銭司との関係を追求されて、「銅の精錬は、原銅のほか、錫や鉛の産出、鋳造技術者の存在を不可欠の要件とする。銅の産出地としていちじるしい山陽道地域が、さらに鋳銭の官営所ともなりえたのは、とりわけ鋳造技術者の分布と密接な関連をもつ」ことを指摘された。そして、「播磨以下の山陽道諸国には、文献上、長門を除いて、秦氏関係者の濃厚な分布が確かめられる」とし、この鋳造技術は新羅系のもので、技術者群を構成していたのは秦氏であろうと述べられた。また私は先に、豊前国田川郡香春神社が、

『豊前風土記』逸文に、「新羅国神」といわれ、著名な銅産神であり、香春岑の山麓におかれていた「採銅所」は、古代豊前銅産の中心であり、この神社の宮司は赤染連であり、赤染は秦氏の同族であることを指摘しておいた。少なくとも、豊前の銅産は秦氏集団と関係あることは認められねばならぬ。

さて、このような鋳造技術とならんで、鍛造技術がいつごろから発生したかは興味ある問題であるが、すでに前期古墳の出土品から、鋳造品と鍛造品がならんで発見され、中期古墳から、鉄製品が鍛鉄製品をふくめて激増するのであるから、鍛造＝錬鉄技術の発生を、いわゆる韓鍛冶の渡来にもとめることはできぬ。しかし、この段階までは、森浩一氏の指摘されるように(59)、原料を「鉄鋌」の形で朝鮮から輸入したものが多く、朝鮮のうちでも、「鉄鋌」は慶州地区・大邱地区・安辺地区より集中出土するという。慶州金冠塚からは、七〇〇個に上る鉄鋌が出土したが、それらの地域は、かつて『魏志倭人伝』に、弁辰は鉄を産し、韓・濊・倭が争ってこれを取ると記されているところで、要するに新羅・任那の地にあたる。金鈴塚や飾履塚などからは、このような鍛造の鉄鋌のみでなく、鋳造の斧頭形の遺物も発見され、これも鉄素材とおもわれるが、前者はおもに畿内から、後者は西日本、とくに九州古墳から多く発見されるというのである。

かくみれば、五世紀はじめの鍛造＝錬鉄技術が、鋳造＝銑鉄・鋳銅技術とともに、新羅系である有力な証拠を提供できるようにおもう。ということは、百済系の韓鍛冶は、そのあとに革新的な技術として伝来したことになる。つまり、五世紀末より六世紀にいたる古墳をみると、畿内の大型古墳からさえも、鉄鋌の出土は減少し、かわって、『書紀』『風土記』によると、国内における鉄資源の開発が行われたらしい。砂鉄採取遺跡の報告例は乏しいが、砂鉄のほかに、この段階では、鉄鉱石も原料とされたのではないかといわれ、岡山の月の輪古墳出土の鉄器の原料は、砂鉄と鉄鉱石の両方であるという推定が出されている。(60) しかし、そのいずれにしても、韓鍛冶とは、鍛造＝「刃物づくり」ばかりでなく、鉄製錬＝「タタラ吹き」をふくむ概念であり、(61) 常陸若松浜や肥前漢部郷における鍛冶も、砂鉄の採取製錬からはじめられたと記録され、これを漢氏配下の佐備・忍海漢人が行なったことは、韓鍛冶が要するに国内の鉄資源の開発を行なったところに革新的意義があることを示すのであろう。

以上をふたたび図式化すると、

五世紀初ごろ　新羅→倭鍛冶（鋳銅・銑鉄＝鋳工）、鉄鋌輸入→非品部・雑戸＝秦系

五世紀後半より百済→韓鍛冶（錬鉄＝鍛冶・鉄工）、砂鉄製錬→品部・雑戸＝漢系

となろう。

つぎに、小林行雄氏(62)は、上述の垂仁紀二年に、新羅王子天日矛の渡来に関する異伝があり、近江国鏡谷「陶人」をその従人であるとし、また雄略紀七年に、百済より今来才伎が渡来し、そのなかに「新漢陶部高貴」をあげているのは、前者では、陶人の系統を新羅にかけ、後者では、百済にかけて説いているので、日本の須恵器の技法が、朝鮮から伝えられたという事実とまったく一致する。しかし、はたして新羅系と百済系の二流派が並行して伝来したことを意味するのかどうかは、軽々しく断定できないと慎重に述べられ、ついで、五世紀にわが国

に定着した須恵器の器形の特徴のうち、初期のものには、新羅の土器に類似するものが若干あり、ついで、その後一般に流行したものには、百済の土器に共通するものがあるのはたしかであると指摘された。

さらにもう一つ、小林氏(63)は、おなじ垂仁紀三十九年条の異伝に、十箇品部として、「倭文部」があり、「シトリ」「シヅヲリ」と訓まれているが、『古語拾遺』には、倭文遠祖が「文布」を織ったとあるから、文様を織りだした布をつくる技術者をさすのであろうが、おそらくそれは、たんなる手織で、緯糸に色糸を用いた多色の文様織のことであろうとされている。

ところが、これにたいし、雄略紀十四年に、呉よりつれかえった漢織・衣縫・兄媛・弟媛の説話があり(応神紀の同記事は、雄略紀のそれの混入である)、この才伎が、直接、律令制の「呉服部」の源流をなすが、『令集解』古記によると、かれらは小綾の製作者であり、おなじ雄略紀七年に、百済より渡来した今来才伎としての「錦部定安那錦」は、律令制の「錦綾織」の源流をなし、錦と綾の製作者であった。要するに、綾錦の技法をもたらしたことになるが、太田英蔵氏(64)によれば、おそらくかれらの技法は、綾錦の製作のうちでも、経錦(文様を経糸であらわすもの＝三色以下)の段階にあり、このたのち八世紀に、わが遣唐使によってもたらされた緯錦(文様を緯糸であらわすもの＝八色以下)には、まだ進んではいなかった。緯錦はペルシァのものを、隋・唐がはじめて織成し、わが国に伝えたものであるとされるのである。

この構想は、その大筋において、はなはだ興味にとむ。そして、ここにも、「倭文部」より「呉服部」「錦綾部」への発展が、新羅より百済への展開として捉えられている。

ということは、太田氏[65]によると、織機の発達は五段階に分けられ、(1)原始機、(2)上細井機、(3)古式布機、(4)絹機、(5)布機、の五つが認められるが、そのうち、中国の後漢の画像石に彫られた機織図中にある、(3)古式布機がわが国に伝来したのは応神朝で、それを伝えたのは、新羅人・秦氏である。「月の輪の絹帛の多くは、秦氏の党類または新羅の俘人たちによって、わが国に無筬の布機を伝え、上細井機が十四動作で織るところを、八動作で織りあげ、上細井機よりも、五、六倍高い生産をあげえたのである」とされる。そして、その次の(4)絹機は、透薄な絹を織る「呉織」を、(5)布機は、絹機の筬をとり入れた「漢織」をさすものであろうという。この二つが、先の「呉服部」「錦部」などに対応することはあきらかである。

この機織の一々の比定が正しいかどうかは、確実な史料に乏しいと思われるので、断定はできないが、専門家が、技法上から、この五段階の発展を想定されたことであり、それが大陸からの新技術の伝来に基づくことはまちがいないから、それを秦氏＝新羅系の技法から、今来漢人＝百済系のそれへの発展ととらえることは、基本的にみて、承認される事実だとおもう。

なお、小林行雄氏[66]は、雄略紀にみえる秦氏の養蚕と絹縑の生産貢納について、これを「平織の絹布か、綾織としても地文にとどまる程度の、低い織技によってつくりうるものであろう」と推定されたが、ここでも、秦氏の技法を、今来漢のそれより一段低いものとみられている。

最後に、左右馬寮馬飼は、雑戸解放にも、鍛冶・造兵二司の雑工戸と同一に扱われ、おそらく百済系帰化族で、倭・河内の飼部は東西漢氏の配下にあったのではないかとも思われるので、少しほり下げて分析しよう。たとえば、神護元年、河内国古市郡人馬毘登姓四四人に武生連を賜わったが、(67)その武生連とは、いうまでもなく西文一族である。そこで允恭紀をみると、「倭飼部」が、来朝中の新羅弔使を、采女に通じたとして、皇子に密告したため使者は禁固され、新羅はこれを恨んで、貢調物を減じたといい、また継体紀には、征新羅将軍近江毛野臣の傔人「河内馬飼首」が、新羅武将をうつまねをしたため、新羅軍に恨まれ、四村を抄掠されたとあり、さらに欽明紀には、新羅使の帰国に際し、穴門館をつくる工匠「河内馬飼首」がこれを侮辱したので、新羅はわれに備えたとあるなど、倭・河内馬飼の一貫した反新羅的行動は、偶然のことではないのではあるまいか。当時の漢氏との勢力関係を基礎にしているのかも知れぬ。ただ馬飼の初見は、允恭・履中紀にあり、馬具製作の鞍部や熟皮高麗よりはたしかに早いのであるから、実際の渡来もさかのぼるのかも知れず、渡来に関する説話をまったく欠く点に特徴がある。したがって、渡来後、一定の年月を経て、漢氏の下に属するにいたったかともみられ、その母国は百済でないかも知れぬ。すでに述べた桑原・忍海など四邑の漢人が、もと神功朝に渡来した新羅の俘虜であると記されているのも、おなじ事情を反映していよう。

馬飼のばあいも、神功朝に新羅王が降服して、「飼部」となることを誓った記事や、その後も雄略紀に、新羅人を「典馬」として高麗に差出し、欽明朝に、新羅佐知村「飼馬」奴苦都が百済聖明王を殺したとある記事などからすると、「馬飼」の本来性も、馬具とおなじく、むしろ新羅にあるのではないかとおもわれ、『魏志』や『後漢書』の東夷伝が、馬韓（百済）については、「不知乗牛馬」「不知騎乗牛馬」と明記するのに、弁辰（新羅・任那）については、「乗駕牛馬」と記し、実際上も、継体朝より欽明朝にかけ、わが国より百済へは馬を賜与する記事が多いのに、新羅よりは貢馬の記事が相ついでおり、(68)また『新羅村落文書』にみられる牛馬普及率の高さからみても、(69)新羅の方が馬の飼育に秀れていたとおもわれる。このほか、先述の新羅の馬具を出す応神陵に土馬の存したこと、(70)新羅と結び反抗した筑紫国造磐井の墓に石人石馬の存したこと、(71)肥前佐嘉川上流の土蜘蛛が土製の人形馬形を有したこと、(72)総じて古くは九州に馬が多く、馬の飼育を命ぜられたことがあるなど、新羅系文明とその周辺が、馬と本源的な結合を示しているようである。したがって、馬具に新羅→百済の技術的展開を考えるのとおなじく、馬・馬飼にも、新羅→百済の推定を想定してもよいのではあるまいか。しかし、この問題はなお今後の検討を要するとおもう。(73)

第二節　秦・漢両氏と蔵の管理

これまでに述べた帰化系技術における秦・漢のちがいは、この両氏が主として任命された令制の大蔵省・内蔵寮の「蔵部」＝秦と、大学寮の「史部」＝漢にも反映されている。

大蔵に関する『古語拾遺』の説は、履中朝に、三韓貢物の増加によって内蔵をたて、阿知使主と王仁にその出納を記録させ、さらに蔵部を定めたが、雄略朝に及び、秦酒君が百八十種勝部をひきい、調を貢進したので、諸国の貢調がみちみち、そのためにさらに大蔵をたて、蘇我満智に命じて、三蔵を検校させ、秦氏には出納を、東西文氏には簿の勘録をつかさどらせることとなった。かくて漢氏に内蔵・大蔵の姓を賜い、秦・漢両氏を内蔵・大蔵の主鑰に任じたが、これが蔵部の縁であるというのである。

この説話は、蘇我氏と秦・漢両氏が財政を掌り、その間に、いわば上下の官司制的統属組織を形成していた事実を示すものとするのが定説のようであり、[74]また秦氏一族に、秦長蔵・秦大蔵造、東漢氏に大蔵直・内蔵直、西文氏に、内蔵首らの氏族が存在したことが、大化前代に、財政を専業とする秦・漢両氏の存在を示すものと解されてきたのである。

しかし、もう少しよくみると、履中六年紀には、「始建蔵職、因定蔵部」とあって、漢氏の祖に関する記載はなく、雄略十五年紀には、「秦酒君」が百八十種勝をひきいて朝廷に貢調し、翌十六年紀にも、「秦民」が庸調を進めたとみえ、『姓氏録』にも、秦民の貢調によって大蔵を構え、「秦酒君」がその長官となったと記しているけれども、いずれのばあいも、漢氏については、まったくふれるところがない。『古語拾遺』の説話はやや孤立した存在といえよう。

そこで、『古語拾遺』の文脈をみてゆくと、まず秦氏を先にたて、漢氏を従とする形をとっていること、つぎに、両氏をともに主鑰に任じたとしつつも、本来、主鑰とは、令に「掌主当出納」とあるとおり、管鎰を保管し、蔵の出納をつかさどる職務をさすことからすれば(75)、当然、「出納」をつかさどるとある秦氏のことを指すべきで、簿の「勘録」をつかさどる漢氏のことではないはずであることの二点が注目される。これは『拾遺』の自己矛盾で、その記事は、もっぱら「主鑰・蔵部」に任ぜられた秦氏と、「史部」に任ぜられた漢氏の職掌を、正確に反映したものであり、しかも、史部として漢氏が財政に関与するのは、蔵部たる秦氏よりはおくれているのである。

『書紀』によれば、漢氏が蘇我氏のもとで、財政に関与する初見は、欽明十四年、蘇我稲目が勅を奉じて王辰爾に船賦を数録させ、ために辰爾は船史姓を賜わったとする記事であり、その後も、欽明十六年、稲目が吉備白猪屯倉の経営にあたり、同十七年十月、おなじく備前児島屯倉、十月、大和韓人大身狭屯倉・高麗人小身狭屯倉・紀海部屯倉などを設定し、同三十年には、稲目が王辰爾の甥胆津に命じて、白猪屯倉の田部の丁籍を定めさせ、胆津はその功により、白猪史の姓を賜い、敏達三年、稲目に代って馬子が白猪屯倉におもむき、屯倉と田部を増益し、田部の名籍を胆津に授け、同年、王辰爾の弟牛が津史の姓を賜わったなどの一連の記事がみえる。さらに下って、皇極四年、蝦夷の滅亡にさいし、辰爾の子（孫ヵ）船史恵尺が蝦夷の邸より国記をとり出し、中大兄に献じたとある。

以上の記事に一貫していることは、これらの漢氏は、王辰爾にはじまる今来漢人であることであり、辰爾が高句麗の上った烏羽の表を、飯気に蒸し、帛をもって羽に印し、悉くその字を写しとって、よく読解したことは、有名な説話であり、それまでの史部にはできなかった新知識・新技術をよく象徴する。(76)つまり辰爾にはじまる一族が今来漢人であるということを端的に表現するのである。そしてつぎに、かれらは蘇我氏の配下にあって、文筆を通じて財政に関与したことで、あらたな史部の任務は財政収支の記録にあったということができる。すなわち、辰爾は関税を数録し、胆津は田部の名籍を定め保管し、牛も津において関税を扱ったのであろう。もちろん恵尺のように、『天皇記』『国記』の編集にあたったとおもわれるものもいた。したがって、かれらは共通して「史」姓を有したのであって、このように、漢氏が「史部」としての職務を遂行したのであれば、漢氏に、秦氏とおなじように「主鑰・蔵部」の職掌をもとめることは無理であろう。

さらに、この白猪（葛井）・船・津の三氏はともに王辰爾より出で、王仁の裔という西文・武生・蔵の三氏よりはもちろん遅れて百済より帰化したことは、辰爾の所伝が欽明朝よりはじまることからしても明らかであり、王仁の渡来が四世紀末または五世紀初とすれば、辰爾は六世紀はじめの人物となる。そして、井上光貞氏の説(77)のように、この六氏は、河内国古市郡・丹比郡内に近接して生活集団を形成することによって、王仁後裔氏族としての族的結合をなすにいたったものと考えられるが、この関係は、あたかも東漢氏と、その配下にある、雄略朝すなわち五世紀末に渡来したという錦織・忍海・金作・韓鍛冶らの今来漢人との族的関係に対比される。一方が西文氏の配下の今来漢人とすれば、他方は東漢氏の配下の今来漢人であるという点で共通する。このようにみれば、『古語拾遺』に、大蔵の簿を勘録したとある東西漢氏の職掌は、実はこの白猪・船・津系統の、いわゆる今来漢人の職掌であり、履中紀に、はじめて諸国に置いたとある「国史」や、雄略紀にみえる「史部身狭村主・檜隈民使」(いずれも東漢氏)などよりは後に発生したものと認めてよいであろう。直木孝次郎氏の研究[78]によれば、クラを氏姓とする氏族のうち、六世紀以前にさかのぼりうるものは見あたらぬようであり、第一、漢氏が蘇我氏と関係を生ずること自体が、文献的初見からいえば欽明朝で、つぎの敏達朝に西文系の白猪史、東漢系の池辺直・鞍部村主らが馬子と結合するにいたるのであって、むしろ蘇我氏が、六世紀以後、今来漢人を、財政(白猪・船・津)、生産(鞍部・錦織・金作)の各新分野において掌握しえたことが、蘇我氏の勢力を大ならしめた原因であろうと考えられる。

さて、漢氏は、七世紀以後にいたっても、仏教・外交・軍事の面では、蘇我氏の腹心として活躍するが、大蔵・内蔵に関与した事実はほとんど認められない。これは秦氏とはなはだ異なる点である。強いて例をあげれば、(イ)内蔵忌寸縄麻呂(大蔵少允)、(ロ)内蔵忌寸全成(大蔵大輔・内蔵頭)、(ハ)椋垣直子人(主税助)、(ニ)椋垣忌寸吉麻呂(右平準令)、(ホ)蔵垣忌寸家麻呂(内蔵少属)、の五例があるが[79]、このうち、(ハ)(ニ)は主税寮・平準署であるから、広義の財政には関係するが、蔵部・主鑰の伝統とはまったくかかわりがなく、(ロ)は大学少属→迎入唐大使判官→大外記→陸奥守兼鎮守府将軍などを歴任したのち任ぜられたもので、一般官僚の昇進コースとかわりはなく、のこる(イ)(ホ)も(ロ)とおなじ例ではあるまいか。いずれにしても、『古語拾遺』のいうような主鑰・蔵部の職掌の片鱗すらうかがい知ることはできない。

大蔵に関する説話の主体は、あくまで秦氏にある。すでに述べたように、雄略紀や『姓氏録』にある秦酒君の記事は、(80)酒君が莫大な「秦民」「勝部」をひきいて、「養蚕織絹」「調庸」「調庸絹縑」の生産と貢納を行なったので、大蔵を構え、これを収納したという点に説話の核心があり、むしろ調庸貢進を目的として、部民設定を行なったとみる方が正しい。すでに第二編において、秦部は、大蔵における秦氏の蔵部としての職掌に応じて設定された部民で、単なる私有民ではなく、むしろ「国家之民」に近い存在であることを指摘した。欽明紀によると、秦人を国に安置して戸籍に編貫し、秦人戸数七〇五三戸を「大蔵掾」たる秦伴造の配下においたとある。この秦人を、私は当然、秦人部・秦部と同義に解するが、秦人を国郡に「安置する」とは、「戸籍」に貫する意であって、おなじ欽明紀の白猪田部を「量り置く」ことが、「丁籍」に付する意であったのと論理上はまったくひとしい。編戸を秦伴造のもとにおくとは、「貢納民」「調庸民」を戸籍に貫しつつ、秦氏が大蔵官として、これを統率するという意であるから、雄略紀の秦民の調庸貢進をさらに前進させた意義がうかがわれる。

ともあれ、右の記事から少なくともいえることは、調庸の貢納に応じて設立されたという大蔵の主体は、説話上も、あくまで秦氏にある点で、『姓氏録』が、酒君を大蔵の「長官」としたというのも、欽明紀に、秦大津父が「大蔵省」を拝したとあるのも、秦氏が大蔵の中核をなしたことを端的に示している。大化前において、大蔵との関係を明瞭に指摘できるのは、秦氏のほかにはない。酒君や大津父のほか、椋部秦久麻(81)や、秦忌寸祖大蔵秦公志勝(82)の名があり、秦河勝は、大津父が「大致饒富」といわれたのとおなじく、「其家富饒……是国家之宝也」

と評された。[83] これらも、欽明天皇や聖徳太子の内廷における財政援助者という意味をもつのであろう。ただし、秦氏は皇室財政の実質的な掌握者ではあっても、けっして高位の官職には上りえなかった。大津父は大蔵掾（三等官）とあり、久麻は蔵部（番上官）にすぎぬ。これは、七世紀以後の例においても、(イ)秦前広橋（大蔵少録）[84]、(ロ)秦鎰取（主鑰ヵ）[85]、(ハ)秦永岑（大蔵省史生）[86]、(ニ)秦雪持（大蔵省大主鎰）[87]、(ホ)秦忠雄（大蔵省大典鎰）[88]、(ヘ)太秦連雅（大蔵大録）[89]、(ト)秦貞世（内蔵寮蔵人）[90]、(チ)秦奥世（大蔵省掌）[91]などの諸例のほか、造寺関係の出納責任者としても、(リ)秦息成（倉人）[92]、(ヌ)秦麻呂（蔵人）[93]らの名がみえ、かれらはいずれも、大少録・主鎰・典鎰・省掌・蔵人などの下級の実務官といってよく、国史に記載される可能性のきわめて少ないクラスである。したがって、(ニ)〜(ヌ)まではいずれも文書に出で、なかでも(ホ)(ヘ)、(ト)(チ)などは同一の文書に併記されたものであるのをみても、このような実例以上に、いかに大蔵・内蔵の下級官が秦氏に普遍的な職掌であるかが知られるであろう。

すなわち、『古語拾遺』のいう「主鑰・蔵部」の職掌は、まさしく秦氏によって継承されているといえるのである。令制によると大蔵は調（庸）、内蔵は供御物を主として扱ったが、その職掌を略示すると上記のごとくになる。そのうち、(1)(4)は貢納品、(2)(3)は生産品で、まず前者をみると、(1)の調は、

第四表　蔵の職掌

	(1)	(2)	(3)	(4)	(5)
大蔵省	諸国調	銭金銀珠玉銅鉄	骨角歯羽毛	諸方貢献物	その他
内蔵寮		金銀珠玉宝器	氈褥	諸蕃貢献奇瑋之物	その他

註　宝器は金樽・玉盞の類、氈褥は毛を撚り製した褥席であろうから、それぞれ(2)(3)に分類できる。

秦氏が秦民をひきいて、最初に「調庸」を貢進し、ために内蔵の外に大蔵をたてたという説話に対応し、当然、内蔵の職掌には収められていない。(4)は、賦役令の諸国貢献物条に、「金銀珠玉皮革羽毛錦羅香薬彩色」などのいわゆる「諸珍異之類」をさすとあるから、秦・己智両氏が渡来に際してもたらしたという「金銀玉帛種々宝物」に正しく対応する。このばあいは、大蔵でなく、内蔵寮の「諸蕃貢献物」がそれにあたるであろう。要するに大蔵は調庸段階、内蔵は貢献物段階において、ともに秦氏の関与した財政的職掌を示している。ついで、後者をみると、(2)の金銀は大蔵省被管の典鋳司により生産された。これは典鋳司の職掌に、「造鋳金銀銅鉄塗餝瑠璃」とあることよりあきらかであるが、「鋳工」が秦氏に固有の職掌と目されることはすでに述べた。また(3)の皮革生産も、馬具（鞍）を中心とするもので、令には「供御乗具、謂是即自内蔵寮所送者」と明記するとおりである。しかるに馬具が本来、新羅系の技術によって生産されたらしいことはすでに述べた。結果において、(1)(2)(3)(4)のすべてにわたって、大蔵・内蔵の職掌が、大化前代より秦氏の伝承ときわめて密接に関係していることが知られる。われわれは村尾次郎氏の指摘するように[94]、律令制諸官司が、かなり独自の歴史的所産であるという、一つの典型を、大蔵・内蔵にみるのである。同時に、秦氏の任ぜられた「主鎰」「蔵部」は、倉物の出納にあたって、その品質検定・価格査定・保管に任じたものであり、調庸はもちろん、高級織物・雑薬・金銀珠玉・外国の将来品にいたるまで品質を知悉する特殊技術者とも称すべく、かなり伝統的世襲的な技術を必要としたであろう。

しかるに、注意すべきは、令制の大蔵・内蔵の主鎰・蔵部は、制度上は秦氏などの特定氏、すなわち「負名氏」によって構成されたわけではないという事実である。大少主鑰は、古記に「其大少主鎰、等親合相避、大蔵准此」と注記するのみで、出身にはふれず、蔵部にいたっては、両司あわせて一〇〇人に達するにかかわらず、まったく何らの規定もない。蔵部は、第二編に述べたA型の「トモ」に属し、水部（主水司）、掃部（掃部司）、殿部（主殿寮）、酒部（造酒司）と性格を共通にするにもかかわらず、これらが名負雑色人（水部）、名負酒部（酒部）、名負入色人（門部）、負名入色人（殿部・掃部・水部）などと称されたのに反して、「負名氏」と称されたことはなかった。この点は、漢氏の伝統的職掌としての「史部」が、令制において「東西史部」として組織され、「負名氏」として、大学寮の入学資格を与えられていたことと明瞭に対立する。そして、おなじく秦氏の任ぜられた画工・木工・鋳工が負名氏といわれなかったことと共通するのである。このような正確な照応関係を、われわれは重視しなければならない。

第四章　帰化系技術の革新

秦・漢両氏が応神朝に渡来したという説話の信憑性には問題もあるが、おそらく秦氏は五世紀には畿内に定住し、京都盆地の各地（山背葛野郡）を中心に、近江朴市（愛智郡）、摂津（豊島郡）などにも蕃衍し、ことに京都盆地では、鴨川・桂川にわたる氾濫平野の開拓の主力となり、養蚕・機織を行い、神社信仰や民間呪術ともむすんで、在地に確固たる富と勢力をきずきあげたようである。そして上述のように、五世紀末から六世紀にかけて、大和朝廷の財政に参与し、内蔵や大蔵の下級官や出納責任者である蔵部に任ぜられたが、漢氏のように、六世紀の官司制の発展に乗じ、官人貴族としてめざましい進出をとげることなく、もっぱら殖産的土豪的な性格を堅持した。そのため、手工業においても、在地的な生産を行い旧来の技術をよく保持し、あたらしい百済系技術や新帰化人を積極的に氏族内に取りこむことをしなかったものとおもわれる。(95)

これにたいし漢氏は、五世紀には大和高市郡檜前村あたりを中心に蕃衍し、五世紀末ごろに三腹にわかれ、ひきつづき氏の増大と分裂をかさね、すでに大化前代に、川原民直・池辺直・荒田井直・書直・坂上直などの枝氏があった。これは秦氏が土豪であり、氏族の分化も少なく、枝氏には秦大蔵・秦倉人・秦人広幡・秦調・秦川辺・秦勝・依智秦・辟秦など、複姓、それも必ず「秦」の一字を冠する複姓がみえるのみで、異姓の同族としてはわずかに已智をかぞえるにすぎないのと大きなちがいであり、漢氏は『坂上系図』にひく姓氏録逸文によると、平安時代のはじめ、氏を統率する坂上氏が自己の同族と主張したのは、約六〇にのぼる忌寸姓氏族と、ほかに九つの宿禰姓と、三つの直姓を含むにいたっているのである。このような氏の分化は、関晃氏(96)によると、漢氏が六世紀に有力な官人として成長したため、現実的な権力や利害関係に基づいて、氏が分裂するとともに、そのうち有力な地位を占めた同族によって、たえず氏が再編・統制されたためで、そのうち、文(書)・山口・坂上・蚊屋・荒田井・民・谷などの忌寸姓の氏族は、天武朝に忌寸に改められるまでに、すでに直姓として勢力をもっており、そして壬申乱のころには書直が、養老より天平にかけては民忌寸が、天平ごろから坂上忌寸が勢力をえて、族長的地歩を占めたとおもわれる。

このような漢氏が、大化前代に積極的に「今来漢人」を導入したことは肯けよう。いわば最新の官人的地歩を占めた漢氏の支配する技術が、在地のそれでなくて、官司の技術であり、大陸からあらたな帰化人を導入することによって、たえずそれを革新したことは認められてよい。ここに、秦氏の技術との旧新の対照があり、漢氏のそれが品部・雑戸に組織された理由がある。

さらに一つの問題は、石母田正氏が指摘されたように(97)、古い技術は、異質のよりあたらしい大陸の技術を導入することによってのみ克服された点である。秦系あるいは新羅系の技術が、漢系あるいは百済系の技術に代られるのは、「今来漢人」の導入によるのであり、これをわが文献は、土師部（土師器）より陶部（須恵器）へ、倭文部（麻布）より錦織部（錦綾羅）へ、倭鍛冶（鋳銅・銑鉄）より韓鍛冶（鍛鉄・錬鉄）への発展として、きわめて象徴的にとらえている。

このように旧来の技術が指導性を失い、新来の技術に従属してゆく過程は、今来漢人＝品部・雑戸自体についても認められる。その第一歩は、崇峻元年、飛鳥寺の建立にあたって、あらたに百済より貢進された「鑪盤博士」「瓦博士」「寺師」「仏工」らがすでに部民とは称されず、おそらく南朝系の技術者であり、そのため、かれらの指導下に、「作金人」として、すなわち実際の施工者として、東漢系の忍海首・朝妻首・鞍部首・河内首ら四人の品部が従属したとおもわれることに認められ、[98] ついでそれが決定的となるのは、七世紀末、百済の滅亡によって、百済王族・官僚以下多数の帰化人が渡来したときである。このときの新帰化人グループは、その最新の技術の故に、律令制下の官職に任ぜられたが、神亀元年二月、

官々仕奉韓人部一人二人ｶ其負而可仕奉姓名賜

と定めたのも、もっぱらかれらを対象とするもので、「カラヒトノトモ」とは、それまでの「負名氏」にかわって、あるいは「負名氏」に準じて、あらたに諸官司に登用された帰化人たる「トモ」を指しており、かれらがあらたな世襲的官職についたことを示している。

今、ここに、神亀元年五月、かれらにたいし行われた賜姓を整理し、その氏姓と、各氏に特色のある官職を抽出し、対照すれば、左のごとくになる。

(1)百済系

吉・吉智（↓吉田連）＝解薬、医術優遊、内薬佑、内薬正、侍医

答本（↓麻田連）＝築城（兵法）、学士、大学博士、漢詩（大宰大典）、典薬頭（左大史）、右大史

都能・角（↓羽林連）＝陰陽家、陰陽優遊

賈（↓神前連）＝解工、学業優遊

楽浪（↓高丘連）＝大学頭（文章優遊）

四比・志斐（↓椎野連）＝築城、陰陽允、陰陽博士、天文博士、算術優遊

荆（↓香山連）＝漢詩、大宰少典、遣唐使知乗船事

呉粛（↓御立連）＝医家（学業優遊・方士）

胛（↓城上連）＝医家、侍医（方士）、越前国医師

谷那（↓難波連）＝兵法、陰陽師

(2)高句麗系

高（↓殖槻連、↓清原連）（男捄連、大井連、三笠連、福当連、新城連）＝陰陽師、陰陽頭兼陰陽師、画師、木工、金工、遣唐留学生

雅楽寮少属

王（↓蓋山連）＝陰陽家（天文博士）、近江岡田村鋳物師

狛（↓古衆連、↓長背連）＝鋳工

(3)新羅系

金（↓国看連）＝解薬、天文博士

(4)唐系

薩（↓河上忌寸）＝音博士、律令撰定

また、これと前後して行われた賜姓から補充すると、

(5)百済系

鬼室(→百済公、→岡連)=学識頭、解薬、図書寮書生

刀利(→丘上連)=大学生、大学博士(宿儒・漢詩)

戸(→松井連)=仏工、冶金工(内匠助)

国(→国中連)=算師、大仏師

憶頼(→石野連)=築城

沙宅=法官大輔、学士(文章冠世)、呪禁博士

などがあげられる。(99)

これら(1)~(5)までの例をみると、百済が圧倒的に多いのは当然として、高句麗がこれにつぐのも、やはり滅亡によるものである。敵対国新羅はほとんど存在しない。それらの氏姓は、これまでの帰化人にはほとんど見出しえないものばかりであり、新帰化人というにふさわしいが、その任命された官職も、律令制下の明経・明法・文章・暦算・陰陽・天文・呪禁・医術・兵法・築城・造仏・冶金などの各分野にわたり、まさに、「官々に仕奉る韓人部」というにふさわしいというべきであろう。

ところが、これらの新帰化人にたいし、大化前代の諸品部を構成していた帰化人はどうか。

まず、『経国集』の秀才対策文に、葛井諸会・船沙弥麻呂・白猪広成・蔵伎美麻呂らの名がみえ、大学生としても、文忌寸咋麻呂がいるが、かれらは東西漢氏の一族であり、東西史部の子弟が大学寮への入学資格を与えられる規定が実施されていたことを示すとともに、この時代の大学頭・諸道博士らは、ほとんど百済系の新帰化人によって占められ、鬼室（学識頭）、楽浪（大学頭）、答本（大学博士）、背奈（大学少允・大学助・明経博士）、沙宅（学士・咒禁博士）、刀利（大学博士）などの例があるのをみると、大学において、史部系は百済の新帰化人の指導下におかれていたことがわかる。大体、大学寮そのものが、新帰化人によって設立されたことを忘るべきではなく、『懐風藻』序によると、天智天皇のとき、大津京に儒教主義に基づく学校がたてられ、天智十年紀にみえる「学職頭」はその長官とおもわれるが、「大学寮」の名は、天武四年紀にはじめて見出される。そして、その「学職頭」が鬼室集斯であり、持統紀に二、三みえる諸博士もともに帰化人なのであった。

つぎに、東大寺大仏の造営をみると、仏工・鋳工・銅工・銅鉄工などに、秦・曰佐・朝妻・穴太・椋人・辛人などの伝統的な工人が多くみられることはすでに述べたが、かれらを統轄した大仏師は国中連公麻呂であり、かれは百済系の新帰化人国氏の出身であった。(100)

おなじく班田司の算師・史生をみると、秦氏の任例が非常に多く、秦氏の一族山村や、漢系の馬・山口・文山口・葛井・船・忍海などの氏も間々みえるのに、算術博士や天文博士には、志斐連三田次・王仲文・国見連今虫らがおり、かれらも百済・新羅系の新帰化人であった。(101)

このような例から知られるところは、いわば品部系の「負名氏」の技術が、すでに先進性を失い、下級の実務に限定されていたことであり、かれらが、律令制において、下級の伴部＝番上官に位置づけられ、四等官の下におかれるとともに、技術的には才伎長上の指導下におかれたことも、すでにそのあらわれであったかも知れぬ。したがってまた、品部・雑戸や伴部を、「負名氏」のほかの「白丁」から補充せねばならず、雑戸もしばしば解放されるようになった。解放とは、すでに実務からはなれている雑戸の「号」のみを除く意味のものが多く、たとえば、三田首が対馬で黄金を冶成したので、封五〇戸と田四〇町を賜わり、「雑戸之名」を除き(102)、正七位上山背甲作ら二一人も、「山背甲作四字」を除かれ(103)、春宮少属朝妻金作も、「男女雑戸籍」からはずされ(104)、また伊賀の金作部、伊勢の金作部・忍海漢人、近江の飽波漢人、紀伊・近江・播磨の韓鍛冶ら七一戸は、姓雑戸にわたるも、もと雑戸の色でないとして、その「号」を除かれた(105)とあるのはそれである。

このような例は、雑戸の「号」や「氏姓」が問題となっているので、すでに実務からはなれてしまったものが多いとおもう。そうでなければ、「正七位上」や「春宮坊少属」の地位にあったり、封五〇戸、田四〇町を賜うことなどはなかったであろう。地方でも、播磨の韓鍛冶首が美嚢郡大領となり(106)、讃岐の韓鉄師毗登が同族一二六人と坂本臣を賜わった(107)というのは、すでに土豪化していた証拠である。したがって、技術的に先進性を失い、新帰化人のもとに従属するにいたったことが、ただちに社会的地位の低下をまねいたわけではない。むしろその隷属的技術から次第に解放されることによって、かれらみずからの社会的地歩をきずきえたとさえいえるのである。

すでに石母田氏が、(108)帰化系品部は、その技術の高度さにもかかわらず、基本的には農民であり、律令制下における品部・雑戸も口分田を給されており、したがって、かれらは生計の基礎を農業におき、手工業の註文生産や製品の販売によって生活したわけではなく、生産品はすべて宮廷・政府に強制的に貢納せしめられた。政府も、この貢納生産を維持するためには、かれらを農民身分に固定し、隷属的な形で、技術を伝承させる体制こそ必要であり、生産者からみれば、みずからの生活に関係のない生産を強制されるのであるから、生産技術を改良開発すべき必然性はまったくない。したがって、技術の革新は、つねに外部から新しい技術民(部民)を導入することによってのみなされたと指摘されたことは、本論によっても実証せられるところであり、同時に、その技術の喪失が、何らかれらの身分階級の低下を招かず、かえって隷属性からの解放となりえた理由もわかるであろう。

第五章　新羅・百済両国との関係

第一節　秦氏と新羅仏教

秦氏と漢氏の関係について、補足的な問題を一つだけあげておきたい。それは推古朝に関することである。

聖徳太子の側近者秦河勝の事蹟のなかで、広隆寺の創設は、かなり重い位置を占めるが、『日本書紀』の広隆寺関係記事は、つぎの三つにわかれる。

(1)推古十一年十一月、皇太子は「尊仏像」を有することを諸大夫に告げ、恭拝するものを求めたところ、河勝が進んでこの仏像をうけ、「蜂岡寺」を造った。

(2)推古二十四年七月、新羅より奈末竹世士が来朝し、「仏像」を貢上した。

(3)推古三十一年七月、新羅より大使奈末智洗爾、任那より達率奈末智が来朝し、「仏像一具、金塔幷舎利、大灌頂幡、小幡」を貢上し、この仏像を「葛野秦寺」に納めた。

しかるに、『聖徳太子伝補闕記』『聖徳太子伝暦』『扶桑略記』には、右に対応する記事として、つぎのようなものがある。

(1)について、太子が山代楓野(葛野)村にいたり、蜂岳南下に宮をたてたとき、川勝が眷属をひきい供奉したので、太子より宮と、「新羅国所献仏像」を賜わり、その宮を寺としたとし(補闕記)、また推古十二年八月のこととして、太子が蜂岡の下に造営した楓野別宮を寺として川勝に与えたとき、「新羅王所献仏像幡蓋等物」をも併せ賜わったと記し(伝暦)、あるいは『広隆寺縁起』をひき、この仏像を「弥勒仏」としている(略記)。

(2)について、推古二十四年七月、新羅王所献の「仏像高二尺」を蜂岡寺においたが、放光の異のため、太子が川勝に命じて、清浄堂に安置させたとしている(伝暦・略記)。

一方において、『朝野群載』所引の広隆寺古縁起は、仏像の記載を欠いているが、『広隆寺資財交替実録帳』(109)は、当初より同寺に安置されていた仏像として、六種（七軀）をあげている。ただ、右の三尊にあたるものとしては、(1)金色弥勒菩薩像一軀居高二尺八寸所謂太子本願御形(110)があるのみで、(2)(3)の仏像は見あたらぬようであるが、(1)と併記する「金色弥勒菩薩像一軀居高二尺八寸」を、(3)にあてる説も有力である。

最後に、『広隆寺来由記』(111)をあげねばならない。『来由記』は、(1)(2)(3)の仏像に対応させて、同寺安置の「三尊」を左のごとく解する。

(1)金銅弥勒菩薩像坐像高二尺八寸は、推古十一年、百済より聖徳太子に献じた仏像で、太子より小墾田宮において川勝に賜わったものとする。

(2)金銅救世観音像坐像高二尺二辟如意輪也は、推古二十四年七月、新羅王より献上した仏像で、放光の怪のため、太子より川勝に賜い、川勝は蜂岡寺に安置し、尊崇したものとする。

(3)都率曼荼羅一幅以蓮糸造之は、推古三十一年七月、新羅国達率末智が来朝して貢献したものとし、『書紀』の記事を正確に敷衍している。

右のように、(1)(2)(3)の仏像にたいする諸文献の記載は基本的に一致し、それらをすべて、新羅仏であるとする点が最大の特徴をなしている。この点で、(1)を百済仏とする『来由記』の所伝は孤立し、『補闕記』『伝暦』はともにこれを新羅仏と明記するうえ、もともと『来由記』は、直接には『伝暦』、さかのぼれば『補闕記』をもとに、説話を修飾発展させたものであるから、なおさらこの点を後世の作為とするほかはない。要するに文献上、広隆寺は新羅仏教的要素をつよくもつのである。

さらに、現存の「弥勒菩薩半跏思惟像」（大形・宝冠弥勒）を、(1)の仏像、すなわち『実録帳』のいわゆる「太子本願御形」たる「弥勒仏」にあてる小林剛氏ら美術史家の説(112)がもし成立するならば、現存弥勒が七世紀の他の木彫とは異なり、松材を使用し、かついちじるしく新羅様で、慶州南五陵出土の金銅弥勒像（旧李王家博物館蔵）に類似し、さらには慶州皇竜寺付近出土の銅造菩薩像頭部（諸鹿央雄氏蔵）にもきわめて似ていると指摘されるのであるから(113)、『補闕記』『伝暦』の所伝を正しいとするほかはなく、おなじく現存の「弥勒菩薩思惟半跏像」（小形・泣弥勒）もまったく新羅様で、新羅の小銅造弥勒菩薩像（旧朝鮮総督府博物館蔵）に近似するといわれ(114)、これを(2)の仏像にあてる説が有力で、なかには、先述の『実録帳』にみえる「金色弥勒菩薩像」をこれであるとみる説もあり、そうすれば、寺伝によって、(3)の仏像となる可能性もないわけではない。いずれにせよ、このように文献上のみならず、現存二仏が、その様式上、新羅仏系に属することを証されるのは重大であるといわねばならぬ。

かくのごとく、広隆寺にたいする新羅仏教の圧倒的な影響は、当時の飛鳥仏教一般にみられる百済仏教の優越に背馳し、たしかに特異な現象であるといえる。

第二節　蘇我・漢氏と百済仏教

右の広隆寺の性格といちじるしく対蹠的なのは法興寺である。すでに敏達十三年、百済より来朝した鹿深臣が「弥勒石像一軀」を、また佐伯連が「仏像一軀」を貢進し、蘇我馬子はこの二像を請うて仏殿を宅の東方に営み、「弥勒石像」を安置したというが、この百済渡来の弥勒石像は、『七大寺巡礼私記』所引仏法本紀によれば、法興寺の金堂に安置されてあり、『太子伝暦』も、「今在古京之元興寺東金堂」とし、『扶桑略記』も、「今在元興寺東堂」と記し、『建久御巡礼記』も、「同百済より渡せりし石像弥勒、本元興寺の東金堂に安置云々」[115]と伝え、いずれも法興寺が創建の当初から百済石仏を納めていたことを証している。

法興寺造営の初見は、崇峻即位前紀であるが、そこにいう「飛鳥地」とは、同元年紀の「飛鳥真神原」のことで、同地にあった飛鳥衣縫造祖樹葉の家をこわし、寺に転用した事実をさしている。すでに雄略紀にみえるように、「真神原」は、東漢氏の管した百済才伎(衣縫をもふくむ)の居住地にほかならず、法興寺はこれら百済系帰化人の間に弘通していた仏教を継承したものとみられる。かくて同元年、百済は僧恵摠・令斤・恵寔らをつかわし、仏舎利を献じ、また恩率首信らに、調・仏舎利・僧・寺工・鑪盤博士・瓦博士・画工を貢進させ、造営に従事せしめた。したがって、『元興寺縁起』には、「今者以百済工等作二寺也」とみえ、金堂の様(雛型あるいは図面)

も百済より送られたとあり、また露盤銘[116]には、「山東漢大費直」が百済諸工を指揮したと記されている。同年、馬子は百済僧らに受戒の法を問い、善信尼らを百済に留学させたとある。

造営後も、推古元年、刹柱をたてる日に、嶋大臣ら百余人は、すべて百済服を着し、塔心礎には、百済王の献じた仏舎利をおさめ[117]、百済僧道欣ら一一人を同寺に住まわせ、馬子の死後、推古三十六年、嗽迦大臣（馬子カ）のため、百済師慧燈らは釈迦仏像を造ったとあるのである[118]。

このような事実は、法興寺の造営がまったく百済仏教の直輸入によって行われたことを示している。もとより同寺には、他に高句麗僧慧慈・慧灌らの名もみえ、飛鳥寺発掘報告[119]によれば、同寺の伽藍配置・金堂下成基壇・板石基壇・軒丸瓦などの様式は百済とともに、高句麗に源流のもとめられるものもあるという。しかし、高句麗仏教の影響は、間接的かつ部分的といいうるのであって、いずれにしても、新羅仏教の系譜をひくものは皆無であった。

おなじ推古朝の仏教に、法興寺（飛鳥寺）と広隆寺（葛野寺）の、百済仏教と新羅仏教という対立する二系統の仏教が認められることは十分注意せねばならない。なぜなら当時、百済と新羅は決定的に対立していたからであり、国内的にこのような現象がおこった意味を問う必要があるのである。

第三節　新羅・百済仏僧の渡来

いま、奈良時代以前に、大陸からわが国に渡来した僧名を一覧表として左にかかげる。

第五表　大陸渡来僧名一覧

年代	僧名	出自	摘要
欽明十五　554	(曇　慧)	(百済国人)	(貢　来)
敏達十三　584	善信尼	司馬達等の女	百済貢進の弥勒石仏を安置設斎
	禅蔵尼	漢人夜菩の女	
	恵善尼	錦織壺の女	
	慧　便	高麗国人	在播州・馬子の師
	(法明尼)	(高麗国人)	(善信尼の師)
崇峻元　588	恵摠・令斤・恵寔	百済僧	貢　来
	昌　王	百済僧	請元興寺
	聆照・令威・道厳・恵衆(恵忩)恵宿(恵勲)・令開(令契)	百済僧	寺工・瓦工らと貢来
崇峻三	善聡・善通・妙徳・法定・照善・知聡・善智恵・善光	漢人	同時出家

推古三 595	徳斉	司馬達等の子（百済仏工）	（造顕丈六仏幷坂田寺）
	慧慈	高麗僧	法興寺僧
	慧聡（恵摠）	百済僧	法興寺僧
推古十	観勒	百済僧	貢来
	僧隆・雲聡	高麗僧	来朝
推古十六	旻	新漢人	大唐学問僧
	請安	南淵漢人	
	慧隠	志賀漢人	
	広斉	新漢人	
推古十七	道欣・恵弥	百済僧	大宰府来着
推古十八	曇徴・法定	高麗僧	貢来
推古三十	（慧灌）	（高麗僧）	（貢来・元興寺僧）
推古三十六	慧燈	百済師	馬子のため釈迦造像
舒明十 638	福亮	（呉国人）	法起寺金堂・弥勒敬造（元興寺法師）
大化元 645	福亮・恵雲・常安・霊雲・恵至	狛大法師	十師
白鳳元 650	（智蔵）	（呉国人・福亮子）	（来朝・法隆寺住僧・僧正）
白雉四	（道昭）	（船氏・西漢族）	（元興寺僧・入唐）
白鳳十二	（道寧）	（百済人）	（祈雨優賞）
斉明二 656	（法明尼）	（百済禅尼）	（鎌足の治病）

斉明四	知由（智踰）	倭漢沙門（大唐沙門）	造指南車
斉明七	（義覚）	（百済国人）	（難波百済寺住僧）
天智七 668	道行	新羅沙門	盗草薙剣・逃新羅
天智十	道久	唐僧	大宰府来着
天武十二 683	道蔵	百済僧	雨乞
天武十四	法蔵	百済僧	美濃派遣
	常輝	百済僧	封三〇戸
持統即位前 686	行心	新羅沙門	大津王謀反に坐す
持統四	詮吉	新羅沙門	帰化
持統七	福嘉（福喜）	高麗沙門	還俗

註1　第五表は、『書紀』を主とし、これに金石文・寺院縁起の類を加え、さらに『扶桑略記』『東大寺要録』『元亨釈書』によって補った。この三書により補った部分は、すべて（　）内に入れ、他と区別しておいた。
2　重複する僧名は、原則として後出のものを省いた。
3　三国および唐へ発遣された学問僧はすべて省き、わが学問僧か、渡来僧か不明のものも、ともに省略した。
4　崇峻三年、出家尼に、大伴狛夫人新羅媛がみえるが、これが新羅出身者か否かあきらかでない。

第五表によって明瞭なことは、天智七年以前において、新羅より渡来した僧は一名もいないことであり、これにたいし、百済・高句麗僧、とくに百済僧の渡来が圧倒的に多いことである[120]。漢・新漢人とあるのはいずれも百済系であり、なかに南朝僧が入っているかも知れぬ。呉も直接には百済から渡来したと考えてよいからである。ここでわれわれは、仏教の公伝が百済よりのものであったことを、改めて認識する必要がある。仏教公伝にさいしても、聖明王の献じた仏像を、蘇我稲目が礼拝したのち、さらに、「百済人、高麗人、漢人、弘《ママ》少々為修行在岐[121]」とあって、「新羅人」は欠けており、またおなじ稲目が、欽明十七年、倭国高市郡（今来郡）に経営した、「韓人大身狭屯倉言韓人者百済也、高麗人小身狭屯倉[122]」にあっても、稲目の配下に、百済人と高麗人はみえるが、「新羅人」はまったく存在しないらしいのである。このことは、蘇我氏と新羅系帰化人の関係の稀薄さを示すものとして注意しておきたい。この段階における外交はほとんど新羅を欠いていたのである。

ところが、以上の事実に反して、天智七年以後は、新羅僧の渡来がしばしば見出される。第五表のほか、天武十四年の観常・雲観も、「学問僧」とはあるが、わが新羅使の還帰にしたがって来朝し、新羅王の献物を携えており、また持統三年の明聡・観智も、おなじく「学問僧」とあるが、実は同年三月に、新羅より仏像とともに上送され、六月には新羅に帰国しようとして、大宰府より新羅の師友へおくる綿四〇斤を賜わっている点などから、もとはともに新羅僧とおもわれる。このほか、持統六年に山田史御形が、同七年に弁通・神叡が、学問僧として新羅につかわされるなど、新羅との仏教交渉は多きを加えている。

天智七年を境とするこのような明瞭な変化は、白村江の戦（天智三年）による百済の滅亡と新羅統一の結果であることはいうまでもない。

最近、八世紀のわが仏教に、唐仏教とならんで新羅仏教の影響を認めねばならないとする意見がつよく、とくに元暁・義湘の仏教が注目されているが、その出発点は天武朝にある。中西功氏[123]が新羅の小金銅仏は数百点をかぞえ、最近も、宿水寺付近の調査により、一箇所から二五軀の新羅小金銅仏がまとまって出土したことを指摘されたが、わが白鳳の小金銅仏がこれと無関係であるはずはなく、また滝川政次郎氏(124)は、天武天皇が天文遁甲の学をとくに重んじたことを述べて、天武朝の浄御原にたてられた占星台は新羅の制を模したものであろうと推定されたことも併せ考えられる。新羅には、すでに善徳王代の遺物として、慶州の瞻星台が存することは周知のところである。また今西竜氏(125)は、天武八色姓が新羅八品姓骨の影響をうけたものではないかとされ、新羅では、聖骨・真骨・得難（六頭品）・五頭品・四頭品があり、三頭品以下はみえないが、「八品姓骨」の語からすれば、三頭品以下も当然存したであろうとされた。そして、武烈王以後の諸王に聖骨はすでにたえ、「真骨」が第一種となったことは、わが天武八色姓の皇族に賜わった「真人」に相当するのではないかと推定されたのである。さらにいえば、「三頭品」以下が実在しないらしいのは、わが「道師」以下がなかば空文であることと似ているのではないか(126)。

いずれにしても、天武朝が新羅との関係で一つの転期となったことは疑えない。

とくに新羅と近い北九州において、白鳳時代の寺院に新羅系文化の影響がいちじるしいことは注目される。その例として、小田富士雄氏の調査(127)によれば、新羅系唐草文様をもつ鐙瓦・宇瓦を出土する寺院址に、白鳳のものとしては、虚空蔵寺址（豊前宇佐郡）があり、天台寺址（豊前田川郡）もこれに準じ、天平期に入ると考えられるものに、垂水廃寺址（豊前築上郡）、椿市村廃寺址（豊前京都郡）、豊前国分寺址（豊前京都郡）がある。これらの地域は、山国川をこえない川北の沖積平野であり、まさに、豊前における秦氏の分布圏、京都・仲津・上三毛の諸郡と一致する。これは偶然とは考えられないであろう。このほかには、筑前大宰府の観世音寺や、同寺と都府楼の中間地域より新羅系塼が出土している。この種の遺物の上限をもとめると、制作年時のあきらかなものとして、京都妙心寺鐘があり、鐘銘に、「戊戌年四月十三日壬寅」とみえ、四月十三日が壬寅にあたる戊戌年とは、文武二年以外にはない。しかも、この鐘もまた「糟屋評造舂米連広国」、すなわち筑前糟屋郡司の手になるものであり、大宰府観世音寺の鐘も、まったくこれとおなじ新羅系文様を有する点、ほぼ同年代の制作と考えられるうえ、最近、「上三毛」という陰刻が発見された。あるいは前記の上三毛郡において鋳造されたのではあるまいか。(128)

このように新羅仏教あるいは新羅系の文物が白鳳期にわが国に輸入され、それ以前にはほとんど認めえないとすれば、いわば飛鳥の百済仏教全盛期に、秦氏のみが特殊例外的に新羅仏教との結びつきを示すのはなぜか。その理由が問われねばならない。

第四節　推古朝の外交政策

その理由を考えるうえに、まず蘇我氏と漢氏の族的関係をみなければならない。この両氏が政治上、緊密に結合していたことは、すでにしばしば指摘されてきたとおりであり、関晃氏の論考に譲って(129)ふたたび繰り返さないが、特徴的なことは、敏達十三年の池辺直（東漢一族）[130]、崇峻元年の山東漢大費直（東漢直）[131]、舒明十一年の倭漢書直[132]、皇極三年の長直（東漢一族）[133]など、仏教の弘通や、寺院の建立の指導者として、蘇我氏と結びついている点で、仏工としても、推古三十年の東漢[134]、白雉元年の漢山口直[135]などがみえる。この漢氏の仏教は、当然百済仏教である が、百済仏教の始源は、継体十六年に、案部村主司馬達等が大和高市郡坂田原に草堂をいとなみ[136]、これが仏教公伝後に、その子多須奈によって建てられた坂田寺[137]の前身となる説話であることや、先述のように、飛鳥真神原の飛鳥衣縫造の家が、法興寺に転用された事実などにあらわれているとおり、「伽藍仏教」以前の、いわゆる「草堂」仏教の段階において、すでに案部（鞍部）・衣縫などの今来漢人＝百済才伎の間に流伝していたとおもわれる[138]。蘇我氏の百済仏教は、これらの帰化氏族を配下に従え、その仏教を継承することによって成立したものであろう。

この間の事情を、もっともよく示すのは鞍部氏である。まず達等は、敏達十三年の百済石仏渡来にさいし、馬子の命をうけ、修行者を四方にもとめ、その女善信尼をはじめて出家させ、石仏を安置設斎せしめた。善信尼は、崇峻元年、馬子によって百済に留学させられている。つぎに、達等の子多須奈は、用明崩御の際に出家入道して、丈六仏像と南淵坂田寺を造顕し、「百済仏工」と称されたといい[139]、多須奈の子鳥は法興寺金堂の銅繡丈六仏像を造立した[140]。かくのごとく、鞍部村主は百済仏教の荷い手として、達等以来、蘇我氏の造寺造仏事業に協力し、入鹿が鞍作臣とよばれたのも、乳母となるなどの族的関係を生じていた故であるとみる説もある[141]。

もともと鞍部は、雄略朝に百済より来朝した今来漢人の一人としてみえ、錦織・金作・忍海漢人・韓鍛冶などの才伎とともに東漢氏に属した。『元興寺露盤銘』にも、金工として鞍部首加羅爾の名がみえ、阿沙都麻（朝妻金作）首らとともに造営に従っている。ただ、達等の系統はこの鞍部氏の渡来よりあたらしいかも知れぬ。「司馬」というのは、かれらの母国の姓であり、「鞍作」というのが日本に帰化後与えられた氏姓である。文献によっては、「鞍部」「桉師首」「案部村主」ともかいている。とくに、「鞍部村主司馬達等」とか、「司馬鞍首止利」など、複合の姓としてあらわされるのは、それだけかれらの帰化年代があたらしく、まだ正式の氏の名に定着していない証拠である。(142) もし達等を氏の元祖とすれば、渡来の年限は、案外六世紀半ばごろとなり、あるいは、『扶桑略記』にひく『法華験記』のいう「大唐漢人」とか、『元亨釈書』のいう「南梁人」というのが正しいかも知れぬ。これは第四編に述べるが、もしそうならば、南梁→百済→日本の文化ルートにより、直接には百済から渡来したものとなり、これがすなわち、蘇我氏による外交路線でもあるのである。

かくのごとく、百済仏教を通じての蘇我―漢―今来漢人の一貫した結合関係にたいし、同時代の秦氏が新羅仏教への親近性を示すのは、まず仏教興隆をめぐる蘇我―漢と、これにたいする聖徳太子―秦河勝の勢力的結合によるものと一応考えられよう。最近、肥後和男氏が、(143) 太子と蘇我氏の対立を支えるものは、秦・漢の対立であるとの観点から、「河勝と聖徳太子の結合」をあらためて指摘されたことを注目したい。ただし、仏教のみに関していえば、『日本書紀』に、「詔皇太子及大臣、令興隆三宝」とか、『上宮聖徳法王帝説』に、「上宮厩戸豊聡耳命嶋大臣、共輔天下政而興隆三宝」、おなじく「東宮厩戸豊聡耳命宗我馬子宿禰、共平章而建立三宝始興大寺」「聖徳王与嶋大臣共謀建立仏法更興三宝」などとあって、太子と馬子両者の協力関係を示しており、太子の仏教がとくに百済仏教とか新羅仏教とかに分裂していたはずもない。むしろ、太子の『法華経義疏』をみると、梁の法雲の『法華義記』の説を本義として引用しており、「十七条憲法」には、梁で編纂された『文選』からの引用句があり、四天王信仰も梁で高まった金光明経を中心とする護国思想によるもので、梁の武帝が真諦三蔵を迎え、その三蔵が金光明経を訳したのは、元帝元年（五五二）のことといわれる。つまりは百済聖明王のときで、仏教公伝の前後にあたるのである。このようにみると、太子の仏教も、南梁—百済—日本の文化ルートに沿うものであり、さほど異質的なものとは感ぜられないということになろう。また太子においては、百済仏教、新羅仏教などと格別に区別してうけとられていなかったということもあたっていよう。

しかし、ここでは仏典の教義や系統がとくに両国でちがっていたなどといっているのではない。当時の朝鮮における三国のはげしい政治的・軍事的対立と、これにたいする日本の介入の度合を理解するならば、百済・新羅のいずれをとるかということは、国内の政治勢力をも左右するところであったにちがいないのである。

蘇我氏の伝統的な百済救援と任那復興政策は周知のところであるが、馬子は法興寺を造りおわった四年後の、推古八年（六〇〇）に、任那を救うため、境部臣を大将軍とし、万余の軍を投入して新羅を討った。ここに馬子との明記はないが、境部臣とは、馬子の弟の境部臣摩理勢か、境部臣雄摩侶のことであろうとおもわれ、馬子の政策によることはまちがいないであろう。そして二年後の十年（六〇二）、ふたたび来目皇子が討新羅将軍となり、皇子の死によって、当麻皇子がこれに代わる。この二人は聖徳太子の実弟と異母弟であり、現皇太子の弟が大将軍に任ぜられるという先例はないので、そこに太子の意志がはたらいているのはたしかであろう。しかも、この二人の皇子の征討は行われず、ことに当麻皇子は名目上の任命にすぎず、十一年（六〇三）には、征討計画そのものが中止されてしまう。この外交政策の変化は、おそらく十一年、天皇が小墾田に宮居をうつし、太子みずからも、斑鳩宮を造るとともに、十三年（六〇五）に、そこに居を移すようになった前後のことであろう。宮居の移転がつねにそうであるように、このばあいも、飛鳥の蘇我氏の地盤からの脱却がねらいであったとおもわれる。かくて、十五年（六〇七）、十六年（六〇八）の画期的な遣隋使の派遣となり、隋から妹子が帰朝すると、翌年（六一〇）には、新羅使人奈末竹世士が、任那使人を伴い来朝する。朝廷は、隋使とおなじく飾馬を仕立ててこれを迎え、阿斗の河辺館に入れた。この阿斗とは、河内国渋川郡の跡部のことで、物部守屋の別荘のあったところである。かつて守屋は、ここで蘇我によって殺されたのである。先に隋使を迎えるのに物部氏を登用したことといい、今回は新羅導者に秦河勝を任じたことといい、そこに一貫して太子の外交姿勢がうかがえるであろう。

この状態を一層あきらかにするのは、太子が推古二十九年、薨去した直後（『法王帝説』『天寿国繡帳』『法隆寺金堂釈迦光背銘』には、三十年薨去とし、この方が正しいとおもう）の新羅との関係である。新羅はその年のうちに、ただちに奈末伊弥買をつかわして朝貢し、表書を上ったが、これはおそらく弔問使であり、『書紀』は、「凡新羅上表、蓋始起于此時歟」として、その画期的な意味を認めている。そして、翌三十一年、改めて新羅は大使奈末智洗爾をつかわし、任那使とともに、「仏像一具、金塔幷舎利、大灌頂幡一具、小幡十二条」を上った。太子の菩提を弔う幣物であることは確かであろう。そしてそれを、先述のように太子と関係ぶかい葛野の広隆寺、すなわち秦氏の氏寺と、摂津の四天王寺に納めたというのである。

しかるに、おなじ年のうちに、朝廷では新羅再征の議がもちあがり、『書紀』には、「謀及大臣」とはっきり書かれていて、馬子の責任において遠征が行われたことを明らかにしている。群臣会議の席上、田中臣は外征に反対し、中臣連は賛成したといい、深刻な対立のあったことを伝え、ために、吉士磐金をして新羅と任那を視察せしめたところ、その帰国をまたず、急に大軍を発して新羅を討った。そこで磐金は期に違うを責め、帰国して大臣に報告したので、大臣はいたく大軍を差向けたことを悔んだという。時人のいうところでは、境部臣が馬子に勧めて兵をおこしたとあるが、要するに、太子の死後、ただちに蘇我氏によって、新羅にたいする軍事行動が復活されたことは明瞭である。

百済仏教の輸入といい、新羅仏教への接近というのも、このような軍事的・政治的な背景があってのことであり、そこにかなり深刻な対立関係があったことは、容易に推測できるのである。

聖徳太子の外交政策が、あきらかに蘇我氏と異なるものであるとすれば、ことに新羅外交について秦氏との関係が考えられる。太子と秦河勝の関係を示す史料は必ずしも多くないが、かつて雄略天皇の側近者としての秦造酒が、天皇に「愛寵」され、「大蔵長官」となり、また秦大津父も欽明天皇の「近侍者」として「優寵」され、

「大蔵省」を拝したとあるのとおなじく、やはり聖徳太子の側近者としてその富饒を期待され、太子の経済的援助者となったものとおもわれる。(144)『補闕記』によると、河勝は「軍政人」として、物部守屋討伐軍に加わり、太子を護衛した功により、大仁に叙せられたというが、太子の守屋討伐には疑問もあり、信ぜられない面もある。しかし「軍政人」とは、『西琳寺文永注記』にも、「大政人」蔵田長、「小政人」武生継長とあって、古い職制をあらわす語であるのは確かであり、これを政所の役人と解しうれば、(145)河勝は太子の家政所において、軍事を掌握した側近者であることは認められてよいのではあるまいか。広隆寺の草創については、向井芳彦氏の論考に従っ(146)て、承和三年の広隆寺古縁起に基づき、推古三十年、河勝が太子の病気平癒、または菩提追福のため発願し、推古十一年に、太子より拝領した由縁ぶかい仏像を本尊として奉安したと解するのがもっとも穏当であり、さらに新羅から太子追福のため寄せられた仏像をも河勝がその寺に入れたのである。したがって、『補闕記』『伝暦』『来由記』の系列の諸書が主張する推古十二年創建説は割引いて考えねばならぬ。ただし、河勝が太子の葛野別宮を賜わって寺とし、太子の葛野行啓を迎え、その富饒と、奉迎の功によって、太子より小徳を賜わったとある説話などは、やはり太子と河勝の親近関係を表現するものとして注目すべきであろう。(147)

そして、秦氏が何故に新羅との関係を保ちつづけたかということは、本論で述べた秦氏の技術における新羅系要素に由来することの多いのは勿論、あるいはさかのぼって、秦氏の渡来経路に関するものであるかも知れぬ。しかし、秦氏の渡来については、まだ推定部分に頼るところが大であり、本論の範囲をこえる問題でもあるので、ここではとりあげないことにした。

註

(1) 太田亮『日本上代に於ける社会組織の研究』昭和四年一六七〜七七ページに、「職業部」の種類についてふれてある。
(2) 井上光貞「部民の研究」(『日本古代史の諸問題』昭和二十四年)
(3) 第二表によれば、書紀は「百済才伎」の渡来を、おもに雄略朝においているが、これにたいし、「東漢」の渡来は、書紀自身応神朝にかけているのである。さらに、後述するとおり、坂上苅田麻呂の上表文には、応神朝に、阿智王が渡来したのち、帯方の人民皆才芸あり、近時、百済・高句麗の間に住するとして、これを後から召還したという説話も存する。
(4) 井上光貞「王仁の後裔氏族と其の仏教」(史学雑誌五四―九)
(5) 日本書紀　応神三十七年二月・雄略十四年正月条
(6) 同　右　雄略八年二月条
(7) 同　右　雄略七年八月条
(8) 本書第四編を参照　応神紀と雄略紀の外国関係記事の比較を行なった。
(9) 続日本紀　延暦四年六月十日条
(10) 日本書紀　雄略七年八月条
(11) ここにあげた(1)(2)(3)の百済才伎のほかに、仁徳紀に、百済より鷹甘部を貢上したとあるのが、令制主鷹司の鷹戸にあたり、神亀三年八月にみえる鷹戸につづくことはあきらかである。
(12) 竹内・山田・平野『日本古代人名辞典』参照
(13) 類聚三代格四　加減諸司官員幷廃置事　弘仁三年二月二十八日官符
(14)(15) 註(12)におなじ

(16) 浅香年木「手工業における律令制成立の一様相」(北陸史学七)は丹念に工人をあげた論考であるが、画工と猪名部(木工)をともに「負名氏」とされたのは当を失するとおもう。この両者が負名氏と表現されたことはない。浅香氏も、法制的に規定されたのではないと述べられるから、結局、「負名氏」の指定はなされなかったとみるべきであろう。概して、「負名」の観念が不正確に考えられていることについては、第一編の註(56)で指摘しておいた。その項参照。
(17) 聖徳太子伝暦上 推古十二年十月条
(18) 家永三郎『上代倭絵全史』昭和二十一年 三五九ページ
(19) 姓氏録 山城諸蕃
(20) 大日本古文書四 二五九ページ 宝字二年二月画工司移
(21) 日本書紀 天武十年四月十二日条
(22) 姓氏録 河内諸蕃
(23) 註(20)におなじ
(24) 本編第三章において、秦と巨智の関係は述べる。
(25) 以上、画師の氏名については、いずれも註(12)におなじ
(26) 以上、秦系画師名も、註(12)におなじ
(27) たとえば、立川昭二『鉄』昭和四十一年一四〜五ページにもこの区分について述べている。
(28) 斎藤孝「孝謙天皇の勅願鏡について」(史泉一六・一七合併号)
(29) 小林行雄『古鏡』昭和四十年一七四〜九ページ
(30) 本編第三章参照
(31) 立川昭二前掲書、一五四ページ
(32) 続日本紀 延暦八年十二月八日条、広富は稲六万束を水児船瀬に献上した土豪である。
(33) 以上の人名はすべて、註(12)におなじ

（34）太田亮『姓氏家系大辞典』昭和九年　六一二二・六一四一ページ、守・守部の項参照
（35）類聚三代格四　加減諸司官員幷廃置事　神亀五年七月二十一日勅
（36）続日本紀　天平十六年四月二十一日条
（37）～（39）以上の人名はすべて、註（12）におなじ
（40）日本書紀　応神三十一年八月条。滝川政次郎「大伴家持能登巡行」（政経論叢一〇―三）に、万葉集十六の能登国歌に見出される「新羅斧」に着目して、上代の造船業者猪名部は、新羅帰化人の子孫である。したがって、かれらの使用する斧は、「新羅斧」とよばれたのではないかとする見解がみえる。これは、実際に、八世紀に新羅木工技術の所伝がのこっていた証拠であろう。
（41）註（16）におなじ
（42）この令集解の部分はかなり正確である。高橋富雄「品部・雑戸制の基礎構造」（史学雑誌六六―一〇）は、集解によると、「百済戸」「狛戸」のほかに「新羅戸」があったとし、古記及釈説・別記の「紀伊国在狛人、百済人、新羅人幷卅人」を、その証としてあげられるが、この三十人は、実は「取調庸、免雑徭」とのみ注して、品部とも雑戸とも記していない。あきらかに某戸とは別種のものである。この条の前後にある忍海狛人以下の五色人や、百済手部・百済戸らが、すべて「為品部、免調役」とか、「為雑戸、免調役」と注し、品部・雑戸を明記されているのと対照される。雑戸として、「新羅戸」は含まれていなかったものとみねばならない。
（43）小林行雄「日本上代における乗馬の風習」（史林三四―三、『古墳時代の研究』昭和三十六年）
（44）後藤守一「上古時代の杏葉について」（『日本古代文化研究』昭和十七年）、後藤氏はなお、後期古墳時代の馬具と須恵器を同系統文化の渡来とされる。ところが、須恵器は形質ともに、いちじるしく古新羅焼に類似していることは周知のとおりである。この点については、さらに後述する。
（45）『沖ノ島』―宗像神社祭祀遺址発掘調査報告　昭和三十三年　二四五ページに、「沖ノ島の祭祀遺物」の結語として、新羅に近い品の多いことを述べている。

(46) 註(43)におなじ。なお小林行雄『古墳の話』昭和三十四年 九五ページにもふれている。
(47) この点については、井上光貞『日本国家の起源』昭和三十五年 二〇三ページにおいても、その手法から推して、応神陵自身の年代より少しく下るとする説に賛し、仁徳陵出土の馬形埴輪を騎馬の風習の最初の例とされている。
(48) 小林行雄『古鏡』昭和四十年 一二〇〜一二三ページ
(49) 石川恒太郎『日本古代の銅鉄の精錬遺蹟に関する研究』昭和三十四年 一六三〜七三ページ。香取秀真「金工史」(『考古学講座』) 四一ページに、「倭鍛冶は鍛造する事を行はずして、雑刀・斧及び銅鐸を鋳造した工人である」とある。
(50) 賀川光夫「豊後国下城弥生式遺跡における鉄器遺物の編年に関する一考察」(大分県地方史、創刊号)
(51) 続群書類従廿八ノ上、所収
(52) 註(12)におなじ、已知蟻石および秦田村君有磯の項をそれぞれ参照
(53) 続日本紀 和銅七年十一月四日・宝亀八年七月十五日条
(54) 同　右 宝亀七年十二月二十五日条
(55) 三代実録 貞観六年八月十七日条
(56) 秦氏の出自、渡来年代については多くの論説があり、筆者もかつて、そのことにふれ、直接には辰韓(秦韓)あるいは新羅から渡来したものであろうと推定したが(「秦氏の研究」史学雑誌七〇—三・四)、すでに古く、鮎貝房之進「秦・太秦」(『雑考』第二集)があり、藤間生大「四、五世紀の東アジアと日本」(岩波講座『日本歴史』古代I 昭和三十七年)、『東アジア世界の形成』昭和四十一年 一二八ページに、これを高く評価されている。このほか、田中勝蔵「秦氏帰化年代攷」(徳島大学学芸紀要、社会科学一一)より、最近の佐伯好郎「極東における最初のキリスト教王国—帰化人太秦考」(史観七四)にいたる、きわめて構想の大きな論考もあり、この問題がかなり難解であることを示している。なお、天日矛については、中田薫「天日槍考」(『古代日韓交渉史断片考』昭和三十一年)が、きわめてユニークな見解を出している。
しかし、本論においては、秦氏渡来に関する問題はすべて省いた。
(57) 八木充「山陽道の銅産と鋳銭司」(『内海産業と水運の史的研究』昭和四十一年)

(58) 平野邦雄「秦氏の研究」(史学雑誌七〇―三・四)
(59) 森浩一「古墳出土の鉄鋌について」(古代学研究二一・二二)
(60) 村上英之助「月の輪古墳出土鉄器の原料について」(たたら研究九)は、月の輪の現地の鉄鉱石を主体に、真砂とよばれる良質の現地砂鉄を付加混用した可能性がつよいと述べ、また、同氏「日本古代の鉄文化」(特殊鋼一三―八～一四)に、鉄器のマンガンMn、チタンTi、銅Cuの微量成分の含有量の比較から、弥生後期から鉄鉱石の単味製錬がはじまり、古墳前期に、鉄鉱石と砂鉄を混用し、古墳中期に砂鉄の単味製錬に移行すると仮定された。月の輪はこのうちの併用式であると推定されたことになる。
和島誠一「鉄器の成分」(『月の輪古墳』昭和三十五年)は、村上氏と異なり、月の輪の鉄器の原料を、その近くの鉄鉱石や川鉄にもとめず、むしろ遠い山陽道に多い赤目系の砂鉄であると推定された。

しかし、そのいずれにしても、これらの原料を用いて、月の輪で鍛造品を造ったのであり、出土の鉄製品はすべて鍛鉄品であることが認められている。
(61) すでに月の輪において、鉄の製錬と鍛造の両工程が行われたと思われるが、立川昭二前掲書、一六四ページによると、「タタラ吹き」は、真砂を原料としてただちに鉧(ケラ＝鋼鉄)を製造する「鉧押し」、赤目を原料として銑(ズク＝銑鉄)を製造する「銑押し」、鉧・銑を原料として、これを加熱脱炭させ、包丁鉄(錬鉄)をつくる大鍛冶場の三種の製錬技術があるという。飯田貫一「製鉄」(朝日新聞社『日本科学技術史』昭和三十七年)にも、この三種の法をあげてある。
したがって、韓鍛冶とは、おそらく大鍛冶＝製錬(タタラ吹き)と、小鍛冶＝鍛造(刀・刃物づくり)の両工程をふくむ概念であろう。むしろ旧い倭鍛冶系の技術に比べて、まず大鍛冶の開発に特色があるといえよう。
(62) 小林行雄『古代の技術』昭和三十七年　二〇ページ
(63) 同　右　六〇～六一ページ
(64) 太田英蔵「上代錦綾とその作者」(東方学術協会『正倉院文化』)

(65) 太田英蔵「織物」(朝日新聞社『日本科学技術史』昭和三十七年、『月の輪古墳』昭和三十五年)

(66) 小林行雄『古代の技術』七〇ページ

(67) 続日本紀　天平神護元年十二月五日条

(68) 佐藤虎雄「上代牧馬の経済研究」(読史会五十年記念『国史論集』昭和三十四年)に、その一覧表が記載されている。

(69) 旗田巍「新羅の村落」(歴史学研究二二七)に詳細な紹介がある。

(70) 日本書紀　雄略九年七月、田辺史伯孫の説話

(71) 釈日本紀十三所引　筑後風土記逸文

(72) 肥前風土記　佐嘉郡条

(73) 以上述べてきたように、外来技術において、木工＝建築、金工＝馬具、鋳工＝銅、鍛冶＝鉄、馬飼＝軍馬などの各部門において、大筋として、新羅中心文化から百済中心文化への発展を予想してきた。もちろん、前者においても百済の、後者においても新羅の影響が皆無だったわけではない。しかし、この主要な傾向は否定さるべきではないと考える。

最近、田辺尚雄「音楽から見た朝鮮と日本の関係」(『韓来文化の後栄』上 昭和三十七年)、出雲路敬和「韓来楽器の影響」(『韓来文化の後栄』下 昭和三十八年)のような、きわめて一般的な論著においても、三国時代にもっとも早く伝来したのは新羅楽であり、ついで百済楽であるとしている。すなわち、まず允恭紀四十二年、天皇の崩じたとき、新羅より楽人八〇人が大葬に列し、種々の楽器を張り歌儛したとある記事がみえる。このとき、「新羅琴」が伝来したという説と、このときには新羅琴は伝来せず、鼓吹(軍楽)を奏したのであるとする説があって、一定しないが、ともかく、その新羅琴そのものが、絃のしめ方、胴の長さにおいて、「和琴」ときわめて類似するという。これは新羅系の鋳造技術が「倭鍛冶」とよばれ、その織技が「倭文」とよばれたのではないかとする推定と重なりあう。

これにたいし、百済楽は、この後欽明紀十五年、百済より五経博士以下が上番したとき、楽人施徳三斤・季徳麻次・季徳進奴・対徳進陀の四人が貢進されたとみえるのがはじめで、これがのち律令制雅楽寮の百済楽の源流をなしたが、その楽器は箜篌(クゴ)、すなわちハープであって、新羅琴・和琴とはまったく別系に属するという。

さらに、石原明・大島蘭三郎「医学」（朝日新聞社『日本科学技術史』昭和三十七年）において、わが国への医学の伝来は、允恭紀三年正月、良医を新羅にもとめ、同年八月、新羅より医が渡来し、天皇の病を治したとあるのがはじめで、異伝として、孝霊天皇のとき、秦の徐福が、わが紀州にいたり、医術を伝えたとあるという。そして、この後に、雄略天皇の代にいたり、百済に才伎をもとめたとき、百済より難波薬師の祖徳来が貢進され、その五世孫恵日が推古朝に、唐に遣わされ、医術を学びかえったとあるもの、および欽明紀十五年、百済より医博士奈率王有㥄陀・採薬師施徳潘量豊・固徳丁有陀が来朝する一方、同朝に、呉より内外典薬書をもち、智聡が来朝し、和薬使主の祖となったとあるものの二系統がみえ、そのいずれもが、直接には百済よりの渡来である点に特色がある。

このようにみてゆくと、音楽においても、医学においても、その所伝は、新羅より百済への展開を示していることがわかるであろう。本文に述べた諸点と照合してみると、はなはだ興味のある点である。

(74) 井上光貞「部民の研究」（前掲書）以来、この説はひきつがれている。関晃「倭漢氏の研究」（史学雑誌六二―九）、『帰化人』昭和三十一年も変化はないとおもう。

(75) 職員令に蔵部の職掌の規定はないが、主鎰とおなじく、出納をつかさどることはまちがいない。ただ、村尾次郎『律令制の基調』昭和三十五年八六〜八ページに、令集解一書をひき、蔵部の構成員は、皮革・絹織・金銀玉などの工人が主で、むしろ蔵部が工人出身であったために、物品の出納監査が可能であったとされた。その着眼は興味があるが、ともかく、出納を記録した史部と担当部門を異にすることはたしかである。

(76) 関晃前掲論文に指摘されたのがはじまりである。

(77) 註（4）におなじ

(78) 直木孝次郎「人制の研究」（『日本古代国家の構造』昭和三十三年）

(79) この人名はいずれも、註（12）におなじ

(80) 日本書紀　雄略十五年条、姓氏録山城諸蕃　秦忌寸条、同左京諸蕃太秦公宿禰条

(81)(82) 註（12）におなじ

(83) 聖徳太子伝暦 推古十二年八月条、肥後和男「蘇我氏の滅亡をめぐって」(読史会五十年記念『国史論集』昭和三十四年)に、「河勝は大津父のように、大蔵長官といった職にあったのかどうか証明できないが、恐らくそうであったのであろう。聖徳太子の内外にわたる広汎にしてかつ規模の大きい活動の経済的裏付を担当した人物があった筈で、これが河勝であった」とされている。ほぼ正しい見通しであるとおもう。

(84)(85) 註(12)におなじ

(86) 平安遺文一 一八〇ページ、貞観十八年三月、左京田券の証人

(87) 同 右一 一九九ページ、広隆寺資財交替実録帳

(88)(89) 同右二 五八八ページ、寛弘二年二月、山城国某郷長解の随近連署

(90)(91) 同右一 二一六ページ、寛平八年二月、山城国山田郷長解の保証刀禰連署

(92)(93) 註(12)におなじ

(94) 村尾次郎前掲書、八九ページ

(95) 註(58)におなじ

(96) 註(74)におなじ

(97) 石母田正「古代の社会組織と生活」(『日本考古学講座』五 昭和三十一年)

(98) 本書第四編において詳述する。

(99) 以上の百済帰化人の氏姓については、すべて註(12)におなじ

(100)(101) 註(12)におなじ

(102)~(105) 続日本紀 大宝元年八月七日・霊亀二年九月二十一日・養老四年十二月二十一日・養老六年三月十日条

(106) 続日本紀 延暦八年十二月八日条

(107) 註(12)におなじ

(108) 註(97)におなじ

(109) 平安遺文一　一九八ページ。承和三年の古縁起のあと、寛平年間ごろまでの成立と推定される。
(110) 来由記には、「金銅仏」とあるが、ここにある「金色」の方が正しいと思われる。現存の弥勒仏も木造である。
(111) 群書類従第十五輯「安置広隆寺三尊記事」。これは新縁起と称され、明応八年（一四九九）の成立。
(112) 小林剛「太秦広隆寺の弥勒菩薩像について」（史迹と美術一七六）によると、左のごとき比較がある。

仏像	記録丈量	実測像高
一、弥勒菩薩像大形（宝冠弥勒）	居高二尺八寸（実録帳）	二尺七寸六分
二、弥勒菩薩像（泣弥勒）	高二尺（略記） 坐高二尺二寸（来由記）	二尺二寸一分

文献上と現存のものが、二仏像ともきわめて近似することはあきらかである。

このほか、望月信成『日本上代の彫刻』昭和十八年、久野健『日本の彫刻』『日本文化史大系』二 昭和三十二年 三七五図解説など、いずれも、(1)の弥勒仏を現存の宝冠弥勒にあて、それが推古十一年、太子より川勝が賜わったものとしている。もちろん、明証はないので、野間清六『飛鳥白鳳天平の美術』昭和三十三年 のように、これを白鳳時代の仏像とみる説もある。しかし、野間氏の説は様式論のみで首肯しかねる。
(113) 小林剛前掲論文および『日本文化史大系』二 昭和三十二年 二六図永井信一氏解説
(114) 小林剛前掲論文および『日本文化史大系』二　三七七図解説
(115) 奈良国立文化財研究所『飛鳥寺』――発掘調査報告 昭和三十三年 によれば、実際に元興寺金堂は、塔の東西北の三方に営まれていたことが明らかとなり、諸文献の「東金堂」の記載が実証せられた。
(116) 元興寺伽藍縁起幷流記資財帳所引。第四編において詳述する。
(117) 扶桑略記　推古元年正月条

(118) 法隆寺綱封蔵釈迦造像記　寧楽遺文下、九六二ページ
(119) 註(115)におなじ
(120) 富貴原章信『日本唯識思想史』三一ページにも、半島よりわが国に伝来した仏教に関する記事が、凡そ一六回ほどあり、そのうち一〇回は百済、五回は高句麗、一回は新羅という割合になっているから、これによって、およそ当時、わが国の仏教が百済のそれをもっとも多く受容したことが知られるとされている。堅田修「古代帰化氏族と仏教」(古代文化九―六)も、新羅仏教がわが国へ影響を与えるのは、少なくとも孝徳朝の学問僧派遣以後であり、とくに新羅統一以後、元暁・義湘の仏教の伝来によるとされる。
(121) 元興寺伽藍縁起幷流記資財帳
(122) 日本書紀　欽明十七年十月条
(123) 中西功「新羅彫刻覚書」(朝鮮学報二九)
(124) 滝川政次郎「律令禁物考」下(政経論叢一一―二)
(125) 今西竜「新羅骨品考」(『新羅史研究』昭和八年)
(126) すでに古く、井上久米雄『本邦古代氏姓の研究』昭和四年一五八〜六四ページに、「真骨」が「真人」とおなじく王族・皇族に賜わったもので、またともに第一位のカバネであることは、両者の共通性を推定せしめるとし、かりに、新羅骨品の制定を、武烈王・文武王代(六五四〜六八〇)とすると、丁度わが天武八色姓制定の直前にあたり、時代的にも両者は関係あると推定してよいのではないかとされた。井上久米雄氏の論考は、昭和四年という年代と、卒業論文が骨子になっていることを思えば、きわめて優れたものといえるとおもう。
中田薫「可婆根(姓)考」(『法制史論集』三　昭和十八年)は、「真人」Mapito, Matto, Maputo は新羅の「真骨」の直訳であるという説と、新羅王号の麻立干 Matokan と同語であるという説の二説があると紹介している。

最近、武田幸男「新羅の骨品制社会」(歴史学研究二九九)、井上秀雄「新羅の骨品制度」(歴史学研究三〇四)があるが、井上氏は、骨品制は、(一)真骨の「骨制」＝王族と、(二)六頭品より一頭品までの「頭品制」＝慶州六部貴族との結

合したもので、地方人には適用されず、しかも、㈠は、三国史記、列伝第四に、「斯多含系出真骨」とある五六二年の記事を除くと、みな六二一年以後の史料のみに見出され、㈡にいたっては、八世紀以前の史料は皆無であると述べられる。これからみると、貴族の身分秩序をあらわす骨品制の成立は、天武朝とほぼ重なり合うとみられよう。八等の骨品制は、わが八色姓と関係あるであろう。いわんや、大化前代、おそらく五世紀後半に成立したとみられる、わがカバネ制とは直接の関係はないとみてよい。

この点は、第六編において述べる。氏姓の成立と関係あるので、その項を参照。

(127) 小田富士雄「豊前に於ける新羅系古瓦とその意義」(史淵八五)、「九州初期寺院址研究の成果」(古代文化一七―三、九州古代特輯号)

(128) すでにこの点については、かつての論考でふれたことがある。註(58)におなじ

(129) 註(74)におなじ

(130) 日本書紀　敏達十三年九月条、池辺直氷田

(131) 元興寺伽藍縁起幷流記資財帳　山東漢大費直麻高垢鬼

(132) 日本書紀　舒明十一年七月条、書直県

(133) 日本書紀　皇極三年十一月条、長直は桙削寺をたてたというが、桙削は造兵司雑工戸の一つで、漢氏配下の百済才伎であるから、名称上注意を要する。孝徳朝の難波宮、舒明朝の百済宮造営にも、倭漢直が「将作大匠」として活躍している。

(134) 上宮聖徳法王帝説　推古三十年二月条

(135) 日本書紀　白雉元年、漢山口直大口が千仏像を刻むとあり、これが、法隆寺木造広目天造像記(寧楽遺文下九六二ページ)の山口大口直にあたることはまちがいないであろう。

(136) 扶桑略記　欽明十三年十月条所引法華験記

(137) 扶桑略記　用明二年四月条

(138) 林屋辰三郎「継体欽明朝内乱の史的分析」(『古代国家の解体』昭和三十年)に、草堂仏教の概念を提唱された。
(139) 扶桑略記　用明二年四月条
(140) 日本書紀　推古十三年四月条
(141) 関晃『帰化人』昭和三十一年一一六ページ
(142) 註(12)におなじ。鞍部村主司馬達等の項参照
(143) 肥後和男「蘇我氏の滅亡をめぐって」(読史会五十年記念『国史論集』昭和三十四年)
(144) 註(83)におなじ
(145) 井上光貞「王仁の後裔氏族とその仏教」(史学雑誌五四―九)に、「政人」を政所の役人と考えられた。おそらくまちがいないとおもう。
(146) 向井芳彦「広隆寺草創考」一～四(史迹と美術二二九～三二)
(147) 法王帝説、法隆寺資財帳は、蜂岡寺を太子みずから起した七大寺の一つに数え、来由記(新縁起)は、本文に述べたように、補闕記、伝暦の説を継承して、推古十二年に河勝が建てたとし、このほか、小林剛氏らの推古十一年起工、三十年完成という折衷説、田中重久氏による蜂岡・広隆二寺別寺説もある。

第四編　今来漢人

第一章　五、六世紀の国際関係

第一節　百済の南朝通交

「イマキノアヤ」といわれる新しい特定の帰化人グループの渡来は、中国・朝鮮・日本をめぐる国際関係の変化により生じた一つの歴史現象であるといえる。これを限定的にいえば、中国南朝と百済、百済と日本という二重の通交関係の変化によるものである。

百済が建国後、はじめて中国史のうえに確実な足跡を印するのは、東晋の咸安二年（三七二）、百済王余句（近肖古王）が使をつかわし、「鎮東将軍領楽浪太守」に封ぜられたときである。[1] こののち近肖古王二十八年（三七三）、近仇首王五年（三七九）、枕流王元年（三八四）、腆支王二年（四〇六）に、ひきつづいて入貢し、腆支（直支）王十二年（四一六）には、東晋より「使持節都督百済諸軍事鎮東将軍百済王」の号をあたえられた。(2) これは東晋のほろぶ四年まえのことである。

宋の高祖は、即位するとともに（四二〇）、百済王を「鎮東大将軍」に除し、百済王も、元嘉二年（四二五）、はじめて宋に入貢したらしく、ときに「使持節都督百済諸軍事鎮東大将軍百済王」の号を与えられた。(3) これは東晋の除爵をそのままうけついだものである。百済がわの記事によると、毗有王三年（四二九）にはじめて入宋し、同四年（四三〇）には、右の号を与えられ、同十四年（四四〇）にも入宋したとある。(4)

このような東晋からのひきつづく「毎歳遣使、奉献方物」といわれる順調な南朝通交は、つぎの百済蓋鹵王の代から、あきらかに変化しはじめる。一方では、王の即位三年目の宋大明元年（四五七）より翌年にかけて、王は宋に除爵をもとめ、「鎮東大将軍」を授けられるとともに、その一族、配下にも除爵をもとめた。(5) そのため、余紀は冠軍将軍、余昆・余暈は征虜将軍、余都・余乂は輔国将軍、余沐衿・余爵は竜驤将軍、余流・麋貴は寧朔将軍、子西・余婁は建武将軍にそれぞれ除せられたというが、このような大量の除爵は、前例のない事件であり、その背景に高句麗との関係悪化が伏在したのである。そののち、宋にたいし、泰始七年（四七一）にも入貢するとともに、その直後の蓋鹵王十八年（四七二）には、北魏に入貢し、高句麗が北魏への道をふさぎ、百済はこれと戦うこと三十余年にして、今力つきたため、願わくは将を遣わし、我を救われんことを訴え、上表文のなかに、高句麗を「豺狼」とよび、「醜類漸盛」にして、「財殫力竭」という窮迫ぶりを述べた。(6) これは北魏に背後から高句麗を牽制させようとするたのみなのであり、しかも北魏はついにこれを拒絶したのである。そのため王は北魏をうらみ、朝貢を断絶するにいたったという。

このように百済の高句麗・北魏にたいする急速な疎隔と、南朝にたいする接近が、蓋鹵王代より決定づけられたことは注意される。

はたせるかな、その三年後の文周王元年（四七五）、高句麗長寿王の率いる大軍に攻められた百済は、国都漢城を失い、熊津に遷都する。(7)『日本書紀』の雄略二十年条に、『百済記』をひいて、乙卯年（四七五）、百済は狛に攻められて、国都尉礼城（漢城）を失ったといい、翌年には、雄略天皇が久麻那利 Kom-nal（熊津）をさいて、汶州王（文周王）にあたえ、国を再興せしめたと記録している。このとき、むしろ『書紀』本文の記すように、百済はひとたび滅亡したとみる方が真実に近い。したがって、それにつづく東城王や武寧王が、雄略天皇によって、わが国から百済に送りこまれたとする説話にも、ある程度の信憑性が認められる。

ともかく、文周王は、その翌年（四七六）、ただちに宋に入朝しようとするが、高句麗にさまたげられて果さず、(8)ひきつづき東城王も、同王六年（四八四）、宋にかわった南斉にはじめて使をつかわし、内属をねがい、年内に改めて朝貢したが、ふたたび高句麗兵にあって、進められず、同八年（四八六）にようやく朝貢したとあり、(9)また東城王の即位のとき（四七九）、高句麗とむすぶ「魏虜」が、騎一〇万を発して百済を攻め、その界に入ったので、王はこれと戦い破ったとも記されている。(10)これは事実とはおもわれず、魏の敵たる南斉から爵を与えられていたため、ことさら北魏の侵入を訴えようとしたものであろうが、それほど北魏と高句麗は百済に決定的に対立し、一方の百済は南朝に全面的に依拠するにいたっていたのである。またそのため百済は、わが国とも同盟関係に入ることになるのである。

さて、このような国交の転換のはじまる蓋鹵・文周王代は、まさしくわが雄略朝に相当する。わが国においても雄略朝が画期となったことはまた後述しよう。

ところで、南斉にたいする接近策を一層つよめた東城王は、建元二年（四八〇）、遣使上表し、「使持節都督百済諸軍事鎮東大将軍」に除せられ[11]、永明八年（四九〇）には、「(大)都督百済諸軍事鎮東大将軍百済王」を賜わったとある[12]。さらにこれにつぐ武寧王十二年（五一二）には、斉にかわっておこった梁に朝貢し、同二十一年（五二一）、ふたたび入梁し、これまで高句麗のために破られ、衰弱すること累年なるも、ここに高句麗を破って、はじめて通交すると述べたので、梁高祖は、とくにその努力をほめ、「行都督百済諸軍事鎮東大将軍百済王」より進めて、「使持節都督百済諸軍事寧東大将軍百済王」の号をあたえたという[13]。ついで即位した聖明王にたいしても、同王二年（五二四）、おなじく高祖は「安東大将軍百済王」の号を下し、王は同王十二年（五三四）、入梁朝貢している[14]。しかし、百済はついに劣勢をたてなおすことはできず、同十六年（五三八）、さらに泗沘（扶余）に遷都せざるをえず、時代はさらに一エポックを画した[15]。この遷都の背景には、あらたに新羅との急速な関係悪化が加わっていたのである。

もともと蓋鹵王より聖明王までのほぼ一世紀間は、『三国史記』の記すように、百済は一貫して高句麗との戦いに終始し、新羅とはむしろ同盟関係にすらあった。しかし聖明王代より、新羅は急速に敵対関係をつよめ、泗沘遷都ののち、しばしば百済と戦いを交え、聖明王は、同三十二年（五五四）、新羅兵によって殺され[16]、ひきつづき任那の滅亡という結果をまねくにいたる（五六二）。そして、この後は、新羅の高句麗・百済にたいする攻勢がつづき、任那も回復できないまま、ついに唐・新羅の連合によって、二国は滅亡するにいたるのである。

一応、五、六世紀の百済外交の展開をこのように捉えると、南朝との交流がとくに熊津遷都以後つよまることが了解されよう。

軽部慈恩氏[17]によると、百済の漢山城時代の遺跡より出土する遺物には、まだ百済人の所産というよりは、大陸の漢や北魏からもち込んだとみられるもの、あるいは原始の域を出ないものが多いのに、熊津時代になるとあきらかに変化しはじめ、南朝の影響がめだってくるという。もっとも、その初期には、なお寺院も北魏式をのこすが、やがて仏寺は平地に出て、「百済式」、つまり「南朝式」の伽藍配置が行われ、そのたしかな例としては、聖明王五年、梁大通元年（五二七）につくられた大通寺がある。そのほか、熊津時代の百済と梁との関係をはっきり示すものに、公州宋山里第六号墳の羨道前壁の塼銘があり、これには、

梁官品、為師矣

との釘書きがみえ[18]、その意味は、南梁の官塼にならって、塼槨を築造するというもので、この墓を、『東国輿地勝覧』公州牧条に、「郷校在州西三里西有古陵墓、諺伝百済王陵、未知何王」とあることから、武寧王墓に擬す

ることも可能である。とすれば、南梁のはじまりは、武寧王二年（五〇二）で、百済の熊津より泗沘への遷都は、聖明王十六年（五三八）であるから、五〇二年より五三八年までの三六年間の一時期にそれをあてることができる。岡崎敬氏[19]によれば、その墓塼の文様は、近年、南京市近郊西差橋油房村の南朝大墓中に発見されたものとまったく一致しているという。

つぎに文献のうえからみれば、『梁書』や『三国史記』の、梁大通六年（五三四）や大同七年（五四一）に、百済より梁へ朝貢するのとひきかえに、梁からは、

涅槃等経義、毛詩博士幷工匠、画師等

をつかわしたことがみえる。[20] このような交流現象は、おそらく六世紀はじめからあった。なぜならば、わが『日本書紀』の継体七年（五一三）や同十年（五一六）に、百済からわが国に「五経博士」を交替上番させたとあり、また欽明十四年（五五三）にも、「医博士、易博士」や「工匠、画師」らを上番させたとあって、おそらくかれらは、これ以前から梁より百済に来着していたと推定されるからである。百済を経由する南朝人の渡来については後に述べる。

第二節　日本と百済・南朝との関係

それでは日本と百済あるいは南朝との関係はどうか。まず、中国文献に即してみると、わが南朝通交は、東晋の安帝義熙九年（四一三）、倭王讃の方物貢献にはじまり、宋武帝永初二年（四二一）、倭王讃への除爵、文帝元嘉二年（四二五）、倭王讃の貢献、元嘉七年（四三〇）、倭王の貢献、元嘉十五年（四三八）、倭王珍への安東将軍除爵、元嘉二十年（四四三）、倭王済への安東将軍除爵、元嘉二十八年（四五一）、倭王済の爵号追加と興の貢献、孝武帝大明四年（四六〇）、倭王の遣使、大明六年（四六二）、倭王興の襲爵、順帝昇明元年（四七七）、倭王の遣使、昇明二年（四七八）、倭王武の遣使、安東大将軍除爵とつづくが、[21]わが宋への通交も、東晋のそれの継続であって、この点では百済のばあいと変らない。

ただわが国のばあいは、末松保和氏のいわれるように、[22]通交のほとんどすべては宋にたいするもので、ほぼ五〇年間、九回以上にわたり、一貫した性質の通交を行なったことになるのである。これは、宋とわが国の安定した国際関係を示すとともに、おそらく朝鮮を経由したものであろうから、朝鮮三国との関係もさほど深刻化はしていなかったものであろう。そして、その除爵をみると、内容的にも、まったく百済と別個の、わが独自の外交であったことがわかる。倭王は宋にたいし、わが国の百済支配を認めさせようとする努力をはらい、倭王武にしても、六国に「百済」を加えた「七国諸軍事安東大将軍」を自称したのであるが、それがもし百済に依存した外交であれば、百済がそのようなことを容認するはずはないであろう。もちろん宋は、百済に東晋以来の「鎮東将軍」の号をあたえていたから、倭王の要求を認めるわけにはゆかなかった。しかし、むしろ五世紀の段階では、わが国の入宋回数の方が百済よりは多かったとおもわれる。

また五世紀の外交は、百済にしても、日本にしても、目的はもっぱら「進号除爵」にあって、いわば政治的目的のものであり、経済的文化的要求をもつものではなかった。(23)したがって、百済においても、熊津遷都以前の漢城の段階においては、南朝との文物の交流を示すようなものはほとんど存在しなかった。わが国でも、たとえば応神朝に、「呉」よりのたびたびの工人・文物の渡来を示す記事があるのは、この点に照らしてきわめて疑わしいのであり、事実、雄略紀からの竄入が多いことは後述するとおりである。

ところで、倭の南朝通交の一大転換もまた倭王武、つまり雄略朝にあった。あたかも百済の外交転換と時期を一つにし、その原因も、おなじく百済の熊津遷都にもとめられよう。末松氏は、(24)高句麗が漢城攻略の時として、四七五年を選んだのは、あるいは倭王興の死亡に乗じたのではないかとして、彼我の政局に密接な関係のあることを推定された。

倭王武の宋にたいする最後の上表は、この熊津遷都から三年後の宋順帝昇明二年（四七八）のことであり、これをもって半世紀に及ぶ南朝通交は、突如幕をとじるのである。もちろん、南斉高帝の建元元年（四七九）、倭王武の爵号をすすめて、「鎮東大将軍」とし、(25)南梁武帝の天監元年（五〇二）には、武の号を「鎮東大将軍」よりさらに「征東（大）将軍」としたことがみえるが、(26)これらは朝貢をともなっておらず、また雄略天皇の在位期間とあわないものもあって、たしかとはいえない。ただその爵号をみると、これまでとおなじく百済を含まないにせよ、百済王に与えてきた「鎮東大将軍」の号を与えていることは、漢城失陥後の百済にかわる倭の地位をいささか認めたものかも知れない。このころから百済にたいする倭の支配がある意味ではつよまったと考えてよいであろう。

しかし、逆に、この時から倭の中国通交がとだえてしまうのは、通交が事実上不可能になるほど、百済と倭の連合勢力が朝鮮における地位を失いつつあったからで、百済みずからも、高句麗に妨げられて、南朝に通交できず、ましてわが国にそれを打開できる道はなかった。百済自身もわが国への依存度をつよめたとはいえ、日本を利用しようとするだけで、もはや反覆常ない状態となった。現地官人の間にもはげしい動揺があり、当時、安羅にあったいわゆる「日本府」の臣も、百済派と新羅派に分れて統制がなかった。たとえば、欽明紀にみえる河内直・佐魯麻都・印支弥は新羅と通謀し、これに百済の官人である阿賢移那斯も加わり、「反百済活動」を展開した。[27]かれらはおそらく日系の混血児で、現地で取りたてられたのであろうが、天皇の命をうけ、聖明王が主催した「任那復興会議」にも、「日本府」の新羅派官人らは出席せず、王はしばしば、任那が日々損われるのはかれらのためであるとして、天皇にかれらの日本召還を要求している。しかもこのような「反百済活動」にたいして、朝廷は、一方では聖明王をなだめながら、他方では必ずしもかれらを召還しようとはしていない。なぜなら百済みずからが、任那の地をもとめ、それを自領に編入しようと意図していたからである。大伴金村の事件はこのような背景のもとに生じた。朝廷側には、百済にたいする警戒心がたえずあったのであり、第一、百済の聖明王に任那会議を主催せしめざるをえないところに、日本の勢力後退がある。さらにいえば、南斉の建元元年（四七九）、任那の有力者たる加羅国王荷知が、単独で南斉通交をこころみ、「輔国将軍加羅国王」の号を与えられる有様で、(28)わが朝鮮における地位低下はおおいがたく、ともかくわが国は、百済をたて、これに依拠して、南朝との関係をたもつ以外に道はなくなったといえよう。ここに、これまで百済にたいし、独自の立場で、南朝との通交を行なってきた倭王武以前との決定的なちがいがあるのである。

それとともに、こののちは政治的な除爵は行われず、もっぱら百済を経由する南朝文化の輸入を目的とするにかわったことは、百済における変化とおなじであり、百済も熊津時代から、南朝文化の輸入によって、百済文化を創造することは、先来しばしば述べるとおりである。わが国の変化も、まったくこの百済の変化に対応する。そして、その変化は、雄略朝からはじまるのである。

雄略紀の記事に、(イ)雄略六年四月、「呉国」が使を遣わし貢献した　(ロ)雄略七年八月、天皇は西漢才伎歓因智利らを「百済」に遣わし、今来才伎を貢上せしめた　(ハ)雄略八年二月、身狭村主青らを「呉」に遣わした　(ニ)雄略十年九月、身狭村主らが帰国して、「呉」の献ずる二鵝を献じた　(ホ)雄略十一年七月、「百済」よりの逃化来者貴信が、みずから「呉国人」と称した　これが「呉琴弾」の祖である　(ヘ)雄略十二年四月、身狭村主らを「呉」に遣わした　(ト)雄略十四年正月、身狭村主らが「呉国使」とともに、呉の献じた「呉織」らをひきいて帰ったなどの記事がある。

このように南朝通交の記事が、雄略紀に集中するのは、前後に例をみないが、ここで特徴的なことは、(イ)(ハ)(ニ)

(ヘ)(ト)のように、「呉」と直接通交する伝承が多く、(ロ)(ホ)のごとく、百済からの伝来をいうばあいも、その通交ルートが「呉」に達することが意識されていることである。

しかるに、このうち、継体・欽明朝に入ると、記事の性質はかわり、(イ)「百済」から「五経博士」「医博士」「易博士」「画師」「瓦師」「仏師」らの貢進がつづけられたが（継体七・六、同十・九、欽明十四・六、同十五・二）、それらは、直接には、百済から貢進されたと明記されており、(ロ)「百済」聖明王が、わが国に「扶南財物」を献じ、任那府臣には「呉財」を贈ったと述べ（欽明四・九、同六・九）、(ハ)大伴佐弖比古が、「百済」より「内外典、薬書、明堂図、伎楽調度」をもちかえり、田道公らが、「百済」において「呉女」を娶ったとみえ（姓氏録左京諸蕃・河内皇別）、この後も、(ニ)「百済」より「鑪盤博士、瓦博士」らが来朝し（崇峻元）、(ホ)「百済僧」らが、百済王の命により、「呉」に遣わされたが、入国しえずしてわが国に立寄り、「元興寺」に住せしめられ（推古十七・四、同十七・五）、(ヘ)「百済人」味摩之が、「呉」にいたり、「伎楽舞」を学び、わが国に伝え、また路子工が「呉橋」をつくった（推古二十・五）という記事があるのである。

このような(イ)〜(ヘ)までの記事をみると、「呉」の文物がすべて「百済」より伝えられ、「呉」との直接通交はすでに絶えていたことが知られる。つまり雄略朝を境に、それ以後は、たとえ百済経由にもせよ、わが方から南朝に通交することはなかったのであり、『書紀』もこの変化を明瞭に写しとっていることになる。もちろんそれは、倭王武の中国通交断絶という現実の歴史事実に発しているのである。同時に、雄略朝以後の外交は、もっぱら南朝の影響をうけた百済文化、または百済を媒介とする南朝文化の輸入に主眼をおいたことはあきらかであり、上述の『書紀』の記事は、そのことをまた反映しているといえよう。

「イマキノアヤ」という、特定の帰化人グループは、ここに登場する。したがって、今来漢人の初見が雄略紀にあるのも当然のことであり、『書紀』の信憑性はこの面からも確保されているとおもう。ともかく、五世紀末にはじまる南朝―百済、百済―日本という強固なルートが、このような帰化人を生んだのであり、したがってその中には、百済人とともに南朝人が含まれているとおもう。

第二章　応神・雄略紀の外交関係記事

第一節　記事の信憑性

ここで、「今来漢人」に入るまえに、上来述べてきた雄略天皇紀の信憑性を確かめておく必要がある。そのため、以下に雄略紀の外国関係記事をとりあげてみよう。

(1)三品彰英氏がすでに指摘されたように[29]、応神天皇紀三十九年戊辰（三〇八）条の、百済の直支王が新斉都媛をつかわし、天皇に仕えさせたとある記事から、雄略天皇紀二年条にひく『百済新撰』に、己巳年（四二九）、百済は蓋鹵王をたて、天皇のもとめに応じて、適稽女郎を貢進したとある記事まで、仁徳・履中・反正・允恭・安康の各天皇紀には、百済文献を利用したとおもわれる百済関係の記事はまったく認められない。いわばこの期間は、外交の空白期間といってよく、それがまさに倭五王の通交時代にあたっているにかかわらず、わが国には外交記録がなかったものであろうか。

ところが、実は、この戊辰（三〇八）と己巳（四二九）は、あたかも、一二〇年、干支二運をへだてて直結する。もともと神功・応神紀の記事で、干支二運、一二〇年をひき下げて事実にあうものの多いことは、これまでにも論ぜられているところで、このばあいも、応神紀の記事は信用できず、百済王がその女を天皇に献じたという歴史的事実は、『百済新撰』のいう年紀まで下げて論ぜらるべきものであろう。

『三国史記』には、己巳の前年にあたる毗有王二年戊辰（四二八）に、「倭国使至、従者五十人」[30]とあって、これがおそらく先の『百済新撰』の、己巳年「天皇遣阿礼奴跪、来索女郎」の記事にあたるのであろう。だから己巳年の記事、つまり雄略二年紀にひくそれは、史実と認めてよいとおもう。

しかしまた、百済王の順序をみると、『三国史記』では、直支→久爾辛→毗有→蓋鹵の順序であり、[31]『宋書』では、直支→毗有→蓋鹵の順となり、[32]『書紀』の『百済記』による記事では、直支→久爾辛……蓋鹵となっていて、いずれのばあいも、上記のように、直支→蓋鹵とは直結しない。あるいは『宋書』が、庚午（四三〇）の余毗（毗有王）の遺使を記しているから、この毗有王の即位を、己巳（四二九）とする方がよく、上記の『百済新撰』の蓋鹵王の己巳の即位は、やはり『三国史記』のように、己未（四五五）とした方が、『宋書』に、この王の遺使を大明元年（四五七）とするのにも合うから、妥当であるとおもわれる。したがって、上記の記事の解釈は、王代を正せば矛盾しない。

ところで、雄略天皇紀二年条の「本文」では、この百済女性適稽女郎を、百済采女池津媛にあてていることが明白である。同紀五年条の「本文」に、百済王（蓋鹵）が池津媛の殺されたのをきき、それから後は、女を貢進しないとして、その弟軍君（琨支君）を貢進したとあり、「池津媛」の下に、「適稽女郎也」と注している。池内宏氏[33]のいわれるように、池津媛とは日本に来てから与えられた名であり、このような日本側として独自の価値をもつ記事は、実に雄略紀のこの一条がはじめてであるといってよい。ただし、軍君の説話は、同五年条の『百済新撰』に、辛丑年、蓋鹵王が琨支君を天皇のもとにつかわしたとある記事を、池津媛に付会したもので、ともに関係ある事実とは思われぬふしがある。いずれにしても、池津媛が、己巳年（四二九）に貢進されたことはほぼ信ぜられ、このような記事が雄略紀にのせられていることに注意したい。媛が雄略二年（四五八）に殺されたという記事も、年代からいえば成立する可能性もある。

(2)応神天皇紀二十五年甲寅（二九四）、直支王が死に、子の久爾辛王が即位したとき、王がなお若いため、大倭の木満致が国政をとったとあるが、同条の『百済記』によれば、この木満致は、木羅斤資が新羅を討ったとき、その国の女を娶り生んだ子であるという。これをおなじく、一二〇年下げれば、四一四年のこととなる。ところが、『三国史記』[34]や『東国通鑑』[35]によると、百済の蓋鹵王二十一年（四七五）に、王が高句麗と戦い、敗死したとき、王子文周を木劦満致に托して南走せしめたとある。この「木劦」（劦はリ・レイ・ライの音）は、『百済記』の「木羅」に一致することはいうまでもない。[36]そうすると、このばあい、木満致は少なくも直支王より蓋鹵王までの三代、六〇年以上を、政治家として活躍しつづけたことになる。またそう解する説もあるが、少なくも、『百済記』は干支をまったく記していないので、『書紀』がこれを応神二十五年に結びつけた点に疑問があり、『書紀』の久爾辛王の即位自体、『宋書』では確認されていないのであるから、この記事を四一四年の事実と考えること自体、あまり根拠がないわけである。六〇年間の活躍にも無理があろう。

そこで、この応神紀の記事と、『三国史記』の記事を比べてみると、王子を満致に托したというテーマそのものがきわめて似ており、あたかも、(1)に述べた新斉都媛と適稽女郎の記事が王女の貢進という点で一致したのとおなじく、このばあいも両記事は一致するのではないかと思われ、四一四年をさらに一運六〇年下げると四七五年に接続することも、(1)と似た点があるのではないか。

(3)つぎの表をみると、『日本書紀』では、応神・雄略両紀に、外国関係記事の反覆が多いことがわかる。木満致は、百済の熊津遷都という危機、すなわちわが雄略二十年（四七五）前後に、百済がわにおいて活躍した人物であると断定してよいであろう。

第六表　応神・雄略紀の外国関係記事の比較

応神紀	雄略紀
十四年（癸卯） 百済王が縫衣工女を献じた	七年（癸卯） 百済が漢手人部・衣縫部・宍人部を献じた
三十七年（丙寅） 阿知使王・都加使主の二人を、呉国につかわし、縫工女をもとめた	八年（甲辰） 身狭村主・檜隈民使の二人を、呉国につかわした
四十一年（庚午） このとき、呉よりつれかえった兄媛・弟媛・呉織・穴織らのうち、兄媛を胸形大神に奉った。残る三婦女が呉衣縫・蚊屋衣縫の祖となった	十四年（庚戌） このとき、呉よりつれかえった漢織・衣縫・兄媛・弟媛のうち、兄媛を大三輪神に奉った。残る三婦女が、漢衣縫部・飛鳥衣縫部・伊勢衣縫部の祖となった
十四年（癸卯） 秦氏の祖弓月君が百済より百二十県の人夫をつれて帰化した	十五年（辛亥） 秦氏をあつめ、秦酒君に賜い、百八十種勝をひきいさせた
二十年（己酉） 倭漢氏の祖阿知使主が、十七県の党類をつれて帰化した	十六年（壬子） 漢部をあつめ、その伴造を定めた

右のように対照される二群の記事をみると、呉国よりの渡来記事は、応神より雄略までの中間の五天皇の代にはまったく認められず、末松保和氏[37]のいわれるように、応神紀の工人招聘の記事は、ただちに雄略紀のそれに接続するのであるから、両群の対照記事は、同一内容のものを分けて記したものか、あるいは雄略紀の記事の起源を応神紀にもとめたものが多いとおもわれ、そのばあいの基準はあくまで雄略紀にある。

忘れてならないのは、応神紀にみえる「都加使主」は、雄略紀の「東漢直掬（つか）」と同一人物であり、前者は、「呉」より「才伎」をつれかえり、後者は、「百済」より渡来した「今来才伎」の陶部・錦部らを、大和高市郡に安置したと語られているが、これは、上述の応神・雄略の間、六〇年をへだてて活躍したという木満致の説話とおなじく、雄略紀の人物を応神紀に混入したものであることはほとんどまちがいあるまい。その事蹟にもほとんど差はない。掬は、大伴室屋とともに、雄略朝にはっきり足跡をのこす人物なのである。

(4)神功紀五年（乙酉）に、ソツビコが新羅王子ミシコチを送りかえすため、渡海したとき、逃亡の違約を責めて、新羅を討ち、俘人を連れかえった。それが今の「桑原、佐糜、高宮、忍海」の「四邑漢人」の始祖であるとみえ、これが『書紀』にみえる「漢人」の初見である。

しかるに、『坂上系図』(38)によると、漢氏の本宗と区別され、その支配下にあった村主姓三〇氏のなかに、「高宮村主、桑原村主、佐味村主、忍海村主」があって、前・後者はあきらかに対応するとともに、後者は在地における前者の首長でもあったろう。そして、第三編で述べたように、これらの「漢人」は、鍛冶・金作・手人の類であった。

ところがさらに、延暦四年六月(39)、東漢氏の中心勢力であった坂上苅田麻呂の上表文によれば、かれらの祖阿知使主が渡来してのち、旧居帯方の人民で、近時、百済・高句麗の間にあるものは、みな「才芸」があるため、改めてこれを迎えたいとし、許され、「挙落渡来」したものが、大和に「今来郡」（高市郡）を建てたのであるという。そして、それを『書紀』が雄略朝にあてていることは、先来しばしば述べたところであり、雄略紀七年をみると、「西漢才伎」歓因智利が、自分より巧みなものが多く韓国にある故、使をつかわしてこれを召すべしと奏し、天皇の命をうけ、弟君と二人で、道を百済にとり、「巧者」を献上せしめた。この百済所献の「今来才伎」は、しばらく大嶋にとどまったが、のちそれを、「東漢直掬」に命じて、大和高市郡の上桃原・下桃原・真神原の三邑に遷居せしめたとあるのである。

したがって、神功紀にみえる「四邑漢人」は、実は雄略紀の「今来才伎」「今来漢人」に対応しているのであって、応神朝に渡来したという阿知使主が、渡来後、本国からよび寄せたとあるとおり、神功紀に存在すべきものではない。あくまで、雄略紀の今来漢人の渡来を、神功紀に混入したとみなければならぬ。これとおなじことは、『古事記』応神巻に、百済の手入「韓鍛冶」卓素と「呉服」西素がわが朝に貢上されたという記事にもあてはまる。韓鍛冶と呉服は、いわゆる今来才伎の韓鍛冶と錦部（呉織）にあたる存在であって、これまた雄略朝の伝承の混入とみられよう。

(5)応神紀十六年乙巳（二六五）の、百済より王仁が来朝し、「千字文」をもたらしたという説話は著名であるが、関晃氏[40]もふれられたように、島田重礼氏の説では、「千字文」は、中国南朝梁の武帝（五〇二〜五四九）が、周興嗣に命じてつくらせたもので、それ以前には存在しない。したがってこれも、先述したように、雄略朝以後の南朝―百済、百済―日本の通交によって、梁文化が輸入された結果であるとみねばならぬ。

以上の(1)〜(5)までの例は、雄略紀の信憑性にかかわる問題であって、本論ではある程度それを確かめ得たとおもう。とくに帰化人関係の記事については留意を要する。(4)のそれが、雄略紀の「イマキノアヤヒト」に対する「アヤヒト」の起源説話を、神功・応神紀にもとめたとみられるように、(3)の第六表においても、雄略紀の秦・漢両氏の事実上の成立、すなわち部民設定に対応して、その祖先の渡来説話を応神紀にかけたにすぎないとおもわれるのである。(41)

第二節　雄略紀の諸問題

それではどうして、このような記事の混済が生じたのか。藪内清氏(42)によれば、『日本書紀』の年代決定に、まことに興味ある事実が見出される。

『書紀』の推古十年十月条に、百済僧観勒が暦本をもたらし、同十二年正月、はじめて暦日を用いたとあるのは、おそらく元嘉暦のことで、このときはじめて百済から輸入された元嘉暦によって、日付を計算するようになったことを指すのであろう。元嘉暦は、南宋の何承天の制したもので、そのため、このとき百済をへてわが国に輸入されたのである。ところが、その後、持統四年十一月に、元嘉暦と儀鳳暦の両方を使うこととなった。(43)儀鳳暦とは、唐の李淳風の編纂したあたらしいテキスト麟徳暦のことで、これが当時朝鮮を統一した新羅に伝わり、そのように改称されて、新羅からわが国に伝来したのである。天武・持統朝の新羅への接近度からすれば当然のことであろう。しかも、両者の併用期は六年間にすぎず、文武二年には儀鳳暦のみとなり、これが宝字七年まで、六六年間用いられた。[44] したがって、『日本書紀』の編纂当時のテキストは儀鳳暦だったわけである。

ところが、『書紀』の紀年を、この儀鳳暦によって計算してみると、安康天皇紀以前はこの暦と一致するが、雄略天皇紀以後は一致せず、元嘉暦を用いたことがわかる。そのうえ、雄略天皇紀以後は、中国の記録とのズレがなくなるから、すでにそのころ何らかの意味で、元嘉暦による正しい記録法が行われるようになっていたとみるべきであり、おそらく、宋（梁）→百済→日本とあたらしい暦法文化が導入されたものであろう。

右のような興味ある推定は、本論の主旨にもよく合致するといわねばならぬ。

また最近、上田正昭氏[45]は、『日本書紀』の割註を検討され、『書紀』割註には、「一書云」「一云」の系統のものと、「一本云」「或本、旧本、別本云」の系統のもの、つまり「書系統」と「本系統」ともいうべきものがあり、[46] 前者より後者への移行は、巻十四の雄略天皇紀にあることを指摘された。そしてこの両系統は、内容的にも相違があり、前者は神々の系譜と説話が中心であるのに、後者は朝鮮関係の所伝が多く、しかも後者には、干支・年月を示す例が多く、実録風であり、おそらく、百済から渡来した人々や、その後裔によって記録されたものをかなり含むものとおもわれる。氏姓名の表記も、雄略紀以降は、すべて「本系統」にみえる氏・姓・名を記録するのに、「書系統」はヒコ・ヒメ系で、「本系統」の方にはるかに具体性・実在性がある。そのなかには、漢氏などの所伝もあり、蘇我氏の伝承もあって、すでに有力豪族の家伝・家記が成立していたのであろうと推定された。

この『書紀』の割註の分析も、『書紀』の暦法の推理と比べ、まことによく一致するうえ、とくに実録として干支・年月を備えるにいたったことは、雄略紀以後の信憑性をいちじるしく増すものであろう。雄略紀の外国関係記事は、細部に疑問のあるところもあるが、大筋としては、十分利用できる段階に入ったといってよいであろう。

第三章　今来漢人の渡来

第一節　イマキノアヤの概念

雄略天皇紀の記事を足がかりに、これから「イマキノアヤ」についての考察を進めてゆくことにする。

「イマキ」とは、「新」「今来」の語をあてるとおり、新来・新参の意味で、まず古い帰化人に対置されることばであり、もとは普通名詞である。しかし、歴史的用語としては、単にあたらしく渡来した個々の帰化人を、すべてそのように呼んだのではなく、まず特定の集団に付せられたことばであり、必ず「イマキノアヤ」と称したのであるから、漢氏の本宗のもとに編入された漢人・漢部以外のものは指さない。と同時に、いわゆる「人」制

＝漢人や、「部」制＝漢部の形成された段階に、そのような集団の構成者となった帰化人をさすのであるから、その前後の帰化人とは、その母国の系統において、またその技術の系統において異質であるとみられ、そのため独自の集団名が発生したのである。イマキノアヤの初見例は、先来述べた雄略紀七年の、百済の貢上した今来才伎＝イマキノテヒトであるが、このばあい、「新漢陶部高貴、鞍部堅貴、画部因斯羅我、錦部定安那錦、訳語卯安那」という名は、「新漢」を、高貴・堅貴・因斯羅我・定安那錦・卯安那などの個人名にかけたのではなく、宮廷の伴部・品部となった陶部・鞍部・画部・錦部・訳語などの集団名にかけて、その集団の系統を表示したことばにほかならぬ。このような技術集団は、それまでの帰化人には存在しなかったといえる。イマキノアヤが個人名に一々冠せられるものでないとすれば、たとえ、「新漢」を冠しなくても、それにあたるばあいが起こりうる。たとえば、推古十六年、遣隋留学生・留学僧となった新漢人大国・新漢人日文・新漢人広斉らとならぶ高向漢人玄理・南淵漢人請安・志賀漢人慧隠らはその例であり、はじめの大国・日文・広斉は、「新漢人」と表示されているから、イマキノアヤであることはまちがいないが、つぎの玄理・請安・慧隠も、高向・南淵・志賀は居住地名であるから、イマキノアヤであっても少しも差支えない。むしろ、そこに住む漢人がイマキノアヤである可能性の方がつよいことは後述するとおりである。いずれにしても、「新漢」にせよ、「地名」にせよ、まだ氏の名にはなっていない。新来の帰化人だからであろう。

末松保和氏[47]は、イマキノアヤとは、「帰化の新古でなく、その先代、すなわち世系にかけて言った新旧でなければならぬ」とされ、この点から、五世紀に入って、中国南北朝の対立争乱により、南朝人の百済に帰化するものが多く、わが国も、倭五王の南朝通交にみられるとおり、直接南朝と通交していたために、この二系統によって、わが国に渡来する南朝人がふえた。この南朝人を、古い楽浪・帯方系の帰化人であるハタ・アヤと区別して、「イマキノアヤ」と呼んだものであろうとの結論を引き出された。つまり、「イマキノアヤ」の世系の新旧の「新」という意味を、南朝系の帰化人の意味に限定されたのである。

このような、「イマキノアヤ」の把握の仕方は、上来述べたところからしても、原理的に正しいといわねばならぬ。ただ具体的には、その渡来の時期、その母国について、問題となる点がのこされているとおもわれる。

その一つは、「イマキノアヤ」の渡来が、倭五王の通交期間をふくむとすれば、倭王讃は、応神天皇または仁徳天皇と考えられるのであるから、古い帰化人たるハタ・アヤの渡来を、応神朝にかける『書紀』の所伝に比べて、時代的差異はほとんど消滅してしまうのである。すでに先に、倭五王の通交は政治的除爵にあって、南朝人の集団的な渡来はほとんど考えられず、渡来の可能性は、倭五王の通交が挫折し、もっぱら百済を媒介とする南朝—百済—日本の緊密な関係が樹立された雄略朝以後であろうと推定した。また南朝との文化交流を記する応神紀の所伝はほとんど雄略紀のそれの混入である所以を指摘したのである。

その二つは、「イマキノアヤ」のすべてが南朝人でありうるかどうかであり、楽浪・帯方系の遺民から、ただちに南朝系帰化人に飛躍しうるかどうかの問題である。新羅・百済系の帰化人もまたつねに重要であり、ことに雄略朝以後の通交が、ほとんど百済にしぼられ、南朝文化も直接には百済から輸入されたとすれば、この期間に、百済系帰化人が急増したのはいうまでもない。したがって、「イマキノアヤ」とは、五世紀後半以後、主として百済から渡来した、南朝系文化を荷なう帰化人を総括することばであったと一応規定しておきたい。

第二節　イマキノアヤの諸系統

(一)　百　済　系

さて、「イマキノアヤ」のうち、百済より、雄略朝に渡来したという「今来才伎」は、第三編で詳述したとおり、漢手人部・衣縫部・陶部・鞍部・錦部などをすべて含み、「漢」「新漢」を冠せられたように、「東漢」氏のもとに編入された才伎で、東漢氏の本系が渡来して後、その本国の百済より迎え入れられたものといわれる。たとえば、呉衣縫が阿知使主に迎えられ、陶部・錦部らが東漢直掬によって大和高市郡に安置され、飛鳥衣縫部が檜隈民使博徳に迎えられた説話にも、その事実が反映されている。阿知使主・掬・博徳らは、すべて東漢氏の本宗に属するからである。

これらの才伎は、その後、忍海漢人・飽波漢人・鞍作・金作部・飛鳥衣縫・錦部などの集団を形成したが、かれらは、『坂上系図』によっても、漢氏本系の忌寸姓約六〇氏と区別され、その支配下にあった村主姓三〇氏に相当し、これらの村主姓が、在地における漢人才伎集団の統率者であったことがわかる。そして、これら「イマキノアヤ」集団のために、阿知使主は奏して、大和に「今来郡」をたて、これがのち「高市郡」に改められたといい、しかも、この地は狭くなり、のち諸国に分置されたものが、各国の「漢人村主」であるともあって、「イマキノアヤ」集団はかなりの数に上ったことが知られる。それは、延暦四年六月の坂上苅田麻呂の上表にも(48)、「イマキノアヤ」を迎えるにあたって、

勅遣臣八腹氏、分頭発遣、其人民男女、挙落随使尽来、永為公民、積年累代以至于今、分在諸国漢人亦是其後也、

とあり、先着の漢氏本宗の八氏が、故国に人民を迎え、集落をあげて尽く帰来せしめ、これが今、諸国の漢人として居住しているというのであるから、その集団の大きさが知られるであろう。また、宝亀三年四月(49)、おなじ苅田麻呂の奏言に、かれらの本拠とした高市郡（今来郡）は、

檜前忌寸及十七県人夫満地而居　他姓者十而一二焉

とあり、「イマキノアヤ」の統率者としての漢氏本系も、高市郡に満ち、「檜前忌寸」と総称されていたことがわかる。しかも、もともと高市郡とは、今来漢人を安置した郡で、そのため今来郡とよばれたはずである。したがって、東漢氏の勢力は、この今来漢人を基盤としたとき確立されたのであり、むしろ、その時、東漢氏は「氏」として成立したものと見なしてよいとおもう。この点は、かれらが共通して、「今来神」を祭っていたらしいこ

とからも推しはかられよう。

『延喜式』によると、山城国葛野郡にある「平野祭神四座」は、桓武天皇の子孫と、大江・和の二氏の氏人がともに祭るところであったが、[50]これは桓武天皇の母高野新笠が、和氏と大江氏の間に生まれた女であったからであり、いわば和氏は天皇の外祖父、大江（大枝）は外祖母の家柄にあたっていたのである。[51]和氏とは、『姓氏録』によると、百済の純陀太子（聖明王カ）、あるいは武寧王の後であるといい、[52]『書紀』によると、武烈天皇のとき、百済の王族斯我君が、わが国に来朝し、朝廷に仕え、その子の法師君が倭君（和氏）の祖となったと伝えている。[53]このような異なる系譜を一つにまとめてみると、百済蓋鹵王―武寧王―純陀太子（聖明王カ）―斯我君―法師君……和乙継となって、わが国に渡来した時期は、六世紀はじめごろとなる。しかし、この王族は、八世紀まで見るべきものもなく、姓も「和史」であったらしいから、低いカバネに甘んじていたわけで、後になって系図を仮託した、低い身分の帰化人であったとみてよいであろう。つまり、「和史」という氏姓からしても、西漢系の諸史とおなじように、六世紀のはじめごろ帰化した「イマキノアヤ」ではないかとおもわれるのである。それが桓武天皇の即位とともに、外戚としてとりたてられ、延暦二年、左京人外従五位下和史国守ら三五人が、一斉に朝臣姓を賜わり、新笠の父子のみは、さらに別格の高野朝臣となり、[54]延暦九年、父はついに正一位を贈られたのである。[55]かれらの孫の家麻呂は、和朝臣にとどまっていたが、延暦二十三年の伝によると、「帝の外戚」との理由で、とくに中納言に抜きんでられ、『日本後紀』はとくに注して、「其先百済人也……蕃人入相府、自此始焉」と述べ、それがかなり画期的な事件であったことを認めている。[56] 和気清麻呂が、中宮高野新笠の教えを奉じて、『和氏譜』を撰したのも、[57] この氏族の勢力の興隆によるもので、おそらくこのときの家譜において、先の百済王族の所伝が作為されたのであろう。

ところで、この和氏の祭る「平野祭神四座」の第一座は、「今木神」であった。[58] このことは、今木神を祭る帰化人たる和氏こそが、氏子たちの中心であった証拠であり、今木神は、承和三年、正四位上、[59] 嘉祥元年、従三位、[60] 仁寿元年、従二位、[61] 貞観元年、正二位、[62] さらに従一位と昇叙をかさね、[63]「祝詞式」には、今木神を「皇太御神」とまでしるすほど、[64] 栄進しているのである。もって和氏と今木神の勢力が知られるが、そのような現象も、桓武天皇以後に生じたことであった。つまり、山城葛野に遷ってからのことである。

今木神が葛野に遷るまえは、平城京の田村里にあった。なぜなら、延暦元年、今木大神に従四位上を授けるまでは、「田村後宮今木神」と明記されていて、[65] そのころ光仁天皇の夫人であった和新笠が田村後宮にあって、この神を祭ったと思われるからである。しかし、田村と今木はもともと何の関係もない。今木とは大和の地名であるはずである。つまり、この神は、新笠が田村後宮にもちこむまでは、大和国今来郡（高市郡）に住む百済系帰化人に祭られていたのではないか。「祝詞式」[66] は、平野神を、

天皇我御命尓坐世、今木与利仕奉来流皇太御神

と称し、大和の今来より仕奉ってきたと書かれているからである。「和史」をもふくめて、東漢系の帰化人の氏

神として祭られていたのであろう。つまり、「今来郡」といい、「今木神」といい、五世紀末以後、百済からあらたに渡来した「今来漢人」のそれであり、この帰化人集団の勢力がしのばれよう。(67)

かくて、「イマキノアヤ」＝百済才伎は、その新鋭の技術によって、宮廷工房における伴部（トモ）・品部（べ）として生産に従ったが、わが部民制が、かれら百済才伎の渡来によって創設せられ、それ故に、律令制の品部・雑戸制にも継承されたことは、先来しばしば述べたところである。そして、このような部民制が、百済の官司の部局制の輸入にはじまるものであるとすれば、それをわが国にもたらした百済才伎は、百済人であるほかはない。この五、六世紀段階での、朝鮮固有制の影響は、われわれのつよく認識せねばならぬところである。

「イマキノアヤ」のもう一つの系統は、東漢氏でなく、西文氏の配下に属したグループである。つまり、第三編において述べたとおり、王辰爾にはじまる白猪（葛井）・船・津の三氏であり、王仁の裔という西文・武生・蔵の三氏よりは遅れて百済より渡来し、その統制のもとで、新鋭の政治技術により、財政収支の記録を担当した。かれらも律令制の伴部制に継承され、史部として位置づけられたが、延暦九年七月、百済王仁貞の上表によれば、(68)百済貴須王の孫辰孫王より出で、辰孫王―太阿郎王―亥陽君―午定君―王辰爾と系譜づけられ、百済王族の出であることを明らかにしている。しかし、これも東漢系の和氏とおなじく後補の観念であることはまちがいあるまい。なぜならば、和氏とおなじく桓武天皇に重用された帰化人に菅野朝臣真道がおり、真道はもと上記の今来漢人たる津氏の出身であったが、延暦九年、菅野朝臣に改姓されたとき、上記の百済貴須王の出であるという系譜を述べ、百済王仁貞・元信・忠信らの同族であると述べているからである。[69] 百済王氏は、七世紀後半の白村江の敗戦により、百済が滅亡して後、日本に亡命した王族であり、百済の最後の王義慈王が白村江で戦死した時、臣下の佐平福信は、日本に亡命していた二王子のうち、豊璋王をたてて、国を回復しようとして成らず、わずかに禅広王のみがわが国に残り、持統天皇のとき、百済王の姓を賜わるにいたったという所伝が、『続日本紀』の百済王敬福の薨伝に明記されているのである。[70] 真道の属する津氏とは、所詮別系であるはずであろう。それが混同されるにいたったのは、やはり真道が桓武天皇の厚遇をうけるに従って、もとの津氏も百済王氏のミウチと見なされるようになり、系図が作為されたためとおもわれる。あたかも、おなじ史姓であった和氏と同じ過程を経ており、ために、桓武朝の改姓には、しばしば東漢系と西文系が競合し、同格を主張しているのである。

しかし、いずれにしても、津氏に代表される西文系の「イマキノアヤ」は、百済人であり、百済より渡来した技術者であることはまちがいないであろう。

このようにみれば、「イマキノアヤ」の主流はやはり百済人である。そしてわが部民制の形成と密接な関係をもったことがわかるであろう。

このほかにも、宝字二年四月、内薬司佑難波薬師奈良らの上表に、[71] その祖徳来は、もと高句麗人で、百済に移り、雄略天皇の代に、「百済才伎」のもとめられたとき、わが国に貢進され、五世孫の恵日が、推古天皇の時、大唐に遣わされて医術を学び、ついに薬師を姓とするにいたったとあるのも、まったくおなじケースであるといえる。この「百済才伎」もまた、「薬部」として、令制「伴部」に継承されているのである。

(二) 南朝系

百済系の「イマキノアヤ」が、宮廷工房の伴部(トモ)・品部(べ)と関係ぶかいとすれば、この種の部民の渡来の下限は、敏達・崇峻朝にもとめられることはすでに述べた。つまり、敏達・崇峻朝に、飛鳥仏教のあらたな荷ない手として渡来する「某工」「某師」「某博士」と称せられる一群の帰化人や、交替番上する「某博士」などは、いずれも「イマキノアヤ」とは別系に属する。かれらもすべて百済から貢進されたが、その名からすれば、主として南朝人であるらしく、史料的には、一体いつごろから確認されるか調べてみる必要があろう。『日本書紀』の記事をみると、左のごとく推定できる。

(1)五経博士などの交替番上制の初見は、継体七年(五一三)の「五経博士段揚爾」の貢上[72]で、三年後の同十年(五一六)、「五経博士漢高安茂」がこれに代えられた[73]。こののち、欽明十四年[74](五五三)、医博士・易博士らを上番せしめるとあるまでの四〇年間は、史料もなく、中絶しているようにみえるが、実は、一層規模が拡大しつつ継続しているのであって、たとえば、欽明十五年(五五四)の上番者の名をみると、大使東城子莫古は、前番の東城子言にかえられたのであり[75]、その東城子言は、欽明八年(五四七)に、汶休麻那に代わって上番したものにほかならぬ[76]。おなじく、五経博士王柳貴は馬丁安に、僧曇恵ら九人は僧道深ら七人に代えたものであって、いかにそれが継続的に行われた事業であるかがうかがわれよう。欽明十五年には、このほか易博士王道良、暦博士王保孫、医博士王有㥄陀、採薬師潘量豊・丁有陀、楽人三斤・己麻次・進奴・進陀が貢上され、儒教・仏教・実学（医・易・暦）・技芸（採薬・音楽）の各方面にわたり貢献した。かれらを引率した大使は、百済官位を有する百済官人であるが、これを除けば、ほとんど南朝人といってよいとおもう。

そこにみられる氏の名も、段・高・王・馬・潘・丁などの中国姓であり、高・王もこのばあいは高句麗系ではありえない。当時の敵対関係をみれば、百済から高句麗人が渡来することはほとんど考えられないであろう。すでに述べたように、このような百済からわが国への諸博士の上番制が、百済聖明王十九年（五四一）、南梁より百済に、「毛詩博士涅槃等経義幷工匠、画師等」が送られたとあるような、[77]南梁→百済の文化交流の延長線上にあることは当然考えられる。『梁書』や『三国史記』のこの記事は、おそらくもっと前から、かなり頻繁に行われていたことの記録であろうし、わが継体七年（五一三）の記事は一つの例証となる。すなわち段揚爾は少なくとも、五一二年より以前に、南朝より百済に渡来していたのであり、このような現象が、おそらく五世紀末から存在したであろうことを推定させる。

(2)敏達六年（五七七）、天皇は大別王を百済国宰として派遣したが、この王は、百済国王より献上した経論若干巻と、律師・禅師・比丘尼・咒禁師・造仏工・造寺工六人を連れかえり、難波大別王寺（四天王寺の前身か）に安置した。[78]また崇峻元年（五八八）、百済は僧三人と仏舎利を奉り、つづいて僧六人と寺工・鑪盤博士・瓦博士・画工らをわれに貢進したが、それは蘇我氏の氏寺である法興寺を造営するためであった[79]。今、その法興寺造営の工人の性格を分析するため、『書紀』と『元興寺露盤銘』の記事を上に対照する[80]。

第七表　法興寺工人の新旧対照

	書紀		元興寺露盤銘	
A	鑪盤博士	将徳白味淳	鑪盤師	将徳自(白)味淳
	瓦博士	麻奈文奴	瓦師	麻那文奴
		陽貴文		陽貴文
		㥄貴文		布陵貴
		昔麻帝弥		昔麻帝弥
	寺工	太良未太	寺師	丈(大)羅未大
		文賈古子		文賈古子
	画工	白加	書人	百加博士
				陽古博士
B				山東漢大費直麻高垢鬼 意等加斯費直
			作金人	意奴弥首辰星
				阿沙都麻首未沙乃
				鞍部首加羅尓
				山西首都鬼

この二史料を対照すると、Aの範囲では、多少の出入はあっても、ほとんど一致するが、Bの範囲は、『元興寺露盤銘』のみにあって、『書紀』にはまったく欠けている。つまり、『書紀』は、崇峻天皇の当時、百済から貢進されたものの名のみを記したのであり、『露盤銘』は、これに加えて、従来の帰化人で、元興寺の造営にともに参加したものの名をも併記したのである。いうなれば、最新の異邦人がAであり、すでにわが国に定着している帰化人がBであるといえる。したがって、Aは中国あるいは朝鮮系の氏姓をもつか、氏姓をもたず、Bはすでに日本の

氏姓を所有している。すなわち、山東漢大費直＝東漢直、意奴弥首＝忍海首、阿沙都麻首＝朝妻首、鞍部首＝鞍作首、山西首＝河内首と推定される。そうするとBはすべて漢氏・漢人である。東漢直を除いた他の四人の作金人は、忍海漢人・朝妻手人・鞍作部・河内手人にそれぞれ対応し、律令制の「雑戸」であり、さかのぼれば、百済系の「今来才伎」にほかならぬ。東漢直はかれらの上位にあり、あるいはその統率者であったかも知れぬ。Aは「某博士」とあって、交替番上の五経博士などに準ぜられているが、実際は「某師」とも、また「某工」ともよばれる工人の指揮者であり、いわばBが律令制の番上工＝伴部の立場にあるとすれば、Aは長上工＝某師にあたるであろう。つまり、最新の帰化人技術＝Aが、大化前代よりの伝統的な品部技術＝Bをリードしたことになるのであり、輸入技術による技術革新がたえずこのような方式をとったことを示すものである。同時に、その最新の技術をもたらしたAグループは、南朝人を主力とするものではないかと思われる。

周知のとおり、『三国史記』と『隋書』『北史』『括地志』『通典』などに、百済大姓八族があり、その姓を列挙すると、(1)沙氏、(2)燕氏、(3)劦氏、(4)解氏、(5)真氏、(6)国氏、(7)木氏、(8)苩氏、となる。これに、(9)木劦、(10)祖彌、(11)古爾、(12)再会、(13)沙吒、(14)黒歯、(15)賛、などを加えることができるが、(1)(13)は、「沙吒」を「沙」の一字とすることもある故共通し、(2)は「適」「灼」とも音通であり、(3)(7)(9)は「木」とも「劦」とも書く故共通し、(5)(10)は「祖」「姐」の音が「真」の訓にちかい故、「祖彌」の一字姓が「真」とおもわれ、(6)(11)も関係あるらしくおもわれるなど、実際の種類はさらに減少するであろう。このほかには中国渡来の「張」「王」「馬」「丁」などの姓がある。[81]

わが『日本書紀』『続日本紀』から、百済帰化人の姓を選び、右に配当すると、⑴⒀に、沙宅己婁（欽明四）、沙宅千福（斉明六）、沙宅紹明（天智十）、沙宅孫登（天智十）、沙宅万首（持統五）があり、⑵に適莫爾解（顕宗三）、嫡徳孫（安閑元）、灼莫古（継体十）、灼干那（欽明十一）があり、⑶⑼に、木満致（応神二十五）、本劦不麻甲背（継体十）、木劦味淳（欽明二）があり、⑷はみあたらず、⑸⑽に、真慕宣文（欽明二）、真牟貴文（欽明四）、姐弥文貴（継体七）、⑹に、国雖多（欽明四）、国弁成（斉明六）、国骨富（天智二）、国君麻呂（天平十七）が見出される。⑻はないとおもう。[82] そのほか、「東城」は泗沘遷都ののち、泗沘を西城とするのにたいし、熊津を東城と称したらしく、その地名を負う姓で、東城道天（欽明四）、東城子言（欽明八）、東城子莫古（欽明十五）らがあり、いずれも泗沘遷都直後の渡来であるらしく、「四比」はいうまでもなく泗沘城を負う姓で、四比福雄（天智四）、四比忠勇（神亀元）、四比河守（神護二）など、いずれも百済滅亡時の渡来であるらしいことは興味がある。「谷那」は百済の鉄山の地名で、谷那晋首（天智二）、谷那庚受（神亀元）らの名がみえる。[83] その他、第三編にあげた百済帰化人の姓に、「吉」「答本」「角」「賈」「楽浪」「荊」「呉粛」「胛」「刀利」「戸」「憶頼」「鬼室」などがあり、[84] いずれにしても、第七表のAグループの、「白」「陽」「陵」（布陵）、「昔」などの姓は、すべての百済姓のなかに見出すことはできない。もっとも、百済においても、下位身分のものは、六、七世紀にいたっても、姓を有しなかったのであり、Aの帰化人名が、はたして氏姓を含むか否かははっきりしないところもある。しかし、上記の四種は、一応氏姓と認めてよいであろう。かれらは百済人でなく、南朝人だったのではあるまいか。あるいは姓をもたないものも、南朝系の工人ではないかともおもわれる。

(3)推古朝に入って、「天寿国曼荼羅繡帳」の作成を担当した帰化人は、東漢末賢、高麗加西溢、漢奴加己利、秦久麻のごとく、いずれもいわゆる楽浪・帯方系の帰化人で、南朝とのかかわりはないが、遣唐留学生・留学僧の名をみると、

学生　倭漢直福因	学問僧　新漢人日文
奈羅訳語恵明	南淵漢人請安
高向漢人玄理	志賀漢人慧隠
新漢人大国	新漢人広斉

のごとく、いささか検討を要する。

この人名についていえることは、すべてが漢人系であり、同時に倭漢直福因を除けば、他の七人はその倭漢直の支配下に編入された「漢人」であり、おそらくあたらしい帰化人であることは、かれらの氏の名が、いまだ氏の名として定着していないことからも察せられる。氏の名で「新漢人」などというのは皆無であり、これは漢人の系統を示す普通名詞である。また奈羅・高向・南淵・志賀はすべて地名で、これまた、その地に住む漢人という普通名詞であろう。その名前も、まだ倭名とはいいがたく、中国名のままで、僧名を日文「ニチモム」・慧隠

「ヱイン」……と音読するのは当然として、学生も、玄理は、「クロマロ」ではなく「ゲンリ」と訓むべく、大国も「オホクニ」ではなく「ダイコク」とでも訓むべきで、恵明はもちろん「ヱミヤウ」と訓まれたであろう。

玄理は、孝徳即位前紀の高向史（タカムクノフヒト）にいたって、はじめて氏の名に定着するが、このころ同時に、その名を玄理（ゲンリ）とかいて、黒麻呂（クロマロ）の同字としたらしい。(85)請安も、鎌足の師で、「南淵先生」とよばれたのは、南淵が土地名にすぎなかったから、俗称となりえたのであろう。小野妹子とともに入唐した吉士雄成も、『隋書』には、妹子が「大礼蘇因高」と記されているのに、かれは「大礼乎那利」とあるにすぎない。「吉士」はまだ正式の氏姓でなく、「吉士」とも「難波吉士」ともあって一定せず、雄略紀八年二月、難波吉士赤目子をあげているのも、このころ「難波吉士」という氏の名ができていたとは考えられぬ。

さて、推古朝にいたっても、右のように氏の名が確定しないらしいのは、かれらの出自が案外あたらしいのではないかと考えさせる。

「吉士氏」は、白雉五年、吉士長丹が唐国より文物をもたらしたことを賞して、「呉氏」の姓を賜わった。(86)『書紀集解』(87)は、近江蒲生郡中村の「呉神社」に、長丹の画像が所蔵されていると伝える。あるいは、実際に、呉＝南朝より渡来した帰化人かも知れぬ。

これは南淵請安についてもいえる。南淵に住んだのでその名があるが、南淵とは高市郡の地名で、司馬達等が高市郡坂田原に住し、そこに草堂を営んだのが、南淵の坂田寺であるという伝承からして、この両氏は同地に住んだ同系の帰化人とおもわれる。ところが、先述のように、司馬氏には、一説に、継体十六年（五二二）に渡来した「南梁人」であり、また「大唐漢人」であるという伝承がある。[88] 鞍作福利が、二度の遣隋使に、ただちに通訳となりえたのも、この氏のあたらしさを物語るものかも知れない。吉士雄成も同然であろう。もちろん、司馬氏は、百済系「イマキノアヤ」と同じく「鞍部」を称したことといい、かれらとおなじく高市郡坂田原に集住したことといい、また、達等の女善信尼が「百済」に留学せしめられ、達等の子多須奈が坂田寺を造ったとき、「百済仏工」といわれ、多須奈の子鳥が法興寺の丈六仏と坂田尼寺を造立し、法興寺の金工に「鞍部」が存在したことなどをあわせ考えると、かれらが百済文化に密着し、百済才伎であった可能性もあるが、もともと、六世紀末の百済仏教とは南梁系の仏教であった。百済を経て渡来した南梁人とみても、もちろん差支えはないのである。その氏の名を「鞍部司馬」と称したことも、「鞍部」という倭名を、「司馬」という中国名に冠したにすぎず、氏の名としてはまだ定着していないことは先述したとおりである。請安も、この司馬氏とおなじ意味での「漢人」だったのではあるまいか。

　いずれにしても、かれらは、当代最新の知識人として、直ちに入隋する資格ありと考えられ、事実、その活動はめざましいものがあった。

　旻は、中国の祥瑞思想を学び、讖緯の書をもちかえったことはまちがいなく、こののち、天文の異変や、祥瑞の出現にともなって、しばしば陰陽的な宇宙観に基づく判断を下している。舒明九年二月の「流星」、同十一年正月の「雷」「彗星」、大化六年二月の「白雉」などの事件において、旻が周漢の故事を意識し、解釈したことはあきらかであろう。『書紀集解』は、これを各条にわたって、『史記』『説郛』『漢書』『後漢書』『晋書』『宋書』『隋書』『佩文韻府』『孝経』『尚書』等々に、出典を指摘している。また『大織冠伝』には、旻が諸氏の子弟を堂にあつめ、周易の講義をしたと書かれてある。

請安も、皇極三年正月、中大兄皇子や鎌足に、周礼の教を講じ、「南淵先生」と敬愛され、慧隠も、舒明十二年五月や白雉三年四月、宮廷において、無量寿経を説き、聴衆の沙門一千と称せられた。

これらの諸思想、諸知識は、すでに百済を通じて、南梁のそれが入っていたと思われ、まえに述べたように、聖徳太子の『三経義疏』が、梁僧法雲の『法華義記』、その他南北朝以前の古説を参照して書かれ、現存する太子自筆といわれる『法華経義疏』も、六朝風の書体であるといわれることも関係あるであろうし、また憲法に引かれた『文選』が、梁で編纂されたものであり、金光明経を中心とする護国思想も、梁で高まったもので、梁の武帝が真諦三蔵に、この経を訳せしめたのが、元帝元年であることなども参考にすべきである。だから、南朝系に属する留学生・留学僧らも、すでにそれらをある程度身につけていたであろう。隋唐において、さらに新知識として完成する素地をもっていたものとみるのが自然である。

とくに、讖緯書は、隋唐の最新の科学といわれるが、これも、推古十年、百済より僧観勒のもたらした「暦本」「天文地理書」「遁甲方術之書」がすでにあった。それは、天文・暦術・卜占などの、いわゆる「占書」をもっぱらさしており、その中には、律令において、政府が私人の所有を禁じ、みずから独占した天文書・図書・讖書・兵書・七曜暦・太一式・雷公式の七種の禁書をもはやふくんでいたとするのが、滝川政次郎氏の説(89)であり、大化前に、これらのものが、百済を通じて入っていたことは注目せねばならない。

イマキノアヤをこのようにみるならば、上述の「新漢人」は五世紀末に百済から渡来したものではなく、六世紀なかばに、南朝系の文化を身につけて渡来したイマキノアヤであり、南朝人である可能性がつよい。そして、この百済系、南朝系の両者の相違は、前者が百済の官司制に発する「品部」制をわが国にもたらしたと思われるのに、後者は、すでにいかなる意味においても、品部制とは関係ないことである。かれらが某博士・某師・某工といわれていることからもわかるであろう。

註

(1) 晋書九、帝紀九、簡文帝咸安二年(三七二)条に、「正月、百済、林邑王各遣使貢方物」「六月、遣使拝百済王余句、為鎮東将軍領楽浪太守」とあり、三国史記二十四、百済本紀二、近肖古王二十七年(三七二)にも、おなじく入晋記事がある。

以下の入晋も、いずれも三国史記二十四、二十五の記事であり省略する。

(2) 宋書九十七 列伝五十七、夷蛮百済、義熙十二年(四一六)条、三国史記二十五 百済本紀三、腆支王条

(3) 宋書九十七 列伝五十七、夷蛮百済、文帝元嘉二年(四二五)条

(4) 三国史記二十五 百済本紀三、毗有王条にひきつづきみえる。

(5) 宋書六 本紀六、世祖孝武帝大明元年(四五七)条、宋書九十七 列伝五十七、夷蛮百済、世祖大明元年(四五

七)、大明二年（四五八）条

この記事はかなり画期的なものである。末松保和『任那興亡史』昭和二十四年一〇八〜九ページにあるように、臣下の軍号を中国の天子によって認められようとする企ては、倭国王が宋へ前後二回試みた実例があるだけで、高句麗にも新羅にも存在しない。

(6) 魏書百　列伝八十八、百済、孝文帝延興二年（四七二）条、三国史記二十五　百済本紀三、蓋鹵王十八年（四七二）条

(7) 三国史記二十五　百済本紀三、蓋鹵王二十一年（四七五）九月、文周王即位条

(8) 三国史記二十六　百済本紀四、文周王二年（四七六）三月条に、「遣使朝宋、高句麗塞路　不達而還」とある。

(9) 三国史記二十六　百済本紀四、東城王八年（四八六）条

(10) 南斉書五十八　列伝三十九、東夷百済、まず「行都督百済諸軍事鎮東大将軍百済王牟大（東城王）」を「百済王」とするとあるのにつづき、この即位の年、「魏虜又発騎数十万攻百済入其界、牟大遣将沙法名賛首流解礼昆木千那率衆襲撃虜軍大破之」とみえる。

(11) 南斉書五十八　列伝三十九、東夷百済、建元二年（四八〇）条、三国史記二十六　百済本紀四、東城王二十三年条所引冊府元亀

(12) 梁書五十四　列伝四十八、東夷百済、斉永明中（四八三〜九三）、三国史記二十六　百済本紀四、東城王二十三年条所引冊府元亀、南斉永明八年（四九〇）条

(13) 梁書五十四　列伝四十八、東夷百済、天監元年（五〇二）、普通二年（五二一）条、三国史記二十六　百済本紀四、武寧王十二年（五一二）四月、二十一年（五二一）十一月条

(14) 梁書五十四　列伝四十八、東夷百済、普通五年（五二四）条、三国史記二十六　百済本紀四、聖王十二年（五三四）三月条

(15) 三国史記二十六　百済本紀四、聖王十六年（五三八）春条

(16) 三国史記二十六　百済本紀四、聖王三十二年（五五四）七月条
(17) 軽部慈恩『百済美術』昭和二十一年 八二〜三・八六〜七・九三〜四ページなど
(18) 同　右一二四〜五ページ
(19) 岡崎敬「三世紀より七世紀の大陸における国際関係と日本」（『日本の考古学』四 昭和四十一年）に、また扶余近郊の軍守里、東南里廃寺などから出土する八弁の蓮花文の瓦当も、南京出土のものと同一形式であるとみえる。有光教一「三国時代の文化」（『世界考古学大系』東アジアⅢ 朝鮮文化の成立）にも、百済は、四七五年、熊津に都をうつしたが、この四七五〜五三八の首都時代と、つぎの泗沘時代の五三八〜六六〇の百済は、もっぱら中国の南朝と往来したから、遺跡・遺物に、その影響がはっきりとあらわれるとして、瓦当・塼の図様をあげられた。すでに、関野貞・石田茂作・斎藤忠諸氏により指摘されたところも同様である。
(20) 梁書五十四　列伝四十八、東夷百済、中大通六年（五三四）、大同七年（五四一）条
(21) 晋書十、帝紀十、安帝義熙九年（四一三）冬十二月、「是歳高句麗、倭国、及西南夷銅頭大師、並献方物」とあるのが初見である。
宋書九十七、列伝五十七、夷蛮倭に連続して遣使のことがみえる。志田不動麻呂『倭の女王』昭和三十一年 一三九〜六一ページ参照
(22) 末松保和『任那興亡史』昭和二十四年 九五〜六ページ
(23) この点は諸書に指摘されているが、最近の岡崎敬前掲論文においても、この期間の高句麗・百済の東晋外交も、おなじく政治的色彩のつよいもので、直接の経済的要求によるものではなかった。倭の南朝通交の要求は政治的なものであったが、画文帯神獣鏡・画像鏡・その他の鏡や、絹織・農蚕の技術がもたらされたことはありうるとされた。私は、工人・文物の組織的な輸入はありえないと考える。
(24) 末松保和前掲書、一〇〇ページ。また一〇五ページに、半世紀間つづいた日本の南朝通交の中絶も、百済の漢城失陥の結果として生じたとされている。

(25) 南斉書五十八　列伝三十九、東夷倭、建元元年（四七九）条
(26) 梁書五十四　列伝四十八、東夷倭、高祖即位（五〇二）条、同　武帝本紀、天監元年（五〇二）条
(27) この日系百済人と思われる三人については、それぞれ『日本古代人名辞典』（前掲）参照
(28) 南斉書五十八　列伝三十九、東夷加羅、建元元年（四七九）条
(29) 三品彰英「日本書紀所載の百済王暦」（『日本書紀研究』一　昭和三十九年）
(30) 三国史記二十五　百済本紀三、毗有王二年（四二八）春二月条
(31) 三国史記二十五　百済本紀三によれば、腆支王・久尓辛王・毗有王・蓋鹵王の順に即位しているが、毗有は久尓辛王の長子であり、蓋鹵王は毗有王の長子であると記している。
(32) 宋書九十七　列伝五十七、夷蛮百済、元嘉二年の進号記事につづいて、「(映) 其後毎歳遣使、奉献方物、七年、百済王余毗復修貢、以映爵号授之」とあり、また、「毗死子慶司立、世祖大明元年　遣使求除爵　詔許」とみえる。これによって、映（腆支）―毗（毗有）―慶（蓋鹵）の順に即位したこととなろう。
(33) 池内宏『日本上代史の一研究』昭和二十二年　二〇一～六ページ
(34) 三国史記二十五　百済本紀三、蓋鹵王二十一年（四七五）秋九月条
(35) 東国通鑑四　百済蓋鹵王二十一年（四七五）条
(36) 中田薫「木満致考」（『古代日韓交渉史断片考』昭和三十一年）
(37) 末松保和前掲書、九一ページ
(38) 坂上系図所引姓氏録第二十三巻　曰阿智王条
(39) 続日本紀　延暦四年六月十日条
(40) 関晃『帰化人』昭和三十一年　四〇ページ、島田重礼「百済所献千字文考」を引用しつつ、その論旨に賛同された。
(41) 池内宏前掲書、一八九ページに、応神紀二十八年、高句麗の朝貢使が、表文を上り、鉄盾と的を献上したとある記事も、広開土王前後の情勢を考えれば、到底ありうべきことではないと述べられた。

(42) 藪内清「飛鳥奈良時代の自然科学」(羽田亨編『飛鳥奈良時代の文化』昭和三十年)

(43) 政治要略廿五　年中行事、十一月、御暦奏

(44) 続日本紀　天平宝字七年八月十八日条

(45) 上田正昭「日本書紀に関する基礎的考察」(人文一一)

(46) 書紀割注に引用される所伝は、二三一項目ばかりあり、その書法は、「一書曰」「一書云」「一云」「一本云」「或本云」「或云」「旧本云」「別本云」「或所云」の九種にわかれる。

(47) 末松保和前掲書、二六六ページ

(48) 註(39)におなじ

(49) 続日本紀　宝亀三年四月二十日条

(50) 延喜式十一　太政官、「凡平野祭者、桓武天皇之後王(改姓為臣者亦同)及大江、和等氏人、並預見参」とある。

(51) 続日本紀　延暦九年十二月一日、同九年十二月三十日条、延暦九年正月十四日条にも出自についてみえる。

(52) 姓氏録　左京諸蕃下。姓氏録考証には、百済の武寧王の孫、聖明王の子が純陀太子で、高野新笠、すなわち和朝臣の祖であるとしている。

(53) 日本書紀　武烈七年四月条

(54) 続日本紀　延暦二年四月二十日条、同九年正月十五日条

(55) 註(51)におなじ

(56) 日本後紀　延暦二十三年四月二十七日条

(57) 日本後紀　延暦十八年二月二十一日和気清麻呂薨伝

(58) 延喜式　神祇一、四時祭上、平野神四座(今木神 古開神　久度神 相殿比売神)

(59) 続日本後紀　承和三年十一月五日条

(60) 同　　右　嘉祥元年七月二十五日条

(61) 文徳実録　仁寿元年十月十七日条
(62) 三代実録　貞観元年正月二十七日条
(63) 同　右　貞観元年七月十四日条
(64) 延喜式　神祇八、祝詞、平野祭条
(65) 続日本紀　延暦元年十一月十九日条に、「叙田村後宮今木大神従四位上」とある。
(66) 註(64)におなじ
(67) 以上に述べた和氏と今木神については、平野邦雄『和気清麻呂』昭和三十九年参照。なお、伴信友「蕃神考」(『伴信友全集』二)は、すでに古典ではあるが、好論文である。
(68)(69) 続日本紀　延暦九年七月十七日条
(70) 続日本紀　天平神護二年六月二十八日条
(71) 同　右　天平宝字二年四月二十八日条
(72)〜(76) 日本書紀　継体七年六月、継体十年九月、欽明十四年五月、欽明十五年二月、欽明八年四月条
(77) 註(20)におなじ
(78) 日本書紀　敏達六年十一月条
(79) 同　右　崇峻元年条
(80) 元興寺伽藍縁起幷流記資財帳(寧楽遺文上、三八三ページ)所引
(81) 百済大姓八族、その他については、今西竜「百済五方五部考」(『百済史研究』昭和九年)に、かなり詳しく述べられている。
(82)〜(84) これらの百済姓については、いずれも、註(27)とおなじ
(85) 日本書紀　孝徳即位前紀に、「高向史玄理」とあるが、大化二年九月および大化三年条には、「高向黒麻呂」とある。この間に変化が生じたものであろうか。

(86) 日本書紀　白雉五年七月、遣唐大使吉士長丹が、唐国の天子に対して、多くの文書・宝物を得たことを賞し、封二百戸と「呉」の姓を賜わったとある。かれも、最新の百済系帰化人と考えてよいであろう。

(87) 河村秀根『書紀集解』第十六本第二十五巻　孝徳天皇紀、白雉五年七月条

(88) 元亨釈書十七、扶桑略記所引法華験記　継体十六年二月条

(89) 滝川政次郎「律令禁物考」上・下（政経論叢一一―一・二）

第五編　子代と名代

第一章　学説の批判

古代の文献にあらわれる子代（コシロ）・御名代（ミナシロ）は、子代のばあいも、文献によっては、御子代・皇子代（ミコシロ）と記しているから、この点でとくに両者に差があるわけではない。よって、本論では、どちらも「御」の字を省いて、子代・名代と表記することとした。その理由は、またあとで述べるつもりである。

さて、子代・名代についての、これまでの見解は、それらはともに、皇族が領有するか、または天皇・宮廷の支配下にあって、天皇・皇族の名を負い、またはそれにゆかりのある名称を付せられ、主家に租税を貢納し、徭役を奉仕する民である。そして、おなじ宮廷の部民でも、いわゆる職業的部民とは異なり、宮廷に出仕したり、手工業製品を貢納したりはせず、もっぱら在地で村落生活をいとなむ農民であると考えてきたのである(1)。

しかし、子代や名代は、五世紀より七世紀にいたる長い期間に、いくたの段階をへて、多様な展開をとげたのであるから、このような定義だけでは、その実体は一向にあきらかにならないばかりか、もっとも肝要な、子代と名代の区別すら、学界においてはあきらかにされていないのが現状である。

この問題について、本論が必要とする三つの論文、すなわち津田左右吉・井上光貞・関晃三氏のそれからまずみてゆきたい。

津田左右吉氏(2)は、子代・名代について、比較的信頼できる大化二年の皇太子奏などを基準として出発される。すなわち、大化当時、子代は臣連伴造らの所有に帰してはいたが、むかしはやはり天皇が皇族のために設定し、しかも「入部」とあるとおり、租税を徴収するために置いた農民であった。つまり、子代とは、皇子のないための代償ではなく、現に存在する皇子のために、とくに設けた民という意味にほかならぬ。これらの諸条件をみたすものといえば、「壬生之民」しかない。つまり、壬生＝乳部は、いずれも美父（ミブ）で、皇子の出生により、天皇が養育料として設けたもので、普通名詞にすぎず、名代のように天皇や皇族の名と関係なく、たんに「壬生部」（部とよばれるまえは「壬生之民」）といわれた。要するに、子代は名と関係なく、したがって名代ではない。壬生部にほかならぬ。

これにたいし、名代は大化の当時における皇族の私有民で、王名をもってよばれていたのは事実であり、大化直前まで、ひきつづき設定されていたろう。しかし、『古事記』に、名代として設定記事のある武烈天皇以前のものは、子代としばしば混同され、子のないために置かれたとか、また子がないので、天皇や皇族の名を伝える必要があったとかいわれるが、実際は、子の有無に関係なく、またそこにいわれる名も、皇居や郷里の地名などが多く、名を伝える意味をほとんどもたないから、真実性はきわめて疑わしい。おそらくそれらは、『書紀』編纂の当時、たとえば天武紀に、名代の管理者にあたる伴造の家が列記されているが、おそらくかれらの支配下にあった部のうち、かつての皇居の所在地や、皇族の住所、郷里の地名にあたるらしいものをひろい出して、その天皇や皇族に付会したのにすぎぬ。名と関係ない「壬生部」を名代といったこと自体、すでにおかしいではないかとするのである。

また、舎人部・靫負部……などの部は、子代・名代が皇族の私有民＝「べ」であるのと異なり、朝廷に属し、朝廷に勤仕する件＝「トモ」を主とする。つまり、前者が、一定の居住地における私有民であるとすれば、後者は、朝廷のトネリらが、その出身地によって、それぞれ特殊な集団をなし、かれらを出す習慣のある地方の村落を、一団体として、「某部」とよんだものにほかならず、別物であるとする。

津田説をよく整理すると、このようになるであろう。このうち、子代に関する部分は明快であり、学説としてすぐれているとおもわれるが、名代の部分は、いささか難解である。また舎人部・靫負部……などをこれらから分離し、子代・名代とは別物であるとするのが特徴である。

さて、子代の定義は、津田説のとおりであるとおもわれるが、何を具体的に子代にあてるかには問題がある。大化の「子代入部」をのぞくと、「子代」の語は、『古事記』に二例しかなく、他は『旧事記』と『姓氏録』に、

「皇子代」が各一例あるのみであるが、津田説によると、これらは子代の実例とするに足りぬ。津田説のたてまえからすれば、武烈天皇以前に、名代とされたイザホワケの「壬生部」、タヂヒミヅハワケの「蝮部」、シラガノミコの「白髪部」……などが、皇子の養育料としての子代にあたるはずである。ここにいう「壬生部」は、推古天皇が太子のために設けたという「壬生部」に相当し、「蝮部」も、「湯沐」といわれ、おなじく名代の「八田部」も、「皇子代」といわれた例がある。しかし、津田説は、武烈以前の名代を認めない。よって大化前の子代の具体例を、津田説はもちえないことになるのである。

もちろん、武烈以前に、子代に后妃や皇子の名が一般に付されていたとは考えがたく、たしかに、「壬生之民」、「乳父」「湯坐」などとよばれていたであろうが、その後の一定の時期に、部に名を付してよぶ習慣が成立したからこそ、『古事記』は、これらの子代を名代と誤認したと考えることもでき、津田説にもかかわらず、武烈以前の蝮部（丹比部）・藤原部・白髪部・穴穂部（孔王部）……などの実在性は否定できまい。具体的な分布状況からみても、それらがけっして津田説のように、天武朝の同姓の管理氏族の私有民に付会したものだとは解せられないのである。それらは、やはり一定の時期に、一定の地方に、皇室によって設定された領有民と解するほかはないとおもう。またそれらが、ほとんど皇居や住居や郷里の名をもってよばれたとするのも誤認で、多くは后妃や皇子の名を冠している。とすれば、『古事記』が名代としているもののなかに、津田氏のいわれる子代、すなわち、その名にあたる后妃や皇子がかつて領有していた養育料としての壬生部があったのではないか。

つぎに、名代が子代、つまり壬生部と同一物でないのは当然であるが、津田氏は、舎人部・靫負部……などをも、これと区別される。しかし、また名代は、大化当時に、皇族の私有民であり、大化直前まで、ひきつづき設定されていたとされ、その反面、武烈以前の名代は否定されるのであるから、安閑よりあとを問題にするとすれば、この間に、「記・紀」ともに名代を設けたという記事はなく、存在するのは、屯倉と田部をのぞけば、舎人部・靫負部……の類のみであるから、これをさらにのぞけば、津田説の実体はなくなってしまうのである。

少なくとも津田説には、舎人部以下にたいする誤解がある。第一に、「某舎人部」または「某部舎人」とある、この「某」という名の部分、すなわち檜隈・金刺・勾……などは、トネリらの出身地名をさし、トネリらを出した地方村落の一団に、その地名を付してよんだとされるのはあたらない。この名こそ、トネリらの奉仕した宮号であり、あるいは、白髪・小泊瀬・丹比……などのばあいは、いかなる意味でも地名でなく、奉仕した天皇の名であるとみねばならぬ。であるから、津田説にもかかわらず、この部こそ、天皇・皇族の名を付した名代である可能性はのこされる。第二に、この部も、子代・名代とおなじ農民としての部であることだ。それらは、トネリ・ユゲヒなどの「トモ」自体ではなく、このトモの資養のために設けられた「ベ」であると解さねばならぬ。(3) この点でも、この種の部が名代である可能性はつよい。そして、関氏は、まさしくこの舎人部・靫負部……などをこそ、名代であるとされるのである。私説も同様である。

井上光貞氏(4)は、子代・名代はともに天皇や皇族の領有民で、一般に諸国の国造の民を割き取って設けられ、主家に貢納する農民＝「べ」であることに変りはないが、そのうち、部の管理者、つまり地方の国造が、その一族のものを宮廷に奉仕するトネリ・ユゲヒ・カシハデなどの官人＝「トモ」として、中央に差出す義務をもつばあい、これを名代のなかで、とくに子代とよんだ。なぜなら、前者は皇族の私有民で、皇族の名を付される故に名代であるが、後者は私有民でなく、宮廷に奉仕する豪族の一族をさすのであるから、子代と称すべく、この関係はそのまま、大化において、皇子らの私有する「御名入部」、かつて天皇の置いた「子代入部」という概念に通ずるとされるのである。

井上氏の部民研究の卓越さについては、いまさらふれる必要はないが、賢明にも、子代・名代の区分については、あまり多くふれず、いささか控え目な態度を堅持され、結論を保留しておられるようである。それにしても、井上説の弱点は、舎人部以下を逆に子代と規定したことである。もしそれらが宮廷に奉仕するトモであるならば、子代とよぶ意味がなく、また私有民ではありえないから、大化に廃止の対象になることはありえないであろう。そこで井上氏は、舎人部のうち、蝮部・白髪部などは皇子名を冠し、すでに皇子のときに設立されていたことを子代たる理由とされた。しかし、皇子のときの設立ではあっても、津田説のいう壬生部などではありえないのであるし、まして、皇子のときの設定でなく、宮廷においてはじめて設けられたものが多いのだから、いずれにしても子代説は成立しがたいとおもう。もちろん、この構想のうち、皇子のために設定された子代＝壬生部のうちには、皇子の即位後、宮廷において再編され、名代となり、舎人部・靫負部……などに分化したものがあると解される点があるとすれば興味ぶかい。井上説は、津田説を否定し、「某舎人部」……などの「某」は、天皇名や宮号を示すと指摘されたのであるから、これらこそ名代である可能性がつよく、しかも、この種の名代は、豪族の一族をもって構成されたのではなく、むしろその下の農民の部を主体としたことは、先に述べたとおりであるから、この点でも、子代を名代から分ける理由はない。むしろ、井上説での子代と名代の地位は逆にすべきだとおもう。

問題は、津田・井上両説が、大化の「御名入部」と「子代入部」を、そのまま「名代」と「子代」におきかえ、この区分を、連続的に五、六世紀までさかのぼらせるところに混乱が生ずるのであろう。この点で、大化のそれを、五、六世紀のそれとは異なる存在であると指摘されたのが関氏である。

関晃氏の最近の論文(5)は、あらゆる点で、これまでの学説に批判的である。順序に従ってみてゆくと、まず名代とは、関説によれば、天皇・皇族の名や宮号を付して、地方の各地に分散設置された農民で、仁徳天皇よりのちは、ほとんど天皇の代ごとに置かれたが、仁徳より雄略までの「某部」と、雄略より崇峻に及ぶ「某舎人部」……とは、性格にちがいはなく、前者のうちでも、たとえば允恭天皇の皇后オサカオホナカツヒメの名代「刑部」は、そののち、「刑部靫負」という人名を出しており、仁徳天皇の皇子タヂヒミヅハワケの名代「丹比部」も、そのうちに「丹比靫負」や「膳部」の別をふくんでいたらしい。おなじように、後者でも、白髪部舎人・膳夫・靫負は、「三種白髪部」とよばれ、まとめて「白髪部」と称されていたことがわかる。

したがって、名代とは、すべて宮廷に出仕するトネリ・カシハデ・ユゲヒなどの「トモ」の資養にあてる農民の「ベ」であり、天皇や后妃・皇子らの私的な財産とはいえず、またその子孫に相続されたものでもない。すなわち、前者は、一応后妃や皇子にあてられたものであるが、やはり宮廷内でのその地位にあてられたもので、宮廷全体の有に帰した。だから歴代の宮廷にうけつがれ、大伴・佐伯らの伴造氏族の管理のもとにおかれ、むしろこれらの氏と主従関係をむすんだ。特定の天皇・皇族の支配下におかれたわけではない。

このようにみると、六世紀末以後、あらたに設定された私部（キサキベ＝后妃の部民）・壬生部（ミブベ＝皇子の部民）も、本質的にはおなじである。キサキベは、后妃のうちで、とくに皇后の地位に属し、ミブベは、皇子のうちの大兄とよばれる皇位継承予定者の地位に付属した。このころ皇后・太子の地位が確定されたため、あらたに設けられたのであるが、その本質は、やはり宮廷に所属し、舎人部・靫負部……などに分化していたのであろうとされるのである。

さて、以上の関説であきらかになったのは、名代の性格である。すなわち、名代とは、舎人部・靫負部・膳部などをさすのであり、それらは、けっして特定の皇族の私有民でなく、宮廷に属し、歴代の天皇にうけつがれた。そして、名代とは、天皇の名を付する意味で、「記・紀」のいうように、やはり「御名を後世に残すためのもの」という観念があったのであろうとする点は、津田・井上両説とは大いにちがうところであり、「記・紀」の記事とよく合うことからも、信頼性ある所論といえよう。かつての私説ともほとんど一致するのである。(6)

しかし、関説が、雄略以前の「某部」と、雄略以後の「某舎人部」……などを同性格のものとし、さらに、敏達以後の「私部」「壬生部」をも、これと区別せず、すべてを名代として一括することには問題がのこる。私説では、この三者のあいだには、あきらかな発展があり、もっぱら后妃や皇子が領有したと記される「某部」と、天皇や宮廷に所属したとある「某舎人部」などを、史料の差を無視して同一に論ずるのはむつかしいとおもう。(7) これは「私部」「壬生部」についてもいいうる。いずれは後述するが、むしろ関説が、すべてを名代とせざるをえなかったのは、子代を通説に反して特殊な存在とし、上記の三者とは無縁のものとしたからである。

すなわち、関説によれば、大化にいたって、『書紀』は、はじめて「御名入部」「子代入部」の語を用いるが、前者はあきらかに皇子らの現に私有する部であり、個人の財産であるから、もと宮廷に属した名代とは別個のものをさす。おそらく、六世紀以後になって、現存する皇子のためにあてられた屯倉の田部をさすのではないか。後者も、かつて天皇が皇族の私有民として置いたゆえに、豪族の横領するところとなったので、これまた屯倉の田部をさすであろう。しかも、この二つをともに「入部」と称したのは、「イルベ」と訓まれ、特定のものに入れた部、すなわち生活の資として皇族にあてた部と解しうる。名代がすべて宮廷の管理下にあり、官人＝トモの資養にあてられた部であるのに比べれば、あきらかなちがいがあるとするのである。

関氏が、大化の「入部」を、五、六世紀の子代・名代と異なる段階のものとされたのは、すぐれた見解であるが、それに比べると、それまでの名代を、長期間あまりにも変化なく、同性格のものとされたことは不思議におもわれる。また、この反対に、段階が異なるとはいっても、大化の「入部」にも、「御名」「子代」の文字が依然使われていることは、これを五、六世紀の御名代・子代となんら脈絡のない、屯倉の田部と断定することを許しそうにもない。

この皇太子奏によると、「子代入部」は、かつて天皇が皇子らのために置いた「入部」という意味で、もはやその領有はとだえているが、これにたいし、「御名入部」は、現に皇子たちがみずからの名を付して領有している「入部」をさしている。そこには、あきらかな時代の旧新が対照されており、前者は、「子代」の文字を用いたことからしても、おもに雄略以前に、皇子のために置かれた子代としての壬生部を、後者は、「御名」とあって、名代とややずれがあるから、雄略以後設けられた宮廷の「舎人部」以下をさすのではなく、おそらく推古朝の壬生部の設定にみられるように、やはり一般の皇子のために、その王名を付した壬生部が設けられていたと考えうるであろう。この点では、やはりかつての子代・名代に通ずるものがあるのであり、しかも、「入部」の語でしめくくっているのは、「ニフベ」「ミブベ」と訓まれ、壬生部・乳部とおなじとするのが適当であると理解できよう。以上の諸点は改めて後述するが、いずれにしても、この二つを田部と理解することは到底できないとおもう。とくに「子代」についてはそうである。

しかし、関説の背後には、もう一つ、子代は名代と併列される存在ではありえないとする理解が横たわっている。すなわち、名代はすべて「御名代」(ミナシロ)で、けっして「名代」と略記されないのに、子代はそのまま

「子代」（コシロ）と記されるから、子代の「子」とは「御子」（ミコ＝皇子）ではありえない。よって、名代が「御名」、つまり天皇・后妃・皇子らの名の付される客体＝代（シロ）をさすのに、子代は「御子」、つまり皇子のための養育料＝代（シロ）をさすとはおもわれぬとするのである。

しかし、『古事記』はたしかに「御子」と「子」を厳格に分けて、皇子は必ず「御子」と書き、神や皇子の子は、たんに「子」と記しているが、むしろそれだからこそ、子代についても、イトシワケ王のばあいは、

因無子而、為子代、定伊登志部

とするのに、武烈天皇のばあいは、

無太子、故為御子代、定小長谷部

と書きわけたのである。そして、『古事記』に、「子代」と明記した例は、この二つしかない。皇子については、はっきり「御子代」と記したことがわかるであろう。このほかに、「子代」を明記した例は、『播磨風土記』に、越部里の郷名を、「皇子代里」とし、この三宅をたてた人物を、「皇子代君」としたとあるものと、『神皇本紀』に、八田部皇女に「皇子」のないため、「皇子代」を定めたとあるものとの二つしかないが、ここでもみな、「皇子代」（ミコシロ）と明記しているのである。

これが『日本書紀』になると、「御子」と「子」の区別はあきらかでなくなる。たとえば、武烈紀に、

伝国之機、立子為貴

と記し、清寧紀にも、

天皇恨無子

というように、子代を定めるばあいの記事にしても、「皇子」をたんに「子」と稱している。しかも、『古事記』は、清寧巻に、これを

天皇無皇后、亦無皇子〔ミコ〕

と記しているのだから、そのちがいは一層あきらかである。よって、『書紀』が、大化にいたって、はじめて「御名入部」「子代入部」の文字を用いたからといって、「御名」にたいして、一方の「子代」が、皇子（御子）のための料を意味しないという証拠にはならない。そればかりか、他史料の正確な表記法では、「御子代」「皇子代」、つまり皇子のための料の意味に解されているのである。そのうえ、子代には、皇子のそれでなく、皇子や王子の子の有するものもありえた。「御子代」とは限らないのであるから、これを包括して、「子代」とよぶことは差支えないであろう。用字法はあまりあてにならないとおもう。

以上、諸学説を通じていえることは、津田説は「子代」に妥当性があり、関説は「名代」にとるべき点があるということである。このほかにも、関係論文[8]はあるが、さしあたって本論に必要なもののみに触れて、つぎに自説を述べることとしたい。

第二章 「記・紀」の子代・名代の記事

第一節 応神紀以前の信憑性

名代・子代についての記事のうち、応神・仁徳紀以前は信ずるに足りないことは、一見あきらかで、それは帝紀の成立ともかかわりがあるのであろう。

武田祐吉氏[9]は、『書紀』より一層帝紀の原形にちかいとおもわれる『古事記』の歴代御記を分析して、帝紀の内容をなしていた主要な項目のうちに、子代・名代の設定の記事をかかげ、その記事は、后妃・皇子の説明部分に入っているばあいと、天皇の代の事蹟としてあげられているもの、すなわち天皇が后妃や皇子のために、みずから定めたとされているものの二つにわかれ、その間の変化が、実は応神・仁徳巻より生じていることを指摘された。それはともかくとして、子代・名代が帝紀に記されていたとすれば、六世紀の原帝紀は、応神天皇よりはじめられ、それ以前は七世紀以後、追加されたものと考えるのが一般であるから、子代・名代も、応神以前は信をおきがたいものとなるであろう。

まず、『古事記』からみてゆくと、垂仁巻に、次のようにみえる。

a、皇子ホムツワケが皇后サホビメから生まれたとき、皇后は兄サホビコの叛に坐して自経したが、そのとき皇子を天皇に托し、

取御母、定大湯坐若湯坐、宜日足奉

と願ったという。すなわち、あらたに皇子の母（または乳母）を定め、湯坐を設けて養育するということで、母と湯坐が一体として扱われたことがわかる。湯坐は、この後も壬生・乳部とおなじものと観念されていた。

b、このホムツワケ皇子が成人すると、物いわぬことがあきらかとなり、そのため天皇は皇子を出雲大神のもとにつかわしたが、その途中、

毎到坐地、定品遅部

とあって、ホムツワケのため、諸国にホムチベを設定したことが述べられる。

これにつづいて、

c、皇子がはじめて物をいいえたので、天皇はよろこび、出雲の神宮を造らせ、また

因其御子、定鳥取部、鳥甘部、品遅部、大湯坐、若湯坐

とあって、ここでも、ホムチベとユヱがならび置かれたことが繰り返される。したがって、ホムチベは、皇子の養育料たるユヱ＝ミブのうえに、さらに設けられたコシロ（またはナシロ）と観念されていたことになる。

d、おなじ垂仁天皇のとき、これとは別に、イトシワケ王のため、

因無子而、為子代、定伊登志部

ともあり、イトシワケのコシロとして、イトシベが設けられたという。これは、a〜cのように、現存する皇子のためのものでなく、現存しない皇子に代わるべきものとして、コシロが設けられたことを主張しているのである。

このように、『古事記』の記事では、おなじ皇子のための「ベ」でありながら、現存する皇子の養育料としてのユヱ＝ミブ、成人後の資養料としてのホムチベ＝コシロ、現存しない皇子に代わる記念碑ともいうべきイトシベ＝コシロ（ナシロ）などが混在する。

しかるに、『書紀』をみると、イトシベは記されず、ユヱも別置されず、ホムチベだけで記事がまとめられ、その整合化が一段とすすんだことを示している。しかし、また他方では、景行天皇の皇子ヤマトタケノミコトが死ぬと、

因録功名、即定武部

とあり、皇子の死後、その名を記念して設けられたというあらたな「ベ」＝コシロ（ナシロ）が加えられた。

要するに、応神朝以前のこのような記事の多様性は、それ自体、この部分の帝紀の成立した七世紀、あるいは「記・紀」の編纂された天武朝ごろの、子代・名代についての観念の混乱を反映するものと認められる。

このほかにも、垂仁巻に、天皇が鳥取河上宮にあるとき、「河上部」を定めたとあるのは、後代の宮号を付した「某舎人部」などの、いわゆるナシロを摸したものであろうし、また、景行巻や景行紀に、天皇が「膳大伴部」や「靫部」を定めたとあるのも、後代のナシロを摸したものである。しかも、膳部は上総に、靫負部は甲斐においたとあるのであるから、六世紀におけるナシロが、ほとんど東国に置かれた事実を前提にしているわけである。

ともかく、「記・紀」にいう子代・名代の諸類型は、ここに出揃っているといえる。いわば、その原型をみるおもいがする。しかも、そのすべてが皇子のために設けられたとあるのは、皇子のユエ＝ミブが、この種の「べ」の原型であると観念されていたからであろう。ここに、雄略朝以前＝五世紀末までの記事との共通性がある。すなわち、後述するように、雄略朝以前においては、后妃と皇子のために設けられた子代がすべてであるといってよいのである。

第二節　応神・仁徳紀以後の実例

応神・仁徳朝以後の子代・名代の記事が、原則として原帝紀にのせられていたとすれば、「記・紀」の編纂時の修飾を除けば、その実在性について、かなり信ぜられる時代に入ったことを意味する。(10)つぎに掲げる子代・名代の一覧表（第八表）をみると、「記・紀」ともに、その記事をのせているのは、応神より雄略（または清寧）までの七代（または八代）で、『古事記』の方が詳しいが、基本的にはまったく記事の性質はおなじである。もちろん、『古事記』が、それらすべてに「御名代」という語を用いているのに、『書紀』が一切この語をさけているのは、『書紀』は大化にいたって、はじめて「子代入部」「御名入部」の語を用いるのであるから、この二つの「入部」の概念と、「名代」のそれとの混同を、意識的にみずから避けようとしたのかも知れぬ。すなわち、大化の「入部」と、五、六世紀の「名代」とは、その内容に差のあることを、『書紀』みずからが指摘していることになるであろう。

第八表　子代・名代一覧

	書紀	古事記	その他（風土記・続紀・古文書・姓氏録など）
垂仁	誉津部（誉津別皇子）	伊登志部（皇子伊登志和気王子代） 大湯坐・若湯坐（皇子本牟智和気） 品遅部・大湯坐・若湯坐（皇子本牟智和気）	
景行	膳夫・膳部 武部（皇子倭武尊）	膳大伴部・膳夫	健部（皇子倭健命）
仁徳	壬生部（皇子大兄去来穂別） 葛城部（皇后磐之媛）	壬生部（太子伊邪本和気命＝履中御名代） 葛城部（大后石之日売命御名代） 蝮部（皇子蝮之水歯別命＝反正御名代） 大日下部（皇子大日下王御名代）	丹治比部（皇子多治比瑞歯別命湯沐邑） 矢田部（皇后八田皇女皇子代）

		若日下部(皇子若日下部王御名代) 八田部(妃八田若郎女御名代)	
履中		伊波礼部(天皇・伊波礼若桜宮)	
允恭	刑部(皇后忍坂大中姫) 藤原部(皇后母弟衣通郎姫・藤原宮)	刑部(大后忍坂之大中津比売命御名代) 軽部(太子木梨之軽太子御名代) 河部(大后弟田井中比売御名代)	
反正			蝮部多治比部・丹比部(天皇・河内丹比柴籬宮)
安康			孔王部(天皇・穴穂皇子)
雄略	河上舎人部(天皇・吉野河上小野宮カ) 大草香部日下部(皇后草香幡梭皇女封民) 穴穂部(皇兄穴穂皇子＝安康)	白髪部(皇太子白髪命＝清寧御名代) 長谷部舎人(天皇・泊瀬朝倉宮) 河瀬舎人	
清寧	白髪部舎人 白髪部膳夫 白髪部靫負(天皇・白髪武広国押稚日本根子命)	白髪部(天皇・白髪大倭根子命御名代)	
仁賢	石上部舎人(天皇・石上広高宮)		
武烈	小泊瀬舎人(天皇・小泊瀬稚鷦鷯代号)	小長谷部(天皇・小長谷若雀命御子代)	
継体	匝布屯倉(太子妃春日皇女表妃名)		
安閑	屯倉之地＝上御野・下御野・上桑原・下桑原(皇后春日山田皇女)		播磨越部三宅(皇子代里)

	小墾田屯倉・毎国田部(妃紗手媛) 桜井屯倉・毎国田部(妃香々有媛朕名絶) 難波屯倉・毎郡钁丁(妃宅媛) 勾舎人部・勾靫部(天皇・勾金橋宮)		
宣化			檜隈舎人部(天皇・檜隈廬入野宮)
欽明			金刺舎人部(天皇・磯城島金刺宮)
敏達	日祀部 私部(皇后)		他田部 他田舎人部 他田日奉部(天皇・訳語田幸玉宮)
崇峻			倉椅部(天皇・倉梯柴垣宮)
推古	壬生部(皇太子)		

さて、第八表にあらわれた時代的な特徴をみると、まず、「記・紀」ともに、応神〜雄略間に設けられた部は、すべて天皇が現存する后妃や皇子のために設定したもので、ほとんど例外はない。少なくともそう表現されているところに最大の特徴があり、よって、この期間の部を、A群と名づけることができる。

ところが、このあと、清寧〜推古間の一〇代は、『古事記』にほとんど記事がなく、『書紀』にのみ記録があり、おそらく帝紀以外の材料から構成したのではないかと思われるが、『書紀』はここでも、「子代」「名代」の語は用いていない。そして、その内容には、それ以前のものといちじるしいちがいがある。すなわち、この期間の部は、現存する后妃や皇子のために設けられたものでなく、后妃や皇子の有無にかかわりなく、あるばあいは、あきらかにそれらが存在しないにもかかわらず、天皇や宮廷のもとに組織されたものであり、それらをB群と名づけることができる。

いま、A群・B群を第八表より抽出して、整理してみると、つぎのようになる。

〔A群〕

仁徳　カツラギベ（皇后カツラギノソツビコの女イハノヒメ）
　ミブベ（太子イザホワケノミコト）
　タヂヒベ（皇子タヂヒノミヅハワケノミコト）
　オホクサカベ（皇子オホクサカノミコ）
　ワカクサカベ（皇女ワカクサカベノミコ）
　ヤタベ（妃ヤタノワキイラツメ）

允恭　オサカベ（皇后オサカノオホナカツヒメ）
　カハベ（皇后弟タキノナカツヒメ）
　フジハラベ（皇后弟ソトホリノイラツメ）
　カルベ（太子キナシカルノミコ）
　クサカベ（皇后クサカハタヒメノミコ）

雄略　アナホベ（皇兄アナホノミコ）

　　　シラガベ（太子シラガノミコ）

〔B群〕

雄略　カハカミノトネリベ（天皇ヨシノカハカミ宮）

　　　ハツセベノトネリ（天皇ハツセノアサクラ宮）

　　　カハセノトネリ（天皇某宮）

清寧　シラガベノトネリ・カシハデ・ユゲヒ（天皇シラガノオホヤマトネコノミコト）

仁賢　イソノカミベノトネリ（天皇イソノカミノヒロタカ宮）

武烈　ヲハツセノトネリ（天皇ヲハツセノワカサザギノミコト）

安閑　マガリノトネリベ・ユゲヒベ（天皇マガリノカナハシ宮）

宣化　ヒノクマノトネリベ（天皇ヒノクマノイホリヌ宮）

欽明　カナサシノトネリベ（天皇シキシマノカナサシ宮）

敏達　ヲサダノトネリベ・ヒマツリベ（天皇ヲサダノサキタマ宮）

崇峻　クラハシベ（天皇クラハシノシバガキ宮）

右のうち、A群はすべて「某部」で、后妃や皇子の「名」と「部」字からなりたっているのに、B群はすべて

「某舎人部」「某靫負部」などで、天皇の「宮号」または「名」と「部」の字よりなりたっている。そして、A群は后妃や皇子が領有し、B群は天皇や宮廷に所属するとみられる。ただ問題は、一応このような明白な区別がみられるにもかかわらず、その呼称法のなかに、B群においても、トネリ・ユゲヒ・カシハデなどを、総括して「某部」とよぶことがあり、たとえば継体紀に、白髪部舎人・靫負・膳部とあるのを、「三種白髪部」とよび(11)、『古事記』武烈巻に、小泊瀬舎人を「小長谷部」と称した例がある。また逆に、A群においても、刑部について、敏達紀に、「火葦北国造刑部靫部」の名があり(12)、蝮部（丹比部）についても、天武紀に、「手繦丹比連」「靫丹比連」という氏の名があり(13)、これがそのまま『姓氏録』の「襷多治比宿禰」「靫負多治比宿禰」の説話につらなっており(14)、八世紀には、「丹比靫負宿禰」という氏が実在していた(15)。だから、A群も、もとからトネリ・ユゲヒ・カシハデなどに分かれており、B群も、総括して「某部」とよんでいたのではないかといわれるのである。もしそうならば、A・B両群の本質的な区別はないことになる。

しかし、はたしてそれで、「記・紀」にあらわれたA・B両群の明白な対照性を解消できるであろうか。少したち入って、この両群の性格を考えてみねばならぬ。

第三章　子代と名代の性格および相違点

第一節　A群——子代を中心に

A群の后妃や皇子の領有する「某部」は、すでにトネリ・ユゲヒ・カシハデなどに分化していたであろうか。とくに后妃のいわば後宮に、トネリ・ユゲヒが所属しえたか。B群をみると、後宮に属するものとして、「采女部」が一例認められる。そして、「舎人部」「靫負部」はまったく認められないのである。この逆に、天皇・宮廷に属するものとしては、「舎人部」「靫負部」など、三種の部のみが存在し、「采女部」はまったく存在しない。これは当然のことであり、令の職員令・後宮職員令にてらしても、一目瞭然ということができる。つまり、令では、氏女・采女の貢進は、後宮職員令に規定され、女孺・采女は後宮の職員なのである。これにたいし、舎人・膳部は朝廷の職員であった。

ところで、大化前の唯一例である安閑紀の「春日部采女」とは、贖罪のため、伊勢の湯人イホキベノキコユが、皇后に「采女丁」を献上したのにはじまるという。この「采女丁」は、『書紀集解』[16]のいうように、采女の従丁・

従女の類をさし、いわば仕丁や厮丁にあたるであろう。つまり、伊勢にあった湯坐＝ユヱから、従丁（仕丁）を献じ、その資養をも負担したため、この集団を釆女部と称したものとおもわれる。この点は第二編において、すでに述べた。大化においても、郡司の子女を釆女とし、これにたいし、一〇〇戸の養戸が釆女の資養物＝庸米を負担したが、このときの従女二人、従丁一人もおそらくこの一〇〇戸から出させたのではないか。ともあれ、「釆女部」はこの「養戸」に相当する。

このように、后妃の「釆女部」が、釆女の従丁・従女とその資養物を負担したのであれば、皇子の「壬生部」＝ユヱが、仕丁とその資養物を負担したことも十分予想される。そのため、大化においても、皇子らの「入部及所封民」が仕丁を貢進することを認められたのであろう。大化の仕丁制もまた、一里五〇戸（編戸数自体はあきらかでない）から仕丁と厮丁を貢進し、その養物をも同時に負担させる規定であった。これらがのちの封戸による仕丁と資養物の貢進制につらなることはあきらかである。

ともあれ、大化前の后妃や皇子の領有民から、釆女＝ウネメ、仕丁＝シチヤウを貢進し、同時にこれを資養するという制度は一般に認められるが、おなじ領有民から靫負＝ユゲヒや舎人＝トネリが貢進されたという痕跡はまったくない。

つぎに、このような釆女部や壬生部（入部）に比べて、宮廷に属する舎人部・靫負部などはかなり性格を異にする。舎人部以下の名代が、トネリ・ユゲヒの従丁（厮丁）とその資養物を貢進したという記載はなく、また、トネリ・ユゲヒなどの「トモ」自体の資養は「べ」が行なったとしても、その「べ」が同時にトネリ・ユゲヒなどの「トモ」を貢進したわけではないことである すでに、ここでは、采女部・壬生部のように、「トモ」と「べ」の一体性は失われているといってよい。大化以後の舎人・兵衛が、独立の官人＝トモで、番上官としての俸禄を給されるのみで、厮丁や養戸との関係がすでに失われてしまっているのもおなじである。大化前においても、舎人はすでに独立の「トモ」であり、原則として、特定の養戸との関係はなかった。つまり、舎人部は、みずから貢進する特定の「トモ」を資養したわけではないといえるのである。

ここに、后妃や皇子の領有する采女部・壬生部と、宮廷に直属する舎人部・靫負部・膳部とのちがいがあきらかとなる。後者はすでに財務行政的な性格のものに転化してしまっていたといいうるのではないか。

このように、五世紀におけるA群の后妃や皇子の私領民が、B群の舎人部や靫負部と本来無縁のものであったということは、おなじく六世紀末に設定される皇后や太子の私部や壬生部についても妥当する。敏達紀の「詔置日祀部、私部」という記事[17]や、推古紀の「定壬生部」とある記事[18]についてのこれまでの定説は、日祀部は、このころ天皇の伊勢奉幣と宮廷内の日神奉仕のための祭官が成立し、その料物を供給するために設定されたものとするか、または伊勢斎宮のため、宮廷のもとに設けられた料民であるかのいずれかであるとする。[19]私部は、宮廷内において、后妃のうちの皇后の地位が確立したため、その地位に付属して設けられた料民であり、壬生部は、おなじく宮廷内での皇太子の地位の確立に伴い、それに付属する料民として設定されたものという。[20]いずれも、宮廷の財産として、歴代に伝領されたといわれるのである。

ところが、この天皇や宮廷に直属する「日祀部」には、他田日奉部・日奉舎人部（敏達天皇のヲサタノサキタマ宮）・財日奉部（皇極天皇の名タカラノミコ）などの分化が認められ[21]、やはり宮号か天皇名を冠し、某舎人部などが存在するのに、皇后や太子の地位に付属する「私部」「壬生部」には、そのような名称のものもなければ、舎人部・靫負部などの分化も認められない。われわれは、「私部靫負」とか、「壬生舎人部」などといった例をまったくきかないのである。つまり、前者はB群に、後者はA群に比定されるであろう。むしろ、後者の私部・壬生部こそ、A群の子代の発展ないし復活したものとみなすのが妥当である。

もし、A群の子代に、七世紀以後、舎人部・靫負部などの分化が認められるとすれば、それは、后妃や皇子の死後、または即位後、その領有形態に変化が生じ、宮廷に付属することによって、B群の名代に準ずる存在に変化したものとみなすほかはない。井上説の一部[22]に、すでにこの考え方があらわれているが、この点についてはさらに後述する。

さて、A・B両群のちがいについてさらにいえば、A群が私領民であったということは、それが皇子と、皇子を養育する母方の氏族の管理下におかれたのではないかということだ。おなじ性格の「私部」や「壬生部」が、皇后や太子の地位に付属する財産として、宮廷において管理されたのをみれば、「私部」「壬生部」は、A群の発展形態であるとしても、性格的にはよりあたらしく、B群をつぐものであることを示し、この点、A群の古い性格が一層あざやかに知られるであろう。

たとえば、『古事記』に、ホムツワケ皇子の生まれるにのぞんで、「取御母、定大湯坐、若湯坐、宜日足奉」とあるのは、特定の氏族が後宮に女性を納れ、または乳母を貢すると同時に、養育料としての湯坐＝ユヱをも定め、皇子を養育することをさすのではないか。少なくとも、そのような事実の観念的表白であることはまちがいない。また、『天孫本紀』によると、応神天皇の代、ヲツナネノミコトは大臣として供奉し、尾治連を賜わったが、その姪三人を天皇に納れ、一三人の皇子を生ませた。天皇は詔して、「汝自腹所産十三皇子等、汝率養日足奉耶」といったところ、連はよろこび、自分の子女二人を「壬生部」にあてた。この「民部」の子孫は、いま伊予国に住んでいるとみえる。この説話も、母系の氏族が、その女の腹に生まれた皇子の養育をひきうけ、「壬生部」を設定し、資養にあてたことを示している。

比較的あきらかな例でいえば、天武天皇の殯宮において、大海宿禰が「壬生事」を誄しているのは、大海宿禰が天武天皇＝大海人皇子の乳母の家がらであるためとおもわれ、直木孝次郎氏(23)は、天武天皇の皇子女のうち、高市・磯城・十市など、大和六県の名を負うものが多いのは、大和の県主家の女性を乳母としたためであろうとし、それは、後宮に女性を納れ、皇子女を養育した五、六世紀の遺制であると推定された。大海宿禰も、この母系の氏族として、湯坐＝壬生を管理する風習により、天皇の死後、誄の儀礼を行なったものであろう。もちろん、それは儀礼であるかぎり、すでに一つの遺制であったとおもう。皇子が乳母の氏族名を継承することが多いのは、乳母もまた母族から出で、したがって母につぐ声望を子にたいしてもち、守り人として、子を養育する責務をもったからであろう。(24)

もう一つ例をあげると、推古紀に、蘇我馬子が天皇に請うて、

　葛城県者元臣之本居地也、故因其県為姓名、

の理由によって、この県を蘇我氏の「封県」に賜わりたいと願っているのは、天皇がこの願いにたいし、

　朕則自蘇我出之、大臣亦為朕舅也、

と答えたこととふかいかかわりがあり、推古天皇の母が稲目の女堅塩媛であって、天皇もまた堅塩媛の葛城家に養育されたことが決定的な要素となっているのであろう。「朕は蘇我氏より出づ」と強調されるのは、母族たる蘇我氏の推古にたいする支援の大きさを示すものであろう。すなわち、葛城の地は、おそらくかつての湯坐の地であり、壬生部が定められて、蘇我氏がこれを管理していたのではないか。このような背景があって、はじめて「臣の本居＝ウブスナ」ということが強調されえたのである。天皇の皇女であった期間中、葛城の地はむしろ蘇我氏の領有を公認されていたものとおもわれる。そうでなければ、このような唐突な要求は理解できないのではないか。

高群逸枝氏(25)によれば、特定の氏族の女が后妃になると、その后妃はなお自己の氏族から断絶されず、氏后として氏祭を司り、氏第を本拠とし、子生み、子育てをした。したがって、皇子女は母系の氏の名を負い、たとえば、

用明天皇の裔当麻真人や敏達天皇の裔春日真人の名も、母族の当麻氏や春日氏をうけたもので、皇子は母系に奉ぜられ、そこに起居したため、この現象があらわれたのであるとされた。また豪族においても、物部氏の族長尾輿が、弓削氏の女阿佐姫を妻問うて、守屋を生んだとき、守屋は母族弓削氏に成人し、その財産に依拠したので、弓削守屋を称したが、族長を相続して物部守屋ともいった。しかし、相続後も母族を動かず、のち蘇我氏と争って亡びたときも、河内弓削・渋河を本拠として戦い、その地にあった奴と田宅を没して四天王寺のものとされ、おなじく弓削付近に散在した田一万頃をも没収されたのであると述べられた。

このような見方は、細部にはまだ検証すべき点が多いが、湯坐や壬生を把える観点としては十分考慮せねばならぬとおもう。

少しさかのぼって、子代の実例に即してみてみよう。允恭紀に、「是日、為皇后、定刑部」[26]とあり、オサカノオホナカツヒメの立后とともに、オサカベを子代と定めたことを記し、それについで、所生の皇子女名を列記しているのは、このあとに、「初皇后、随母在家、独遊苑中」とあるだけに、おなじく、母家における皇子女の養育と、そのための子代＝壬生部の設定をおもわせる。ともかく刑部は、立后と皇子女の養育にかかわるものであることはまちがいないであろう。仁徳紀の「為皇后、定葛城部」という記事[27]も、葛城とは仁徳后イハノヒメの出身の氏族名であり、その本拠地の名でもあるから、少なくとも、葛城部が母家にあてられたものであることはいえるであろう。葛城氏の管理下におかれたものとおもわれる。ついで、妃ソトホリイラツメにあてられた藤原部にしても、藤原宮という妃の住居に付属したものであり、妃ヤタノワカイラツメのものという八田部にしても、「皇子代」とあるように、いずれも母家における皇子女の養育料という意味をもったのであろう。あるいは、大和国添下郡矢田郷という地名に由来する矢田氏の管理下におかれた部ともおもわれる。

さらに、先に述べた春日部であるが、これはB群に属するものの、后妃の領有する釆女部であり、しかも、湯人＝ユヱの献上したものという点において、B群ともちがう性格をもっている。このばあい、カスガベは、さしあたって、安閑天皇の皇后カスガヤマダノミコの名代であるため、その名があるといえるが、この皇女は春日氏の出身であるから、五世紀にこの氏から多くの后妃を後宮に納れていることをおもえば、カスガベも、ただ皇女一人の領有でなく、高群氏のいわれるように(28)、それ以前から、春日氏出身の后妃に付属する財産であったかも知れぬ。たとえば、仁賢皇后のカスガノオホイラツメも、当然カスガベをあてられていたろう。とすれば、代々の天皇の母系氏族として、大和国添上郡春日郷の地名もあるとおり、添上・添下一円に居住していた春日氏の管理のもとに、このカスガベが置かれた可能性はきわめてつよいといわれよう(29)。したがって、安閑后に湯人＝ユヱの献上したというカスガベは、さらにこれに加えたもの、あるいは、五世紀に存在した「子代」としてのカスガベに、六世紀以後に分化した「釆女部」、すなわち「名代」としてのカスガベを加えたものとみられる。この部についても、さらに後述する。

もちろん、A群にも多くの問題がある。この段階で、皇后や皇太子の地位は確立されたとおもわれぬのに、A

群の子代は、すべてが皇后や皇太子の地位に付属して設定したもののごとく記され、そのうえ、皇后と皇太子の部が併存することである。少なくとも、このような点は、六世紀以後、皇后や太子のため設けられた「私部」や「壬生部」がつよく反映しており、その立場からの記事の選択が行われていることはあきらかであろう。しかし、また、これを逆にみると、六世紀末以後の皇后や太子の領有する部と同性格のものとみなされていたから、そのような選択がおこったのであり、いわばA群の「子代」は、「私部」や「壬生部」の原初的な形態であるとみてよいであろう。

さて、后妃・皇子の部の併存であるが、たとえば、允恭后の「刑部」とともに、その所生の太子にも「軽部」があり、仁徳后の「葛城部」とともに、その太子に「壬生部」、または「蝮部」(丹比部)があるといったぐあいである。このばあい、皇子の壬生部はもちろんユエであり、丹比部にしても、皇子ミヅハワケが淡路宮に生まれたとき、御湯瓮で産湯を使ったとあり、そのあとで、「定丹比部於諸国、為皇子湯沐邑」(30)とあるとおり、皇子のユヱとして定められたのである。とすれば、上に述べたこととあわせて、后妃の部も、皇子の部も、ともに皇子自体の養育料として、母家にあてられたことになるであろう。むしろ五世紀における子代は、原初的形態のものとして、后妃・皇子の部が未分化のまま結合していたとみてよいのではないか。それをはっきり分離し、しかも、皇后と皇太子の地位に付属するかに記したのは、後補の観念であるとおもう。この辺のことは、さらに分析を要するとはおもうが、ともかく、A群のなかには、当然個々には付会されたものがあり、逆に記載にもれたものもあったであろう。この点は、津田説を認めねばならぬが、総体として、壬生部＝ユヱの性格を疑うことはできぬ。

第二節　B群――名代を中心に

つぎに、B群を中心に考察しよう。もともと、トネリ・ユゲヒ・カシハデなどの「トモ」が、宮廷政治のうえで分化成立するのは、いわゆる百八十部＝モモヤソノトモの形成された時期であり、その一々をみると、ほとんど雄略朝、すなわち五世紀末に成立したことは、第二編に論証したところである。さいきん、門脇禎二氏[31]も、ウネメ制の成立を、「五世紀の後半、雄略」朝において所論を展開された。とすれば、このような「トモ」制の確立に伴って、宮廷の諸費用を分担するものとして、諸種の「べ」が設定されたものとするほかはない。そのばあいの「べ」は、車持部が「天子之百姓」といわれ、秦部や漢部が国郡に安置され、「戸籍」に編貫され、「調庸」を貢納したとされるように、いわば公民的存在で、主家はその管理を行なったにすぎぬことは、すでに述べたところであるが、舎人部・靫負部・膳部などの「べ」が、それぞれ「トモ」としてのトネリ・ユゲヒ・カシハデなどの資養にあてるため設けられたのも同時であり、またその性格をひとしくするものとみねばならぬ。かれらは、けっして天皇・后妃・皇子らの私有民でなく、宮廷に直属する。第八表をみても、その成立時期は、まさに雄略朝であり、五世紀末に相当する。そして、A群の子代が、葛城・春日・矢田・丹比など、后妃を出す天皇の母系氏族の領有下におかれたとおもわれるのに、これらB群の名代は、関氏のいわれるとおり、(32)個々の天皇や皇族に属せず、宮廷に属し、したがって、トモノミヤツコとしての大伴・佐伯など諸氏に管理され、それらを主家と仰いだのである。

とともに、本論では第一編に、氏の名の成立そのものが、五世紀末以後、上記の百八十部に表徴されるトモノミヤツコ—トモ—ベ制に即応する政治体制として成立したもので、五世紀以前の葛城・春日などの氏の段階には認められないことを指摘した。つまり、氏は、大伴・物部・中臣・忌部などの「負名氏」として成立したのであり、葛城・春日・和珥などの地名を負う氏の名も、この段階にいたって成立したとおもわれる。とすれば、主家の氏の名を付する民部や、宮号や王名を冠する名代が成立したのはこの期をおいてなく、氏の名の成立する以前、すなわち、A群の子代の段階においては、名代を認めることは困難であることになる。まさに名代の発生は、B群と同時であろう。

大化二年、「始王之名々、臣連伴造国造、分其品部、別彼名々」とある記事からすれば、王の名と臣連伴造の名を部に付することが同時に扱われ、このほかにも、「王名」「王者之号」と、「祖名」「祖子之名」を部に付することを、対照的に扱った記事もある。要するに、天皇・皇族の名と、豪族の氏の名を部に付してよぶ風習は、同時に発生したものであろう。このような風習の発生したのち、かつて后妃や皇子の領有したA群の子代にも名を付することがはじめられ、名代と解されるようにもなった。本来は、天皇・宮廷に属するB群の名代こそ、真の名代であった。A群のものは、津田氏のいわれるように(33)、たんに「壬生之民」「湯坐」などとよばれたにすぎまい。したがって、上述したように、后妃・皇子の所有に分化せず、その母系氏族の管理下にあったものであろう。

さらにいえば、名代の「舎人部」「靫負部」……などは、その成立の当初から、「部」の字が付されていたはずである。これがたんに、「舎人」「靫負」……だけであったのなら、「トモ」と「べ」の区別はつかない。いうならば、名代は、トモノミヤツコ—トモ—べ制の成立に対応しており、「部」を固有の属性とした。しかるに子代の「壬生」「湯坐」は、「ミブ」「ユヱ」と訓まれ、おそらく「部」の字はつけられていなかった。津田氏は、もと「壬生之民」といわれたにすぎまいとされる。これが「壬生部」「入部」のごとく称されるようになるのは、B群と同時であり、ことに大化の「入部」のごときは、「部」の字を除けばまったく意味をなさないのである。

このような対応関係は、豪族の私有民についてもいいうる。もと、豪族の私有民は、カキとかカキノタミとよばれ、これが「部曲」の文字であらわされたが、一方では「民部」と記され、とくに「品部」とも称されるようになった。しかるに、「品部」とは、「シナべ」「シナジナノトモ」と訓ずるほかなく、このばあいも、「部」の字を除けばまったく意味をなさないのである。「入部」とか「品部」は、部民制成立後につくられた用語であるとすべきであり、名代の成立は、このような部民制の形成とのひろい相関関係のなかでとらえねばならぬ。いわば、ミブ・ユヱや、カキの民は、部民制形成以前からの存在とみることができよう。

第四章　皇室領有民制の展開

第一節　子代から名代への発展

これまで、主としてA・B両群の性格のちがいを述べたので、つぎに、A群がいかにしてB群に移行できるか、両者の関係について考えてみたい。「記・紀」の記事をよくみると、次のように推定できる。

a、雄略天皇が皇太子シラガ太子のために、シラガベを定めたとしながら、その太子が即位して清寧天皇となると、ふたたびシラガベを設けたという記事があり、『書紀』は、この後の方を、トネリ・カシハデ・ユゲヒの三種の部にわけている。これは継体紀にもくりかえし確認される記事である。つまり、前者は、現存する太子のために、天皇が設けた子代=壬生部と考えられるのに、後者は、その太子が即位したのち、宮廷に設定された名代と考えられ、しかもその設定理由として、天皇に皇后と皇子がなかったため、記念碑的に設けられたものとあり、まったく皇子の資養とは関係ないものであったことがわかる。それは壬生部ではありえない。このような対照的な性格の記事は、同一物を誤って二つにわけて伝えたものとは考えられない。このように、名代のうちで、宮号を負うのでなく、天皇の名を負うものがあるのは、その天皇の宮廷において新設されたものでなく、皇太子の時代からひきつづき伝領したものを、即位後再編したものとも考えられよう。

あたかも、天武天皇が大海人皇子のときに領有していた壬生部が、天皇の崩後も、殯宮において、大海宿禰によって誄されているのは、領有関係が天皇の即位後もひきつづいていたことを示し、壬生の誄について、大舎人・兵衛・内命婦・膳部の誄が行われたのは、トネリ・ユゲヒ・ウネメ・カシハデなどの即位後設けられた「トモ」よりまえに、より本源的なものとして、ミブ・ユエの置かれていたことを示すのである。子代が名代に先行することにもなるであろうし、ミブが天皇によってひきつがれ、内廷の「トモ」の資養料として拡大再編されることも、十分推定できるであろう。

b、すでに述べたように、春日氏は、五世紀より六世紀にかけ、多くの天皇に后妃を出し、その后妃のために母家において春日部を設定管理していたと考えられるが、いま必要な婚姻関係のみを、文献のまま抄出すると、

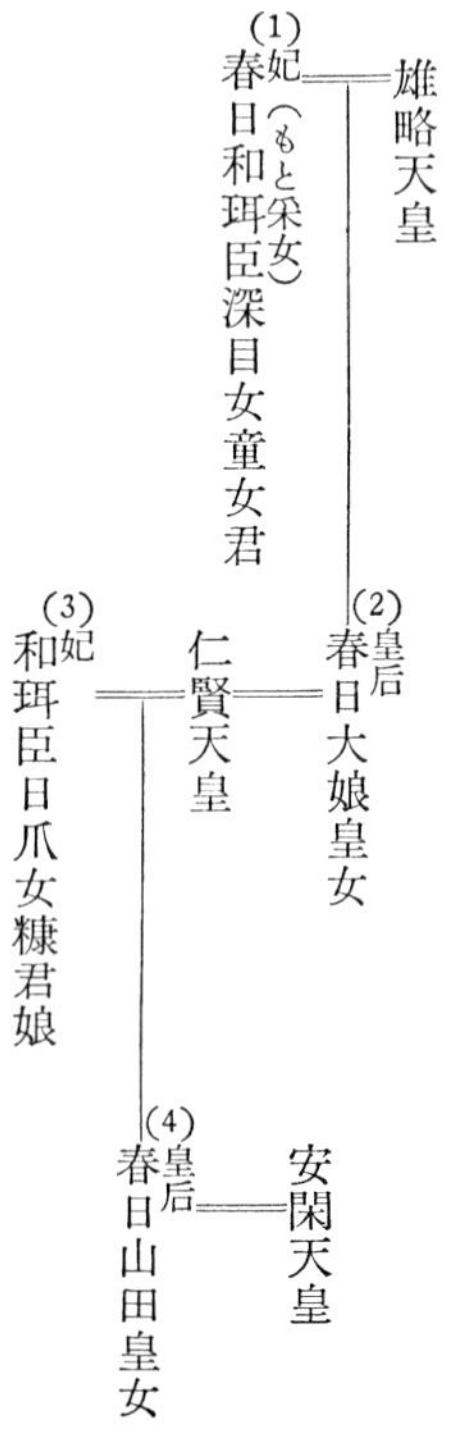

のごとくになり、(1)〜(4)までの后妃が認められる。

一方、春日姓をみると、美濃に多いが、また春日部奥麻呂ら三人に武射臣を賜わったように[34]、上総国武射郡あたりにも、もと春日部が設定されていたらしく、上総国夷灊郡人春日部直黒主売の名もあり[35]、安閑天皇のとき、上総伊甚（夷灊）国造が伊甚屯倉を春日皇后に献上したとあるのも[36]、そこが春日部の根拠地であったからにほかならぬ。このような東国の春日部は、雄略天皇以後の歴代に、右の系譜の(1)〜(3)にいたる春日氏によって、ひきつづき設定されたものとおもわれるが、このような春日部＝子代と、(4)にいたって、安閑天皇のとき、イホキベノキコユが、女ハタヒメを皇后春日山田皇女の采女丁として献上したことにはじまる春日部采女＝名代とは、おのずから別系のものであらねばならぬ。なぜなら、キコユは、湯人＝ユヱのタケヒコの父であり、伊勢壱志郡人とあり、のち安芸国のイホキベの屯倉を献上したのもかれであるというからである。すなわち、伊勢にあったユヱから采女丁を献じ、その資養を負担したものであり、キコユの地盤は、伊勢・安芸などにあったわけだ。

したがって、それまでにあった東国の春日部＝子代に加えて、あらたに伊勢の春日部＝名代を、春日氏より出した后妃の配下に編成したことになろう。このとき、春日部は、その内部に春日部采女を包含するにいたったわけで、時代の前後により、あきらかに性格の転化が認められよう。

c、雄略天皇の設けたという穴穂部（孔王部）は、前代の安康天皇＝アナホノミコのために、次代の雄略天皇が設定したものであるかのごとくである。前代の名代を次代に設定するということは、考えうるのであろうか。

この安康・雄略両天皇の間柄をみると、二人はともに允恭天皇の皇子で、同母兄弟にあたる。『宋書』の倭五王の

済─┬─興
　　└─武

の系譜にも合い、ほぼその系譜は信ぜられるであろう。

ところで、允恭天皇は皇后に刑部を、太子に軽部を定めたとあるが、安康については何ら言及されていない。安康は同母兄の太子軽を殺して即位するが、あるいはこのとき、軽部を没収するなりして、穴穂部をみずから定めたのかも知れず、父允恭がすでに定めていたのかも知れぬ。ともあれ、安康は即位後、ふたたびオホクサカノミコを殺し、そのためマユワノキミに殺されてしまう。雄略はこのマユワノキミを殺し、さらに安康が履中皇子イケベノオシイハノミコを太子とし、自分をさしおいて、国事を伝えようとしたのを恨み、この太子をも射殺して即位したというのである。このような皇位継承の血なまぐさい経過からすれば、兄の安康のため、弟の雄略が名代を設定したという解釈はあたるまい。むしろ、雄略朝の穴穂部（孔王部）設定の記事は、前代の安康の子代を接収し、あらたに再編したものといえるのではないか。そこに子代の継承関係をみたいのである。

d、おなじく、雄略の皇后クサカハタヒメの兄オホクサカノミコが、安康によって殺されたとき、皇后はその使者となった根使主を雄略に訴えて殺した。そのあと、根使主の子孫を二分し、一を「大草香部民」として、皇

后に封じ、オホクサカの従者難波吉士の子孫を「大草香吉士」としたとみえる。つまり、この部民の統率者とした意味であろう。このオホクサカとクサカハタヒ（またの名ワカクサカ）の二人は、ともに仁徳天皇の皇子女で、仁徳巻によれば、仁徳天皇は二人のために、「大日下部」と「若日下部」を設定したという。しかし、この「大」と「若」にわけた説話はあてにならず、津田説も否定的で、そのような氏の名をもつものも皆無であり、「日下部」の起源説話として構成されたのであろう。難波吉士を賜わったという「大草香吉士」にしても、天武紀には、「草香部吉士」とあり、このときあらたに難波連を賜わっているし、摂津国武庫郡大領日下部宿禰・東生郡擬少領、副擬少領日下部忌寸などの例も、すべて「日下部」[37]であり、このあたりに住んだ帰化系氏族らしくおもわれる。いずれにせよ、「日下部」が正しいであろう。そうすれば、日下部は、説話の状況からしても、雄略天皇のとき、皇后の「封民」として新設されたのでなく、少なくとも、かつて皇后が仁徳天皇の皇女としてあるとき、領有していた子代に、あらたに罪人の子孫を編入したという説話であろう。日下部は、雄略以前に設定され、雄略の宮廷に継承されたものとみられる。

e、このようにみると、允恭后の「刑部」や、仁徳皇子の「丹比部」が、刑部靫負や丹比靫負に分化するにいたったのも、もともと后妃や皇子の子代に、靫負など存在するはずはないとすれば、后妃や皇子の死後、または皇子の即位後、あらたに宮廷に継承されて、はじめてそのような分化をとげたものとせねばならぬ。細かくみると、皇子タヂヒミヅハワケの「湯沐」であったという蝮部（丹比部）と、反正天皇の河内のタヂヒシバガキノミヤの名代としての丹比靫負や襷多治比などは、『姓氏録』においても伝承を異にしており、一応の区分があったのではないかとおもわれる。(38)もちろん、そこに継承発展の関係があるのであるから、共通性もあり、管理氏族も、たがいに同祖伝承をもつにいたっているが、(39)部民そのものには、いささか区分がのこっており、「蝮部」は摂津神別に属し、ホノアカルノミコトの後の蝮王部犬手を祖とするとされるのに、「丹比部」は和泉皇別で、トヨキイリヒコノミコトの後とされ、出自を異にする。(40)しかも、「蝮王部」は、一本に「蝮壬部」とあり、壬生部である可能性もつよい。「蝮部」系の分布は、出雲五、山背四、越中四、備中一などに認められるが、「多治比部」「丹比部」系は、常陸三、相模一、越中一などで、両系の分布は少例ながら、かなりくいちがう。(41)丹比部系は東国に多く、丹比靫負氏の一人は上総少目に任ぜられ、膳部となった丹比新家連氏の一人は尾張史生に任ぜられているのも、おなじ傾向を示すものとして参考になる。(42)雄略朝以後の名代が、決定的に東国に分布するにいたった事情をみれば、壬生部としての蝮部が、宮廷に継承され、名代としての丹比部に再編拡充されたものとの見方はすてきれないとおもう。

f、仁徳皇子イザホワケの「壬生部」と、太子が即位し、履中天皇となってから、イハレノワカザクラ宮で設定したという「伊波礼部」との関係も、これと似たものではないか。この「伊波礼部」あるいは「稚桜部」という宮号にちなんだ名代について、履中天皇が膳臣に稚桜部臣の姓を賜わったとあるとおり、(43)膳氏の管理下にあったらしくみえる。つまり、ここにも、壬生部＝子代より膳部・稚桜部＝名代への発展が、原理的に投影されているのではないか。

さて、次表（第九表）に、A・B両群の地域的分布のちがいを示した。

第九表　子代・名代の分布

歴代	種別	西海	山陽（備前・美作以西）	山陰（但馬以西）	畿内・近国（近江・伊勢・若狭・丹波・紀伊をふくむ）	北陸	南海（阿波以西）	東海（尾張以東）	東山（美濃以東）
仁徳	葛城部						一		
	蝮部		一	五	四	五		四	
	日下部	三		一八	九			四三	二
	八田部								二
允恭	刑部	三	一	三一	二二	一		三五	七九
	軽部		二		八				
	川部	一	二		二				
	藤原部					三		六九	
安康	穴穂部							五五五	
雄略	川背舎人				二				
	白髪部		五		一五			四	二
	長谷部				二			六	一
	（丈部）			二〇	三	五		三一	二五

仁賢	石上部				四			二	一〇
	(石部)			一	八			六	三四
武烈	小長谷部					一	一	六	三
安閑	勾部								一
宣化	檜隈舎人 檜隈部				二			四	一
欽明	金刺舎人							二	二
敏達	他田舎人 他田日奉部				一	二	一	一三	一九

第九表の数字自体にはさしたる意味はないが、傾向ははっきり把握できる。すなわち、まずA群は、畿内以西にもかなり分布し、東は東海道に終っている。その北限はほぼ常陸であるとしてよい。刑部のみは東山道にも分布するが、七九人のうち、七八人は美濃に集中し、上野・下野にはまったく分布しない。これにたいし、B群は、畿内以西にはほとんどなく、東海・東山道に多い。とくに東山道にも万遍なく浸透しており、信濃・上野・下野にかなり認められるのは興味ぶかい。朝廷勢力の浸透度と関係あるのであろう。

つぎに、A群よりB群への展開を考えるうえに、注目すべき現象がある。それは、A群は一地域への集中性がつよく、刑部・藤原部・穴穂部（孔王部）が、一郷をほとんど同姓で占めることで、孔王部は五五五人のすべてが下総国葛飾郡大嶋郷に、刑部は七八人が御野国本簀郡栗栖田里に、藤原部は六四人が下総国倉麻郡意布郷に存在し、他のものも遺存の偶然性を考えれば、B群に比べて、はるかに大きい数字を示すのである。

これにたいし、B群は、分散性が特徴であり、総体としての数字もきわめて少ない。第九表をみれば、上記のことは明白であろう。

これらの事実は、A群の設定された五世紀の段階においては、国造の治下の共同体をそのまま子代に編入し、国造や族長を共同体から切りはなさず、かれらを通じて租税を徴収する、いわば間接的支配にとどまっていたのに、B群の設定された六世紀においては、族長の共同体を戸に分割支配する、あたらしい支配方式が可能となり、いわば名代は、封戸的・養戸的な性格をもつにいたったのではないかということを示す。

この五世紀末における変化を示す一史料として、雄略紀に、

是月、置史戸、河上舎人部

とある記事をあげたい(44)。この記事は、天皇が史部身狭村主青、檜隈民使博徳を愛寵したとある文につづくもので、まず第一に、ここにいう「史部」とは、文筆に従う二人の「トモ」をさすのに、「史戸」を書きわけたのは、あきらかに部民のことで、史部の生活の資として設けられたものをさしている(45)。これとならぶ「河上舎人部」も、おなじく「トモ」である舎人の資養のため設けられた部民をさすと解するほかはないであろう。第二に、「史戸」の「戸」を「べ」と訓ませているのは、この「べ」が一般の「部」と異なって、戸別に設けられたことを示すのであろう。さいきん、岸俊男氏(46)が、「某戸」という氏の名が、河内の帰化氏族に集中するのは、おそくとも六世

紀に、「部」の共同体的な支配とは異なる編戸制を実施し、「戸」を単位に部民をとらえる制度が生まれたためではないかとされたことが省みられる。五世紀末に、共同体から戸別への支配の変化を考えることは、けっして無理なことではない。とすれば、この「史戸」とならぶ「河上舎人部」も、戸別支配を前提とすることになるであろう。

ここに、A群とB群のあいだには、かなり画期的な発展があったこと、それが子代より名代一の発展につらなることが知られるとおもう。その時期は、ここでも雄略朝＝五世紀末となる。

第二節　屯倉と入部

五世紀末以後、B群の名代が設定されたのと併行して、おもに后妃のために設けられたという屯倉がある。この時期にのみ、后妃の屯倉の記事がなぜ集中するのかわからないが、それが天皇の名代に準ぜられた扱いをうけたところに特徴がある。

継体紀には、そのころ太子妃であった春日山田皇女のために、匝布屯倉を賜い、

表妃名於万代

とあり(47)、この皇女が安閑皇后となると、安閑紀には、

皇后雖体同天子、而内外之名殊隔、亦可以宛屯倉之地、式樹椒庭、後代遺迹(48)

とみえる。要するに、後宮にある后妃のために、とくに屯倉の地をあて、その名を後代にのこすという意味であり、天皇の名代設定に対応することが意識されているのである。

ところで、それにつづいて天皇がふたたび大伴金村に勅して、

朕納四妻、至今無嗣、万歳之後、朕名絶矣(49)

と述べ、金村はこれに答え、わが天皇は、継嗣のあるなしにかかわらず、物によって名をなす習わしがあるとして、皇后・次妃のために、

建立屯倉之地、使留後代、令顕前迹、

ことをはかり、妃サデヒメに、「小墾田屯倉」と「毎国田部」を、妃カガアリヒメに、「桜井屯倉」と「毎国田部」を、妃ヤカヒメに、「難波屯倉」と「毎郡钁丁」を設定したという。(50)ここでは、天皇の名をのこすために、后妃に「屯倉之地」をあてたというのである。

また、『播磨風土記』に、安閑天皇の代、同国揖保郡越部里に「三宅」をつくり、「皇子代村」とよび、寵人但馬君小津に、「皇子代君」を賜わったとあるので、地方の伝承のなかにも、『書紀』の安閑天皇の屯倉設定が痕跡をとどめているわけで、この越部三宅が、安閑紀の播磨国越部屯倉にあたるのであろう。この屯倉がだれの子代かあきらかでないが、屯倉を子代とよんだ例が、このほかにも、大化二年の「子代屯倉」などに認められるので、

屯倉の田部が子代または名代と同一視されたのではないかとの見方が生まれた。とくに、播磨の「三宅」については、「皇子代君」が伴造として、子代をひきい、三宅を耕作したと解釈され、ここから、子代より租を徴するために、ミヤケがたてられたとか、田部が自営農民化して、子代のような部に成長したのではないかというように、屯倉の民の皇室私民化したものが子代であるとする説があらわれたのである。

岸俊男氏[51]が、名代・子代の類には、その租を収納する屯倉が必ず設けられていたと考えられ、また井上光貞氏[52]が、名代・子代が設けられたのち、倉を主体とする屯倉型ミヤケが設定され、また領内に直営田がつくられるようになると、皇室領は倉を主体として「某屯倉」とよばれ、部を主体として「某部」とよばれるようになったとされたのは、このような屯倉または田部と、名代・子代との同一化を主張する代表的な学説であるといえるだろう。

関晃氏が、子代を田部であるとされた[53]のも、このような背景があってのことなのであるが、関説はそれらとも異なり、安閑紀の竹村・小墾田・桜井・難波などの屯倉は、そのなかに田部をふくまず、「毎国田部」とあるように、屯倉の外にある他の地方豪族の領民の一部を、そのまま田部に指定し、そこから徭役労働を提供させたものとされ、このような屯倉から独立した人民集団を、「子代」とよんだと考えられたのである。さらに、田部は、后妃など皇族個人にあてられ、その生活の資を供給したという点でも、宮廷に所属した名代とはちがうので、子代とせねばならぬとされたのである。

本論では、子代を田部と解していないことはあきらかであるが、田部と解しえない理由を述べると、『書紀』の記事のなかで、一貫して問題とされているのは、田部ではなくて、屯倉の土地であるということである。たとえば、春日皇后の名を万代に伝えようとしたのは、「匝布屯倉」、または「屯倉之地」そのものの設定によるのであり、四人の后妃の名を後代にとどめて、前迹をあらわそうとしたのも、「屯倉之地」によってであり、そのため「良田」をえらんだのである。『書紀集解』は、その屯倉の名を、一々土地名に比定している。(54) このうちの難波屯倉は、それを壊して「子代離宮」をたてたとあって、直接には「倉屋」をさしているらしい。

このように、后妃の名を後代に残そうとしたのは、金村の奏言どおり、「須因物為名」もので、「物」によってとは、ミヤケの「土地」や「倉屋」をさしており、田部という人の集団を指すものではない。要するに、継体紀の匝布屯倉にしても、安閑紀の難波屯倉・小墾田屯倉・桜井屯倉や、伊甚屯倉にしても、すべて土地名であり、土地区分を示すものにほかならぬ。それをもっともよくあらわすのは、廬城部連の献上したという「春日部采女」と、「廬城部屯倉」であろう。前者はおそらく湯坐＝ユエの民を割いて、春日皇后の采女部＝ナシロにあてたもので、「春日」という皇后またはその出身氏族の名を冠して、その領有関係を明示した名代であるといわねばならぬが、後者は、安芸の「廬城」という地名であって、土地区分以外のものではない。もし田部という人的区分が問題であるならば、一般の名代とおなじ原理にたって、領有者名が付せらるべきものであろう。要するに、両者は原理を異にする。屯倉の設定においては、人的区分が問題となったのではなく、土地区分が対象となっているのである。

このような点で、弥永貞三氏[55]が、名代・子代の民と屯倉の一致する実例は皆無であるとし、古代社会において、「人間の所有・隷属と、土地所有とが、分離併存していた、別個の範疇でとらえられていた」ことを指摘されたことに賛成せねばならない。しかもまず、人的区分の方が優先したから、子代・名代の概念が先にあって、これが土地区分たる屯倉にまで拡大使用されるにいたった。しかも、土地区分たる屯倉においては、田部はたえず副次的立場を占めたにすぎぬ。あくまでも、屯倉の田部であり、独立の人的区分としては存在しなかった。おそらくその原初的形態は、付近の豪族が春秋に提供する徭役労働＝钁丁として存在したであろう。だから、屯倉の設定に、名代と同様の意義を認めるようになったとしても、そのために、屯倉の民である田部を、子代・名代とよぶことはなかったとおもう。播磨のミヤケも、「三宅」そのものを「皇子代里」とよんだので、土地名であり、耕作民たる田部を子代と定めたわけではない。まして、かなり厳格な法律用語として用いられた大化の「子代」が「田部」をさすとは考ええないであろう。

そこで、問題を、大化の子代・名代の語にうつしてみよう。関係ある史料は三つある。いま仮にこれをa・b・cとすると、

a、大化元年九月、朝廷より使をつかわし、人民の数を記録せしめたとき、

自古以降、毎天皇、置標代民、垂名於後、臣連伴造国造村首、各置己民、恣情駈使

とある箇条、

b、大化二年正月、改新詔に、

昔在天皇時、所立子代之民、処々屯倉、臣連伴造国造村首、所有部曲之民、処々田庄、

を廃止するとある条文、

c、大化二年三月、皇太子奏に、

其群臣連及伴造国造所有、

昔在天皇日所置子代入部
皇子等所有御名入部
皇祖大兄御名入部
（以上）及其屯田

を廃止するとある箇条の三つがそれである。

まず、天皇がかつて設定したという、a「標代民」、b「子代之民」、c「子代入部」と、皇子らの所有する、c「御名入部」は、いずれも、臣連伴造国造らの領有する、a「己民」、b「部曲之民」に対立する概念であり、子代はもともと臣連伴造らの所有を排除する存在であるとともに、人的区分という点では、両者共通する存在であることを示す。つまり、前者は「屯倉」「屯田」に、後者は「田荘」に併立するという点で、土地区分を排除する概念であり、「子代」が「屯倉」の耕作民でありえないのと同様に、「部曲」は「田庄」の耕作民ではありえ

ない。それらは、たまたま重なりあうばあいがあっても、同義語ではないし、大部分は別の存在である。

つぎに、b「子代之民」は、c「子代入部」と用例上、同義語である。つまり、「入部」とは、「子代」に特別の意味を加えたものではない。皇極紀に、「乳部、此云美父」とあるように[56]、それはニフ・ミブで、壬生の同音であり、子代そのものの謂にほかならぬ[57]。そして、それは、例外なく昔天皇が（皇子のために）設けたもので、もう一方の御名入部が、大化の直前までひきつづき設定され、皇子の領有下にあったのとはちがい、すでに多くの管理氏族である有力豪族の有に帰しており、いわば過去形に属する。これにたいし、a「標代民」は、天皇の代毎に設けられたとあり、過去に設定されながらも、ひきつづき設定領有され、c「御名入部」も、少なくとも六世紀以後、皇子のため設けられ、大化にいたるまで現に領有されており、いわば現在形に属する。だから、前者のグループは五世紀の子代＝壬生部に、後者のグループは六世紀の名代に比定できるはずであるが、後者のうち、「標代民」は「名代」をさすとしても、「御名入部」は、天皇の代毎に、その宮廷のもとに設定された名代＝舎人部・靫負部・膳部とはあきらかにちがう。それは皇子の私有するもので、皇子の名を付した壬生部＝入部の意とせねばならない。したがって、この種の部は、天皇名や宮号を付した名代に準じて、かつての子代が再生したものであり、六世紀以後に設けられたものとすべきであろう。そして、六世紀末にいたると、これら皇子のうちで、大兄＝皇太子にたいし、普通名詞でよばれる「壬生部」が新設されたのであるから、ここにはじめて、一般の皇子から区別される太子の公的な地位が確立されたことになるであろう。そしてそれは、太子の地位に歴代付属する宮廷財産であったであろうから、固有名詞を付してよぶ必要はなかった。また名代に準じて、皇子の子代＝壬生部が設定されたために、名代と子代の概念の混淆をもまねくにいたったのであろう。

ところで、上記のａ・ｂ・ｃのうち、その廃止がめざされたのは、ｂ・ｃである。それは過去形の「子代」と、現在形の「御名入部」で、ともに皇子の領有する、またはかつて領有していたものであり、つぎに述べる中大兄皇子が、みずからの「入部」を返納したのもそのあらわれである。これにたいし、天皇や宮廷に属する「名代」は廃止の対象になっていない。それは、ａ「標代民」が、現在形であっても、廃止を記されていないことと関係があり、おそらくこの「標代民」は名代をさすとおもわれるが、名代は内廷の「トモ」の諸費用をまかなう「べ」であり、すでに公民に近い存在であるから、ｂの改新詔でも、「名代」の解放にふれないのは当然である。これはあたかも、豪族の私有する部曲（民部）が廃止されながら、宮廷に属する品部は廃止されず、そのまま令制の品部・雑戸として存続したこととひとしい。ここに大化改新の性格があらわれているのではないか。

さて、ｃの皇太子奏の結果として、「入部」はすべて廃止されるが、そのとき、「入部及所封民」から、仕丁を選びあてることのみは認めた。この「入部」は、皇子の「壬生部」であるから、そのままつぎの「所封民」へとつづくのであって、皇極元年、蘇我大臣が、「上宮乳部之民」を役使することを、また「封民」を役すると表現していることが一つの例証となる。おそらく当時、「乳部」より「封戸」への転化が行われつつあり、旧と新の意味で、この二つを併記したのであろう。これは、すでに坂本太郎氏の説かれたところである。(58) 改新詔にも、

「食封」の規定があり、また「仕丁」の点定もすでに条文となっていた。「封戸」から、「仕丁」とその「資養物」を徴する制度は、当初から確立されていたものとおもわれる。「田部」が「封戸」に転化し、または、「田部」から「仕丁」を徴するといった習慣はなかったものとおもう。山背大兄王は、「深草屯倉」におもむき、そこから馬にのって東国にいたり、「乳部」をもとに軍隊を徴するようもとめられたが[59]、これも、「屯倉」ではなく、「乳部」から兵士をあつめようとしたのであり、大化二年、東国々司にたいする処断にさいしても、「田部之馬」と「湯部之馬」はかきわけられていた。

中大兄が、先のcの奏文によって、みずからの「入部五百廿四口」と、「屯倉一百八十一所」を返納したが、この二つにも相関関係があったとは思えない。この入部は、皇子の「御名入部」か、皇太子の「壬生部」かであろうが、関氏もふれておられるように[60]、この壬生部がもし田部ならば、入部五二四口と屯倉一八一所の数字は、はなはだつり合わぬであろう。一屯倉あたり、わずかに三口程度となる。これを五二四戸の誤りだとする説もあるが、恣意的かつ便宜的にすぎて賛成できないし、たとえそうだとしても、なお一屯倉あたり三戸では少なすぎる。

したがって、これは入部＝封戸と、屯倉＝田地の二者併存関係にあるものとみねばならない。封戸の税制の主体は、調庸と仕丁で、屯倉の租と税ではない。あたかもaにおいて、臣連伴造らが「己民」＝部曲を設定して、それから「調賦」を収め、それを朝廷に分進し、また宮殿・園陵の「修造」に、民をひきいて従ったとあって、いわゆるミツギとエタチがその税制の主体をなしていたのに、これにつぐ記事として、山海林野を割いて、「己財」とし、水陸を分って「私地」とすると記したのは、両者の所有関係がはっきり別途のものとして意識されていた証拠であろう。大化の子代・名代の用語に関する検討は以上でおわったとおもう。

第五章　問題の所在

これまでの子代と名代についての諸説は、要するに両者のあいだの区分は本質的なものでなく、事実上、混淆されていたとするのが一般で、屯倉についても、むしろ子代・名代との同質化現象が指摘されてきた。しかし、さいきん関晃氏[61]は、子代と名代の区分について、大胆かつ詳細な自説を発表され、弥永貞三氏[62]は、子代・名代と屯倉について、これまた慎重な論断を下された。

本論はいわばそのあとをうけて、平生からいだいている子代・名代の区分および両者のあいだの発展関係を述べ、あわせて屯倉との関係についてもふれてみようとした。そして、これらの問題を、たんにそれだけ切りはなして論ずるのでなく、私説でとくに注目している五世紀末ごろの、大和国家の政治体制に生ずる質的な変化という線上にのせて、あきらかにしようとした。したがって、第一編の古代の「氏」や、第二編の伴造・品部制についての論文と、子代・名代についての本論とは、ふかいかかわりをもつが、これまでは、子代・名代について、むしろこのような全般との構造連関が軽視されるか、一向にあきらかにされないうらみがあったのではないかとおもう。

本論で筆者は、大化前代の歴史の基底には、子代から名代への発展があったとし、それを后妃・皇子の私有民から、宮廷の管理する部民へ、湯沐・壬生から、「トモ」の資養にあてられる部民へ、また「カキ」より「べ」、共同体的支配から戸別支配への発展と関係づけて捉えようとした。それはまた、名代が領有主体の名を付して呼ばれるものであるかぎり、豪族の私有民を某部とよぶことと共通性があり、ともに、「氏」の名の発生を前提とせねばならず、このような「氏」の体制の発生する時期を考慮にいれると、私説では、それを五世紀後半以後の事象であると規定したのである。

いずれにしても、皇子の御名入部＝名代の発生以後、子代と名代の混淆がおこり、「記・紀」自体、この両者を区別しえないでいるのであるから、学説の一定しないのは当然ともいえよう。したがって、「記・紀」自体を史料として、子代・名代の当初の姿を復原することは容易でない。細部の論証には、もちろん不足や手落ちもあろうかとおもうが、大筋をこのようにとらえるのは正しいとおもう。いま、卒直にそれを提示したのであるが、本論の論旨に従えば、子代・名代の区分ということは、たんに法制上の概念の問題ではなくて、古代史の発展過程をさぐる一つの有力なカギともなるべき問題であることになろう。

註

（1）すでに古典的な著書に属するが、坂本太郎『大化改新の研究』昭和十三年一三八〜四〇ページに、もっとも標準的な解釈が示されている。学界としては、子代・名代に関するかぎり、この著書よりいちじるしく進歩したとはいえないとおもう。

（2）津田左右吉「子代と名代の部」（『日本上代史研究』昭和五年）

（3）この舎人部・靫負部・釆女部などが、「トモ」の資養のため設けられた農民の集団＝「べ」であることは、かつて、平野邦雄「部に関する若干の修正的研究」（九州工大研究報告、人文社会科学三）において詳述し、その後、学界の承認をえているところとおもう。本書では、第二編において、すでにふれたとおりである。

（4）井上光貞「部民の研究」（『日本古代史の諸問題』昭和二十四年）、「大和国家の軍事的基礎」（同上書）、『大化改新』昭和二十九年三六〜九ページ

（5）関晃「大化前代における皇室私有民」（『日本経済史大系』一古代昭和四十年）

（6）註（3）におなじ

（7）この点について、井上辰雄「書評・日本経済史大系一、古代」（日本歴史二一三）にも、おなじ疑点を述べられている。たとえば、刑部が置かれたとき、同時に、舎人・膳部・靫負などの区別があったのではなく、六世紀に、対鮮問題の悪化に応じて、それが再編されたとき、軍事的部民が生まれたとされる。賛成である。すでに同氏「大化前後の肥後」（法文論叢一四）に、この点はふれられてある。

（8）八木充「古代地方組織発展の一考察」（史林四一—五）、庄司浩「御子代御名代について」（立正大学文学部論叢八）、原島礼二「名代子代の概念についての一解釈」（日本歴史一四一）、前川明久「五六世紀の氏姓制と部民制」（歴史学研究三〇四）

　このほか、岸俊男「光明立后の史的意義」（ヒストリア二〇、『日本古代政治史の研究』昭和四十一年）、弥永貞三「大化以前の大土地所有」（『日本経済史大系』一古代昭和四十年）の二つについては、本論とふかいかかわりがあるので、後に

改めてふれたい。

(9) 武田祐吉『古事記研究』一帝紀攷 昭和十九年 二一二～三・二二〇ページ、その他

(10) 武田祐吉前掲書、七、「歴代御記に於ける帝紀の原形とその用字法」を参照

(11) 日本書紀　継体元年二月四日条

(12) 同　右　敏達十二年十月条

(13) 同　右　天武十三年十二月二日条

(14) 姓氏録　河内神別、天孫

(15) 大日本古文書十五　一三一ページ、丹比靫負嶋万呂、同上十　三七二ページ、丹比靫負宿禰真公

(16) 書紀集解　第十一本第十八巻、安閑天皇紀に、「釆女丁」を注して、「孝徳天皇二年紀曰、釆女者従丁一人、従女二人、賦役令曰、充衛士仕丁釆女女丁等食」と記している。釆女丁を釆女の従丁・従女に比したのは正しい解釈であるとおもう。

(17) 日本書紀　敏達六年二月条

(18) 同　右　推古十五年二月条

(19) 日祀部について、岡田精司「日奉部と神祇官先行官司」(歴史学研究二七八)と、関晃前掲論文とでは、多少のくいちがいがあるが、伊勢奉仕のための、宮廷の料民であるとする点はかわりないようである。

(20) 岸俊男前掲論文の私部・壬生部についての主張は、それまで個々の特定の后妃に、それぞれのばあいに応じて、おもに宮号を付して与えられていた名代を、ある時期から、后妃の私有民として定立化し、それを「私部」という普通名詞で統一することにしたのではないか。この后妃の名代と私部の関係に対応するものが、皇子の子代と壬生部の関係ではないかという点にある。岸氏の主張される点は、ほぼ定説として認められているとおもう。

(21) 他田日奉部・日奉舎人部については、竹内・山田・平野『日本古代人名辞典』昭和三十三～四十一年 参照。財日奉部は、天武十二年九月、連姓に改められた記事が日本書紀にみえる。

(22) 註(4)におなじ
(23) 直木孝次郎「県主と古代の天皇」(『日本古代の氏族と天皇』昭和三十九年)
(24) 家永三郎『上宮聖徳法王帝説の研究』各論篇昭和二十六年にも、諸種の註釈書をひいて、この乳母と皇子の関係を詳述している。皇子に乳母の姓を付するか、生母の姓を付するのは、文徳実録に「先朝之制、毎之子生、以乳母姓為之名焉」とあるとおり、古来からの原則であったが、法王帝説にも、用明天皇が「葛木当麻倉首比里古」の女子「伊比古郎女」を娶り生んだ児が「乎麻呂古王」であるとみえ、狩谷棭斎の『証注』は、
用明天皇紀作麻呂子皇子、云此当麻公之先也、推古天皇紀或作当麻皇子、古事記作当麻王、則知是王或称当麻王、蓋以在母氏当麻之家生育也
とし、この皇子が当麻皇子(当麻王)といわれたのは、母氏にあたる葛木当麻倉首=当麻氏の家で養育されたからだとしているのであり、その他、法王帝説の『新注』や『古事記伝』にも、太子の子孫の春米女王・久波太女王・波止利女王・日置王・位奈部橘王・難波麻呂古王・弓削王らの一人一人について、その名がすべて乳母の姓より出ていることを指摘していると述べている。
(25) 高群逸枝『招婿婚の研究』昭和四十一年版一〇三ページ、『女性の歴史』上昭和四十一年版三四九ページ、『日本婚姻史』昭和三十八年五八ページ、『大日本女性史』昭和十三年五五四・六二八ページ
(26) 日本書紀 允恭二年二月十四日条
(27) 同 右 仁徳七年八月九日条
(28) 高群逸枝『女性の歴史』上昭和四十一年版一七九〜八〇ページ
(29) 岸俊男「ワニ氏に関する基礎的考察」(『日本古代政治史研究』昭和四十一年)は、この春日部を、安閑天皇の春日山田皇后の名代と考えるのが通説のようであるが、春日氏の部曲と考える説もあるとして、あたらしい問題を提起された。これは、宮廷または后妃に付属する名代または子代と、豪族の管理する部曲が、分ちがたく結びついていることを、側面から立証することになるのではないか。あたかも、第二編で、品部と民部が分ちがたく結びついていることを指摘し

たのと同様にである。部民制を理解するうえで、この点はきわめて重要だとおもう。

もともと和珥氏は、本拠の和爾より春日にうつり、五世紀後半より、そこがワニ氏の中心となり、カスガ氏がこの氏の主流を形成するようになる。雄略より安閑にいたる天皇の外戚としてのワニ氏は、この春日に勢力を張るカスガ氏が主流であり、春日部を領有していたとみられるのである。おそらくそのばあい、春日部には、ワニ氏の私有民たる和珥部とは異なる、后妃の領有民としての春日部も編入されていたと思われる。春日氏はその管理を委ねられていたのではないか。

(30)　姓氏録　右京神別下、丹比宿禰条

(31)　門脇禎二『采女』昭和四十年　二八ページ

(32)　註（5）におなじ

(33)　註（2）におなじ

(34)　続日本紀　神護景雲三年三月十三日条

(35)　三代実録　貞観九年四月二十日。節婦として、位二階を進められ、戸内役を免され、門閭を表された。

(36)　日本書紀　安閑元年四月一日条

(37)　日下部の例については、『日本古代人名辞典』（前掲）を参照

(38)　姓氏録では、仁徳皇子ミヅハワケの生誕にともなう「湯沐」としての丹比部は、右京神別下の丹比宿禰のもとに記されるが、「御膳部」や「靫部」としての多治比部は、河内神別襷多治比宿禰のもとに記されている。しかも、前者は、火明命三世孫にかけていて古く、後者は、火明命十一世孫にかけていて新しいと考えていたことがわかる。

(39)　姓氏録大和神別、蝮王部首は、火明命孫天五百原命の後とあり、ついで、右京神別下丹比宿禰も、火明命三世孫天忍男命の後、河内神別襷多治比宿禰も、火明命十一世孫殿諸足尼命の後、丹比連も火明命の後、和泉神別丹比連も火明命男天香山命の後とある。このうち、前半にあげた右京と大和のタヂヒ部が、右にあげた「湯坐」「壬生」につらなり、後半にあげた河内・和泉のタヂヒ部は、「膳部」「靫負」などにつらなる伝承をもつのではないか。

(40) 姓氏録摂津神別の蝮部は、火明命十一世孫蝮王部犬手の後とあり、和泉皇別丹比部は、豊城入彦命の後とある。
(41) 蝮部および多治比部・丹治比部の氏姓の表記のしかた、およびその分布の状態については、『日本古代人名辞典』(前掲)を参照。
(42) 註(41)におなじ
(43) 姓氏録　右京神別上、若桜部造条
(44) 日本書紀　雄略二年十月六日条
(45) この点については、関晃『帰化人』昭和三十一年　三〇~三一ページにすでにふれてある。
(46) 岸俊男「日本における戸の源流」(日本歴史一九七)
(47) 日本書紀　継体八年正月条
(48) 同　右　安閑元年七月条
(49)(50) 同右　安閑元年十月十五日条
(51) 岸俊男「光明立后の史的意義」(前掲)
(52) 井上光貞『大化改新』(前掲)五一~二ページ。ただし、井上氏の説は、「部民の研究」と、この『大化改新』とでは、見解に多少の進展がみられる。「部民の研究」では、屯倉の田部と名代・子代は、もともと異なる範疇であるが、田部が自営農化して、子代・名代とおなじ範疇に上昇したとされた。
(53) 註(5)におなじ
(54) 書紀集解第十一本第十八巻、安閑天皇紀に、小墾田屯倉を、「大和志曰、高市郡古蹟小墾田宮在豊浦村」、桜井屯倉を、「類聚鈔曰、河内国河内郡桜井」、茅渟山屯倉を、「和泉国旧名註于神武天皇戊午年紀茅渟山城水門下」、難波屯倉を、「摂津国西成郡」とする。また、盧城部屯倉を、「伊勢国壱志郡」としている。
(55) 弥永貞三「大化以前の大土地所有」(前掲)
(56) 日本書紀、皇極元年十二月二十三日条、蝦夷と入鹿が、上宮王家の乳部の民を悉く聚めて、墓を営んだとある主文

の割註。

(57)　大化二年の皇太子奏のよみ方は、坂本太郎『大化改新の研究』（前掲）一二五〜七・三九五〜四〇一ページに、それぞれ妥当な説がみられる。本論も、よみ方については、その説を継承している。ただし、「入部」についてのみ、別な解釈をとった。

「入部」の語義について、かつての本居宣長・飯田武卿・栗田寛・津田左右吉諸氏の説があり、また前記の諸論文も、それぞれの主張をもっている。そこに、ほぼあらゆるケースが出揃っているとおもうが、それを分類すると、

(1)接頭語のようなもので、ものを荘重にいうための句であるとする説

(2)皇子の御名を人民に入れてよぶ意であるとする説

(3)租税を徴収するという意であるとする説

(4)特定のものに入れる、すなわち生活の資として、皇族や官人＝トモに充てる意であるとする説

が主なものである。

しかし、私は、栗田寛『氏族考』五八ページに、「入部」は、「乳部」「壬生」と同音同意で、「ミブ」「ニフ」と訓むべきであるとする説がもっとも妥当であるとおもう。

松岡静雄『日本古語大辞典』にも、ミとニは通音で、「ミフベ」の音便が「ニフベ」であり、ニフ＝丹生・乳・入・壬生となり、御名代のミフベ・ニフベが御名入部にほかならぬとされている。

したがって、「子代入部」は、「子代」の「壬生部」であり、私説によれば、「子代之民」自体のこととなる。この点では、坂本説もかわらない。

(58)　この「入部及所封民」の解釈も定説がない。しかし、坂本太郎前掲書、四〇〇ページに、「旧の入部および新しく定められた食封の何れよりも、仕丁を選び出すことを定めたものと解すればよく」、また「皇太子の旧部民および新封民」と解される説がもっとも妥当であるとおもう。壬生＝入部→食封という関係が成立するわけである。すでに、横田健一「壬申の乱前における大海人皇子の勢力について」（北山茂夫編『日本古代の政治と文学』昭和三十一年）において、

壬生部（大化前）↓食封（大化）↓湯沐邑（壬申乱）↓東宮湯沐（延喜式）の発展を想定され、このほかにも、同氏「上代皇室の湯沐邑の源流について」（古文化一―二）に同様な見解を述べられている。本論も、おなじ観点にたっている。

(59) 日本書紀　皇極二年十一月条

(60)(61) 註(5)におなじ

(62) 註(55)におなじ

第六編　無姓と族姓の農民

第一章　「姓」の語義

ここに、「無姓」の農民というのは、「氏」をもたない農民のことである。もともと、古代の人名は、「ウヂ」「カバネ」「ナ」の三部分からなりたち、「カバネ」は「姓」の字をもってあらわされ、したがって、無姓とは無カバネのことと考えられやすいが、それは誤りである。

『釈日本紀』の秘訓や、『日本紀竟宴和歌』などに、姓は加婆禰・可波禰と訓まれていたにしても、それが「ウヂ」に付加される「カバネ」をさすとは限らず、「ウヂ」「カバネ」の二つをあわせ、また「ウヂ」だけをさす場合もあったわけである。ふるく、栗田寛は、(1)「姓は加婆禰と云、氏を尊みたる号にして、即氏をいへり。また朝臣、宿禰など、氏の下に着て呼ぶ物をも云り。……また氏と朝臣、宿禰の類をも連ねても加婆禰といへり」と述べ、太田亮氏は、(2)わが古典は中国の漢以後の用例とおなじく、「姓」を「氏」と同一意味に使用するととももに、また臣・連・朝臣・宿禰の語や、この両者をあわせたものをあらわす文字として用い、「ウヂ」のみをあらわす「氏」とは区別使用したとされる。

いま、八世紀における『続日本紀』の改賜姓の記事をみると、「姓」の文字は、

(1)「賜臣姓」「賜姓朝臣」「賜姓命氏」「蒙下人之卑姓（忌寸）」……「カバネ」のみをさす用法

(2)「賜岡本姓」「賜姓賀茂」「賜姓橘氏」「賜本姓車持」……「ウヂ」のみをさす用法

(3)「賜阿刀連姓」「賜姓殖栗連」「賜中臣伊勢連姓」「改本姓賜広岡朝臣」……「ウヂ」と「カバネ」をともにさす用法

(4)「改下毛朝臣石代姓」「改引田朝臣宿奈麻呂姓」……「ウヂ」「カバネ」「ナ」をふくめてさす用法

のごとく、四種の用法に分類されるが、もっとも多いのは(3)、つづいて(1)、さらに(2)であり、(4)は例外的といってよい。したがって「姓」は、まず三様に用いられているといってよいが、そこに「姓」の理解を混乱させる因があるのである。とくに、それは「氏」をふくむ概念であることが多く、令の治部省・卿一人の職掌に、「本姓」をつかさどることがみえるが、これも『義解』は、「猶言姓、其姓氏者、為人根本故、連言也」とし、古記は、「本姓者、諸人姓氏也」と解しているのである。

本論では、概念の混同を防ぐために、「ウヂ」は氏、「ナ」は名、「カバネ」はそのままカバネと書き、姓の字は氏と「カバネ」をあわせたばあいのほかは用いないこととした。ただし、引用文献は例外とし、「　」に入れ

て用いた。「カバネ」を「戸」の字であらわす方法もある。すなわち『釈日本紀』に、「身毛君広、私記曰身毛姓也、広者名也、兼方案之、君者戸也」、また『掌中歴』に、「朝臣、真人、宿禰……使主、倉人、無戸」とあり、「戸」を限定的な意味に用いているから、「カバネ」を「戸」の字であらわしてもよいが、この字には多少問題ものこるので、やはりカバネのままで用いることとした。

第二章　大化前の「無姓」の農民

第一節　国造配下の民

ところで、われわれは、八世紀の戸籍において、すべての農民が、原則として「氏」、あるいは「氏」「カバネ」を有し、「名」のみをもって表記されるのは奴婢であることから、大化前代においても、いわゆる「部民」や「族民」は、孔王部・秦部とか、国造族・県主族などの氏の名をすでにもっていたと考えやすい。これを逆にいえば、大化前代の奴婢を除く農民は、それが朝廷の支配するものと、豪族の領有するものとを問わず、原則として「某部」や「某族」に組織されており、そのため、各人は名の上に、主家の名を冠してよばれていた。つまり氏をもっていたと考えやすいのである。

しかし、これは、はなはだ危険な推定であるといわねばならない。

もちろん、大化二年の詔に、

臣連伴造国造、分其品部別彼名々、復以其民品部、交雑使居国県、遂使父子易姓、兄弟異宗、夫婦更互殊名、一家五分六割

という状態が、現実のこととして語られ、いわば豪族による人民の分割支配の進行によって、豪族の有する品部・民部が互いに錯綜し、部民たちは、父子・兄弟・夫婦がおのおの所属を異にし、したがって互いに「異姓」を名のり、一家は四分五裂するという状態が現出していたかのごとくである。よって、すでに部民は、各個別に領主に掌握され、その領主名を氏として負う段階に入っていたと考えられるかも知れない。

そしてこの詔は、大化元年詔の「臣連伴造国造、各置己民、恣情駈使、又割取国県山海林野池田、以為己財、争戦不已」とあるのにつづくもので、いわば土地の急速な「兼併劣弱」がすすみ、あるものは「数万頃田」を有し、他のものはまったく「容針之地」すらなくなったのとおなじく、大豪族による品部・民部の収奪兼併が進んだことを語っているともみられよう。たとえば、大化二年詔に、昔、天皇の時に置いた「子代入部」が、「臣連伴造国造」の有に帰していると述べられたのは、その一例である。しかし、このようなばあいでは、むしろ部民集団の所有権の移動による部名の変更が主であり、その共同体内部の個々の部民が領有者の名を称したか否かは

不明である。もちろん再編成にあたって、いわば戸別支配を浸透させたことはありえても、一家が四分五裂するというような急激な内部変動はおこりにくかったであろうとおもわれる。

そこで問題は、当時、いまだいずれの所有にも帰していない農民もかなり存在したはずだから、かれらこそ、諸豪族によるあらたな分割支配の対象として、争奪の的になったのではないかということである。このような農民は、中央豪族の配下にあり、その領有を朝廷から公認された品部・民部であるはずはなく、地方豪族の私的な支配下にあるか、その周辺に分散していた農民で、当然いずれの部民にも編成されていなかったとみねばならない。つまり、部民以外の農民が、まだかなり存在したということであり、国造の領域には、このような所属の不確定な農民が存在したと推定してよいのである。

しかるに、法制史家(3)は、国造などの治下には、「部民」に編せられない農民、つまり「公民」が存在したと考え、それは、「有姓者」と「部民」の中間に位置する階層であるとする。また、最近、古代史家のあいだにも(4)、国造の支配下には、「非部民的人民」がいて、このような一群の人民は、部民が伴造—部民という身分的族制的な支配をうけたのにたいし、国造—公民というあらたな地域的編成による支配をうけ、このような国造による公民支配のタイプは、六世紀以後の先進地帯において、まず成立したとする説があらわれた。

そして、『隋書』倭国伝の、

有軍尼一百二十人、猶中国牧宰、八十戸置一伊尼冀、如今里長、十伊尼冀属一軍尼

をその史料にあて、すでに六世紀には、軍尼（国）―伊尼冀（県または邑）という上下の地方的機構が実在し、それらの地方官のもとで、編戸が行われていたと仮定するのである。

もちろん、この記事の解釈には問題があり、これを国―県、あるいは国―県―邑制であるとみる説（井上光貞氏[5]）、国―邑制であるとみる説（曾我部静雄氏[6]）、国∧県／邑制であるとみる説（直木孝次郎氏[7]）、国―邑／県―邑制で、国県は併列していたとみる説（井上薫氏[8]）、国―県制は存在せず、県制はすでに遺制であり、この記事には信用をおきがたいとする説（上田正昭氏[9]）などがあることは、周知のとおりである。

しかし、最低限、国造という地方官の支配が、なんらかの地域的編戸をともなっていたことは、大化改新において、「三十戸」単位の仕丁の点定がすでに行われており、また「戸調」が徴されたことからも、いいうることであろう。ただ、編戸とはいっても、里（邑）制、つまり「三十戸一里」制のような行政村落がすでに成立していたのか、それが国造―公民のような国家的な統治関係に対応するものであるのかどうかという点になると、はなはだ疑問が多い。もしそうならば、実質上、律令制下の国―郡―里（郷）制にちかいものが、すでに成立していたことになるからである。おそらく、六世紀には、里（邑）制のごときものはまだ成立せず[10]、自然村落と戸を単位とする支配が行われていたのであろうし、また国造―公民のような支配関係ではなく、先進的なミヤケ・品部・名代などの管理において、地方的伴造としての国造が、編戸に基づく支配を実現していたものとおもわれる。

しかし、残念ながら、岸俊男氏[11]のいわれるように、国造自体の支配内容については、はなはだ不明確であり、

「国造が何をどのように統治したか、国造支配の実態は、既往の研究をもってしても、意外に漠としていて、いまだ具体的考察に欠けているように思」われるのである。

そこで、もう少しこの点についての考察を進めてみよう。

「公民」の語は、

(1)『古事記』垂仁巻の「二女王浄公民」

(2)『法王帝説』および『法隆寺伽藍縁起幷流記資財帳』の「諸王公主及臣連公民」(戊午年＝推古六年)

(3)『書紀』推古二十八年十二月条の「百八十部幷公民等本記」

(4)『書紀』大化元年八月東国国司にたいする詔にみえる「国家所有公民、大小所領人衆」

(5)『大安寺伽藍縁起幷流記資財帳』の「諸王諸臣百官人等天下公民」(天武十三年)

(6)『延喜式』神祇八、祝詞、広瀬大忌祭と竜田風神祭の「天下公民」「天下乃公民」(天武・持統朝か)

(7)『続紀』文武元年八月十七日詔にみえる「百官人等天下公民」

(8)『続紀』和銅元年七月十五日勅にみえる「百官為本、至天下公民」

などに認められる。(1)〜(8)は、一応年代順にならべたわけであるが、史料の成立年代はまた別である。

このうち、(1)はとるに足らず、他は、推古・大化・天武の各時期に認められる。上田正昭氏は[12]、このうち天武朝をあげ、「公民」の語は、ほぼこのころ成立したものとされた。川上多助氏は[13]、大化二年二月、二年三月に、

「臣連国造伴造及諸百姓」「臣連伴造弁諸百姓」とあるのをあげ、この「百姓」も「公民」とおなじ用例であるとされたが、語そのものの成立についてはふれておられない。しかし川上氏は、このような「公民」にあたる階層が形成されたことは、大化前に認め、皇族や豪族の私有する部民のなかには、大化前にすでに公私の区別が生じ、依然、「部曲」にとどまるもののほか、豪族はたんに管理を委任されるだけで、朝廷に納税の義務を有する部民が発生した。これが「公民」であると主張された。

たしかに、上の用例は、大化までの(4)以前と、天武からの(5)以後とは区別される。大化前にあっては、「公民」とは、臣連伴造国造百八十部の下方にあって、私有の部民＝民部・部曲と併称されるものをさしているが、必ずしも、天武以後の「天下公民」と同一の概念ではない。つまり、私有の部民と併称されるものには、品部・名代・田部があり、かれらこそ、朝廷の支配下にあり、租税を国家に貢納する民であった。したがって、天下公民なる語の成立した天武朝以後に、公民の語を、このような国の支配する部民にあてたとしても不思議はない。たとえば、(4)において、「国家所有公民」とは、朝廷が東国国造を通じて、直接把握している人々、「大小所領人衆」とは、豪族（東国国造をふくむ）の領有する人々をさすことはまちがいないが、井上光貞氏[14]は、東国がとくに「伴造的国造」のひろく分布する地域であり、かれらは天皇の私的な経営のために仕えているのでなく、朝廷の下部機構となっていたから、まず東国に新政＝造籍を実施できたのであると考えられた。とすれば、この「伴造的国造」に対応するのは、まさしく、東国の壬生部・名代であり、朝廷の直轄する部であるとしなければならぬ。

すでに本論では、第二・第三・第五編において、「名代」が子代とちがって、戸別に設定され、いわば「養戸」や「封戸」とおなじく、宮廷に「資養物」を貢納していたらしいこと、品部たる「鍛冶部」「馬飼部」などが、『令集解』古記・別記・釈説などに明記されるように、数戸あるいは数十戸ずつ、畿内やその周辺の国郡に点定され、生産貢納に従っていたこと、[15]また「車持部」が、「天子之百姓」といわれ、「秦部」が国々に安置され、戸籍に編貫されて、秦伴造の管理のもとで調庸を貢納したこと、「田部」が白猪田部のように丁籍に編せられ、田戸をなし、課役を徴せられていたことを述べた。とすれば、地域的編戸もまた、この種の部に集中記録されていたことになるのである。大化前代の国造治下の編戸などは、まったく記録されていないから、国造―公民の概念は成立しがたいであろう。

また、大化の仕丁制が、三〇戸単位の点定の慣習をひきついだものであることは事実であるから、そのような課税単位はすでに存在していたわけである。しかるに、第五編でふれたように、仕丁は壬生・御名入部・所封民からとり、同時にそれが仕丁を資養する義務を負うたので、この形は、ウネメ・トネリ・カシハデと名代との関係にも似ていた。井上光貞氏[16]は、大化の仕丁制を、「丁を貢上させ、資養物は丁の所属団体に負わせるという制度が、トモ―品部制に類似していることも注目すべきであって、戸税を基礎とし、大化前代の慣習を踏襲した身役である」とされ、直木孝次郎氏[17]は、「大化以前に朝廷の勢力のつよく及んでいた皇室直属部民や屯倉の村落では、三十戸をもって、一つの課税単位をつくる制度が行われていたことが推測される」と述べられた。いずれにしても、この三〇戸の編成が、六世紀の壬生・御名入部・品部・皇室直属部民・屯倉などで行われたとはあっても、国造治下の、いわゆる公民において行われたとは考えられていない。

この点は戸調についても、まったくおなじはずである。大化以前のこの制度は、おそらく晋の「戸調式」をついで、南朝で行われていたものを、百済から学びとったものであろうといわれている。とすれば、これも百済より輸入された品部制と無関係でなく、そこから朝廷の直属部民に拡大されたものであろう。米田雄介氏[18]は、戸調は、六世紀、白猪屯倉でとられていた「個別人身支配方式」に系譜をひくものと考えられた。ここでも、品部・屯倉が問題となるであろう。

岸俊男氏[19]によると、氏姓のうち、飛鳥戸・史戸・楯戸……など、「戸」をふくむものは、ほとんど帰化氏族であり、河内国高安郡・安宿郡に集中するから、編戸の源流は、帰化人のあいだにもとむべきである。ここにはじめて、「部」の共同体的支配の原理と異なる、「戸」を対象とする総括支配の原則が発生した。この「戸」は、「部」と共用されているから、いずれにしても部民であり[20]、本論では、むしろこの段階から、「某部」の称が生まれると見ているのである。

このような観察からすれば、国造の支配下に、非部民的人民＝公民がいて、部民制とは異なる支配原理＝地域的編戸の対象とされていたとは考えられない。むしろ、国造の治下にそのような現象がおこるのは、六世紀における国造領内への部民制の浸透によるのである。この点で、法制史家のいうように、「部民階級」と異なる「公民階級」が存在するわけではなく、「有姓者」と「部民」の中間に、「公民階級」なるものを考えることもできない。まさしくそれは、部民制の発展によるものといってよい。

喜田貞吉氏は、[21]公民＝オホミタカラとは、戸籍に編せられ、氏姓を認められたものの称であるとされた。ということは、公民の大多数は、部姓を称したであろうということであり、国造治下のこの種の部民が公民と称されたことでもある。もし国造治下に部民でない他の農民がいたとすれば、それは部姓を有しない、したがって公民でもない、無姓の農民であるとしなければならぬ。このような無姓の農民は、原則として、氏の組織に編入されない農民であり、国造の支配下にあったとしても、編戸はもちろん、朝廷によって、その支配を公認されてもいない農民であったとしなければならぬ。八世紀に、「国造族」や、「県主族」がきわめて多いのは、「族姓」が「無姓」に準ぜられる以上、そのような所属のはっきりしない農民が、地方豪族の領域内にはなお多く存在した証拠であり、かれらは無姓であり、公民とはいえないのである。

また、伴造化しない国造のもとに、部民が多く集積されたらしくはみえず、国造名を負う部民はきわめて少ない。すなわち、粟国造＝忌部首、下総海上国造＝他田日奉直、若狭国造＝膳臣、伊賀国造＝健部君、那珂・茨木国造＝壬生直などの多くの伴造的国造は、その立場において、忌部・日奉部・膳部・健部・壬生部を管理したことはいうまでもないが、その反対に地名を負う、いわゆる君・臣姓の国造がかれらの部民を在地において領有したらしくはみえない。たとえば、吉備臣（吉備上道臣・吉備下道臣）が吉備地方にかれらの部民を領有した史料はきわめて乏しく、吉備部が出雲にのみ存在する理由は改めて問われねばならぬ。また出雲臣の配下に、現存史料では出雲部は三人しか見出されず、神門臣の配下には、神門部が一人しか存在しない。これに反して、神門臣族や出雲臣族が多数見出されるのはなぜか。出雲には、刑部臣―刑部、吉備部臣―吉備部、若倭部臣―若倭部、日置部臣―日置部のごとく、部臣―部首―部の体制が広範に浸透している。このような、在地土豪―農民の再編によってのみ、部民制がすすんだものと解される。筑紫君・肥君においても、それ自体の部民は見出されず、かえって、三宅連―多米部、春米連―搗米部、建部君―建部、車持君―車持部、卜部首―卜部などや、久米部・財部・物部・生部・難波部・中臣部・葛野部・平群部・宗我部・宇治部……などの中央系の部民がひろく分布している。これに反し、火葦北国造のばあいは、みずからが刑部靫部という伴造であり、刑部・日奉部・他田部・真髪部・家部などを管理したとおもわれる。しかも、国造は、刑部靫部はもちろん、筑紫君や肥君も、朝鮮出兵にさいしては、その領域内の部民をひきいた。筑紫君・肥君の部下に、三宅連・大伴部・竹斯物部・許勢部などの兵士の名をみることは、かえってこのような部民が、「国造軍」の主体をなしたと推定させる。(22) 国造がこれら中央系部民の管理権をもっていたのであろう。

いずれにしても、国造自身の領有する部民は乏しいものであって、中央系の部民が多いが、なお国造の周辺には支配関係が公的には確定されない農民がいたことは事実とみてよい。先の出雲臣族・神門臣族などは、そのうちに入れてよいとおもう。事実上は国造が支配していたにしても、それが国造の部として、いまだ確認されなかったために、出雲部・神門部などの部姓を称するにいたらなかったのであろう。

第二節　無姓者の範囲

大化前代に、氏・カバネ制がどの程度浸透していたかは、時代的にも階層的にも差のあるところであろう。そこで、「無姓」の農民の存在を、以下に列挙的に推定してみよう。もちろんその可能性を探っておくためである。まず第一には帰化人があろう。八世紀に入っても、帰化人にかなり「無姓」のものがいたことは後述するが、たとえば、茨田屯倉に役せられた「新羅人」や「秦人」(仁徳記・紀)、大和の大身狭・小身狭屯倉の田部となった「韓人」や「高麗人」(欽明紀)、筑紫に投化し、山背国に安置されて、畝原・奈羅・山村の高麗人の祖となった「高麗人」(欽明紀)などは、みな当初は無姓の農民であったであろう。どの氏にも所属しない無姓の農民が、朝廷の田部に編成される公算は大きいからである。また、「秦人、漢人」らの諸蕃投化者を国郡に安置せしめ、戸籍に編貫し、秦人戸数七〇五三戸を得たとあるのも(欽明紀)、戸籍に付することによって、はじめて「秦人」「秦人部」「漢人」「漢人部」などの氏を称し、秦氏・漢氏の氏族組織のなかに組み入れられたのであり、このばあいも、秦氏・漢氏の民部であるよりは、朝廷に貢調する民＝国家の民としてであった。それは、この種の部民が、本来いずれの氏族にも属していないものを、特定の氏族に賜わったものだからである。このような、「韓人」

「高麗人」「新羅人」「秦人」「漢人」などは、八世紀には正式の氏の名となっているが、いまだにそうでないものもあり、たとえば、「高麗人祁宇利黒麻呂」[23]は、韓名の「祁宇利」に、和名の「黒麻呂」をつけ加え、そのうえに出身を示す「高麗人」を冠したにすぎないし、「新羅人伏万呂、飯万呂」[24]も、二人の名の上に、「新羅人」を冠したものであるらしく、この「高麗人」「新羅人」などはいずれも、まだ正式の氏の名に定着はしていないのである。

第二に子代がある。すでに述べたように、子代としての刑部・藤原部・穴穂部（孔王部）などが、八世紀においても一郷をほとんど同姓で占めるほど集中率が高いのは、国造の治下の共同体をそのまま子代に編入し、国造や族長を共同体から切りはなさず、かれらを通じて租税を徴収する、いわば間接支配の段階にとどまっていたためであろう。そのばあい、共同体内部の戸は朝廷に把握されていないわけであるから、戸別に氏の名が付されていたとはおもわれない。戸籍とはもともと戸の籍であり、氏姓も戸を単位としていた。その意味で、戸籍はながく氏姓の原簿とせられたのである。したがって、子代はまだ氏姓を有しなかったであろう。在地に即してみても、八世紀の東国戸籍には、孔王部・藤原部・刑部などに同氏同名のものが多く、これでは個人を識別する意味はほとんどなく、また一郷がおなじ部姓をもつのも、氏姓としての意味をもちえないわけである。このような氏姓は、朝廷がわの公文書の所産である。おそらくそれが天智天皇の庚午年籍による定姓の結果、産出せられたものであることは、ほとんど疑いえないとおもう[25]。

第三に、先に述べた地方族長＝国造のもとにある農民があげられる。八世紀の美濃国戸籍には、国造族・県主族などが集中して記録され、かれらにも、同氏・同名者が多く、そのような氏姓が戸籍法の所産であることをおもわせるが、つぎに述べるとおり、「族字」は「無姓」に準ぜられていたのであるから、もとはやはりかれらも「無姓」であり、庚午年籍にいたって定姓化し、仮に「族字」をあたえられたものとみるほかはない。(26) かれらは、朝廷の子代や名代にも編入されたことのない農民であり、また中央豪族の領有民でもなく、また当該国造の領有民でもなかったために、領有者の名を冠して、「某部」と称するを得なかったのである。少なくとも大化前代には、領有関係の確認されぬ農民であったといいうるであろうし、たとえ国造が事実上支配を及ぼしていたにしても、朝廷がわから公認されなかったものとみられる。

第四には、国造領内に設定された屯倉の田部や钁丁にも、「無姓」の農民は多かったであろう。屯倉の発生と管理方式には不明のところが多いが、通説としては、五世紀に入り、大和より河内にかけて、王権による水利の開発がさかんに行われ、その結果、難波・茅渟山・茨田・桜井・依網・竹村などの屯倉が、河内平野に濃密に分布するにいたったが、この事業には、帰化人の技術や、共同体農民の労働力が、おもに族長層を通じて徴発され、その後の屯倉の管掌にも、依網連（依網屯倉）・狭山連（狭山屯倉）・大戸首（大戸屯倉）などの河内の族長が任ぜられた。そして、かれらは、五世紀後半に朝廷で勢力をうる物部氏の支配下にあって、依羅連・依羅朝臣・多芸宿禰・多芸連・匝瑳宿禰・志陀連・中原宿禰・射園連・飛鳥連のごとき地方豪族は、すべて物部氏と同族的系譜をもつにいたっている。このような私的な同族関係をもととする統治方式は、地方族長の支配する共同体を解体することなく、そのまま大和朝廷の支配下に組み入れ、共同体の成員を田部とし、族長を屯倉の管掌者とするため、貢納関係を通じて、間接的に屯倉を支配するのにとどまると考えられているのである。(27) これはいわば第二の子代と同様であり、共同体内部に氏姓制が浸透することはありえなかったであろう。

しかるに六世紀に入ると、事情はかわりはじめる。安閑紀には、筑紫二、豊五、火一、播磨二、備後七、阿波一、紀二、丹波一、近江一、尾張二、上毛野一、駿河一、計二六の屯倉が同時に設けられたとあり、また欽明紀から、吉備五郡に白猪田部が設けられたとあって、この方は、その管理方式についての詳しい記事がある。これらの記事は、先にふれたように、筑紫や吉備地方のきわめて独立性のつよい族長勢力の反乱のあとにあらわれ、おそらく反乱を鎮定した結果、その国造の領内に設けられたもので、それまでの国造を介して管理する方式をやめ、直接きびしく支配する体制へ切りかえたものとみる通説はおそらく正しいであろう。(28) そこに、蘇我氏が白猪屯倉に田令を中央からつかわし、田部の丁籍を編成したという伝承があらわれる。つまり、「無姓」の農民は、戸別に籍帳に登録され、固有の氏姓をもつにいたるのである。

しかしまた、この段階において、集団的な移民によって、田部を編成した形跡もある。筑紫の田部が播磨国揖保郡に移住して田をひらき、播磨越部屯倉の民は但馬三宅から越してきたといい（播磨風土記）、大和の大身狭・小身狭屯倉では、韓人・高麗人を田部とし（欽明紀）、かつて河内茨田屯倉も秦人を役して造ったという（仁徳紀）のは、その例であり、第一の帰化人と重なりあう点もある。これらは、八世紀に、新羅の帰化人や、駿河・甲斐などに住む多くの高麗人を、武蔵に移して郡を建てさせ[29]、美濃多伎郡民を近江蒲生郡に移した例とおなじく[30]、また隼人を京畿に移し、蝦夷を諸国に配した例とも似ていて[31]、一種の労働奴隷制にちかいといえるが、政策的には、あくまで村落構成員とし、独立の耕作民に編成したのである。白村江の敗戦後、百済から献上された唐俘一〇〇人も、「美濃国不破、片県二郡」の「唐人」となったといい[32]、村落の構成員となったわけである。

このような移民には、帰化人や地方豪族の配下の農民が多いのであるが、かれらはおそらく、特定の氏に組織されず、支配関係の確定しないものが多かったであろう。韓人・高麗人・秦人・唐人らは、先にも述べたように、当然、「無姓」の農民であるはずである。むしろ特定の氏に属しない、このような農民を戸籍に編成し、氏をあたえ、朝廷の直轄民＝公民に組織するところに、田部の目的があるのではないか。

第三章　八世紀の帰化氏族にたいする賜姓

第一節　学説の批判

大化前代の「無姓」の農民を、第一〜第四にわけ、考察してきたのであるが、それはもっとも可能なケースを推定したまでであって、あるものは庚午年籍をまたずに氏姓を称するにいたったかも知れず、また他のものにも無姓のものはいたであろう。しかしいずれも庚午年籍では氏姓を与えられた。庚午年籍は全国の人民をはじめて戸籍に登載し、その氏の名を定めた点において、画期的なものであるが、そのため、それ以前の無姓者への推定をいちじるしく困難ならしめ、大化前代の農民もすべて氏姓を有したかに錯覚せしめたのである。

したがってまた、八世紀以後においては、原則として無姓の農民は存在しなくなった。しかしわずかながら残る史料について、無姓の農民の実在を論証してみよう。

まず、『続日本紀』に収められた三つの法令がある。

(1)神亀元年二月、官々仕奉韓人部一人二人尓其負而可仕奉姓名賜

(2)天平十七年五月、筑前、筑後、豊前、豊後、肥前、肥後、日向七国、無姓人等、賜所願姓、

(3)宝字元年四月、(イ)其高麗百済新羅人等、久慕聖化、来附我俗、志願給姓、悉聴許之、(ロ)其戸籍記無姓及族字、於理不穏　宜為改正、

これらの法令は、おもに帰化氏族の「賜姓」に関するものであり、一貫した内容を有するが、本論のはじめに述べた「姓」字の解釈の混乱のために、その内容が曲解されてきた。それでは正しい解釈は何か。

まず、(1)は「カラヒトノトモ」、すなわち韓人系の出仕者・下級官人層を、(2)は西海道諸国に住む主として帰化氏族を、(3)は全帰化氏族を対象とすることによって、改賜姓の範囲を身分的・空間的に拡大したものである。

たとえば村尾次郎氏(33)は、この観点から、「一部の帰化人に許された賜姓の恩典は、それより三十年の後、全帰化人に押し及ぼされたのである」とされているとおりである。

つぎに、(1)の「姓名」とはいわゆる「負名氏」のことをさす。負名氏とは、伝統的な職業を世襲する特定の氏をさすのであって、カバネとは直接関係はない。たとえば、主殿寮殿部の負名氏が、「日置、子部、車持、笠取、鴨五姓人」とされたとおりであり(34)、五姓人とは五氏をさすのである。事実、(1)の適用例である神亀元年の帰化人賜姓は、薩→河上忌寸、王→新城連、高→三笠連・男捄連、吉→吉田連、賈→神前連など、いわゆる「蕃姓」よりわが氏族名への改正をさしている。(2)の無姓人とは、すでに喜田貞吉氏(35)が、「ここに姓とは所謂ウヂであって、所謂カバネでないことは首肯せられよう」と指摘されたとおりであり、願うところの氏を帰化氏族に与えたのである。したがって、(3)の「給姓」、あるいは「無姓」の意味もおのずから知られるが、つづいて、(3)の法令全体の解釈に入ろう。

(3)の(イ)と(ロ)は一貫した内容をもつ連続の文で、ともに帰化氏族の氏にたいする処置を取りきめたものである。もとより氏を主とする謂で、賜姓がカバネに及ぶのを拒否するものではない。そして、(イ)は(ロ)の前提をなす。すなわち、(イ)の「志願給姓、悉聴許之」という大改正によって、(ロ)の戸籍面における「無姓及族字」の解消が可能となったのである。この文をとりあげ、古く栗田寛氏(36)は、「新に帰化し、いまだ姓氏なき蕃人の戸籍に、某族と記さるるは穏かならぬ故に、改めて姓を賜はむとの詔なり」としているが、その文意は、あらたに帰化して、まだ「姓氏」（氏・カバネ）のない帰化人を戸籍に「某族」の文字で表記するのは穏やかでないから、あらためて帰化人に氏・カバネを与え、「無姓」と「族字」を戸籍面から追放するという意味にうけとれる。太田亮氏[37]も、「族字」について、「中古の初めにいたるも姓も氏もないものがあったので、それが戸籍を作る場合、あらたなる氏を称すべきなれど、血統を重んずる習慣は名家の一族と云はるる事を喜こびてかく称したものであらう」とされる。これらをみると、まず、(イ)と(ロ)を一貫して帰化人にたいする措置と考えていること、「族字」を氏もカバネもないものに与えた称で、たんにカバネのないものに与えた称でないとすることとの二点に要約される。

要するに、(3)は、宝字元年の時点において、氏のない帰化氏族がかなりいたこと、そのなかには、「某族」の文字で氏を仮称するものがあり、これらは氏のないものとおなじく不合理であるから、氏を与えて、戸籍面から「無姓」と「族姓」を解消させることを明示したことになる。[38]栗田・太田説をこのように限定すれば、両説には妥当性があるとおもう。

佐伯有清氏[39]は、この栗田説に反対される。佐伯氏は、「其戸籍記、無㆓姓及族字㆒」とよむ国史大系本、朝日本、さらに直木孝次郎氏の説[40]を採用されるから、まず、(イ)で、「帰化人に対し、無制限賜姓を許した上は」、(ロ)において、「他にもなお当時無姓者が居り、これでは都合が悪いので、一般のもので姓あるいは族の字をまだ著けていないものには、姓および族字を与え、それを戸籍にも記載せよ」としたのであると主張される。すなわち佐伯説は、(イ)(ロ)の関聯はみとめるが、その適用の対象を、(イ)「帰化人」、(ロ)その他の「一般のもの」とわけ、かつ、(ロ)

の文意を、「無姓」はともかく、「族字」は解消させるのでなく、逆に普及拡大させると解するのであるから、栗田説とまったく対立する。したがって、佐伯説は、「族字」が実は帰化氏族にこそ固有のものであるとする本論の主張にも、族姓の史料の下限は、勝宝三年三月の茨田久麻呂の解で、宝字元年勅以後は、族姓をまったく見出すことができないという事実にも反するとおもう。やはり、栗田寛、あるいは関晃・井上光貞両氏の説に従って、「其戸籍記ニ無姓及族字ニ」とよまなければ、意味が通じないであろう。

ところで、井上光貞氏(41)は、まず、(イ)によって、帰化人にたいする「無制限賜姓」が法制化したため、もともと「制限的賜姓」の産物であった(ロ)の「族字」は消滅し、族姓者にたいしても、カバネを授けることになったとされる。すなわち井上説は、(イ)(ロ)を一貫して帰化人にたいする政策と見、(イ)の政策によって、(ロ)の「族字」は当然廃止されたとみる点、佐伯説と対立し、栗田説に通ずる。また本論の論旨にもよくあうのである。その視点は的確であるとおもうが、ただし、文中の「姓」の字をすべて狭義のカバネと解し、「族字」もカバネの一種とみる点は、「族字」を氏もカバネも有しない氏族に与えるものとする栗田・太田説に反し、さらに本論の主張にも反するのである。

さて、井上説の要点は、カバネは本来制限的なものであるから、賜姓の範囲外の親族・同族までおなじカバネを貰うわけにはゆかない。ところで、真人・朝臣・宿禰などの「貴姓者」の同族は、すでにより下級のカバネをもっているから、賜姓にあたっても、「貴姓者」の「族」を称する要はないが、カバネをもたぬ氏族が、あらたにカバネを授けられるばあいは、賜姓の制限によって、同族の下位者はカバネに預からぬばあいが生ずる。故に、このときは、「有姓者」の同族たることと表示する「某族」の称を授けられる。したがって、「族字」はもっぱら忌寸・臣・連・君・直・史などの下級のカバネに付されるという点にある。

ところで、この井上説は、村尾次郎氏のかつての説を部分的に継承している。[42] すなわち村尾氏は、(3)の(イ)を、「帰化人に対する無制限賜姓の実施」であると着目され、その「無制限賜姓」の意味を、天武八姓以来、蕃別氏に認められなかった真人・朝臣・宿禰の「貴姓」を、勝宝二年に、背奈公に高麗朝臣を、勝宝七年に、山田史らに山田御井宿禰を賜うに及んで、蕃別にも賜わるようになった。ここに、八色姓の原則は崩れ、宝字元年の「無制限賜姓」にふみ切ることとなったと解されるのである。もちろん、村尾説は、この「無制限賜姓」をカバネに限定しているのではない。「宝字元年四月、帰化人に対する無制限賜姓の実施は、唯単に、カバネのみの問題というよりは、むしろ氏そのものに関係がおよんでいるのであって、氏族系統の混乱は、その当然の帰結として考えざるをえない」とあるように、「氏」そのものにかかわることを認めてはいる。しかし、「姓」の文字を、高級の「カバネ」と「氏」そのものに使いわけること自体無理であり、村尾氏も、事実は、「無制限賜姓」をもっぱらカバネにかけて理解しているところに問題があるのである。

第二節　宝字元年勅の解釈

宝字元年の帰化人賜姓勅に基づく改賜姓のあきらかな例を、『続紀』と『後紀』から拾ってみよう。

(1)宝字二年、美濃国席田郡大領外正七位上子人、中衛無位吾志らが、来朝以来、まだ「姓字」をつけないとの理由で、賜姓を願い、賀羅造を賜わった。(43)

(2)宝字五年、百済人・高麗人・新羅人・漢人計三六氏一八八名の多数に賜姓し、韓→中山連、王→楊津連、戸→松井連、高→浄野造、科野→清田造、佐魯→小川造、達沙→朝日連のごとく、「蕃姓」を改められた。(44)

(3)延暦十八年、甲斐国人止弥若虫、久信耳鷹長ら一九〇人の百済帰化人が、丙寅年(天智五)、甲斐国に移住してから、まだ「蕃姓」を改められずとして、宝字元年四月の帰化人賜姓勅により、改姓を願い出、止弥→石川、久信耳→広石野と改められ、また、信濃国の一一人の高麗帰化人が、推古・舒明二朝に帰化したが、まだ「本号」を改められないから、宝字元年四年の賜姓勅によって、「大姓」を改められたいと願い、卦婁→須々岐、後部→豊岡、前部→村上・篠井・朝治、上部→玉井・玉川、下部→清岡、高麗→御井にそれぞれ改められた。(45)

以上の例は、ほとんど百済・高句麗滅亡後の帰化人とおもわれ、(1)のいまだ「姓氏」をつけずとは、「氏」そのもののないことをいい、(2)(3)の「蕃姓」「本号」を改めるとは、本国の氏姓を日本風の「氏」に改めることをいうのであって、神亀元年の「姓名賜」とおなじく、主対象は「氏」にある。とくに、(3)は改姓後も無カバネであるから、所詮、カバネとの関係はまったくない。要するに、「姓」とは「氏」そのものをさしているのである。

かくて、宝字元年勅は、天武八姓の対象である真人・朝臣・宿禰のような高級のカバネを有する、あるいはそれを取得しようとする上層帰化人を問題としたのでなく、(1)〜(3)の例のごとく、下級のカバネをもつ、またはカバネも有しない、さらには氏をも有しない帰化人、すなわち身分的にも下層の、かつ新来の帰化人を主対象としたものであることがわかる。そのために、戸籍における「無姓及族字」が問題とされうるのである。「無姓」と「族字」はともに下層の帰化人に属する。われわれは、宝字元年の「無制限賜姓」によって、天武八姓の原則が、全面的に崩壊したと考えることは到底できない。村尾氏の統計によれば[46]、勝宝七年より宝亀十一年までの「貴姓」への改姓状況は、臣→朝臣（一〇）、連→宿禰（二一）、其他→朝臣（一七）、其他→宿禰（二三）、宿禰→朝臣（三）の計七四例中、諸蕃は、清村・昆解・阿刀・朝原の四氏が宿禰を、百済氏が朝臣を許されたにすぎない。

帰化人のカバネは、「旧姓」の造・直と、天武「新姓」の連・忌寸がほとんどである。村尾氏によれば、『続紀』『後紀』で、無カバネより連を賜わったもの八七（うち帰化系五六）、旧カバネより連を賜わったもの三一（うち帰化系一三）、その他で、計一三八氏の連のうち、約九〇氏が帰化系とおもわれ、無カバネから造を賜わったもの三三氏もほとんど帰化系、旧カバネより造を賜わったもの三氏もすべて帰化系である。忌寸は、『書紀集解』の、

「按忌寸者今来也、諸蕃帰化所賜姓也」との説のように、ほとんど帰化系氏族のカバネとなっている。このように、連・造・忌寸などの下級カバネが、むしろ帰化氏族を特色づけているのであるから、宝字元年勅の「無制限賜姓」に発するカバネの競望が、カバネ制を混乱させたとはおもわれぬ。もちろん、連のうちには、「新姓」の恩典に浴しない、「旧姓」のままの連もあったのだから、新旧の混乱はあったかも知れない。しかし、連にせよ、忌寸にせよ、宝字元年以前からの帰化人のカバネで、神亀元年の「韓人部」への賜姓のごときは、二二氏中、二一氏が連、一氏が忌寸であり、宝字元年の賜姓によって、とくに新旧が乱れたわけではない。しいていえば、「旧姓」の造が、宝字元年勅以後に多く、あるいは、この造こそ、この勅によって無カバネの帰化人に、下級カバネとしてあらたに与えられたのではないかとおもわれる。先にあげた宝字五年に、高→浄野造、卓→御池造、科野→清田造など、帰化氏族一九氏に、集団的に無カバネより造を与えているのは、その最初の適用例とおもわれるが、しかし、このカバネは、すでに天武十三年の八色賜姓の直前に、多くの帰化氏族が造より連を賜わり、その後、連より忌寸に改められたときに、この一連の改姓に取り残された帰化氏族のうちに、造のままとどまったものもあったわけで、先述の改姓例、造→連（一三氏）のうち、帰化氏族が一一氏を占めているのはそのためであろう。大宝より宝字元年の間にも、衣縫造→連、狛造→大狛連、鍛冶造→守部連、赤染造→常世連などの例がみえる。だから、これらよりさらに低位の帰化氏族が、宝字元年勅によって、無カバネより造に改姓されたとしても、別にあらたな現象とはいえない。

一般にカバネを改められる順序は、無カバネ↓造↓連↓忌寸↓宿禰↓朝臣の順で、中間の段階をとびこえ、無カバネ↓連、連↓宿禰などに改められることも多い。おそらく、まず有力なかつ古い帰化氏族が、天武朝に忌寸を与えられ、これにつぐものが、文武〜宝字年間に連を、さらに低位のあたらしい帰化氏族が宝字以後に造を賜わったものと解してよい。ここでは階層的にも年代的にも、忌寸↓連↓造と下降する。もちろんこれは、図式的にであって、宝字以後の賜姓にも、この三カバネは上下の関係において存在した。

それにしても、宝字元年勅がカバネ制に果した特徴的な役割りが、この造の賜姓にあるとすれば、いわばもっとも低位のカバネを帰化人に与えたことになるのであって、朝臣・宿禰などの高いカバネの競望とはかかわりがなく、かえって「無姓」の帰化人や、無姓に準ぜられる「族字」をもつ帰化人への接近を証している。宝字元年勅は、いわばこれら帰化人大衆ともいうべき階層を直接の対象としたことになろうし、直接には、天智・天武朝など、百済・高句麗滅亡後に渡来した帰化人を主対象としたのである。

本題にかえって、宝字元年勅の帰化人にたいする「給姓」、「無姓」の「姓」の字が、カバネでなく主に「氏」をさすものとすれば、これをカバネと考えて行う全文の解釈は考えなおす必要がある。「族字」はカバネをもたぬものを対象とするのでなく、もっと根源的に、氏そのものをもたぬものを対象とし、便宜上、かれらに「某族」を称させていたとおもわれるからである。(3)の文中、「無姓及族字」と両者を同列に扱ったのは、「族字」が「無姓」に準ずるものであった証拠ではないか。(イ)によって、帰化氏族に氏を与えれば、(ロ)の「無姓」と「族字」

はおのずから消滅すべき性質のものであらねばならない。

第三節　『姓氏録』序文の解釈

『姓氏録』序文は、氏姓制度上の画期的な事件として、(1)允恭天皇の盟神探湯、(2)天智天皇の庚午年籍、(3)宝字末年の『氏族志』、(4)延暦十八年の『氏族本系帳』をあげ、それぞれの行われた理由を明示する。このうち(1)(2)については第一編において述べた。ここでは(3)(4)をとりあげるが、そのいずれもが撰進理由として、宝字元年の帰化人賜姓勅をあげていることが注目される。すなわち、

勝宝季中時、有恩旨聴許諸蕃、任願賜之、遂使前姓後姓文字斯同、蕃俗和俗氏族相疑、万方庶民陳高貴之枝葉、三韓蕃賓称日本之神胤

とあって、『姓氏録』の直接の基礎となった『氏族志』『氏族本系帳』が撰進されたのは、宝字元年の帰化人賜姓の結果、諸蕃姓が区別しがたくなり、系譜の詐称がおこり、氏族相互の争いが生じたためであるとしているのは、ともかく、この賜姓勅に重要な変化の起点たる意味を認めている証拠である。文中の「前姓後姓」とか「蕃俗和俗」の意味はあきらかでないが、阿部武彦氏(47)に従って、もしカバネのこととすると、序文にいう「高貴之枝葉」や「日本之神胤」のような高級のカバネ、すなわち真人・朝臣・宿禰を、この勅によって帰化人が争って称した

ために、カバネの混乱がおこったことになる。しかし、すでに本論では、村尾氏の提出された史料によって、この点を否定した。延暦以後に、宿禰が若干増加しているが、朝臣は弘仁まではきわめて少なく、少なくとも、八世紀にそのような現象はおこっていないからである。

帰化人のカバネをみると、天武八色姓以前は、有力者が直・首・造を、その他は史・勝・村主・曰佐・吉師・画師・薬師・使主など、一見して帰化人とわかるカバネを称していたが、八色姓において、いわゆる「万姓を混じて」、かつて神別貴族のものであった臣・連を帰化氏族にも与え、帰化氏族の特殊姓を否定し、社会秩序を一元化したとはいえるだろう。しかし、天武賜姓の目的は、真人・朝臣・宿禰・忌寸の四カバネ、位階でいえば小錦以上大夫、すなわち卿大夫の家柄の確定にあって、帰化氏族が当面の目標ではない。かつ八姓の各階層間には、天皇・皇族を頂点とする明確なヒエラーキーが形成され、その上位三カバネは帰化氏族に与えられず、その後も、帰化人・夷人には、忌寸・臣・連が与えられたとすれば、そこにあらたな位置づけが行われたものとみねばならない。(48)この原則は、宝字元年格によって崩れ去ったとはおもわれない。

ここで、序文の「前姓後姓」「蕃俗和俗」を、上来の主張に従って、主として氏の同化による混乱を示すものと考えてみよう。

前記の、(1)神亀元年、(2)天平十七年、(3)宝字元年の帰化人賜姓は、ともに帰化氏族の下層部分にたいする賜姓を主とするから、集団的なばあいが多いが、(1)(2)と(3)では、その性格に若干の相違が認められる。以下、『続紀』

より実例をかかげるが、一〇人以上の集団的な改賜姓を先とし、（ ）内に人数を示す。

まず、宝字元年以前には、

文部（一一）↓文忌寸（養老四・六）　新羅人徳師（五二）↓金（神亀五・六）　秦（一二〇〇烟）↓秦忌寸（天平二十・五）　伊勢飯高郡人飯麻呂（一七）↓秦部（勝宝四・十）

僧恵俊↓吉（文武四・八）　僧恵耀↓餘　信成↓高　東楼↓王（文武四・八）　高麗↓王（大宝三・四）

狛造↓大狛連（霊亀元・七）　秦↓秦忌寸（養老三・四）　広幡↓秦（天平二十・十）

など、いわゆる「蕃姓」への改姓が多数を占めるのに、宝字元年以後は、

難波薬師（一一）↓難波連（宝字二・四）　辛（一六）↓広田連（宝字二・九）　河内画師（一七）↓御杖連（宝字三・十一）　憶頼（四一）↓石野連（宝字五・三）　秦毗登（一一）↓阿倍小殿朝臣（神護二・三）　子（一九三）↓吉井連（神護二・五）　毗登戸（九四）↓高安造（神護二・十）　三財部毗登（九烟）↓笠臣（神護二・十）　高志毗登（五三）↓高志連（神護二・十二）　韓鉄師（一二七）↓坂本臣（景雲二・二）　倭画師（一八）↓大岡忌寸（景雲三・五）　白鳥椋人・白鳥村主（二三）↓白原連（景雲三・六）　倉人（一八）↓大和連（景雲三・六）　河原毗登・河原蔵人（一五）↓河原連（景雲三・九）　秦勝（五二）↓秦原公（景雲三・十）　金城史（一四）↓真城史（宝亀六・七）　秦忌寸（二二）↓奈良忌寸　秦忌寸（九七）↓朝原忌寸（宝亀七・十二）　田辺史（五四）↓上毛野公（宝亀八・正）　莫位（三〇）↓清津造　燕（一六）↓御

山造　韓人（一八）→豊津造（宝亀十一・四）　栗原勝（一八）→中臣栗原連（天応元・六）　壱礼比（一五）→豊原連（天応元・四）

高麗→多可連　狛→長背連　戸・根→額田部宿禰　韓→中山連　王→楊津連（造）　刀利→丘上連　戸→松井連　国→国中連　面→春野連　高→浄野造　卓→御池造　延爾→長沼造　伊志→福地造　陽→高代造　烏那→水雄造　科野→清田連　斯臈→清海造　佐魯→小川造　答他→中野造　調→豊田造　達沙→朝日連　上部王→豊原連　前部高→福当連　前部→御坂連　後部王→高里連　後部高→大井連　上部王→豊原造　前部→柿井造・御坂造　上部→雄坂造　新良木舎姓→清住造　須布呂→狩高造　伯徳→雲梯連（造）　達沙→朝日連（以上、宝字年間）　馬毗登→厚見連　壱難→浄上連（以上、神護年間）　前部→広篠連（景雲年間）　楉田勝→大神楉田朝臣　蓋田→長丘連　赤染→常世連　楢曰佐→長岡忌寸　山村許智→山村忌寸　斯臈→清海造　沙良→広岡造　韓→広海造　沈→清海宿禰（以上、宝亀年間）　蓋→吉永連（造）（天応年間）　倭漢忌寸→木津忌寸　孟・張→嵩山忌寸　吾→永国忌寸　王・朱→栄山忌寸　大友村主・大友曰佐・錦曰佐・穴太村主→志賀忌寸　王→江田忌寸（以上、延暦年間）

などの例のように、「蕃姓」から「和姓」への改姓が急増する。[49]帰化氏族への改賜姓は、ほとんどこの種のものとなるのである。

すでに、栗田寛(50)は、宝字元年勅による「蕃姓」の混乱の例証として、勝宝八年、河内国石川郡人漢人広椅、漢人刀自売ら一三人に、山背忌寸姓を賜わったことをあげて、この氏は、「姓氏録山城天孫部に、山背忌寸、天都比古禰命子、天麻比止都禰命之後也とありて、天孫の高く貴き氏姓なるを、蕃人の裔等に賜はりしは、如何なる御意にやありけむ、甚忌忌し」と解している。その内容はともかく、そこでは、帰化人の「山背忌寸」という氏の名が、『姓氏録』序のいう「日本之神胤」にあたり、ために氏(カバネではなく)の混乱がおこると考えているのである。これと同様な例を、右の実例から拾えば、

秦毗登→阿倍小殿朝臣(左京皇別阿倍朝臣)　桑原連・桑原村主→桑原公(左京皇別桑原公)　三財部毗登→笠臣(右京皇別笠臣)　高志毗登→高志連(右京神別高志連)　倉人→大和連(摂津神別大和連)　戸・根→額田部宿禰(右京山城摂津神別額田部宿禰)

などがあるが、このように、皇別・神別と氏・カバネをともに共通にするのではなく、氏の部分のみを共通にするものであれば、さらに多く、右の実例のなかでも、

難波連(河内皇別難波忌寸・難波)　桒原公(河内皇別桒原)　錦部連(山城神別錦部首)　桑原直(左京皇別桑原公)　河原連(摂津皇別川原公)　上毛野公(左京・右京皇別上毛野朝臣)　長岡忌寸(左京皇別長岡朝臣)　大神楉田朝臣(大和神別大神朝臣)

などがあげられる。

『姓氏録』序文の「前姓後姓文字斯同」とは、主として、このように、帰化氏族が本来の神別・皇別氏族と、「氏」を混淆することを指すのであろう。そしてこれは、帰化氏族が、皇別・神別系に編入されてゆく一つの過程をもあらわすものとおもわれる。『姓氏録』には、あきらかな帰化系氏族で、皇別・神別に入れられたものがかなりある。

茨田勝（山城皇別）　曰佐（大和皇別）　吉志（摂津皇別）　韓矢田部（摂津皇別）　難波忌寸・難波（河内皇別）　秦忌寸（山城神別）　錦部首（山城神別）　呉公（山城神別）　山背忌寸（山城神別）　狛人野（山城神別）　椋垣朝臣（摂津神別）　韓国連（和泉神別）

などは、まさしくそれである。もちろん、前記の帰化人賜姓による新姓の大部分は、『姓氏録』の諸蕃に、それぞれ対応する姓を見出すのは当然であるが、しかしこれらも、その氏のみをもってしては、それが帰化氏族であるか否かを判別することはもはやできない。この点では、新姓のうち、『姓氏録』にも収録されないもの、たとえば、

御杖連　吉井連　坂本臣　白原連　奈良忌寸　朝原忌寸　清津造　御山造　中山連
丘上連　松井連　高代連　水雄造　清田連　小川造　豊田造　朝日連　御坂連（造）
高里連　大井連　柿井連　雄坂造　清住造　狩高造　厚見連　浄上連　広篠連
長丘連　広岡造　永国忌寸　江田忌寸

などについても同様で、これらはすでに帰化氏族の姓とは、一見して知ることができない。

宝字元年の賜姓勅によって、このような帰化氏族の姓が大量に創出されたとみうるであろう。

第四章　八世紀の「無姓」の農民

第一節　国史・文書にみえる実例

八世紀における「無姓」の農民の実在は、このように証明されるところであるが、これを具体的な実例にもとめると、まず、『続日本紀』に、

(1)養老四年十二月、除春宮坊少属少初位上朝妻金作大歳、同族河麻呂二人、幷男女雑戸籍、賜大歳池上君姓、河麻呂河合君姓

(2)天平五年六月、多褹嶋熊毛郡大領外従七位下安志託等十一人、賜多褹後国造姓、益救郡大領外従六位下加理伽等一百卅六人、多褹直、能満郡少領外従八位上粟麻呂等九百六十九人因居賜直姓

(3)天平五年六月、武蔵国埼玉郡新羅人徳師等男女五十三人、依請為金姓

(4)勝宝四年十月、伊世国飯野郡人飯麻呂等十七人、賜秦部姓

(5)宝字二年十月、美濃国席田郡大領外正七位上子人、中衛無位吾志等言、子人等六世祖父乎留和斯知、自賀羅国慕化来朝、当時未練風俗、不著姓字、望随国号蒙賜姓字、賜姓賀羅造

(6)延暦六年二月、勅諸勝賜姓広根朝臣、岡成長岡朝臣

があり、このほか、たとえば和銅六年六月、「従七位上家原河内、正八位上家原大直、大初位上首名等三人、並賜連姓」、和銅六年七月、「従七位下大津造元休、従八位下船人等、並賜連姓」、勝宝七年正月、「従七位上山田史広人、従五位下比売嶋女等七人、賜山田御井宿禰姓」などもあるが、これら傍点部の人名は、重出によって氏を省いたもので、現に、比売嶋女は、改姓後の宝字元年八月に、「旧により」山田史に復すとあるから、勝宝七年には山田史であったわけである。これに類するものは他にもあるが、みな氏の略記にすぎない。したがって、『続紀』の無氏者は、(1)〜(6)となるが、このうちでは、(1)の河麻呂は、「朝妻金作」の略記ではないかと疑えるが、たとえば「大伴談連従人同姓津麻呂」などの「同姓」の用法とはやはり区別すべきであろう。河麻呂は一応無氏と考える。(6)の広根朝臣、長岡朝臣は、『姓氏録』左京皇別に属し、あきらかに何らかの罪によって、属籍を削られ、このとき復されたもので、『三代実録』貞観五年八月、「無姓安岑、春岑等二人、賜姓有良朝臣」、仁和二年十月、「勅無姓者其名清美、賜姓滋水朝臣、貫右京一条」とあるものと同一例である。いずれも貴族で、赦免による復姓であるから、本来の無氏とは区別せねばならない。したがって、無氏・無姓の例は、(1)〜(5)となろう。

つぎに、『正倉院文書』に、宝字年間、画工司画師の名に、「新羅人伏万呂、飯万呂」がある。(51) これはその後、「新羅飯万呂」とも記されるから、「新羅人」は氏のごとくであり、これが「新羅」とも書かれたともみられる。よって、これを「人姓」の一種とする説もあるが、前後の画師名の表記法からすると、この連記の仕方は異常であり、「新羅人」「新羅」は、その不統一性からしても、普通名詞であると考えられる。つまり新羅人である伏万呂・飯万呂と解され、無氏の例に入れておきたい。この点はなお後述する。このほか、勝宝七年、元興寺の浄人「小依」(52)、宝字二年、東大寺の仕丁「尻深」(53)などの名もあるが、『正倉院文書』の通例にしたがえば、氏を略記したものとおもう。浄人・仕丁をふくめて、経師・校生・雇夫・雇工などの服仕者の氏は略記することが多く、そのうちで、真の無氏者と断定できるものは見出されないからである。

つぎに、『後紀』より選ぶと、延暦十八年四月、「摂津国人正八位上須美開徳、賜姓葛沢造、摂津国人従七位上乙麻呂等、給姓豊山忌寸」という例がある。

これらを合計すると、無氏・無姓の例は、結局七例となる。そのうち、『続紀』の河麻呂・徳師・飯麻呂・子人・吾志、『正倉院文書』の伏万呂・飯万呂、『後紀』の乙麻呂らは、例外なく帰化氏族であり、『続紀』の加理伽・粟麻呂は多褹人である。すなわち、ここでは、無氏者はみな「蕃姓」「夷姓」に属する。宝字元年勅の「無姓及族字」が「蕃姓」を対象としていたことと軌を一つにするのであり、庚午年籍による一般賜姓ののち、依然として氏姓をもたぬものがあるとすれば、新来の帰化人がそれにふさわしいことは、当然予想しうるところである。このような現象は、庚午年籍以前は、より普遍的な現象であったとおもわれる。もちろん、帰化人には限らなかったであろう。

第二節　瓦銘・墨書にみえる実例

しかし、八世紀の無氏者の例として、より慎重を期するために、一般農民層の記載される可能性のもっともつよい戸籍・計帳・調庸布絁・古瓦銘などの人名を検討してみよう。

まず、戸籍・計帳をみると、大宝・養老の各戸籍、神亀・天平の各計帳を通じて、最大の特徴は、氏・カバネ・名を正確に記載することである。氏のみ、または名のみを略記することはない。もちろん美濃のように、戸籍記載の便宜上、同姓のばあい略記することはありうるが、それには一定の規則があって、無氏者でないことはあきらかである。したがって、現存戸籍・計帳には、奴婢のほか無氏者は存在しないといってよい。これは、大税負死亡人帳、その他の公文書についても同様である。しかるに、筑前・豊前の戸籍の一部にのみ無氏者がみられるのは、まことに特異であり、帰化人が大部分であることから、先の帰化人無姓の例ともみられる。しかし、その部分に国印が押されていないことから、事実上の無氏というよりは、何らか戸籍作成の手続きにおもな原因があるのではないかと考える。この点は重要なので後述したい。

つぎに調庸布絁がある。松島順正氏の収録(54)によれば、和銅七年より天長五年までの調庸布絁のうち、天平・天平勝宝のものが大半を占めるが、墨書によって国郡郷名・人名の全部または一部の知られるものは一〇〇点に上り、伊豆・相模・武蔵・安房・上総・下総・常陸・上野・下野・遠江・甲斐の東国を主とし、越中・越後・佐渡の北陸、丹後・伯耆・播磨の山陰・山陽の一部、阿波・讃岐・伊予・土左の南海の諸道にも及ぶ広範な地域の人名を示している。人名の表記法は、戸主・戸主某戸・戸などの文字を冠するものと、冠しないものとがあるが、氏名の部分は、氏・カバネ・名（カバネのないものは、氏・名）を正確に記し、無氏のものは一例も存しない。その一部を欠くものは、すべて虫損、その他によるものである。

つぎに武蔵国分寺瓦塼がある。大川清氏の収録(55)によると、人名瓦は計一一二、うち四二パーセントは郷名・(戸主)・氏・名の揃っているもの、五〇パーセントは、(戸主)・氏・名、八パーセントは名のみのものである。カバネのあるものは一人もないが、それは人名のすべてが部姓者の故である。氏として確認されるものは、宇遅部・刑部・土師部・椋橋（倉椅）部・椋部・鳥取部・若奉部・占部・壬生部・□作部・城部・□日部・播他部・漆部・大伴部・宍人部・都羅部・神人部の一八氏で、問題はこのような部姓をもたない、八パーセントを占める名のみのものである。ただ断簡か否か不明のものがあり、広嶋、安麻呂瓦なども断簡でなければ、名のみを記した例となるが、少なくとも、□郷□麻呂瓦、戸主鳥万呂のように、郷名・戸主を上に付したものは名のみのものである。このようなものが、二、三件でもわずかながら存在するのは注目されるが、他の九二パーセントにも上るあきらかな部姓者に比べて、身分上の差がありうるとはおもわれないし、帰化姓ともおもわれないので、氏を略記したものであるのはたしかであろう。とくに国分寺建立の年代に、戸主で氏をもたないことは通例に反する。

下野上神主廃寺瓦について、石村喜英氏の収録[56]では、延べ二一一点、うち氏・名ともにあきらかなもの七七点を数え、全体の三分の一に達し、これに断簡のため名は不明であるが氏のあるものを含めると、一三四点となり、全体のほぼ三分の二が、氏・名を有する人名となる。その氏は、ここでもすべて部姓である。すなわち、白部（白上部）・酒部・雀部・大麻部（大麻績）・木部・君子部・大部・鏡部・大伴部・神主部（神部）・丈部・財部・大田部（田部）・矢田部・氏部（宇遅部）・当麻部・大臣部・安部の計一八氏が判明する。その残りが氏の判明しないものであるが、そのうちには断簡によるものが相当あるようであり、一応、石村氏の表から、本来、名のみを記したとおもわれるものをあげると、毛人（三）・鵄（一）・男（二）・麻日（一）・連工（一）・山田（一）・大（一）の計一〇点となる。しかし、重出者が相当あることからすると、たとえば毛人は白部毛人・大麻部毛人・□毛人のいずれかであろうし、鵄は□鵄・□鵄万呂の一部とおもわれ、男は酒部少赤男・雀部収男・木部佐男・□部枚男・□男の類であろうし、連工は酒部連工のことであろう。大・麻日はともに大麻某の一部ではないか。おそらく名のみのものは結局解消するとおもう。武蔵のばあいと氏の構成はきわめて似ており、ともに部姓がすべてにちかく、無氏は存在しないようである。われわれは、すべてが孔王部・藤原部らの部姓で占められた下総戸籍のばあいを想起する。

さらに大野寺土塔瓦について、森浩一氏の収録(57)によると、九二点のうち、九一・九二を除く九〇点が人名瓦である。そのうち、(イ)氏・カバネ・名の揃ったもの二三、(ロ)氏・名のあるもの一九、(ハ)名のみのもの四七、(ニ)不明一を数える。ただし、□臣□日女、□直広□らは(イ)に、林□、板持□、神人□らは(ロ)に、耳□、日□、□玉比女らは(ハ)に、それぞれ推定したので、多少の出入はあるかも知れない。(イ)は全体の二五パーセントを占める。これにたいし、(ハ)は全体の半ばをこえるが、そのうち僧名とおもわれるもの一五を減ずると、三二例となり、全体の三五パーセント強となる。森氏の表からは、それらが断簡ともみえないので、一応名のみを記したものと考えておく。無氏人名の比率の高さは、武蔵・下野とは比較にならず、氏の構成もまったく相違する。森氏が、氏・カバネ・名を兼備する地方豪族にたいして、「東人や平女のように、個人の名しか持たない下級の人々（奴婢をふくんでいるかも知れない）も多数存在することは注目に値する」とし、これを文字どおり無氏者と解されたのは、そのためであろう。武蔵・下野のそれが部姓者で占められたのに、この和泉では、秦公・白鳥村主・百済君・大宅連・岡田史・山口伊美吉・荒田直・大友寸主・上村主らの有カバネ者、調・津守・船・秦の無カバネ者をふくめて、帰化氏族が大半を占めており、また大野寺建立の時期を神亀四年〜宝字三年の間にあてうるとすれば、大半は帰化人賜姓勅の宝字元年以前に属するから、本論の論旨からしても、実際にかれら帰化氏族中に無氏者がいたとして差支えないし、少なくとも何パーセントかは無氏者であったと考えられる。しかし、史料の性質からみれば、このばあいも、やはり氏を略記したものが多かったのではあるまいか。この点は後述する。

ついで、法隆寺百万小塔について、平子鐸嶺氏の収録[58]によれば、人名の墨書は、小塔の基底面に年月・人名を、相輪の底部に人名を記すものが多いが、後者は、底面の文字と相符の用をなさしめたものと考えられている。人名には、調益人・秦八千万呂のように、氏・名を記すものもあるが、大部分は、浄足・乙万呂のごとく、名のみを記入している。人名のうえに、右・左の略号があり、また人名にも、真・秋・広・立・益など一字名のものがあるが、おそらく前者は、右工房・左工房、右京・左京などの類の略称であり、後者は、真男・秋足・広立・広人・広国・広足・立人・益人など二字名の省略にすぎまいと考えられる。この点からみれば、名のみを記したものも、氏を略記したものである。これらの人名を轆轤工か、納経・彩色・轆轤などの監督者とみるのが一般であるから、造東大寺司の工人の例からしても、このような造寺関係の工人に無氏者がいたとはおもわれない。むしろ、この史料は、造寺の際の知識や工人らの人名墨書や篦書に、いかに氏名を略記することが多いかの有力な証拠となるであろう。

つぎに、東大寺写経関係文書、聖語蔵一切経奥書[59]などをみると、たとえば、天平二十一年、東大寺写経所解にみえる四六人の経師名は、(イ)氏・名を記したもの九、(ロ)氏の一字を略したもの六、(ハ)氏のみを記したもの四、(ニ)名のみを記したもの二七となり、名のみのものが圧倒的に多い。しかし、そのすべては氏を略記したものにすぎぬ。いま、(イ)〜(ニ)までの例をあげ、（　）によって、その略記された部分を補ってみると、(イ)丸部嶋守、采女国嶋、山下咋万呂、(ロ)薏人万呂（薏原人万呂）、万公万呂（万昆公万呂）、志久比万呂（志紀久比万呂）、(ハ)達沙（達沙牛廿)、祁用理（祁用理大成）、㈡大立（椋人大立）、恵万呂（角恵万呂）、秋上（田辺秋上）、乙虫（余乙虫）のごとくに完成し、この種の文書に、いかに氏・カバネ・名の略記が多いかを示す、典型的な史料となる。聖語蔵経の奥書もかわりはなく、光明皇后の天平十二年願経にしても、景雲経にしても、氏・名を記したものと、氏または名のみを記したものとがあり、後者と前者を比較してみると、それぞれ、漢—漢浄万呂、雀部—雀部嶋足、酒主—阿刀連酒主、浄成—巧浄成のごとく完成され、また氏のみのものと、名のみのものをあわせると、これも、阿刀—息人、辛国—人成、辛国—形見、大和—水通のごとく完成される。これらはすべて、氏・カバネ・名の略記であって、無氏者はもとより存在しない。

つぎに播磨国賀茂郡既多寺知識経について、田中塊堂氏の収録によれば(60)、天平六年の跋語のある数十巻の大智度論に記された計六四人の知識名は、あたかも賀茂郡の戸籍帳をみるおもいがするが、この知識の名は、僧尼五名を除けば、すべて氏・カバネを備えたもので、氏を欠くものは一人も存在しない。

以上にかかげたすべての史料は、一般農民、白丁の氏名を示しているが、いまこれらの農民中に、氏を有しないものがあるかどうかの結論をひき出すまえに、史料の種別に応じて、氏姓の表記法に相違のあることを指摘しておきたい。まず、戸籍・計帳や、調庸布絁の墨書など、公的性格のつよい文書では、氏・カバネ・名を完全に表記し、官位があれば官位を、国郡郷名や戸主・戸口関係を記す必要があればそれをもつけ加えているが、人名瓦や、写経奥書など、いわば私的性格のつよいものには、氏・カバネの一部、または全部を省略する例がはなはだ多い。これは、『続紀』などの正史と、『正倉院文書』などの文書の差でもある。武蔵国分寺瓦は、あたかもこの中間に位する。森氏によれば、武蔵国分寺人名瓦に、郷・戸主・氏名を記したものの多いのは、調庸墨書とおなじく、「政治的な組織と運営の強行によって遂行された国分寺建立の背景を物語っている」のである。(61)これにたいし、下野上神主廃寺は、「有力氏族の菩提寺」にほかならず（石村説）、大野寺は、「政治力を背景としない、一つの民衆の集団と活動」によって建立されたとおもわれる（森説）。したがって、後二者は、武蔵にくらべて、氏名の正規の書法によらず、略記したものの多いのは当然なのである。東大寺関係文書が、経師・校生・仕丁・雇工夫・知識などのカバネはもとより、「部字」をしばしば省略しているのは、やはり史料の性格による。もと もと部字は、『釈日本紀』の秘訓に、「私記曰、問部字可読否、如何、答師説不読部字」とあるとおり、口唱法としては、おそらく読まなかった。下野上神主廃寺も、大麻部を大麻・大麻績、君子部を君子と略記する例がある。しかし、『続紀』や『戸籍』には、これを略記した例はないのである。そればかりか、筑前国戸籍において、肥君猪手の戸口生君鏡の妻搗米蘇代売と、寄口搗米弩弖とその家族搗米大国ら七人の計八人は、みな搗米部と記入したのち、この「部」字をわざわざ擦り消している。(62)『大日本古文書』は、そのため欠字を生じた部分を、□で表示しているが、これは虫損、その他ではないのだから、正しくいえば誤りである。(63)要するに、籍帳が部字をかくも厳格に取り扱っているのは、部を改めてカバネを賜い、また部に貶せられる記事のあるとおり、部字が国家権力との関係において、重要な意味をもっていたからであろう。籍帳はまさに、その意味での氏姓の原簿なのであった。したがって、部字はいわば公文書における表記法の所産であり、氏の名も同様である。『続日本紀』の改賜姓記事では、氏の名を示す文字は厳格に扱われ、記事の前後において、使いわけも意識的に行われている。しかるに、古文書・金石文の類においては、同時に多様な同姓異字が用いられ、上神主廃寺瓦でも、白髪部を白部・白上部の異字であらわし、東大寺関係文書の経師名でも、同一人で、白髪部・白壁部・白壁の文字を併用し、その名も、三田万呂・三田麻呂・美多麻呂・三田次などを用いた例がある。(64) そのカバネは直であるが、カバネを記したのは、前後わずか二回にすぎない。このような例をあげれば際限がないが、たとえば、経師が同一人で、鴨・賀茂、辛・加良・韓、五百木・伊福、伊吉・伊支・雪、大石・生石、刑部・忍坂部、境部・坂合部・堺部、斫槻・斫櫷・砕櫷・辟槻、古頼・古来、高麗・巨万、秦・半太・判太などと書き替えられた例は、表記法としてはまったく意味をなさず、これでは同一人であるかどうかもわからない。(65) おそらくこれらは口唱法の所産である。口唱法の本来の形は氏になく、名にあり、おそらく字(名)がもとであったとおもう。通常はこの字(名)をよんでいたものではないか。

氏はあくまで政治組織の一部として設定された。五世紀末以後、国家制度が整うにつれ、百済の人名呼称法がわが国に輸入され、中央・地方の豪族がそれを称し、戸籍制の成立とともに、全面的に一般の農民にも及んだものと理解される。喜田貞吉氏(66)が、農民が戸籍に編入されたうえは、必ずなんらかの「姓氏」が認められたはずで、それが公民となった証である。したがって、姓氏を有する一切の民衆を「百姓」といい、「公民」と称した。この論理からすれば、属籍を削られた出家・賤民・罪人は、当然、姓氏を失わねばならぬとされた視点は、基本的に正しいとおもう。氏姓はあくまで制定的なものである。したがって、上に述べたように、一般農民は口唱法としては氏を用いず、名、それも字（名）を称したものとおもわれる。

大野寺の人名瓦に、氏を記さないものがあっても、それが直ちに、公文書上における無氏者だと断定するわけにはゆかぬ。ただ帰化氏族である点に、改めて無氏者の存在する可能性を認めたのである。そして、無氏者が存在するとすれば、この大野寺のばあいのみと考えてよい。「無姓」が帰化氏族にこそ普遍的である例となろう。

第五章　「族姓」「人姓」の意義

第一節　問題の所在

これまでに述べた「無姓」、すなわち無氏と関連し、「族字」の問題を考えてみたい。

筑前・豊前の大宝二年戸籍の原本の検討から入ろう。一般に、西海道戸籍は、その紙幅、タテ・ヨコの界線の間隔と、その引きかた、国印の位置、続柄・氏・カバネ・名・年齢・性別・年齢区分・続柄注記・戸口総計・受田額の記載順と記入位置などが、細部にいたるまで同一形式を保ち、そこに高度の統一性のあることが注目される。そして、先述のように、この両国戸籍に限って、他の戸籍・計帳の例に反し、氏・カバネを記入せず、名のみを記入した部分があり、その部分には例外なく国印の押印を控えているのも、このような高度の形式的統一性と関係あるのではないかとおもわれる。(67)

さて、名のみを記した部分は、筑前一二人、豊前三四人を数えるが、実は、国印のおされてある部分にも、名の上方に、あとから氏・カバネを追記したとおもわれるものがあり、豊前などは、これが四一カ所、九〇人にも上るのであるから、氏の未記入部分より追記部分の方が約三倍もの多きに達するのである。追記部分をみると、あらかじめ氏・カバネを記入する空間をあけておいて、名を記入しているから、空間をあけすぎたり、狭くしすぎたりで、氏を大字で追記しても余白があり、または小字で記入してもなお窮屈であるものが見うけられる。だから、あらかじめ氏の追記を予想していたわけで、奴婢の名が、かかる空白なく書かれていることと比較すれば、氏の未記入部分といえども、文字どおりの無氏者と解するわけにゆかなくなる。その部分に国印を控えているのも、未完成たる証拠であろう。大宝二年籍において、それだけ氏・カバネの決定あるいは確認が、重要な使命と目されていたことになるのである。

しかし、それにしても、大宝二年という時点において、何故、西海道戸籍だけが、氏の確認・決定にかくも手間どり、氏の追記を二回、三回と行いながら、なお氏を記入しえないものを出したのであろうか。神亀四年に、

「筑紫諸国、庚午籍七百七十巻、以官印々之」(68)とある点からすれば、大宝当時、すでに庚午年籍は各郷とも作成されていたはずであるし、この庚午年籍に氏・カバネが明記されていたならば、このような現象はおこり得ないではないか。もしそうならば、庚午年籍をもふくめて、西海道だけは、実質上、無氏者がまだ多かったのか、あるいはそれ以後に渡来した帰化人が多かったためと考えられるであろう。本論のはじめにかかげた天平十七年の、「筑前、筑後、豊前、豊後、肥前、肥後、日向七国、無姓人等、賜所願姓」の格がそれを裏付ける。この格は、帰化氏族を主対象とする賜姓であるからであり、天平をはるかさかのぼる大宝二年に、帰化氏族の多い筑前・豊前に、「無姓人」すなわち無氏者が多く存在したとしても不思議はないからである。これが第一の解釈である。

しかし、この天平十七年の西海道賜姓は、宝字元年の帰化人賜姓によって全国化される一段階でもあるから、西海道の帰化氏族に限って、無氏者があったとはいいがたい。事実、大宝二年の御野戸籍は、豊前とおなじく、秦・某勝・漢などの帰化氏族を多くふくむにもかかわらず、無氏者を記していないのである。そこで問題は、何故おなじ条件であるにもかかわらず、豊前・筑前と御野の戸籍記載に差がうまれたのかという形式上の問題にふたたび帰るのである。これが第二の解釈である。

第一の解釈は比較的単純であるが、それだけでは説明しつくされないとすれば、第二の解釈を援用しなければならない。しかし、この方は必ずしも簡単ではない。そこで、以下にきわめて大胆な臆説を述べたい。

御野戸籍には、氏・カバネの未記入者は一人もいないのに、国印がまったく押されていない。これは豊前とは丁度逆である。つぎに、御野には、「族姓」「人姓」が普遍的であるのに、豊前にはそれがまったくない。これも逆である。すなわち、豊前戸籍には、秦部・塔勝・強勝・楢勝＝塔里、秦部・河辺勝・上屋勝＝加自久也里、秦部・丁勝・狭度勝・古溝勝・高屋勝・墨田勝・川辺勝＝丁里らがあって、秦人・秦人部・某勝族などはまったく存在しないが、御野戸籍には、国造族・漢人・秦人部＝春部里・国造族・栗栖田君族・水主直族・秦人・秦人部・漢人・漢人部・漢部・大田人＝栗栖田里、国造族・秦人＝肩々里、五百木部君族・秦人部＝三井田里、県主族・敢臣族岸臣・尾治国造族・不破勝族・各牟勝族・牟義君族・秦人・秦人部・神人・神人部・椋人＝半布里らがあって、漢人・漢人部・秦人・秦人部・某勝族、その他の族姓が普遍的に存在する。この二点に、案外解決のカギがあるのではあるまいか。

すなわち、「族姓」はもと同族を示す普通名詞で、そこに隷属民の擬制的同族化がはたらいているが、ともかく正規の氏の名ではない。いわば「無姓」に準ずる仮称にすぎないことは、上来しばしば述べたとおりである。「人姓」もまたもとは普通名詞で、氏の名でないことは後述する。したがって、庚午年籍以来、族姓や無姓、また一部の人姓の戸籍上における取扱いが一定しないために、豊前のばあいはその使用を避け、能うかぎり「部姓」をあたえたが、その系統が判然としない農民がかなりいるため、認定に手間どり、記入できないものを生じた。つまり、追記部分をみると、秦部・浴部・大神部・日奉部・物部・鴨部・飛鳥戸・建部など、いずれも中央系の部名で、その系統がかなり錯綜していることが知られる。かれらは、もともと無姓であったわけで、実質的な中央との所属関係はなかったものとおもわれるが、あるいはその同族に所属関係のあるものがあって、その縁をもとめて、このとき便宜的にその名を付することにしたのかも知れぬ。

これにたいし、御野は、戸籍上、「族姓」「人姓」を用いたために、表面的には氏の未記入者はなくなったが、逆に、この両姓の戸籍上の取扱いが一定しないために、国印を押して公認するまでにいたらなかったのではないか。「族姓」は、在地有力者の氏姓に、便宜上編付したものにすぎず、「人姓」は、その出自を仮に表示したものにすぎないからである。宝字元年にいたって、戸籍に、「無姓及族字」を記入することを禁じたのは、この両姓がひきつづき未公認のままで、ついに中止せざるをえぬ事情を物語っている。逆に、このとき、「無姓及族字」を除くため、「無姓者」に所願の氏を与えたのは、すでに大宝二年の豊前戸籍に、その先駆的な形態をみるのである。

ともかく、以上は一つの推定である。しかし、庚午年籍以後の籍帳に記された氏の名、とくに部名・族姓・人姓には、このような配慮が必要であり、ただちに大化前代から、その部名・族姓・人姓が存在していたものと考えるのは早計である。ここに、無姓の農民にたいする視野がひらけるのであり、無姓の農民は、部名・族姓・人姓をもつ農民と、本質的には、大体同質同階級に属することが推定できるであろう。

第二節 「族姓」と国造族・帰化氏族

「族姓」が地方豪族の配下に多いことは、当然考えられる。直木孝次郎氏が、(69)「地方豪族の中には、大豪族の場合とは反対に、部民を欠き、カバネ姓者―族民の二段階の構造を有するものが少なくなかったと考えられる」とし、大化前代の豪族団の構造には、カバネ姓者―部民（大豪族の型）と、カバネ姓者―族民（中小豪族、とくに国造以下の地方豪族の型）の二つが認められるとされたのは、上来の本論の論旨からしてもよくあうのである。

先述の御野戸籍の国造族・栗栖田君族・水主直族・五百木部君族・県主族・敢臣族・尾治国造族・牟義君族などは、おそらく地方豪族の族民にあたるであろうが、このほか、山背計帳の出雲臣族・尾張連族・宗方君族・鴨県主族・粟田直族・的臣族、「出雲大税賑給歴名帳」の生部臣族・神門臣族・語部君族・林臣族・若桜部臣族・倭文部臣族・佐波臣族、越前計帳の江沼臣族、さらに伊勢の壱志（壱師）君族などが見出される。地方豪族の支配下には、中央の宮廷・豪族の部民に編入されず、また編戸をともなわない多くの農民、したがって「無姓」の農民がいて、かれらが戸籍制に基づく編戸の過程に、「族姓」を称するにいたったと考えられる。ただしそれらが非部民であることはたしかであるにしても、大陸から部民制が導入される以前の古い社会組織であり、したがって帰化人には族民組織は認められないとする直木説はあたらないとおもう。

宝字元年勅が、とくに帰化氏族の「族姓」と「無姓」を問題としたように、実際上も帰化氏族、あるいはその同系氏族に、族姓者は多いのである。この点は、族姓の意味を理解する一つのカギであるとおもわれるが、左に例示すれば、

(1)上毛野君族。神亀三年、山背国愛宕郡出雲郷人。(70)この氏は田辺史の同系氏族で、勝宝・宝亀年間、田辺史より上毛野君(公)への改姓例が多く、大学直講・遣唐録事・大外記などを一族内に有する。

(2)大友但波史族・但波史族。神亀〜天平年間、近江国志何郡人。(71)大友漢人・大友村主・大友曰佐の同系氏族で、のち大友村主は後漢献帝の苗裔として、春良宿禰に改められた。(72)

(3)山背忌寸族。勝宝三年、山背国紀伊郡人。(73)勝宝八年、漢人より山背忌寸への改姓例がある。

(4)茨田連族。天平十二年、勝宝元年、山背国紀伊郡人。(74)山背忌寸族と同出する。仁徳十一年、茨田連衫子は河内国茨田堤をつくり、河伯を祭るとあり、画師・履作工・唱歌師を同族に有する。

(5)金集史族。天平十五年頃、伊予国宇麻郡人。(75)西琳寺僧願忠の俗姓が金集史族得麻呂である。

(6)勝族・不破勝族・各牟勝族・木勝族。大宝二年、御野国人。神亀三年、山背国愛宕郡人。(76)通説により勝氏は秦氏の同系氏族で、画師が多く、豊前では秦氏と同族集団を形成し、秦部の直接の統率者とおもわれ、御野でも、秦人の戸口に見出される。

(7)八戸史族。天平十五年、河内国高安郡人。(77)八戸史はその先高麗国人で、常澄宿禰を賜わり、(78)さらに高安宿禰

に改められた[79]。高安宿禰は、後漢光武帝の後とある[80]。八戸史族大国の戸主は橘戸氏で、これも大仏開眼会の高麗楽頭である[81]。

(8)荒田井直族。天平末年、尾張国愛智郡人[82]。荒田井直比羅夫は倭漢直荒田井比羅夫と同一人で、荒田井伊美吉も漢氏の一族である。

(9)伊蘇志臣族。勝宝二年、伊蘇志臣東人の親族[83]。ところが東人はもと楢原造を称し、産金の駿河国守で、滋野貞主の曾祖父にあたる。貞主も大学博士で、「該通九経、号為名儒」とある[84]。おそらくもと帰化氏族であろう。

(10)太臣族。天平五年、右京八条戸主秦常秋庭の戸口[85]。

(11)他田臣族。天平十四年、大和添上郡戸主鏡作連浄麻呂の戸口[86]。

(12)海部君族。大宝二年、豊後戸主川内漢部等与の戸口[87]。

(13)宇治連族。天平五年、右京戸主椋垣伊美吉意伎麻呂の戸口[88]。

(14)粟田臣族・粟田直族。天平五年、同右戸の戸口また山背国愛宕郡某郷戸主布世君族市麻呂の戸口[89]。

(15)敢臣族岸臣。大宝二年、御野国加毛郡人[90]。安倍臣族吉士臣、すなわち難波吉士の同族といわれる[91]。

などがあげられる。

もちろん帰化氏族といっても、その範囲決定にはいろいろ問題もある。ただ、右のばあい、一応、帰化氏族、またはその同系氏族と考えてよいであろう。しかるに、直木孝次郎氏(92)は、族姓者のなかに、諸蕃に属する姓をもつもののあることを指摘されながら、そのなかに、秦・文・漢などの有力氏族のないことから、はなはだこの点を否定的に解釈された。それは直木説が、族姓者を、「部民成立以前の豪族団の下部組織をなす階級の遺制である。換言すれば、部民をもつ以前の社会、すなわち紀元三、四世紀ごろの社会の基礎をなす階級は、族民によって想像される同族団的性格のものである」と規定するところから、族姓者を、当然、「大陸との接触が密となる以前の日本固有のもの」と考えざるをえなかったからであろう。

しかし、族姓者には、五百木部君族・海部君族・白髪部造族・漆部直族・倭文部臣族・語部君族・生部臣族・若桜部臣族などのように、部姓の下に族字をつけたものがあり、族姓を部姓以前のものとするには難点である。また、それが地方豪族配下の農民に多くみとめられるにしても、右の例のごとく、帰化氏族にも多く、両者はしばしば重なりあう存在でもあった。秦・漢氏においては、人姓がこれに代わる地位にあったであろうこともあとに述べるところである。ともかく、八世紀の戸籍制において、「族字及無姓」が問題となったのは、ほとんど帰化人であって、とくに百済・高句麗滅亡後に帰化したものには無姓が多く、族姓が与えられたであろう。帰化氏族は、もと無姓なのであるから、族姓者が多いのは自然であろう。

この点、直木説も、族姓が大宝以後に集中していることを立証しているから、結局、族姓は戸籍制の所産であるという井上説の方向をとらざるを得まいとおもわれる。ただし、本論では、それが天武八姓ではなく、庚午年籍の所産であるとする。この点については、また後述しよう。

第三節 「人姓」と帰化氏族

しかし、族姓が、秦・漢両氏に見出されないのは事実である。一つには、これらの帰化氏族は古いのであるから、その支配下の農民も、かなり早くから秦部・漢部などの部姓を与えられていたと考えられる。しかしまた、そのような姓を与えられるまえ、あるいはあらたにその支配下に編入されたものは、必ずしも特定の姓をもっていたわけではないであろう。そこで問題となるのは「人姓」である。秦・漢両氏に多い「人姓」が、この「族姓」に代わる位置を占めていたのではないか。

すでに直木氏は、その興味ある詳細な「人姓」の研究[93]のなかで、国内異族系、帰化氏族系の「人姓」として、肥人・隼人・漢人・韓人・高麗人・新羅人・唐人・秦人・御間名人などをあげられた。直木氏のいわれるように、これらの「人姓」は、氏の名として用いられたものであるが、もとは異族や帰化人たることを示す普通名詞であった。

(1)漢人・秦人　　神功五年、新羅俘人が桑原・佐糜・高宮・忍海四邑の漢人の祖となったとあるが、この漢人は四邑に住む帰化人を示す語にすぎない。敏達十三年、最初の出家三尼のうち、漢人夜菩の女豊(禅蔵尼)がみえるが、この漢人もまだ氏の名となってはいない。崇峻三年、出家尼の名に、漢人善聡があるが、これは新羅媛善妙、百済媛妙光とならび、ともに氏とは考えられない。推古十六年の遣唐留学生に、高向漢人玄理、新漢人大国、新漢人日文、南淵漢人請安、志賀漢人慧隠、新漢人広斉のあることは周知のところであるが、この漢人はカバネのようにみえても、もともとこのようなカバネはなく、また氏の名の一部としても、まだ定着していない。おそらく、西漢才伎歓因知利、新漢陶部高貴（雄略紀）、新漢斉文（推古紀）とおなじ用法で、某所に居住する漢人（このばあいは、河内錦部郡高向・大和高市郡南淵・近江滋賀郡）、あるいは新来の漢人という普通名詞を出でないであろう。とくに僧名に、新漢人を冠しているのだからなおさらである。このうち、高向玄理は、舒明十二年に帰国するまでは、高向漢人、大化元年、国博士任命のときから、高向史と書かれ、同時に高向史の始祖とあるのは、ほぼこのころから、氏として確定された証拠であろう。しかも、このばあい、定姓化にともなって、漢人の称を捨て去っているのである。新漢人も、八世紀に今来（今木）直を称し、漢人の語は使われていない。

これと同様なことは、四邑漢人にもみられる。『坂上系図』の桑原・佐味・高宮・忍海の各村主（すぐり）は、技術者としての漢人集団の在地の統率者とおもわれ、秦氏配下の某勝（すぐり）が、秦部集団の在地における統率者であったのと似ているが、これらの漢人はいずれも下級官人としての定姓化の過程に、漢人の称をすて、村主を称しているのである。かくて漢人は、忍海漢人や飽波漢人のごとく、被支配層の姓として定着した。この村主―漢人の対応の仕方は、おなじく『坂上系図』にある金作村主・錦部村主・鞍作村主が、それぞれ金作部・金作（朝妻金作）・鞍作・鞍部・錦織（部）などの姓に対応しているのとひとしい。「人」「作」「部」はいずれも雑戸の姓であり、被支配者層の姓である。津田左右吉[94]・中田薫[95]両氏は、漢人＝漢部と考え、太田亮氏[96]も、「人」を「部」の一種とされたが、関晃氏[97]は、漢人とは村主クラスの称で、漢部・漢人部の直接の統率者をさすと解され、直木孝次郎氏[98]も、「第一類人姓」（職業と関係ある）が、伴造と部民の中間組織を形成する下級官人であるとの考えから、この関説を継承された。しかし、四邑漢人のすべてが村主姓に解消包含されるであろうか。むしろ、「漢人」は、もっぱら漢人の分化によって、上昇を阻まれた部民＝雑戸の姓として定着した点に意味があり、「俘人」の子孫とされるのもその故であろうし、この後も、忍海漢人・忍海手人・飽波漢人・忍海戸狛人などの「人姓」は、雑戸の姓として、改姓の対象となった。また、大蔵省、内蔵寮に所属する「紀伊国在狛人、百済人、新羅人幷卅人」も、典鋳司の「高麗、百済、新羅雑工人」とおなじく、いずれも雑戸に準じて扱われているのである。七〇五三戸にのぼる「秦人」や「漢人」らの諸蕃投化者をあつめ、国郡に安置したとある欽明紀の記事も、やはり伴造にひきいられる一種の従属民をさすことばで、「戸籍に編貫」されるまでは、「無姓」の農民であったにちがいない。これは、同紀の、大和国大身狭・小身狭屯倉の田部となった「韓人」や「高麗人」、山背に安置された「高麗人」も同様であろう。ただ秦人・漢人は、その名の由来からすれば、あきらかに帰化人でなければならず、秦部・漢部は、津田左右吉氏の説[99]のように、日本人の農民を主とする、いわば帰化系氏族と考えてもよいのではないか、「人姓」と「部姓」の相違をもとめれば、主としてこの辺にあろう。それから、一般的には、両者の成立には時代的なずれがあり、「人姓」ははやくても六世紀半ば以後の成立と考えられよう。

(2)隼人・肥人　これも発生的にはもちろん普通名詞である。地域によって、大隅隼人・薩摩（阿多）隼人・日向隼人・甋隼人・阿太肥人・日向肥人の名のあることは、居住地名を冠する漢人のばあいと同様である。「近習隼人刺領布」（履中紀）の隼人は舎人とおなじ普通名詞であり、播磨賀毛郡の「日向肥人朝戸君」（播磨風土記）、「播磨御井隈人（肥人）文石小麻呂」（雄略紀）の肥人も、いわば在地の首長層をふくめた肥人一般をさすことばである。そして、養老七年、大隅・薩摩隼人六二四人の朝貢に、「酋帥三十四人」の存在が知られるが、かれらは、いわば在地の小共同体の首長で、漢人の村主に対応する。おそらく、かれらが在地の郡司・評督・助督などに任ぜられる段階において、賜姓が行われたものとおもう。そのとき、隼人の首長層は、薩摩公（君）・阿多君・大隅（大住）忌寸（直）・曾君（公）・加志君・贈於君・曾県主・加士伎県主の姓を賜わることによって、「隼人」の称をすて、肥人の首長は、肥君・衣君・薩摩などの姓に上昇定着して、「肥人」の称から脱却した。[100]この上昇化の過程の他の極に、隼人・肥人が被支配層の姓として定着していったものではないか。文武四年、衣君・薩摩・肝衝などが、「従肥人」とあるのは、その表現であろう。そして、その時期は、天智・天武朝ではあるまいか。知られるところでは、八世紀に、阿多隼人（近江滋賀郡）・甋隼人・隼人・大住隼人（山背大住郷）などの姓があり、もっとも多い大住郷（推定）をみると、[101]隼人七九人、大住隼人四人、大住忌寸二人、阿多君一人、葦屋主寸（村主）一人、その他三人で、九〇人中、隼人姓が八三人を占めている。隼人が、君・忌寸・村主らに統率される被支配層の姓であることは明白である。かれらは、京畿より隼人司に上番し、いわば「宮廷奴隷的」に、「吠狗に代りて」警衛にしたがったとされているのである。

(3)韓人・辛人　『播磨風土記』に、餝磨郡巨智里に韓人山村があるとみえ、それは揖保郡の漢人刀良とおなじく、氏の名であるともいえるが、もともと『風土記』の記事は、餝磨郡の漢部里に、「讃岐国漢人」、手苅丘に「韓人等」がはじめて到来し、揖保郡の小宅里（漢部里）に「漢人」が住み、韓荷島で「韓人」が破船したとあるように、漢人・韓人をほとんど普通名詞として用いており、山村・刀良のばあいもおなじであろう。韓人が氏化する時期はあきらかでないが、ほぼ漢人とおなじころで、隼人・肥人・新羅人・高麗人よりは古いとおもわれる。韓人は、宝亀十一年、摂津国人の「韓人」一七人が集団的に豊津造に改められているが、造は、先に述べたように、八色改姓にとりのこされた、もっとも低位の帰化人系のカバネにすぎない。他は右京・御野の戸口や衛士府火頭に名があり、「辛人」は画師・鋳工にみえる。ほぼその地位が知られよう。

(4)高麗人・狛人　「高麗人」という氏の名は、天平十七年、右京戸主高麗人祁宇利黒麻呂が唯一の例であるが、おそらく祁宇利が韓名で、これに和名の黒麻呂を加え、出身を示す高麗人を冠したもので、きわめて変則的かつ未熟な氏の名である。(102)この他には、同年の山背相楽郡戸主と、その戸口の優婆塞に「狛人」があり、また、泉木屋所の雑使に「狛人」がみえ、この計四人がすべてである。(103)さて、「高麗」の氏は、敏達十三年、高麗恵便がみえるが、これは高麗僧の意で、同時にみえる漢人夜菩とともに、氏とはいいがたく、天智五年、高麗より調使として来朝した「大使臣乙相奄鄒、副使達相遁、二位玄武若光」は、奄鄒・遁・若光が本来の韓名であろうが、大宝三年、若光は高麗若光とあり、このときはじめて王姓に改められている。若光は武蔵高麗氏の始祖とあり、高麗氏としては、もっとも古いとおもわれるが、天智〜大宝年間に、高麗氏を仮称せしめられ、正式に王姓を賜わったのであろう。(104) 一方、武蔵高麗郡の背奈公（高麗朝臣）の祖は、平壌が唐に破れてから、われに帰化したという。(105) おそらくこれも天智朝ごろではないか。高麗人の成立も、ほぼこのころと推定してよいであろう。

(5)百済人　天智十年、百済より貢上された「許率母明五経」は、天武六年、「大博士百済人率母」とあり、われに帰化して、「許」より「百済人」へ改姓されたようにみえるが、『懐風藻』には、やはり許率母とあるから、まだ倭姓はないのであり、「百済人」は普通名詞か、氏の仮称にすぎない。(106) しかし、天武朝ごろ、かかる称呼が、氏化する可能性はあったであろう。

(6)新羅人　すでに画師の「新羅人伏万呂、飯万呂」が存したことを述べたが、この「新羅人」は、まだ氏としては未熟であるとおもう。ともあれ、この二人しか例がない。「新羅」の氏そのものも、文武三年、新羅子牟久売が最古である。(107)

(7)このほか、(1)〜(6)に類する氏の名として、「前部」「後部」「上部」「西部」「南部」などの、百済・高句麗の行政区画名を氏とするものがあるが、「後部高笠麻呂」を、単に「高笠万呂」と記し、「後部高呉野」を「高呉野」とも記すように、「後部」の氏化はきわめて未熟である。「前部高文信」「上部王弥夜大理」「上部王虫麻呂」

などの人名も同例で、いずれも、高句麗・百済の大姓たる高・王の上に、部名+官位+氏名の表記法にしたがって、部名を付記したのがもとである。(108)

しかし、八世紀には、この部名が独立し、「蕃姓」として定着した。これにたいし、「西部」「南部」のごとき、新立の百済部名は、「西部難男高」「南部馬仙文」の人名にみられるように、まだ独立の氏となっていない。(109)

また、「吉士」「曰佐」のように、官位官職から氏に転じたものもある。敏達・推古朝には、吉士を難波吉士・草壁吉士とも表記した例があり、まだ吉士は定姓化していない。小野妹子の入唐国書に、「大礼蘇因高、大礼乎那利」とあるのは、妹子と吉士雄成をさすが、雄成の氏は省略されている。吉士が正式の氏でない一証であろう。「吉士」は本来、新羅の十四等官位で、官位+名の表記法から、氏化するにいたったもので、「曰佐」も、欽明朝の百済の臣「曰佐分屋」は、「前部施徳高分屋」と同一人にちがいなく、曰佐とは訳語の略字で、普通名詞であるにすぎず、まだ氏とはなっていないのであろう。(110)

以上、概観してきた(1)〜(7)の帰化人氏姓をみると、大化前代に、氏の名として成立していたとおもわれるのは、漢人・秦人・韓人で、新羅人・高麗人・隼人・肥人・前部・後部・上部・西部・南部などは、おそらく天智・天武朝に氏化の第一歩があったのではないか。

人姓につづいて、帰化氏族には、秦姓乙安・秦姓乙兄・秦姓綱麻呂・秦羸姓田主・金姓大富・素性仁斯(素姓・索姓にもつくる)・段姓夫公・新良木舎姓県麻呂・西姓令貴・加良姓・秦姓など、「姓」の字を付した氏が認められる。(111) これは帰化人にしかみられず、氏の名というよりは、その氏への所属を示す語らしくみえ、『坂上系図』所引の『姓氏録』第二十三巻に、応神朝に来朝した「七姓漢人」として、段姓・李姓・皀郭姓・朱姓・多姓・皀姓・高姓をあげ、それぞれの「姓」に属する氏族名をあげているのは、その例証とみられる。この「某姓」自体が、氏の名となったことは、きわめて変則的であろう。

第四節　族姓・人姓の階級性

さて、「族」「人」「姓」の字は、以上のように本質的な共通性があるとおもう。秦・漢両氏には、「族字」を有するものをまったくみないが、かわりに、「人字」「姓字」を有するものがあり、これが両氏の特徴をなしているといっても過言ではない。本論は、後述のごとく、族字の成立を庚午年籍の前後におくが、人字・姓字は、秦・漢両氏に関するかぎりは、大化前代に氏化していたとおもう、したがって、秦人・漢人・秦姓・段姓（漢人系）などは、八世紀に氏として定着しえたが、某族はまだ正規の氏とは見なされず、結局廃止されたのではないか。人姓と族姓が、ある意味で非常に似ていることは、和銅七年、(112)

国造人姓、除人字」寺人姓本是物部族也……除寺人、改従本姓矣

とあり、また神亀二年、(113)

国人（摂津国人）少初位下掃守連族広山等　除族字

とあることからも、従来しばしば指摘されてきた。傍点部の書法は、「除雑戸籍」「除其号」「除手人之名」「除陵戸籍」「除飼馬之帳」などと同型であり、これらは、雑戸・手人・陵戸・馬飼などに関するものであった。人字・族字もほぼこれらと同列に考えられる。すでに本論では、人姓が部姓とおなじ隷属民であろうと主張した。族姓もおなじく、しかも人姓・部姓よりはやや後に、当時まだ無姓であった農民の称呼として成立したものではないか。したがって、それは秦・漢両氏には所属せず、麗済滅亡後の帰化氏族におもに付されることになった。

この観点からすれば、むしろ石母田氏(114)や直木氏(115)の説かれる隷属民説に近く、族姓はたんにカバネをもたない有姓者の一族が称したものでなく、氏そのものをもたない農民が、主家あるいは有力者の氏を仮称し、その所属をあきらかにしたものと考える本論の論旨ともよくあうのである。

有力者の同族・親族と族姓の関係が論ぜられるばあい、必ず、勝宝二年の「伊蘇志臣東人親族卌四人、賜姓伊蘇志臣族」とある一文が引きあいに出される(116)。いま、通説によって、これを図式化すると、

(a)中核的親族＝楢原造→伊蘇志臣

(b)周辺的同族＝（楢原？）→伊蘇志臣族

となる。この例にならって、『続紀』から、同族関係の改姓記事をひろうと、

(1)養老元年、他田臣は安倍朝臣と「本系同族」にして、異姓にあらずとの理由で、安倍他田朝臣を賜わった(117)。

すなわち、(a)安倍朝臣　(b)他田臣→安倍他田朝臣
(2)養老三年、賀茂役首と千羽ら一六〇人に、賀茂役君姓を賜わった。[118]　(a)賀茂役首→君　(b)千羽→賀茂役君
(3)養老四年、朝妻金作と「同族」河麻呂に、おのおの池上君、河合君の姓を賜わった。[119]　(a)朝妻金作→池上君
(b)（河麻呂）→河合君
(4)天平九年、大倭忌寸に宿禰姓を、「自余族人」に連姓を賜わった。[120]　(a)大倭忌寸→宿禰　(b)（族人）→大倭連
(5)天平十四年、飯高君の「親族」県造らに、飯高君姓を賜わった。[121]　(a)飯高君　(b)県造→飯高君
(6)天平十九年、赤染造と赤染ら二四人に、常世連姓を賜わった。[122]　(a)赤染造→常世連　(b)赤染→常世連
(7)宝字五年、稲蜂間連の「親族」稲蜂間首ら八人に、稲蜂間連を賜わった。[123]　(a)稲蜂間連　(b)稲蜂間首→連
(8)景雲二年、忌部連ら一一人に宿禰姓を、忌部ら一四人に連姓を賜わった。[124]　(a)忌部連→宿禰　(b)忌部→忌部連
(9)宝亀元年、僧基真（物部浄志朝臣）の「親族」物部宿禰三人を、本姓物部に復した。[125]　(a)物部→物部浄志朝臣
(b)物部→物部宿禰→（物部）
(10)宝亀八年、直ら二八人に紀神直を、二三人に紀名草直を、一〇九人に紀忌垣直を賜わった。[126]　(a)直→紀神直
(b)直→紀名草直　(c)直→紀忌垣直
などが認められる。これらは、凡ね高いカバネを含まない下級氏族の親族・同族の改姓記事である。

まず、同族系列を示す(b)において、(2)(3)(6)(8)(9)(10)は、無カバネであるにもかかわらず、改姓にあたって、あた

らしいカバネを賜わり、(a)の「族姓」を称したものは一つもない。そのカバネには、連・君が多い。この点は、直木氏の調査された「賜姓に与った無カバネ者」の表[127]によっても、二三件=二六人のうち、「族姓」に改められたものは一例も存在せず、改姓後のカバネは、連一四、君四、臣三……の順となり、上例によく一致する。したがって、これらの例のほかに、「族姓」を賜わったものがいたとしない限り、無カバネ者に「族姓」を与えたとする井上説は成立しがたいのである。[128]また、この点から、「族姓」は無カバネ者よりさらに下層の、無氏者に与えられたとする可能性は増大するであろう。

つぎに、たんに親族・同族というのみで、「族姓」を与えねばならぬ必然性があるであろうか。

まず、(一)佐伯有清氏[129]は、同族の表現としての複姓をあげ、曾県主岐直・太田祝山直などをその例とし、かかる複姓の発生を、皇極・孝徳朝と考えられた。たしかに、上記の例のうちでも、(1)安倍朝臣・安倍池田朝臣、(10)紀神直・紀名草直・紀忌垣直などの複姓があって、同族をあらわしている。つぎに、(二)同族の表現は、「族姓」を必要とせず、氏の名を共通にするだけで、十分達せられるはずである。上記の例でも、(6)赤染造・赤染、(8)忌部連・忌部、(9)物部宿禰・物部などは、氏を共通にして、同族たることをあらわしている。(三)カバネの上下による同族の表現があるのはもちろんで、(4)大倭宿禰・忌寸、(7)稲蜂間連・首、(8)忌部宿禰・連などはその例である。

以上のごとく、同族の表示には、(一)〜(三)の形式が考えられ、それのみで十分である。同族だから「族字」を付することは、むしろあり得ない。そこには、同族であるよりは、階級的な支配・所属の関係が示されているとみるべきであろう。

「族姓」の発生を、井上光貞氏は、(130)天武八色姓にもとめられた。それは、「族姓」を一定の基準に従って授けられた「賜姓」（このばあいはカバネ）制度の産物とみて、「賜姓」の原則を定めた天武八色姓に、その出発点をもとめられたからである。しかし、もし「族姓」を、無氏者に授けられたものとすれば、それは戸籍制の施行とともに発生すべく、とくに天智天皇の庚午年籍で一般化したものと考えねばならない。少なくとも、天武八姓以前から存在したことはたしかであろう。

この観点からみれば、勝宝三年、山背国紀伊郡人茨田久比麻呂と大宅朝臣加是麻呂によって、その良賤を争われた山背忌寸族登与足・三嶋売・刀自売の三人の祖父母は、庚午年よりはじめて五比七比の籍に良人として貫せられていたとあるのは、同時に併記された軽部造伊与志・真屋足売、茨田奈比売・刀自売についてもいいうることであるから、山背忌寸族・軽部造・茨田の三つの氏の名が、ともに庚午年籍に登載されていた可能性は大きく、(131)また、和銅七年、「寺人姓」は、庚午年籍で居地名により号せられたので、いまこれを除き、「本姓」の「物部族」に改めるとあるのは、物部族をそのまま本姓ということばで承けているところからも、庚午以前に実在した氏の名と考えてもよいのではないか。(132)井上氏がかつて指摘されたとおり、(133)庚午年籍の対象は、「およそ総ての階級におよび」「とくに注意すべきは部民におよんでいる」ところに特徴があり、上例でも、寺人や奴婢クラスの氏の名や身分の基準を、庚午年籍にもとめているのである。おそらく、庚午年籍で、無姓＝無氏者が問題とされ、その際、かれらに「族字」をあたえ、仮に氏姓として記載したが、終局的には、これら「無姓及族字」の問題は解決をみず、その後に渡来した帰化人の「無姓」問題をも加え、大宝二年の戸籍にも尾をひき、宝字元年に、最終的な解決を与えられたとみてよいのではないか。この意味で、『姓氏録』序文のいうとおり、宝字元年賜姓勅は、籍帳制度上、画期的な事件といってよいであろう。天武八色姓は、すでに述べたように、真人・朝臣・宿禰・忌寸などの高級カバネの賜与に焦点があり、庚午年籍がひろく下層農民にいたるまでの氏を確定したのと対称される。「族姓」は、帰化氏族、または階層的に、寺人・奴婢クラスの「無姓」の農民を対象としたもので、八色姓との直接の関係はないとおもう。

第六章　わが氏姓表記法の発展

栗田寛[134]・太田亮[135]両氏によれば、わが国の古代の氏姓表記法の変化をみると、名のみ記して、氏・カバネを欠く時代、氏が発生して、氏十名十カバネから、さらに氏十カバネ十名の順に表記する時代にいたるが、それぞれの画期は、応神・仁徳朝と、さらに雄略朝にあるという。

阿部武彦氏[136]は、さらに数歩をすすめ、六世紀を界に、氏姓の大きな変化を認められ、むしろこのときに、氏姓制度は一般化したものと考えられた。すなわち、継体紀以後になると、百済人名に、部名十官位十氏名の順に表記する新制があらわれ、その影響をうけて、わが伴造・国造の職業世襲制も、氏姓制度として確立するとともに、氏・カバネをもって人名を表記することとなった。

それには、まず五世紀に、部民制が盛行し、伴造による職業世襲制が確立すると、職業名を氏とする山部連・阿曇連・土師連などの連姓伴造があらわれ、ついで、五世紀末より六世紀にかけ、上記の帰化人渡来によって、倭馬飼造・涅部造などの造姓伴造があらわれたが、まさに、この部民制の変質に応じて、六世紀半ばごろまでに、カバネ制の整理が行われ、連・造という二類型の伴造のカバネが成立した。そして、ほぼおなじ六世紀に、地方豪族にたいしては、直・臣・君の三カバネをあたえ、その位置づけを行うにいたったのであるとされるのである。

ともかく、このように、氏姓制を『書紀』に即していえば、(1)応神、(2)雄略、(3)継体・欽明あたりに、一応のエポックがあるようにおもわれる。しかも、「わが国のウヂ、カバネ制は、外国（新羅・百済）文化の影響によって、出現するにいたったもの」とする見解(137)は、宮崎(138)・今西(139)・中田(140)諸氏の論説によって、次第に確定されつつあるとおもう。

いま、わが『書紀』に記載された新羅・百済の人名が、いかなる変化を示しているか、ごく大まかに分類すると、

(一)神功～武烈朝（雄略紀を中心とする時代）

(二)継体〜崇峻朝（欽明紀を中心とする時代）

(三)(イ)推古〜皇極朝、(ロ)孝徳〜持統朝

となって、上記の、(1)〜(3)の発展段階とほぼ一致するのは興味ぶかい。本論の主題ではないが、左に概括してみよう。

(一)の時代においては、新羅・加羅系の人名表記法が基本となっており、毛麻利叱智（神功五）、己本旱岐（神功六十二）など、名＋称号または原始的官名＝叱智・母智・旱岐・伐旱・甲背の書法が当代を代表する。この表記法は、百済人名の阿知使主（応神二十）、軍君＝琨支君（雄略五）などや、わが斯麻宿禰（神功四十六）、阿礼奴跪（雄略二）などの、名＋称号または原始的カバネ＝使主・君・宿禰・比跪・奴跪の書法にも共通し、いずれも氏を欠いている。

(二)の時代にいたると、百済系人名が圧倒的に多くなり、その表記法たる部名＋官位＋氏名が一般化する。はじめて、部名と氏があらわれるのである。下部脩徳嫡徳孫（安閑元）、中部徳率木劦今敦（欽明十四）など、多くの例があり、この種のものは、百済の大姓八氏族か、これに準ずる氏族に限られている。すなわち、(1)沙氏、(2)燕氏、(3)劦氏、(4)解氏、(5)真氏、(6)国氏、(7)木氏、(8)苩氏と、これに準ずる(9)木劦、(10)祖禰、(11)古爾、(12)再会、(13)沙吒、(14)黒歯、(15)賛、(16)東城、(17)四比などの氏のうち、『書紀』には、(2)(5)(6)(7)(9)(13)(16)(17)などを見出すことができる。[141] しかし、部名をもたず、たんに官位＋氏名、官位＋名を表記したものもある。このようなものは、(イ)氏を

有しない下級のもの、すなわち、将徳久貴（欽明十）、季徳進奴（欽明十五）などと、(ロ)中国系百済人（とくに技術を有するいわゆる「色人」）、すなわち、固徳馬丁安（五経博士、欽明十五）、施徳王道良（易博士、欽明十五）などと、(ハ)日系百済人、すなわち奈率（許勢）哥奈（欽明五）、奈率（紀臣）弥麻沙（欽明二）などにわけられる。このほか、王族や、官位のないものは、もちろん部名を有しない。

しかるに、この期間の新羅・任那系の人名は、已能末多旱岐（継体二十三）、伊叱夫礼智干岐（継体二十三）のごとく、(一)とおなじ名＋称号＝旱岐の表記法に加えて、夫智奈麻礼（継体二十三）、奴氐大舎（欽明二十二）のごとく、名＋官位＝奈末礼・奈末・及伐旱・級伐湌・大舎の表記法が多くなっている。これは、称号より官位への進化を示すが、表記法の原則は(一)とかわらず、(二)の時代の根底に、(一)の新羅系人名表記法がのこっていることを示している。このことは、(二)を特色づける百済系人名の例として、もっとも早期に属する前部木劦不麻甲背（継体十）が、通例に反して、部名＋氏名＋称号または官位の形をとり、名＋称号の新羅系人名表記法を依然継承していることからも裏付けられ、おなじく、百済人名の麻那甲背、麻鹵（継体二十三）が、こののち、聖明王が往時を回想して説いた文中には、城方甲背昧奴、下部中佐平麻鹵（欽明二）と書替えられていることからも、継体より欽明の間に、(一)の新羅系より、(二)の百済系への、すなわち名＋称号より、部名＋官位＋（氏）名への表記法の転換が行われたことが推定されるのである。これとならんで、この時期の新羅・加羅系人名には、百済人名の影響をうけて、つぎの(三)に一般化するような、称号または官位＋名の表記法が、すでにあらわれはじめていることも注目される。安羅次旱岐夷呑奚や加羅上首位古殿奚（欽明二）などがその例である。

㈢の時代に入ると、新羅系人名はふたたび増加して、百済系人名とならび、天武初年以後は、ほとんど新羅系一色となり、しかも、沙喙部奈末竹世士（推古十八）、習部大舎親智周智（推古十九）など、部名＋官位＋名の書法と、奈末智洗爾（推古三十一）、奈末好福（天武五）など、官位＋名の表記法が一般化する。これは、㈡の百済系人名の表記法を継承するものであり、さらにすすんで、沙喙部沙飡金多遂（大化五）、沙喙一吉飡金忠平（天武十）など、部名＋官位＋氏名の完全な書法と、上臣大阿飡金春秋（大化三）、大角干金庾信（天智七）、阿飡朴刺破（天武六）など、官位＋氏名の同種の書法があらわれ、百済系人名の表記法とまったく一致するのである。いわばここに、人名表記法は完成されたといってよいであろう。新羅部名の初見は、推古十八年（六一〇）であり、新羅の氏＝金・朴・薩・蘇の初見は、大化三年（六四七）であることを忘るべきではない。

この期間の百済系人名は、凡そ㈡の書法を継承する。したがって、㈢の新羅人名の表記法と変りない。ただ、百済の上・前・中・下・後の五部名は、㈡の末期、すなわち欽明十五年（五五四）の下部扞率汶斯干奴を最後として、㈢の白雉五年（六五四）まで、丁度一世紀間みえず、斉明元年（六五五）、西部達率余宜受、東部恩率調信仁とあるように、東部・西部となって復活する。しかも、復活後の百済部名は、それまでの部名とちがい、わずか二回用いられたのみで姿を没してしまう(142)。したがって、この㈢の時期の百済人名は、とくにその末期には、新羅より不完全で、㈡の時代に比較すると、新羅との勢力交替をおもわせる。

以上、㈠→㈡→㈢の氏姓制の展開は、いわば、新羅・加羅→百済→新羅という、わが国への文化・諸制度の輸入の各段階差を示すものとして興味ぶかく、これまでに本論で述べた部民制、その他の展開過程とも軌を一にするところがあるが、さしあたって、氏姓問題に限ってみると、わが古代の氏姓表記も、まったくこれにならっていることがわかる。すなわち、㈠名＋カバネ、㈡氏＋名＋カバネ、㈢氏＋カバネ＋名というわが氏姓表記法の発展は、段階的に、それぞれ右の新羅・百済の人名表記に対応し、ただカバネをもって官位に代えているわけである。とくに、㈡の百済系人名の表記法が画期的な影響を与えたことは否めない。なぜならば、それは㈢の新羅人名にも一貫して用いられ、原理的に継承発展させられているからであり、六世紀にはじまるわが古代国家組織の発展を端的に反映しているとおもう。黛弘道氏が(143)、氏＋名＋カバネの記載法は敬譲用法で、浄御原令に基づく持統五年の位記によって、正式に、氏＋カバネ＋名に改められたが、口唱法としては、その後も、この古い表記法がのこったと述べられたことは、上述の氏姓表記の沿革とよくあうのである。

ところで、この新羅・百済系の人名表記は、どこまで母国のそれを反映しているのであろうか。

まず、百済部名は、今西竜氏(144)によれば、少なくとも、聖明王代（同王十六年・五三八）の泗沘遷都後に、都城を上・中・下・前・後の五部に配し、同時に、貴族の家を、都城区画の五部にわりあて、そのいわゆる大姓八族の姓の上に、部名・官位を冠してよぶようになったもので、その時期は、まさしくわが継体〜欽明朝にあたる。上述の㈡の百済系人名表記の変化の時期と正確に照応するのである。もちろん、五部制をややさかのぼらせる見方もあるが[145]、この表記法が一般化するのは、まさしく泗沘時代であろう。これにたいし、氏の名は、すでに近肖古王代（三四六〜三七四）から、「一字姓」を実施した形迹があるといわれる。したがって、応神二十五年の木満致、顕宗三年の適莫爾解・古爾解なども、わが記録上は、年代的に疑問があって、ただちに『三国史記』の木劦満致、古爾万年に比定できるかどうか分らないが、百済との比較上は矛盾はないことになる。もっとも、第四編で述べたように、木満致は雄略朝の前後まで引き下げた方がよいので、そうすればともに五世紀後半のこととなり、少なくとも百済氏姓は五世紀後半には行われていたことになろう。

これにたいし、新羅をみると、『三国史記』の儒理尼師今九年に、「改六部之名、仍賜姓」とあり、楊山部・高墟部・大樹部・干珍部・加利部・明活部の六部を、李・崔・孫・鄭・裴・薛の六姓に対応させているが[146]、六部六姓が、この儒理王の年代に成立していたとは考えられない。『三国史記』や『三国遺事』には、確実な史料が少ないが、六世紀後半、五六一〜五六八にかけての真興王巡狩碑には、貴族に姓がなく、人名は必ず部名十名十官位の順に表記されていた。末松保和氏[147]は、碑文にみられる部姓・位階制・職官制の整備の状態から、まず法興王代（五一四〜五三九）に、国家体制が飛躍したものと認め、六部制の完成もそのころと推定され、今西竜氏[148]も、新羅人名が、名の上に部を冠するようになるのは、真興王代（五四〇〜五七五）からであるとされている。おなじく、新羅の官位についても、『三国史記』儒理尼師今九年の記事は否定され、碑文のうち、真興王碑に十二等まで、他の二碑に六等まで存在するところから、十七等官位の成立を法興王代と考えられるのが末松氏の説である。

そうすると、部名・官位ともに、六世紀半ばに成立したことになり、それはわが継体～欽明朝、つまり(二)の時代にあたる。しかるに、新羅官位は、継体二十三年（五二九）の夫智奈麻礼ら三人、欽明二十一年（五六〇）の弥知已智奈末、同二十二年（五六一）の久礼叱及伐・奴氏大舎のごとく、名十官位の形で、われに知られていたとはいえ、部名は知られず、もちろん氏は記していない。(149)しかも、部分的にみえるのみである。これは、この期間の百済人名の表記法ときわめてちがう点であり、本国における相違を反映するとともに、わが国との通交関係の稀薄さを示すものでもあろう。

一方、貴族の姓をみると、真興王代にいたっても成立していない。王室では、『梁書』普通二年（五二一）に、梁に使を出した新羅王が、姓は募、名は泰（秦）と記されており、(150)これは法興王のことであるから、王にもまだ金姓のなかったことが知られ、こののち、『北斉書』河清四年（五六五）、北斉に使をつかわした新羅王にいたって、はじめて金真興と記された。(151)これは真興王のことであるから、この王代にはじめて金姓は成立したとみられる。少なくとも、法興王八年（五二一）より真興王二十六年（五六五）の間に成立したと認めてよいであろう。朴・昔両王家の氏はさらに遅れるから、古いものは史官の追記である。これにたいし貴族の姓は、史記・遺事の双方とも、七世紀半ばまであらわれず、井上秀雄氏は、(152)真徳王（六五〇年代）の官制大改革の結果発生するものとされているようである。

ともかく、わが文献では、新羅王姓は、大化三年（六四七）の王子金春秋が初見であり、これ以後、金・朴姓が多くあらわれるが、貴族姓は、天武八年（六八〇）の沙飡薩虆生、持統元年（六八七）の大舎蘇陽信が初見である。[153]末松氏[154]によると、新羅の六部姓は、七世紀より、八、九世紀にかけて多くみられるようになるのである。これらはともに、㈢以後の段階にほかならない。

しかも、新羅の下層農民においては、この段階にいたっても、なお氏姓がなかった。『新唐書』東夷伝新羅の条に、「王姓金、貴人姓朴、民無氏」と記されているとおりである。㈢の時代に、新羅とはじめて密接な交渉をもちはじめたわが国にも、まだ氏姓のない、いわゆる「無姓」の農民がいたことは、上来述べてきた点であり、彼我の共通性のつよいことが知られる。

最後に、わが氏姓の成立を考えると、おそらく部民制とともに、百済から輸入されたとするのが適当ではあるまいか。その時間は、五世紀後半をさかのぼりえないであろう。なぜなら、百済において貴人姓が一般化するのはその時期とおもわれるからである。新羅にいたっては、わが氏姓制の成立になんら影響を及ぼすことはなかったであろう。まだ氏姓そのものが成立していなかったからである。

註

（1） 栗田寛「国造本紀考別記」宇遅加婆彌の大意（『国造本紀考』明治三十六年）、また同氏『氏族考』上 明治三十年、続史籍集覧二〜三ページにもおなじ趣旨の文がある。
（2） 太田亮『日本上代に於ける社会組織の研究』昭和四年 九〜一一ページ
（3） 三浦周行・中田薫・牧健二・滝川政次郎・石井良助の諸氏の著書にみられる。一々はふれない。

（4）たとえば、八木充「部民制の解体過程」（山口大学文学会誌一五―二）において、六世紀には国造による地域的統一体の内部に、各部民集団を包摂し、その部民の賦課を国造が差配する行政組織があらわれる一方、国造の支配下に、非部民的人民、いわば公民が組織され、人別賦課が行われるにいたったとし、前者を「官司制的品部制」、後者を「国造制的地方支配」と名づけ、これを、大化改新の東国国司にたいする詔にある「大小所領人衆」「国家所有公民」の語に対応させて理解された。八木氏の論旨は、伴造的国造―部民、地方官的国造―公民の別を強調されたものとうけとれる。

石母田正「古代史概説」（岩波講座『日本歴史』古代一　昭和三十七年）は、これまでの伴造―部民という身分的族制的支配とは別系の、国造による地域的編成による支配があらわれ、前者を「部民制的原理」と名づければ、後者は「地域的原理」とでもいうべく、とくに先進地帯の条里制村落において行われたとされた。しかしまた、このような先進地域における部民とミヤケの広範な設定は、もはや在地族長に依存せず、国造という地方機構を介する統治に切かえられたとされるのであるから、石母田氏の所論は、別に、伴造―部民にたいする国造―公民の図式を主張されたのでなく、先進地帯の部民制には、国造を介する編戸が実現されていたことを述べたものと受取ることもできる。それならば、後述する本論の論旨とくいちがうところはない。ただ、国造の地方官化と、国造による編戸がそれほど進んでいたかどうかには問題がのこる。

（5）井上光貞「国県制の成立」（史学雑誌六〇―一一）、「国県制の存否について」（古代文化五―四）。この両論文は、『日本古代国家の研究』昭和四十年に所収。

（6）曾我部静雄「日本古代の邑制と稲置」（古代学一―二）

（7）直木孝次郎「大化前代の地方制度」（高校教育　昭和三十八年六月）

（8）井上薫「応神朝の二、三の問題」（日本歴史学会『歴史と人物』昭和三十九年）

（9）上田正昭「国県制の実態とその本質」（『日本古代国家成立史の研究』昭和三十四年）、「アガタ及びアガタヌシの研究」（国学院雑誌五四―二、前掲書）

(10) この点は、大化の里制成立の問題とからんで、しばしば論ぜられたところであり、推定のむつかしい点であるが、伊野部重一郎「上代里制の成立について」（日本歴史一九九）に、三十戸一里制の存在を否定し、「里制なき編戸」は可能であるとされたのが注意される。ただ「編戸」の語を、このような意に用いてよいかどうかには問題がのこる。もちろん、本論にとっては主題でない。

(11) 岸俊男「律令制下の豪族と農民」（岩波講座『日本歴史』古代三 昭和三十七年）

(12) 上田正昭「律令制成立期の身分と階級」（日本史研究七七）

(13) 川上多助『日本古代社会史の研究』昭和二十三年 四一〜二・四七〜五一ページ

(14) 井上光貞「大化改新と東国」（『日本古代国家の研究』昭和四十年）

(15) だから、かれらは「雑戸」とよばれたのである。

(16) 井上光貞「律令体制の成立」（岩波講座『日本歴史』古代三 昭和三十七年、改訂して前掲書に所収）

(17) 直木孝次郎「部民制の一考察」（『日本古代国家の構造』昭和三十三年）

(18) 米田雄介「ミヤケの再検討」（ヒストリア三五）

(19) 岸俊男「日本における戸の源流」（日本歴史一九七）。岸氏によると、(イ)飛鳥戸（安宿戸）、(ロ)春日戸、(ハ)橘戸、(ニ)八戸、(ホ)史戸、(ヘ)朝戸、(ト)道祖戸、(チ)他戸、(リ)大戸、(ヌ)楯戸、(ル)志我戸、(ヲ)真野戸、(ワ)尾治戸、(カ)三川戸、(ヨ)陵戸、(タ)宍戸、(レ)戸の計一七種があり、その地域、出身に一定の傾向がある。

(20) 飛鳥戸と飛鳥部、宍戸と宍人部、志我戸と志我部、橘戸と橘部、春日戸と春日部などの同姓異字があり、戸＝部を立証している。

(21) 喜田貞吉「無姓の百姓」上・下（史林一四―三・四）

(22) 朝鮮に出兵した筑紫君や肥君がいかなる部下をひきいたかは、改めて問われねばならぬ。その一端として、欽明十五年、百済においてよく火箭を射、新羅の城を攻めたという竹斯物部莫奇委沙奇、天智二年、白村江戦において、唐に捕えられ、天武十三年に帰国した筑紫三宅連得許、おなじく持統四年に帰国した大伴部博麻、おなじく慶雲四年に帰国した許勢部形見らの名がみえる。これらはすべて中央系の部民、またはその統率者であるといえよう。

(23)(24)　後述。竹内・山田・平野『日本古代人名辞典』昭和三十三～四十一年参照

(25)　この点は、第一編において詳述しておいた。孔王部については、第一編、註(150)を参照

(26)　本編第二章以下において述べる。

(27)　門脇禎二「ミヤケの史的研究」(史林三五―三)、井上辰雄「ミヤケ制の政治史的意義序説」(歴史学研究一六八)

(28)　林屋辰三郎『古代国家の解体』昭和三十年　二〇～二二ページ

(29)　続日本紀　霊亀二年五月十六日、駿河以下七国の高麗人一七九九人を移し、高麗郡を建てさせ、天平宝字二年八月二十四日、帰化新羅僧三二人、尼二人、男一九人、女二一人の計七四人を移し、新羅郡を建てさせたとある。これより前、天智・天武・持統紀をみれば、多くの百済人・新羅人らが、東国武蔵に移されていたことはあきらかである。

(30)　続日本紀　大宝二年三月廿三日条

(31)　本書第七編、隼人・蝦夷の移住の例参照

(32)　日本書紀　斉明六年十月条

(33)　村尾次郎「氏姓崩壊に現われたる帰化人同化の一形相」(史学雑誌五二―八)

(34)　三代実録　元慶六年十二月廿五日条。負名氏については、第一編において述べた。とくに第一編、註(56)を参照。

(35)　註(21)におなじ

(36)　栗田寛『氏族考』(前掲)。「国造本紀考別記」(前掲)は、重要な点で、これと異なるが、結論は一致しているようである。

(37)　太田亮前掲書、三三七ページ

(38)　もちろん、(1)(2)(3)の史料中、(2)と(3)の後半部を、帰化人だけに限定する必要はない。ただその中核はあくまで帰化人であって、他の無姓者はこれに準ぜられたことになろう。

(39)　佐伯有清「日本古代の族についての研究」(日本上古史研究一―六)

(40) 直木孝次郎「日本古代における族について」(ヒストリア五、『日本古代国家の構造』昭和三十三年)
(41) 井上光貞「族の性質とその起源」(日本歴史一〇〇、『日本古代国家の研究』昭和四十年)
(42) 註(33)におなじ
(43) 続日本紀　宝字二年十月廿八日条
(44) 同　右　宝字五年三月十五日条
(45) 日本後紀　延暦十八年十二月五日条
(46) 註(33)におなじ
(47) 阿部武彦『氏姓』昭和三十五年　八一ページ
(48) 阿部武彦「天武の族制改革について」(日本歴史一三四)、竹内理三「天武八姓制定の意義」(史淵四三、『律令制と貴族政権』一昭和三十二年)
(49) 以上の改賜姓例については、すべて、竹内・山田・平野『日本古代人名辞典』昭和三十三〜四十一年を参照
(50) 註(36)におなじ
(51) 大日本古文書四　二五九・二六〇ページ。新羅飯麻呂とも書かれたのは、三五四ページ
(52) 大日本古文書四　七二ページ
(53) 同　右二十五　二三六ページ
(54) 松島順正「正倉院古裂銘文集成」(書陵部紀要二、三)
(55) 大川清『武蔵国分寺古瓦塼文字考』昭和三十三年
(56) 石村喜英「下野上神主廃寺とその人名瓦小考」上・下(史迹と美術二九―五・六)
(57) 森浩一「大野寺の土塔と人名瓦について」(文化史学一三、古代学研究一二)
(58) 平子鐸嶺『百万小塔肆攷』明治四十一年
(59) 「聖語蔵一切経目録」および現正倉院事務所蔵「聖語蔵一切経奥書」

(60) 田中塊堂『日本写経綜鑒』昭和二十八年 二七二ページ
(61) 註(57)におなじ
(62) 竹内理三「正倉院戸籍調査概報・筑前国」(史学雑誌六八―三)
(63) 大日本古文書一　一一一～二ページ
(64)(65) 註(49)におなじ
(66) 註(21)におなじ
(67) 註(62)におなじ。豊前国担当者は平野で、すでにこの点については詳しくふれておいた。
(68) 続日本紀　神亀四年七月廿七日条
(69) 註(40)におなじ
(70) 大日本古文書一　三五三ページ、寧楽遺文上　一五四ページ
(71) 大日本古文書一　三二九～三一・四五〇・五〇五・六二一ページ、同上二　三二六ページ
(72) 続日本後紀　承和四年十二月四日条
(73) 大日本古文書三　四九一ページ、寧楽遺文下　七六八ページ
(74) 大日本古文書二　三〇二ページ、同上三　三二四・三九九ページ
(75) 西琳寺文永注記
(76) 大日本古文書一　四五・八四・九一・三三三ページ
(77) 大日本古文書八　一六四ページ、寧楽遺文下　五一七ページ
(78) 続日本後紀　承和三年三月三日条
(79) 三代実録　元慶五年五月九日条
(80) 三代実録　元慶三年十月廿二日条
(81) 東大寺要録二　供養章三、勝宝四年四月大仏開眼会条

(82) 大日本古文書八　一六二ページ、寧楽遺文下　五一七ページ
(83) 続日本紀　天平勝宝二年五月十九日条
(84) 文徳実録　仁寿二年二月八日条
(85) 大日本古文書一　四九五ページ、寧楽遺文上　一四一ページ
(86) 大日本古文書二　三一八ページ、寧楽遺文下　五一二ページ
(87) 大日本古文書一　二一七ページ
(88)(89) 大日本古文書一　四九九・五三六ページ、寧楽遺文上　一四三・一八一ページ
(90) 大日本古文書一　五九ページ、寧楽遺文上　六二ページ
(91) 太田亮前掲書、六四三ページ
(92) 註(40)におなじ
(93) 直木孝次郎「人制の研究」(『日本古代国家の構造』昭和三十三年)
(94) 津田左右吉『日本上代史研究』昭和五年　四六五ページに、「漢人は漢直の部民であったことを示す」とある。
(95) 中田薫「我古典の部及び県に就て」(『法制史論集』三　昭和十八年)
(96) 太田亮前掲書、一六二～七ページ
(97) 関晃「倭漢氏の研究」(史学雑誌六二―九)、『帰化人』昭和三十一年　七七～八五ページ
(98) 註(93)におなじ
(99) 津田左右吉前掲書、四九四～五ページ
(100) これらの隼人・肥人の氏姓については、註(49)におなじ
(101) 山背国隼人計帳、大日本古文書一　六四一ページ、寧楽遺文上　一八七ページ
(102) 註(49)におなじ。このほか、天平宝字四年、瓦工たる高麗人万呂も、この例に加えてよいかも知れぬ。
(103)(104) すべて、註(49)におなじ

(105) 続日本紀　延暦八年十月十七日条
(106)〜(111) すべての帰化人名は、註(49)におなじ
(112) 続日本紀　和銅七年六月十四日条
(113) 同　右　神亀二年十月十日条
(114) 石母田正「古代家族の形成過程」(社会経済史学一二―六)、『中世的世界の形成』昭和二十一年一二三ページ
(115) 註(40)におなじ
(116) 続日本紀　天平勝宝二年五月十九日条
(117) 同　右　養老元年八月三日条
(118) 同　右　養老三年七月十三日条
(119) 同　右　養老四年十二月廿一日条
(120) 同　右　天平九年十一月廿日条
(121) 同　右　天平十四年四月十日条
(122) 同　右　天平十九年八月廿三日条
(123) 同　右　天平宝字五年四月廿一日条
(124) 同　右　神護景雲二年七月十四日条
(125) 同　右　宝亀元年九月十二日条
(126) 同　右　宝亀八年三月十日条
(127) 註(40)におなじ
(128) 註(41)におなじ
(129) 註(39)におなじ
(130) 註(41)におなじ

(131) 大日本古文書三　四九一ページ、寧楽遺文下　七六八ページ
(132) 続日本紀　和銅七年六月十四日条。これらについて、井上氏は決め手にならぬとされたが、族姓の意味をかえれば、おのずから問題は別になるとおもう。
(133) 井上光貞「庚午年籍と対氏族政策」（『日本古代史の諸問題』昭和二十四年）
(134) 註（1）におなじ
(135) 註（2）におなじ
(136) 阿部武彦前掲書、二三〜四、四〇〜四八ページ、「古事記の氏族系譜」（『古事記大成』四　昭和三十一年）
(137) 井上久米雄『本邦古代氏姓の研究』昭和四年　七二ページ
(138) 宮崎道三郎「姓氏雑考」（法学協会雑誌二三―二・三・一一）
(139) 今西竜「百済五方五部考」（『百済史研究』昭和九年）、「新羅史通説」（『新羅史研究』昭和八年）
(140) 中田薫「可婆根（姓）考」（『法制史論集』三　昭和十八年）
(141) 百済の大姓八族については、第四編において述べた。なお、これらの各氏姓については、註（49）におなじ
(142) この百済部名の変化について、池内宏「高句麗の五族及び五部」（『満鮮史研究』昭和二十六年）は、王都内の五部に、地方区画としての五部が加わったものと理解される。詳細は第二編、註（4）参照
(143) 黛弘道「位記の始用とその意義」（ヒストリア一七）
(144) 註（139）におなじ
(145) 註（142）におなじ
(146) 六部と姓の対応のさせ方は、三国史記と三国遺事では多少の出入がある。すなわち、左記のごとくである。

		史記	遺事
楊山部	(及)梁部	李	李
高墟部	沙梁部	崔	鄭

大樹部　漸梁部　孫　孫
干珍部　本彼部　鄭　崔
加利部　漢岐（祇）部　裴　裴
明活部　習比部　薛　薛

(147)　末松保和「新羅六部考」（『新羅史の諸問題』昭和二十九年）
(148)　註(139)におなじ
(149)　これらの新羅系人名については、註(49)におなじ
(150)　梁書五十四　列伝四十八、東夷新羅
(151)　北斉書七　帝紀七、河清四年二月、「詔以新羅国王金真興為使持節東夷校尉楽浪郡公新羅王」とあるもの
(152)　井上秀雄「新羅の骨品制度」（歴史学研究三〇四）
(153)　これらの新羅氏姓については、註(49)におなじ
(154)　註(147)におなじ

第七編　家人と奴婢

第一章　東大寺奴婢の分析

第一節　奴婢の種別

大化前代の奴婢の存在形態を知る手がかりとして、まず律令制下の奴婢の性格を分析してみよう。宝亀三年十二月の「東大寺奴婢籍帳」(1)によると、当時の東大寺には、左の系統の奴婢が所属した。

(1)官納奴婢　勝宝二年二月に官奴司に選定され、三月に東大寺に施入されたもの。(2)

(2)諸国買貢上奴婢　天平十八年七月、藤原仲麻呂宣により、近江より買進されたもの(3)、また勝宝元年九月の民部省符により、同年の末から翌年五月にかけて、諸国の正税をもって和買貢進され、東大寺に施入されたもの。(4)

(3)寺家買納奴婢　やはりおなじころ、東大寺が賤主から直接銭をもって購入したもの。たとえば、天平二十年十月、京戸主大原真人今城の戸口櫛上の奴婢四人を同時に購入したものなどをふくむ。(5)

(4)大宅朝臣賀是麻呂貢上奴婢　天平十二年八月の刑部省移により、それまで山背・摂津・右京などの各戸主に付されていた奴婢を、大和国添上郡志茂郷戸主大宅賀是麻呂の戸に編付し、勝宝元年十一月、賀是麻呂から東大寺へこれらを貢納したもの。(6)

以上の(1)〜(4)は、いずれも天平二十年より勝宝二年にかけてのほぼ三年間に、集中的に東大寺に貢進され、それから二十年あまりをへて、宝亀三年の奴婢籍帳に登録されたものである。そしてそのうちでは、「官納奴婢」が主要なものであるが、「官納奴婢」の内わけは、嶋宮奴婢・今奴婢・内匠寮今奴婢・某村常奴婢の四種となっている。

第二節　寺奴婢の編成

(一)　単首と編首

まず、奴婢籍帳の記載例に従って、(1)〜(4)の各奴婢の編成の仕方をみると、単首奴・単首婢・編首奴・編首婢にわかれ、その数は、左表のとおりである。

第一〇表　東大寺奴婢区分

区分		単首奴	単首婢	編首奴	編首婢	奴婢総数
官納	嶋宮	二	三	四	九	五九
	今	三	三	四	九	五二
	内匠寮今	〇	〇	一	一	五
	某村常	二	〇	五	一	二七
	不明	一	一	〇	一	四
寺家買納		〇	一	一	三	一七
諸国買上		二	二	〇	一	一〇
大宅賀是麻呂貢納		〇	一	〇	五	一六
						一九〇

註1　逃亡奴婢で、編首・単首とも記されていないものは除いた。
2　「官納」のうち、「諸国買上」による三例・八人が含まれるが、これらは、「諸国買上」の項に加えた。
3　「寺家買納」のうち、細字で追記された二人を加えたので、奴婢総数は、「見定一八八人」から、一九〇人に増加した。

この表をみてわかるように、東大寺奴婢のうちで、その数において、またその質において重要なのは、「官納奴婢」であり、これがもっとも検討を要する。注意されるのは、そのうちの四種の奴婢をみると、単首・編首の数と、その記載内容において、いちじるしいくい違いのあることである。

まず、「嶋宮」と「今」は、単首・編首とも、その人数はほとんど変らず、むしろ同数であるといってよいが、いずれのばあいも婢が多く、ことに編首婢が圧倒的に多い。

これにたいし、「某村常」は、単首・編首とも、婢は皆無にちかく、編首奴が圧倒的に多い。

この二グループは、あきらかに対照的な構成をもつといってよいのである。

この点は、最近、宮原武夫氏も着目されたが、(7)

その理由は何と説明しうるであろうか。

「編」とは、労働編成の単位であるよりは、まず血縁関係ある奴婢の表示法であるから、まず考えられるのは、父系・母系の表記法のちがいである。

大化元年八月の、いわゆる「男女之法」によれば、(8)

両家奴婢所生子　配其母

とあるから、おそらく奴婢の血縁関係は、編首婢で表示するのが原則であるはずで、養老戸令が、陵戸以下の五色賤民は、「皆当色為婚」と定めたばあいも、(9)戸令や捕亡令の『集解』のごとく、奴婢相互の婚姻による出生については、「子は母に従う」と解せられていた。(10)そして、それは家人と対比されており、戸令集解は、家人のばあい、

謂仮両家々人所生従父、相承為家人(11)

とし、戸令の規定をうけた捕亡令集解も、

戸令云、家人所生子孫　相承為家人者　然家人従父、奴婢従母是(12)

と解していた、一説には、家人も奴婢の同類である故に、母に従うと解する法家の観念論もあるが、これはむしろ否定されているのであり、家人は譜代に主家に隷属し、子孫は家人の血縁を相承けるべきであったから、奴婢のように、所生男女が母に配せられるはずはなかった。現実には、父に従う慣習法が一般であったであろう。

戸令集解は、良人についても、

良人所生男女者　従父為姓(13)

と述べている。これまた戸籍において、戸主の男系主義は貫かれているのである。とすれば、まず独立の家族構成をもち、その身分を世襲する「良人」と「家人」は、ともに子の系を「父」にかけ、法上家族を構成せず、当主に帰属し、個別に売買されうる「奴婢」は、子の系を「母」にかけたといいうるであろう。したがって、「編首奴」は「家人」の、「編首婢」は「奴婢」の表記法に従ったものではないかとまず想定しておきたい。

(二)「嶋宮」と「某村常」
——寺奴婢の二形態

この観点からみると、「嶋宮」「今」は、いわば「奴婢」としての「編首婢」の原則を堅持していたといえる。とくに「嶋宮」にその傾向があきらかである（以下、（　）内に年齢を示す）。

編首婢蓑女（40）
男奴田人（15）　男奴田主（13）　男奴田長（6）
女婢真蓑女（22）　女婢笠刀自女（4）
弟婢乙蓑女（32）　男奴笠人（8）　男奴笠主（5）　女婢三笠女（13）　女婢難波女（1）
弟婢大蓑女（29）

のごとく、一人の編首婢のもとに、三つの構成グループがまとめられ、その一つ一つがまた女系で表示される例があり、いわばそこに、女系の累積表記がみられるのである。これは「編」の構成が単純のばあいも、

編首婢真限女(30)　女婢(5)　同(2)　弟婢(28)
同　小桑女(58)　男奴(25)　女婢(20)　同(33)―男奴(6)
同　伊具比女(50)　女婢(21)　同(13)　同(6)
同　大乙女(49)　男奴(26)　女婢(21)　同(16)　同(15)

のごとく、その原理はかわらず、そこでは、編首婢とは男奴・女婢を表記するためのもので、弟・妹の記載は二義的な意味しかもたない。

これにたいし、「嶋宮」に編首奴が存在するのは、

編首奴魚主(27)　弟奴(22)　同(11)　妹婢(6)
同　蓑人(35)　弟奴(34)
同　九月(28)　弟奴(21)　同(17)　同(14)　同(11)　同(9)
同　大井(49)　女婢(28)―男奴(1)

の四例がすべてであるが、そこでは、編首奴とは、もっぱら弟奴・妹婢を表記するためのもので、事実上は、男奴・女婢がいたと思われるが、それは記載されず、わずか女婢一例が記されているのも、その男奴を表記するた

めのもので、二義的な意味しかもたない。つまり、編首婢と編首奴の二系統の表示法は、たがいにその内容を異にし矛盾しない。むしろ補完関係にあるとすらいえるのである。つまり、これら相互グループの間には、事実上の婚姻関係が成立していたと予想できるはずである。

これにたいし、「某村常」、つまり、飽波・奄知・広瀬・春日の各村の常奴婢はどうであろうか。そこには、「嶋宮」と逆に、編首婢はただ一例しか存せず、しかも、それは、

編首婢広野女（37）
　男奴浄人（4）
　妹奴野村（35）　弟奴野公（30）　弟奴野長（28）　弟奴立野（16）

のごとく、女系で表示される範囲は、男奴と妹奴各一人にすぎず、あとの弟奴三人は、妹奴にかけて、表記されている。これを「嶋宮」と同性格の「寺家買納」のばあいでみると、

編首婢小乙女（43）
　妹奴牟良自麻呂（41）
　妹奴須々支麻呂（23）
　妹奴魚麻呂（14）

のごとく、すべて編首婢の妹奴、という女系で表示されているのである。よって、「常」においては、編首婢す

ら女系をつらぬきえなかったといえるが、ここで編首婢はむしろ弟・妹を表示するためのものであった。

これにたいし、「某村常」のほとんどを占める編首奴においては、

編首奴広成（38）　男奴（11）　同（7）　同（5）　女婢（15）　同（12）　同（3）

同　蓑虫（43）　男奴（27）　女婢（16）

同　忍人（43）　男奴（4）　同（1）　女婢（8）

同　高人（32）　男奴（2）　女婢（6）

同　伊波比等麻呂（36）　弟奴（32）

のごとく、編首奴はもっぱら男奴・女婢を表示するためのもので、弟・妹の表記は二義的な意味しかもたない。つまり「嶋宮」とは表記法において、まったく逆であるといわねばならぬ。

この違いは、当然先にあげた「家人」「良人」の所生男女は父に従うという規定に照らせば、「某村常」こそ、まさに「家人」としての形式を守っているともいえるのである。ところで、常奴婢には、このほかに、

単首奴広前（32）

同　栗栖麻呂（30）

の二人がいるだけである。とすれば、常奴婢においては、嶋宮奴婢と異なり、男系主義の徹底によって、これらの編首奴・弟奴・単首奴らと婚姻関係にあるはずの婢が影をひそめていることになる。もちろん、これら宝亀三

年の奴婢のうち、二二〜二三歳以下のものは、すべて天平勝宝二年の東大寺貢納後に出生したものであるから、他の「嶋宮」や「今」の婢のなかに、婚姻の相手がいたのかも知れぬ。

しかし、常奴婢をしらべてみると、貢納当時には、(イ)編首婢広野女（37）と、その妹奴野守（35）・弟奴野公（30）・弟奴野長（28）＝奄知村、(ロ)編首奴伊波比等麻呂（36）と、その弟奴小菅麻呂（32）＝飽波村、(ハ)編首奴蓑虫（43）と、その男奴逆麻呂（27）＝飽波村らはすでに生存していたが、(イ)の弟奴立野（16）、(ハ)の女婢小広女（16）らは、東大寺貢納後に出生したことがわかる。そうすると、このあとの二人のみが、それぞれ異腹の子であるといえるであろうか。そうではないであろう。(イ)、(ハ)ともに、兄弟は同腹であって、母が記されていないとみる方が自然であるとおもう。とくに、後述するように、「嶋宮」奴婢は、貢納後は東大寺に居住したとおもわれるが、「某村常」奴婢は、貢納後もそれぞれ在村のまま支配されたのではないかとおもわれ、この両系間に婚姻関係を予想するのは無理ではあるまいか。

常奴婢は、かつて官奴司の支配下にあるときには、在村のまま、父系による支配をうけていたであろう。おそらくその形態のまま、東大寺の所有に切替えられた。かれらは家族構成をもっていたから、のちの観世音寺の「家人」のごとく、父奴・母婢を注記しようとすればできたであろう。しかし、男系主義のため、生益の奴婢は、すべて父に付されたと一応推定できるであろう。

これにたいし、「嶋宮」奴婢は、すでに天平十年、但馬国正税帳(14)に、

依民部省天平九年二月十日符、進上嶋宮奴婢食米三十石　充稲六百束

とあって、東大寺に貢納されるまえから、嶋宮に奉仕し、おそらく嶋宮の一部に居住したであろう。したがって東大寺貢納後は、寺家に居住せざるをえまい。いわば典型的な奴婢といえるかも知れぬ。そのため、所生の子は母＝編首婢に従わしめられたのではないか。そのうえ寺家居住とすれば、夫婦とも事実上寺家に居住せねばならない。すでに述べたとおり、嶋宮の編首奴・編首婢の各系列間に、婚姻関係の予想されるものの多いのは、そのためであろう。

貞観五年九月、勘解由使の起請(15)によって、

奴婢生益　附帳之日　令注父母名

と改められると、このような編首奴・編首婢の分離的記載法は消滅する。ために延喜五年十月の『筑前国観世音寺資財帳』の「賤口章(16)」にみられるように、家人・奴婢とも、いずれも父母名をともに注記されるにいたった。寺家人・奴婢が、その内部において、事実上の夫婦・親子の関係をもっていた証拠であり、嶋宮のばあいも、そう考えられるものが多いとおもう。

「諸国買上」「寺家買納」「大宅賀是麻呂貢納」の各奴婢も、編首婢による表示法において、「嶋宮」と同一であるから、やはり寺家居住を主としたものとおもわれる。勝宝三年三月、紀伊郡人茨田久比麻呂が、賀是麻呂と、東大寺貢納後の奴婢の帰属を争ったとき、奴婢に注して、

見寺侍十七人(17)

としているのも、寺家居住の証拠ではないか。ここにいう一七人とは、

山背忌寸族登与足

山背忌寸族三嶋女

軽部造伊与志

の三人の単首奴・婢と、

山背忌寸族刀自女　女千縄

軽部造真屋足売　男安居麻呂　女毛知売、多比売

茨田奈比売　男麻呂

茨田刀自売　男椋人、大奈麻呂、浄麻呂　女稲刀自売

の四人の編首婢およびその下の男奴・女婢九人をあわせた数であるが、このばあいも、編首奴は一人もみえず、すべての男奴・女婢は、「編首婢」にかけて表示され、母に従わしめられているのが特徴である。しかも、それらに氏姓を付しているのは、庚午年籍より五比七比籍に、良人として貫せられていたためであるから、その良人としての戸籍には、男系で表示されていたにちがいない。それを奴婢とすることによって、女系に切りかえたのであろう。

そして、かれらが寺家に居住していたこと、家族的結合をもっていたことは、たとえば、奈比売が男麻呂をともない、勝宝二年九月、山背のおそらく本貫地へ逃亡したところを、同国より舎人に付して寺家に返送され、真枝足女（真屋足売）も、おなじく男奴安居万呂と女婢多比女・持女（毛知売）の三人をともない、河内国に逃亡中を、東大寺に返送され、刀自売も、男奴椋人・大奈麻呂・浄麻呂と女婢稲刀自売の四人をともない、山背の本貫地に逃亡中を、東大寺に返進されたことをみてもわかるであろう。(18)

このように、寺家居住の奴婢の存在は、たとえば宝字八年七月、寺家に居住して、工人らの食を造っていたため、紀寺の婢と誤られたという粳売とその女狛売の例があり、(19)また『万葉集』の、「橘の寺の長屋に、我がいねし、うなゐばなりは、髪上げつらんか」(20)という歌が、寺家の長屋に居住した美貌の寺婢に通じた宮廷人のものであるといわれ、『大安寺伽藍縁起并流記資財帳』に、「一坊半賤院」とあり、『興福寺流記』(21)に、寺の東門の脇に、奴婢の住む長屋があるため、東門を一つに奴婢門ともいったということなどからも知られる。おそらく寺院の内部または周囲にある「賤院」と称する大きな家屋に、共同に居住し、寺家に奉仕したのであろう。

これらにたいし、「今」奴婢のことにもふれておかねばならないが、「今」奴婢は、その編首・単首の数的構成において、ほとんど嶋宮奴婢とかわらないといえる。しかし、たとえば、

編首奴若麻呂（40）　男奴（11）　同（9）　同（4）　同（3）　女婢（2）
同　伊賀麻呂（32）　男奴（6）　同（4）　女婢（6）

同　文麻呂（46）　男奴（15）　同（8）　女婢（13）　同（7）

同　国依（28）　妹婢（28）　同（22）—女婢（2）

のごとく、男奴・女婢を、父＝編首奴に従わせるものと、

編首婢見出女（31）　女婢（19）　同（5）　同（22）—男奴（2）

同　秋嶋女（43）　男奴（13）　女婢（17）　同（4）

同　三雪女（35）　男奴（9）　同（1）　女婢（4）

同　猪名女（35）　男奴（2）　弟婢（30）

のごとく、男奴・女婢を、母＝編首婢に従わせるものとがあり、両者が共存していることが特徴をなしている。いわば、前者は、「某村常」奴婢に、後者は、「嶋宮」奴婢に形態が共通するが、この二系列は、原理的には両立しないはずであるから、「今」には、「嶋宮」とおなじく、「奴婢的」なもの、「常」とおなじく、「家人的」なものが混在していたとすべきであろうか。少なくとも、「今奴婢」とは、「今買充奴婢」のことで、あらたに官奴司に編入されたものであるから、その形態は一定しなかったとみるのが、自然ではあるまいか。なぜなら、後に述べるように、一般の戸籍に編付される奴婢においては、家族形態をもつものが多いにしても、父奴・母婢の表記に定制がないからであり、それがそのまま、今奴婢に反映されたものともみうるのである。これにたいし、常奴婢や嶋宮奴婢のごとく、官奴婢としての古い形態のものは、律令の父系・母系表記を、かなり忠実に守っていた

と推定できるであろう。

さて、この寺奴婢の二形態については、つぎにもう少し詳しく考察せねばならぬが、さしあたって、唐における家内奴隷と農耕（労働）奴隷の区分が参考になる。

仁井田陞氏が指摘されたように、[22]敦煌発見の奴隷解放文書によると、家内奴隷が主人の家内にあって、長年月の間、朝となく夜となく、家内の雑役のみならず、農耕にも服したことは、この文書の本文と連署の部分に、村隣とある点、すなわち解放後も、奴隷の生活環境が主人の農地からはなれえない関係にあることから知られる。わが国の私奴婢も、おそらく主人の家の一隅、あるいは屋敷地の小屋に起居して、衣料・食料・用具類をあてられ、主家の農耕、あるいは家内の雑事に、毎日駆使されたと考えられる。[23]

しかるに、唐においては、もう一つ、寺人あるいは家人があった。敦煌寺院佃戸関係文書[24]には、報恩寺・竜興寺・開元寺・安国寺・霊修寺・金光明寺など、敦煌六寺院の「寺戸」が、「当寺人戸」ともあり、また「当加人」「当家人」ともかかれている。わが「家人」との関連が思われるが、要するに寺戸は、経済的に一応独立の戸をなし、穀物の種子までみずから工面するほど、地主たる寺院からはなれて農業経営を行なっていた。しかるに、移動の自由は認められず、婚姻の自由もなく、寺院に負担を負うのみならず、土地に緊縛され、寺院の私属たるにふさわしい地位にあり、「寺院の常住に入れて、永く人戸として、世代駈使に従う」とか、「永く人戸と為す」という文言のように、祖先以来、譜代的に寺院に隷属していたのである。後述する、わが「律令」の家人の規定ときわめて似ているではないか。同時に、わが「寺家人」や、上にあげた「常奴婢」との概念上の類似もある。共通性があるのではないかとおもう。ともかく、一応このような諸点を念頭において、もう少し東大寺奴婢を分析してみよう。

そして、そこから、「家人」や「氏賤」の問題にも及び、家人的な存在形態をあきらかにし、大化前代のわが奴隷とは何かという問題を追求することとしたい。

第二章　八世紀の家人と奴婢

第一節　寺家人と神賤

石母田正氏[(25)]は、『東大寺奴婢籍帳』にみられる「編」とは、労働奴隷の労働および生活のための編成単位であり、「編首」とは、かかる小単位の長であると述べ、要するに、「編」「単」とは、先に述べたような寺院の賤院に、共同で居住し、寺役を勤仕する労働奴隷の組織であったとされる。

しかしまた、奴婢のなかには、東大寺の庄園に居住して、耕作に従ったものもいたはずで、かかる奴隷は、保有地を耕作するために、自己の家族を形成せねばならず、「編」とは、このような家人的形態の奴婢をおもにさすのではないか。それは寺院内部の奴婢ではなく、土地と結びつき、私業をもった奴隷であるとされるのである。図式化すれば、寺院内＝家内奴隷＝奴婢、寺院外（庄）＝労働奴隷＝家人という関係が一応成立するかにみえる。この石母田氏の構想は、大局的には誤っていないとおもう。もちろん「編」の理解には、上述のように異論があるが、「嶋宮」奴婢は、「奴婢」であり、「常」奴婢は「家人」ではないか。そして東大寺貢納後、前者は寺内に居住し、後者は各村々に散住したのではないかという推定を一応たててみたのである。

一体、「嶋宮」とは、かつて大海人皇子が、吉野に入るとき、「御嶋宮」とあり(26)、壬申乱に勝って、伊勢より大和に帰るとき、ふたたび「詣于倭京、而御嶋宮」とあるところである(27)。天武政権との関係はふかく、天武天皇の皇子草壁がみずからの宮と定めたのもそのためで、『万葉集』によると、草壁皇子が崩じたとき、「皇子尊の宮の舎人等」が慟傷して詠んだ歌二十三首のなかに、

高光る　我が日の皇子の　万代に　国知らさまし　島の宮はも(28)

とあって、皇子が、「皇太子」として「万機執政」を行なった宮であるらしい(29)。そこに東宮舎人らが昼夜侍し、奴婢らも宮に奉仕していた。その所在は、高市郡島荘村といわれるが、この島宮とその奴婢は、天平十年代にも現存していたことは、先の天平十年の但馬国正税帳をみればわかる(30)。すなわち東大寺への貢納は、島宮自体からの奴婢の移転を伴ったものとおもわれる。

つぎに、「飽波村」とは、『和名抄』の「大和国平群郡飽波（阿久奈美）郷」にあたり、ここに飽波宮が営まれていた。称徳天皇は、景雲年間に、しばしば「飽波宮」に幸した。(31)「春日村」も、『和名抄』の「大和国添上郡春日（加須加）郷」にあたり、天智天皇の皇子志貴親王に、「春日宮御宇天皇」の尊号のあるとおり、(32)親王はここに宮を営んでいたらしく、そのため親王の田原西陵もこの地に存在し、(33)その後も宮は存続した。和銅年間に、「春日離宮」に天皇が幸した記事がある。(34)「広瀬村」は、『和名抄』の「広瀬郡」の郡界ちかく、百済村広瀬のあたりで、舒明天皇が、百済宮と百済大寺をたてたというから、(35)この「百済宮」と関係あるであろうか。「奄知村」は、『霊異記』に、「大和国十市郡菴知村」の東方の大富家に、鏡作造萬というものがいたといい、(36)これを聖武天皇ごろの物語りとしているが、ここに離宮があったのかどうかはっきりしない。

おそらく、これら諸村にたいする宮原武夫氏の推定はうけ入れてよいとおもうが、(37)常奴婢とは、このように奈良（東大寺）より遠く点在する飽波宮・春日宮・百済宮などの諸宮に、かつて奉仕した奴婢のうち、すでに宮との直接の関係を失って、その当該の村々に居住するにいたったものをさすのであろう。かれらは宮奴司の支配下に編入されていた。東大寺の支配は、この在村のままの形であったのではないか。

それではこの「常」奴婢の意味はなにか。職員令集解は、陵戸を分類して、「常陵守」と「借陵守」とし、(38)また品部をも、「品部」（常品部）と「借品部」に分っていたらしい。(39)また隼人司式によれば、隼人も、「番上隼人」

もう。

（常隼人）と「今来隼人」にわけられていた。(40)これらとおなじ関係が、「常奴」と「今奴」の間にも存在したとおもう。

このうち、前者の系列は、まず譜代のもの、古くから代々従属してきたものをさしている。つまり、「常」にはこの譜代性が示されているとみるべきであろう。つぎに、かれらはその身分のうち中核的存在で、一定数を定められ、身分を固定されていたといえる。そして、村落に定住し、家族を構成し、官司にはそのうちから一定数を上番勤仕せしめた。たとえば、品部は各戸より一定期間、数丁を上番させ、在家のものは生産物を貢納し、番上隼人は、隼人司に分番上下し、家口で下番在家するものは、課役を賦課されたのである。

常奴婢もそれらと共通性があるのではないか。かれらも譜代のもので、在村のまま家をなし、官司に上番奉仕し、頭をつくして駆使されることはなかったのであろう。いわば、家人的形態のものと推定できるとおもう。

そのようなものを、他にもとめれば、たとえば常陸国鹿嶋神社の「神賤」が、景雲元年、「安置一処」せしめられたのに、宝亀四年、ふたたび旧にもどし、「依旧居住、更不移動」と記されているのは、(41)村落に散住する神賤を、一処＝賤院に集めようとしたところ、旧慣に反したため実施できず、元にもどした例であろう。「神賤」にも、東大寺奴婢とおなじ、二様の支配形態があった証拠で、しかも鹿嶋では、家人的形態が基本であったことになる。おそらくそのため、宝字二年、「神奴」二一八人を、「神戸」にあてることができたのである。(42)「神戸」とは、文字どおり、「戸」をなして生活するものの謂だからである。

後に述べる宗像社の「氏賤」が、筑前国宗像郡金埼に居住し、年輸物を主家に輸したというのも、これとおなじ形態のものであったとおもう。

つぎに宝字八年、紀寺の「賤」七五人を解放したのを改め、宝亀四年、旧によりふたたび寺奴婢としたという(43)のも、もし寺内居住のものを解放したのであれば、旧により差点しなおすことは不可能ではないか。やはり村落定住のものをさすのであろうし、このことは、天平十六年、京畿諸国の「雑戸」を免じたのを、勝宝四年、ふたたび旧により差点し、天平十五年以前の籍帳によって役使すると定めたのと似ている。(45)「雑戸」も村落の定住者であるから、それができたのである。これとおなじく、神護二年、薬師寺奴婢のうち、年六十に満ち、才能勇勤なるものを免じて良としたのも、(46)事情は似ており、『三代格』が、これを「家人事」の中に入れているのも、その一証ではないか。霊亀二年、飛鳥寺の焼塩戸に配せられ、「賤」とされた犬養部鴈手も、(47)寺家人ではないであろうか。

天平十九年、『法隆寺伽藍縁起并流記資財帳』(48)をみると、

合賤五百三十三口之中廿五口訴未判竟者、在大倭国十市郡与山背国宇遅郡、奴九口婢十六口、蓋家人者

家人一百二十三口奴六十八口婢五十五口

奴婢三百八十五口奴二百六口婢一百七十九口

浄寺奴一口

とあるように、「家人」をかかげながら、その区分に、「奴婢」の語を用いたのは、家人と奴婢の実質上の区別を無視しているようにみえる。しかし、ここでは「家人」を広義の「奴婢」の中に入れているのであって、奴婢が上位概念であり、むしろ、両者を分けて記していることに注意せねばならず、とくに割注の中にある二五口の奴婢は、法隆寺への帰属がまだ決定しないのであろうが、大倭の十市郡と、山背の宇遅郡に居住しているわけで、たとえ本主の戸籍に付されているとしても、「在」とは、みずから家族をもち定住していることを示すのであろう。そして『資財帳』の作成者は、それをわざわざ「蓋家人者」と注記することによって、「奴婢」と分ったのである。「蓋」とは、「奴婢」と区分される「家人」をはっきり想定したことばである。

この「寺家人」と「奴婢」の区分を念頭において、景雲元年、

賜四天王寺家人及奴婢卅二人爵有差(49)

とある記事をみると、ここにも両者の区別がみられ、延喜五年の『観世音寺資財帳(50)』にも、「家人」一三人(男四、女九)に、父奴・母婢が注記されている。

観世音寺の「家人」は、

浜長
＝子虫女
　├福次丸(72)
　└子猴麻呂(72)

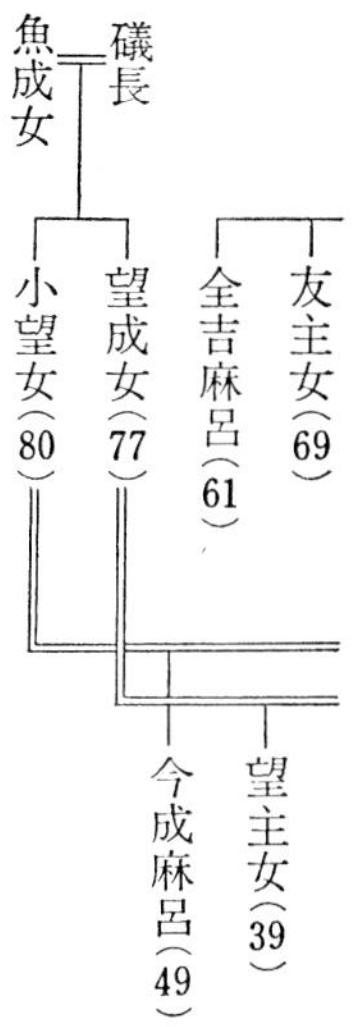

のように、祖父母・父母・男女にいたるまで、三代にわたる家族構成をもっていた。同一身分内の婚姻と生益が、いわば家人身分の世襲と譜代の隷属関係の前提であり、そこに独立の家が形成されていたことになろう。

第二節　奴婢の家人的性格

これまでみてきたところは、神社や寺院の所有する奴婢のなかに、家人的形態のものが明瞭に認められるということである。

それでは一般の戸においてはどうであろうか。周知のとおり、戸籍には「家人」の記載はない。そこで「奴婢」の記載のなかに、家人的なものが含まれているかどうかという問題になるが、石母田正氏は[51]、筑前国川辺里肥君猪手の戸籍のなかの、奴婢三七口が、八個の血縁的奴婢グループと、七口の個別奴婢にわかれているのを手がかりに、前者のごときものを「家人」、後者のごとき形態を「奴婢」と考えられた。しかし本論の論旨からすれば、血縁的グループの中にも、男系・女系で表記されるものがあり、そのすべてを「家人」といえないことはあきらかである。そしてまた、上記の寺奴婢の「編首」の論理が、何の注記もない一般の戸籍の奴婢にまで及ぼされうるかどうかにも問題がある。ともかく、「寺社」にはあきらかに「家人」と称され、また家人的形態の奴婢が存在するのに、一般の「戸」にはまったくそれらしい史料がないのである。

むしろ、職員令義解は、民部卿の職掌として、「官戸・奴婢」の造籍をあげ、これにたいし「寺家人・奴婢」もまたおなじとし、官賤の「官戸」にたいするものとして、私賤の「寺家人」しかあげておらず、集解釈説もまったくおなじ立場をとっている。また、賦役令集解は、一般の正丁の歳役の代役に、「家人」を認める規定にたいし、「家人、謂家内人及部曲」とし、たんに家人を唐の概念におきかえるのみで、他条にたいしても、はなはだそぐわない解釈をとっており、むしろ、「奴、亦合代」と、奴婢の代役の方に現実性を認めた。『義解』も、「奴婢亦同也」と追加している。一般の戸の奴婢に、家人という把握の仕方は存在しなかったのではないか。もちろん潜在的には父系のものがいた。

しかし最少限、一般戸籍に、奴婢の家族関係が表記されていることは、唐の戸籍において、奴婢が個別に列記されるのみで、まったく血縁関係の表示のないことと比べ、大いに相違するところである。したがって、わが奴婢は、むしろ唐の部曲にちかいといえる。仁井田陞氏(52)によれば、唐のトルファンの戸籍断簡には、部曲・部曲妻・部曲男の記載がある。わが奴婢が、夫・妻のいずれか一方しか記されず、部曲のように氏姓をもたない点は異なるが、その把握の仕方には共通性がある。関晃氏(53)は、わが国の籍帳に、奴婢の夫・妻関係の記されたものはほとんどないが、事実上、親子・兄弟姉妹がおなじ戸に所属していることはきわめて多く、大宝二年の籍帳では、奴婢総数の五〇パーセントをこえていることを指摘された。これはたしかに日本の奴婢の特色であり、家人にちかい家族形態をもつものであるとはいいうるであろう。

そこで、もう一つ「氏賤」の問題がある。

律令用語としての「氏賤」は、ただ一つ、戸令応分条に、「凡応分者、家人奴婢氏賤不在此限」とみえ、『集解』の諸家の一致した見解では、「家人・奴婢」のように、分割相続されず、歴代の氏宗に一括所有されるという、相続法上のちがいはあるが、しかし、主家に譜代的に隷属し、したがっておそらく売買されず、子孫が相承けてその身分を世襲し、血統を保つため、独立の家族生活を営んだ点においては、「家人」とかわらないといってよい。いわば氏に属する家人、つまり「氏家人」にあたることは、同条の釈説が、「氏賤」を、「氏家人・奴婢」といいかえていることから明らかであろう(54)。そのため、「戸主私奴婢」にたいする「戸主奴婢」を、この氏賤にあてる説もでてくるのである(55)。

「氏賤」の例として、寛平五年、筑前宗像社の「氏賤」をあげることができる(56)。それによると、宗像の氏賤は、かつて高市皇子(胷方君より出身した尼子娘が、天武天皇妃として生んだ皇子)が、

分氏賤年輪物　令修理神舎

とすべき永例を定めたとあって、大和城上郡にある宗像社の修理料に、筑前宗像郡金埼に居住する氏賤の年輪物をあてるのが永い習慣であったらしい。ところが、宗像氏の勢力がおとろえ、年輪物を遠く催発することができず、一方では、金埼に居住する氏賤の同類が蕃息し、奴婢の人口もふえたので、氏賤のうち一六人を良人に改め、かれらから政府が調庸を収めるかわりに、大和の三郡から、傜丁八人を割き、大和宗像社の修理料にあてようとするものであった。

この筑前田島の宗像社のすぐ近く、金埼に居住する氏賤は、おそらく筑前宗像社には、番上服役し、大和宗像社には、年輪物を供していたのであろう。このような服役形態は、まさに、「家人」「官戸」のそれと同様である。

「家人」の服役にさいして重要なことは、戸令義解に、

仮有家人男女十人者　故三両人令執家業也(57)

とあり、釈説も、まったく同様に「令産私業耳」と解していることである(58)。つまり、その家口が一〇人あれば、三人は駆使せず、家業をとらせねばならぬとしたので、いうならば、家人は家族単位の生活をいとなみ、家内労働の成果を私有する権利を認められたわけである。これは唐の「官戸」や、先にあげた「寺戸」と似たところがある。『唐六典』によれば、官戸は「番戸」ともいわれ、諸司において、年三回、一回一月の番役に従ったが、これは「雑戸」が諸司において、二年五回、一回一月の番役に従ったのと関係があり、わが雑戸も同様な形態をとるが、そのいずれもが、頭を尽して駆使するをえず、公私奴婢のいわゆる長役無番＝年中役使と対比されてい

たのである。[59]

もちろん家人は、独立の家族をもち、「私宅の産業」を行なっていたとはいえ、主家の戸籍に編付され、主家の経済に依拠することによってのみ、生活しえた。[60] 田令によれば、「家人」と「奴婢」は、ともに良人の口分田の三分の一を支給されるにとどまり、また、「寺家人」「奴婢」は、寺田があるため、口分田は班給されないと古記は解しているからである。[61] とくに「家人」は寺田に定着し、耕作したものとおもわれ、この点は、「奴婢」が寺内に居住し、寺家の雑役・雑使に従ったという神野清一氏の指摘[62]は、やや正確さを欠いた点があるのではないかとおもう。

さらに、令の規定では、「家人」は祖先以来の家に付属し、譜代的性格がつよいのに、「奴婢」には売買自由の原則があって、当主にたいする帰属性の方がつよく、したがって、『法曹至要抄』[63]のように、「家人」を「累代賤隷之類」、「奴婢」を「臨時追従之徒」と解することも可能なのである。

「家人」と「奴婢」はこのように存在形態を異にするものであった。滝川政次郎氏[64]は、「駆使法に余裕のある点と、売買せられない点と、一家をなして生活する点との三点」を、家人が奴婢と異なる点であるとし、石母田正氏[65]も、家族結合をもち、主人とは別個の家屋に住み、主人と譜代の隷属関係を結んだ点を、家人の基本的な特徴とし、これが売買と駆使法を規制したと述べられた。まさしくそのとおりであろう。

しかるに、これまで一般の説は、「家人」は唐の「部曲」に代る用語として用いられ、律令の法制上の用語としては実在したが、法家の間で用いられただけで、一般に流布した形跡はないとし、八世紀の籍帳にも、家人と明記されたものは一つもないとするにあった。[66] たしかにそれはまちがいではないけれども、むしろ実際は、家人的形態のものが存在しないのではなくて、家人と奴婢の区分があいまいであり、事実上は奴婢のほとんどは家人的形態のものであったため、それを奴婢と表現したとみる方が正しいのではないか。すでに、「寺家人」や「氏賤」「神賤」において、それを立証してきたのであり、戸籍にもそのような形態のものが多かった。この点、吉田晶氏[67]のいわれるように、「律令制下の私的賤民の基本形態は、本主との譜代的隷属関係の予定される最低限度の家族生活に必要な私的労働と私財をもつ『家人的形態』であった」とするのが、もっとも妥当であるとおもう。ただ、ここでは「家人」が、土地を保有し、私業をいとなみ、本来は男系によって表示される家族を形成する奴隷であることを、もっと明確に把握せねばならぬ。そうでなければ、このような奴隷が大化前代からの奴婢の基本形態であることを忘れやすいし、たとえ、「家人」という特定の身分または法制概念が、律令制であたらしく創始されたものであるにしても、それは、本来の奴婢から家人的形態のものが分化成長し、いわば奴婢の解放過程にあるものが家人であるという、安易な社会進化史観におち入りやすいからである。

むしろ、わが奴隷は、もともとほとんどが家人的形態のものであり、それが個別の奴婢を派生したものと理解しなければならない。個別の奴婢こそ、律令制が法制化した公算が大きいのである。

牧英正氏[68]が、律令制の奴婢はきわめて重要な人的性質を有するとし、「良民と同様、戸籍計帳に記載され、国家から口分田の班給をうけ、当色の間では、法上の婚姻をなすことができ、奴婢自身も財物を取得する権利をもち、奴婢の親族関係も、法上みとめられていた」と述べられ、坂本太郎氏[69]が、「歴史的事実として、良賤の別はさほど厳格ではなかった」とされたのも、みなこの点に由来するのであろう。延暦八年、令制において、良賤通婚を禁じているにもかかわらず[70]、「天下士女」「冠蓋子弟」らが奴婢と通ずることが自由であり、貞観五年にいたっても、この状態はかわらないばかりか、「公民之輩」が課役を遁れるために、賤民たることを望むものが多い事態があらわれている[71]。

良賤の身分およびその存在形態に、隔然たる差がなかったからであろう。もちろん、それは「奴婢」が奴隷的でなかった証とならないばかりか、むしろ「公民」が奴隷的であった証とすらなりうる。しかし、いずれにしても、このような八世紀の状態が、大化改新前の奴婢の存在形態に由来することは申すまでもない。以下にこの点を考察せねばならぬ。

第三章　大化前代の奴婢

第一節　ヤツコの語義

大化前代の奴婢の諸系列を考えるばあいに、第一章において述べた八世紀の奴婢の形態が参考になるとおもう。大化前において、奴はヤツコ、婢はメノヤツコとよばれた。われわれは、ヤツコの語を、ただちに賤をあらわす通称であると思いがちであるが、それは必ずしも、律令制下の「奴婢」という特定の身分概念でないことは、川上多助氏が古くから指摘されたとおりである。(72)

ヤツコは、わが国語では、「家つ子」「家人」の意味で、この点では、唐の「家人」が賤民の系列に入らぬ、単なる私家の従者や家僕を総称したものであるのと似ている。おそらくもとは、貴人にたいする、その従者という賤称に発しているのであろう。本居宣長が、ヤツコを臣下・臣隷の義で、君上にたいする臣下を総称したものといたのはそのためで、(73)栗田寛も、夜都古といえば、はなはだ賤しきものを指すようであるが、もとはそうでなく、君に対する臣をいう名であると述べている。(74)トモノミヤツコ（伴造）、クニノミヤツコ（国造）のヤツコも、おなじく天皇に従う臣下の謂であろう。

五瀬命が、登美毘古(長髄彦)と戦い、その矢をうけたとき、「賤奴《やっこ》が痛手をなも負ひつる」と述べたというが、そのヤツコとは、長髄彦を賤称したものであろう。[75] 河内の三野県主小根が、大伴室屋にたいし、「奴県主小根、星川皇子に事ふ」といったのは、みずからを卑下したことばである。[76] 大化改新後も、たとえば称徳天皇が、県犬養姉女を配流したとき、その姓を「犬部」と改め、「犬部姉女をば、内《うち》つ奴《やっこ》となして、冠位を挙げ給ひ……然るものを、反りて逆ま心を抱きて……」[77]と記したのも、また和気清麻呂と広虫にたいし、「侍へ奉る奴《やっこ》と思ほしてこそ、姓も賜ひて治め給ひてしか。今は穢《きたな》き奴《やっこ》として退け給ふ」[78]と記したのも、このような宣命に、大化前の国語のヤツコの意味がうけつがれていた証拠で、いずれも天皇に近待する臣下という意味である。そこに、ミウチ的な従者の意が流れているのである。

このようなヤツコの語法は、同時に部、つまりトモのそれと似ている。国語のトモとは、トモガラ・トモドチ＝友という、互いに親しい仲間＝集団をさすとともに、トモ＝供という、いわば貴人に従う従者をさしている。これをあわせて、古代では天皇に従属する官人集団をあらわすことばとして用いられた。つまり、大伴(トモ)、中臣(オミ)、物部(べ)など、天皇に従属する臣としてのトモノミヤツコ、建部(べ)、卜部(べ)、語部(べ)などのトモは、いずれもそれ自体、八十伴(トモ)、百八十部(べ・トモ)といわれる官人集団を形成し、みずからも、トモ・べの文字を、氏の名の一部としたのである。

ヤツコとトモを比べると、ヤツコは私家を、トモは宮廷を、それぞれ中心とする概念であるが、私家にしても、宮廷にしても、いずれも貴人や天皇の近侍者・従者であり、いわば家僕である点に特色がある。

このように、特定の身分概念でなく、貴人・宮廷の従者としてのヤツコ・トモが、古代国家機構の発展にともない、とくに氏姓制に基づく多層的な身分制の形成されるに従って、もっとも隷属性のつよい下層部分の称呼に定着する可能性はあった。すなわち、ヤツコ（奴）・トモ（伴）からヌ（奴）・べ（部）という一種の身分概念に転化するにいたるのである。この身分制の形成過程については、すでに第一編で述べた。大化前代は、身分制の形成される過渡期で、まだ奴・部とも、その身分に明確性を欠くところがあり、この両者の区別すら定かでない。しかし、そのうちでも当時もっとも賤視され、下層部分を形成した奴・部をまずとりあげて、その実例を検討することはできる。まずその作業からはじめよう。

第二節　賤隷の種類

(1)奴・婢

この史料はきわて少ない。『日本書紀』によると、（イ）天皇が婦人を没官して「官婢」とし（武烈紀）、（ロ）馬飼首歌依の罪をせめ、その子供二人を祝人に付して、「神奴」とし（欽明紀）、（ハ）物部守屋が討伐軍をうけ、

「子弟《やから》と奴軍《やつこ》を率ゐて」戦ったが、敗れてのち、その「奴の半ばと宅とを分けて、大寺（四天王寺）の奴と田荘」とし（崇峻紀）、（ニ）山背大兄王が斑鳩で襲われたとき、「奴三成と数十舎人」が出て、防ぎ戦った（皇極紀）、とあるくらいのものである。

このうち、（イ）「官婢」、（ロ）「神奴」は、当時の用語ではないとおもわれるが、罪を犯したものの妻子を没して役する風習は古くからあったらしい。ただ、そのばあい律令制下の「官婢」や「神奴」の身分におとされたとは限らず、つぎの(2)の「部」にも、その実例は多いのである。

（ハ）「奴軍」は、よくいわれる奴隷軍の意でなく、ヤカラ（一族）にたいするヤツコ（家子従者）をさすらしく、『聖徳太子伝暦』には、この「子弟・奴軍」を、「子孫・従類」と表現している。これは文字どおり、ヤカラとヤツコそのものにほかならず、かく解する方が、真相にちかいであろう。当時個人の手もとに、奴隷軍と名づくべきものが、それほど集積されていたとは考えがたい。守屋の「資人捕鳥部萬」が、一〇〇人の兵をひきい、難波宅を守ったというのも、当時、「資人」という律令的職名はないのであるから、やはり身辺の従者の意にすぎぬであろう。「捕鳥部」の名からしても、(2)とおなじ隷民であり、ヤツコに含まれよう。かれも、一〇〇人の兵士も、「奴軍」の一部ではないか。

さらに注目したいのは、このような従類たちは、配没されて四天王寺の奴となったというが、正確には、「奴と宅」とか「奴と田荘」と併称されている。つまり、あくまでも土地つきの農民であり、在地に居住をし、家族を有し主家の荘を耕作した農民の義にほかならぬ。それは前章で述べた「寺田」と「寺家人」の関係にきわめて似ている。この点を注目すべきであろう。[79]（ニ）「奴三成」も、舎人数十人とともにあったのであるから、奴隷とはいえない。ヤツコは従者をさすのではないか。

いずれにしても、「記・紀」に、奴・婢の文字がきわめて少ないのが特徴である。

(2)鳥取部（捕鳥部）・鳥養部・馬飼部・宍人部などの部民

これらの部の記事はきわめて多く、(1)と対照的であるといえる。（イ）皇后に降服した新羅王が叩頭して、末ながく「飼部」として仕えることを誓い（神功紀）、（ロ）天皇が淡路島に狩したとき、「河内飼部」らが駕に従い、馬の轡をとったが、神が「飼部の黥」をとがめたので、これを禁じ（履中紀）、（ハ）筑紫の水間君は罪を免れるため、天皇に鴻と「養鳥人」を献じ（雄略紀）、（ニ）天皇は菟田人の罪を責め、その面を「黥み」、「鳥養部」としたが、そのとき、信濃と武蔵の仕丁が、天皇の行いをそしったので、天皇はこの二人をも、「鳥養部」におとした（雄略紀）。（ホ）天皇は根使主の罪を責め、これを殺し、その子孫を二分して、一分を「大草香部」として皇后に封じ、一分を茅渟県主にあたえて、「負嚢者《ふくろかつぎ》」とした（雄略紀）。（ヘ）狭々城山君韓帒は、その罪を問われたが、天皇はこれを殺すにしのびず、「陵戸」にあて、兼ねて山を守らせた（顕宗紀）。このほか、『古事記』や『続日本紀』をみても、（ト）意祁・袁祁の二王が逃げて、山城国まで来ると、「黥面」の老人がいて、「山代之猪甘」であると名のった。この二王は、そののち、播磨に逃げ、志自牟の家で、「馬甘・牛甘」として役せられた（安康巻）。（チ）天皇より県犬養連が罪を問われ、「犬部」におとされた（景雲三・九条）、などの例があげられる。

これらの例をみると、まず第一に、（イ）（ロ）馬飼部、（ハ）（ニ）鳥養部、（ト）猪甘部、（チ）犬養部、（ホ）負嚢者、（ヘ）陵戸など、すべて犯罪によって身をおとされた賤であり、(1)で、「官婢」「神奴」に没せられたとあるよりは、その内容の多様性・豊富性からみても、はるかに現実性に富むといってよい。

第二に、（ロ）（ニ）（ト）などをみればわかるように、この種の賤民は黥（めさき）されるのを身分的標識とし、とくに動物の飼育にあたる特殊な部民がほとんどであることが注目される。

第三に、この種の賤民は、当然、主家とは別の住居に住み、家族を形成していた。（イ）（ロ）の馬飼が、「左馬寮飼造戸二百卅六戸、馬甘三百二戸、右馬寮馬甘造戸二百卅戸、馬甘二百六十戸」とあり（職員令集解）、律令制下に、山城・大和・河内・美濃・尾張らに分散し、なかでも河内に集中度が高く（左右馬寮式）、また、（ハ）「養鳥人」は、高市郡軽村と十市郡磐余村に安置され、（ト）「猪甘」は、山城に定着し、（ヘ）「陵戸」は、「倭国卅七戸、川内国卅七戸、津国五戸、山代国五戸」などとあげられている（職員令集解）。この点は、(1)の四天王寺の奴と田荘について推定したところとおなじである。

第四に、かれらもまたその原初的な形態は、貴人の従者であったことだ。河内馬飼首は、「賤」ではあるが、大伴金村の「密使」となり、越前三国におもむいて継体天皇を迎え、おなじく河内馬飼首は、近江毛野臣の「傔《とも》人《ひと》」となり、捕鳥部は、物部守屋の「資人《つかひと》」であり、鳥取部は、天皇の「左右」に侍しており、河内飼部は、天皇の行幸に従い、「乗馬の轡」をとり、大津馬飼は狩猟にさいして、天皇の「御者」となり、宍人部は、天皇の「厨人《くりやひと》」であり、負嚢者は、貴人に従い、その「袋持」をしたのであろうし、陵戸は、貴人の死後の侍者、つまり「墓守」にほかならない。かれらは部民制の整備によって、官司に隷属し、上番労役したのであるが、もとは同じようにして、貴人の身辺に侍したのであろう。この意味で、やはり従類・奴僕であったわけだ。この点も、(1)のヤツコの性格とかわりない。(80)

(3)佐伯部・隼人・来目部などの異種族部民

この種の例もまたかなり多い。(イ)日本武尊が、伊勢神宮に奉った「蝦夷」が日夜さわぎ、礼を欠くので、倭姫命はかれらを神宮に近づけまいとして、朝廷に献上した。よって朝廷は、かれらを御諸山の傍に安置したところ、さらに隣里の人民を脅かすので、畿外に追放した。これが播磨・讃岐・安芸など五ヵ国の「佐伯部」であるといい(景行紀)、(ロ)また猪名県(摂津ヵ)から牡鹿の贄を天皇に献上した「佐伯部」も、皇居に近づけることを欲せずとして、安芸に移郷させせられた(仁徳紀)。このように蝦夷はもとの共同体から引きさかれ、神宮や皇居に侍せしめられたが、御諸山に移されたのも、大三輪神に奉納されたことであるから、いずれにしても、神社の「神賤」か貴人の「従者」となったのである。このほかにも、(ハ)イチベノオシイハ皇子の「帳内《とねり》」となった「佐伯部」がある(雄略紀)。しかもかれらは、集団的にまとまって居住せしめられ、みずからの生業を営みつつ、主家に奉仕したので、諸国に分置されたのちも、この生活形態にかわりはない。このほか常陸国行方郡曾尼村に、むかし佐伯があり、名を疏禰毗古といい、その名をとって村名としたとあるのも（常陸風土記）、おなじ例であろう。

井上光貞氏(81)は、かつて津田左右吉氏が、佐伯部は蝦夷でないとしたことを否定し、佐伯部は「佐伯直のもとに、それぞれの国で生活を営みながらも、分番上京して宮門を護り、護衛の役割りを果したものであろう」とされた。たしかに佐伯部の居住したという五ヵ国は、八世紀にも、佐伯直・佐伯部の氏姓の分布圏であり、またその後征討によって捕虜となった蝦夷も、諸国に分配し、専当の国司に管理させ、「夷性」のあるため、国外に出ることを禁ずる政策をとった(82)。大化前のそれとおなじ基調にたつものといえよう。俘囚の「妻子親族六十六人」を、日向国に配したのも(83)、かれらが独立の家族構成をもった証拠である。にもかかわらず、かれらは「賤隷」とみなされていた。宝亀元年、陸奥国俘囚三九二〇人が、「賤隷」たることを悔み、「俘囚之名」を除かれるよう訴え(84)、宝亀七年、出羽俘囚七八人を、「諸司及参議以上」にわかち、「賤」としたともある(85)。

隼人についてはどうか。かつて、(ニ)ヒコホホデミノ尊のため、海中に溺れたホスセリノ命が、「吾れまさに奴僕」たらんといい、自分の子孫を、「汝の俳人《わざひと》、一に云く狗人《いぬひと》」としようと誓ったので、ホスセリノ命の子孫である諸隼人は、「今に至るまで、天皇の宮墻の傍をはなれず、代々吠狗して奉事」しているのであるといい（神武紀）、(ホ)神武天皇の東征に功のあった来目部を、天皇の皇居のちかく、「畝傍山以西川辺の地」におらしめたのが、来目邑であるという（神武紀）。このほか、『古事記』には、「大久米命の黥利目」ということばもある。

隼人も、律令制では、衛門府のもとに、親衛軍の一角である隼人司が組織されていた。隼人司式によると、かつては本国の大隅・薩摩から、定期的に上番する「大替隼人」もいたが、[86] 延暦十二年の大隅隼人の入朝を最後に中止され、[87] もっぱら畿内に移住した隼人が司に上番した。そのうち「番上隼人」はもっとも古く、中核的な存在で、もし欠員あれば、「五畿内及近江、丹波、紀伊等国隼人」から補充された。[88]「今来隼人」はあらたに畿内に移住したもので、かれらも欠員あれば、畿内隼人より補充されることになっていた。[89] この番上・今来両隼人は、また「定額隼人」ともよばれ、かれらは家族をもち、畿内に定住し、男女別に一定の時服を支給される規定であった。[90] 隼人の統率者たる「大衣」は、譜第の隼人（大隅・薩摩）から左右一人ずつ選ばれたが、[91] この「譜第」とは、おそらく番上隼人のことで、律令制以前から、本国より移住していたものとおもわれる。「白丁隼人」は、いわば隼人予備軍で、定額隼人以外の多数者の称であり、京畿に居住したから、「京畿隼人」とも称され、[92] すでに一般農民と分ちがたい存在となっていたのであろう。山城国大住郷などは、その有力な隼人部落であったとおもわれる。[93]

このようにみれば、隼人もまた本貫地から引きさかれ、皇居の周辺に居住せしめられ、宮廷の護衛にあたったもので、その意味での「奴僕」であり、「従類」であった。住吉仲皇子の近習隼人刺領布が、履中天皇を殺そうとした主人の仲皇子を、その弟瑞歯別皇子の命をうけて、厠で刺し殺したという伝承（履中即位前紀）も、貴人に従う「奴僕」としての隼人の立場を示している。そして蝦夷とおなじく、面に「黥」する風習があり、「狗人」

といわれ、「吠狗」をして宮廷を守り、佐伯部も「獣心」ありといわれたことなどは、(2)の犬養部など、動物の飼育にあたる賤隷の通念にならったのではあるまいか。(94)

要するに、(1)(2)(3)とも、きわめて共通性がつよい。

(4)朝鮮からの捕虜

(イ)ソツビコが新羅を討ち、俘人をつれかえったものが、大和の桑原・佐糜・高宮・忍海の「四邑漢人」の祖となり(神功紀)、(ロ)新羅王が罪を謝して貢上した能匠が、「猪名部」＝木工の祖となり(応神紀)、(ハ)上毛野君の祖竹葉瀬が新羅を討ち、数百人を殺し、「四邑の人民」を捕虜として連れかえり(仁徳紀)、(ニ)紀小弓宿禰の妻吉備上道采女大海が、大伴室屋大連に謝すため、朝鮮よりつれかえった「韓奴」六口を大連に贈った。これが吉備上道蚊嶋田邑の「家人部」であるといい(雄略紀)、(ホ)百済聖明王が、「高麗奴」六口、「狛虜」一〇口などを献じ(欽明紀)、(ヘ)「韓人、高麗人」を、大和高市郡の大身狭屯倉・小身狭屯倉の「田部」とした(欽明紀)などがある。

このような例のうち、朝鮮よりの捕虜は、不明のものを除くと、(イ)四邑漢人＝鍛冶部、(ロ)猪名部＝木工、(ニ)家人部、(ヘ)田部にそれぞれ編成され、(イ)(ロ)宮廷工房、(ニ)豪族の私家、(ヘ)宮廷直領地に所属した。そのすべては、いわゆる「部」であり、各村落に定住し、労役服仕したものであろう。

とくに、「家人部」は、この種のヤツコの性格をよく物語り、「部民」と「奴婢」との接点を示す。すなわちヤツコとは、「家人」であり、有力豪族の「氏賤」「家部」となったことをさすが、八世紀にも、吉備の豪族和気氏の配下に、「家部」が存在していた。(95)そのころ和気氏の支配下にあった農民をみると、右の（イ）にみえる「忍海部」らの帰化系部民が、和気氏の本拠藤野・邑久・御野郡に分布し、（ニ）の「家部」は、よりひろく美作・備前二国に分散居住していた。そして、（イ）「忍海部」らは、和気氏の旧姓である「石成別公」に改姓されたのに、（ニ）「家部」は、「石野連」に改姓されたにすぎず、和気氏との擬制的同族関係すらもちえない最下低の農民層であった。しかも、金属生産に関係ぶかく、帰化系であろうとおもわれる。(96)

この八世紀の状態から、ある程度、大化前の「家人部」の地位が推定できるのではないか。少なくとも、坂本太郎氏(97)・竹内理三氏(98)の指摘されるように、「韓奴」—「家人部」（雄略紀）、「家部」（天智紀）、「家人」「氏家人」—「氏賤」（養老令）、「家部」（続紀）の間には、密接な一連の関係があり、わが古代のヤツコの形態を推定する一つの鍵であることは疑いない。

さて、これらの俘人は、「雑戸」にしても「田部」にしても、いずれも村落に安置され、戸をなしたのであって、八世紀に、新羅の帰化人や、駿河・甲斐などの東国に住む高麗人を、多数武蔵に移して郡をたてさせ、美濃多伎郡民を、近江蒲生郡に移した例などと基本的にはおなじく、国防や俘人の同化を目ざしたものであり、さらには土地開発のためでもあった。したがって、ある意味では、労働奴隷制にちかいといえるが、しかし、政策的には、あたらしい土地に定着させることによって、独立の耕作民に編成したのであり、白村江の敗戦後、百済から献上された「唐俘」一〇〇人を、「美濃国不破、片県二郡」の「唐人」としたのも、これとおなじく、いずれも村落の構成員としたのである。

第三節　ヤツコとべの未分化

さて、われわれは、奴隷の発生原因として、異民族の征服による捕虜、犯罪による身没をあげるのが普通である。そして上述の(2)(3)(4)はそれにあたり、むしろその例のすべてであるといってよい。蝦夷・隼人も、一種の捕虜と考えてよいであろう。かれらの中には、面に黥してその身分を表示するものすらあった。しかも、わが古代において、かれらは「奴婢」でなく、「部民」と表記されている。

それは何故であるか。

中国古代の奴婢については、玉井是博(99)・浜口重国(100)・仁井田陞(101)諸氏の業績を参照せねばならないが、今あまりそれに深入りする余裕はない。ただいえることは、唐の官賤の発生原因も、一は犯罪による賤民、二は捕虜による賤民であることである。犯罪人の妻子を没する風習は古くからあり、秦にいたって、「相坐没官」の法がきびしくなり、漢律には、その明文がかかげられ、「罪人妻子没為奴婢」とあり、また「黥面」の文字もみえ、魏代もまったくこれと同様であったらしい。晋代には、逃亡奴婢に「黥面」した例があり、南北朝時代に入り、南朝では梁律に、「相坐没官」の規定があり、北朝にもおなじ規定がみえ、いずれも、「妻子女妾」を没することが多かったらしい。唐において、犯罪により没官された賤民のなかに、官奴婢・官戸・雑戸などがみえ、かれらは百姓とは別籍で、本司に所属した。敵国の捕虜を奴婢とする風習も古くから存在した。すでに『後漢書』に、「蕃夷」の捕虜を軍士に賞賜した例があり、『晋書』にも、「夫余奴」の売買が行われ、『北史』『周書』に、蕃族である「獠」の生口を奴婢とし、これを「壓獠」とよんだとある。『旧唐書』にも、「高句麗」遠征により得た捕虜を没して奴婢となし、軍功あるものに分与するか、または官奴婢としたとあり、「突厥」を破ったときも、その民を没して奴婢としたという。『三国史記』にも、しばしば「高句麗」より数千の捕虜を連れ去ったことがみえる。

このように、奴隷の発生原因の類似性にもかかわらず、その社会における存在形態の相違は覆いがたい。中国においては、罪没によるもの、捕虜より発生するものを問わず、官賤・私賤ともに、個別的に領有支配され、貴族・武将のもとには、数千にのぼる奴婢が集積された記録が多く見出される。それが奴隷市場における売買を生み、奴は「稼穡」(農耕)、婢は「紡織」といわれる労働奴隷制を形成させたと思われる。もちろん、奴隷が主要な生産階級であったか否かということとは別問題である。

わが国においても、上に述べた(1)奴婢、(2)鳥取部・馬飼部等、(3)佐伯部・隼人、(4)外国捕虜は、当然、罪没による奴隷、捕虜による奴隷をふくむが、かれらは大量の個別的奴隷としては存在せず、家族的構成を有し、在村のまま宮廷・寺社・貴人の土地を耕作し、またはその家僕・従者として、労役奉仕する形態のものがほとんどであった。かれらのあるものは、奴婢と表示されているが、守屋の奴軍のごとく、ヤツコであり、田荘に居住する家人的形態のものをさし、また逆に、蝦夷・隼人らの「俘囚」は、『集解』古記に、[102]「蕃賊虜掠」を奴婢とすることは、「法令所聴」とあるが、それは法思想のみで、事実は奴婢身分に編入されず、のち君子部などの部姓を与えられ、「唐俘」ですら奴婢におとされたわけではなかった。

わが国の古代においては、労働奴隷制は発達せず、奴隷市場も存在せず、奴婢の継続的所有は、主として生益に依存したから、奴婢に安定した譜代の家族的結合を認めねばならず、したがって、右のような形態が一般のものとなったとも推定される。

したがってまた、大化前代に、奴＝ヤツコと部＝べの身分的差別が厳然と存在していたわけではなく、奴はもとより、部の下層部分も家人的形態のものが多かったとすれば、この両者をふくめて奴隷階級とすることは差しつかえないが、奴婢身分が形成されていたと速断することはできない。この点は、八木充氏が、[103]大化前代には、「賤民身分は一般に形成されず」、律令国家の良賤身分の起源を、大化以前に措定することはできないとされたのは妥当であるとおもう。ということは、「部」の下層部分と「奴婢」は、ともにまだ氏姓をもっておらず、地方豪族下の農民とともに、「無姓」[104]であったと推定される点においても、奴婢身分の未分化を認めるのが妥当であろう。筆者が旧稿において、上記の(1)〜(4)の農民を、「広義の奴隷階級に属するにしても、その本質はヤツコ（家僕）であり、法制上の奴婢ではない」としたのは、まさしくこの意味であり、大化前代に奴隷階級は存在しないと述べたわけではない。大化の男女の法を問題とする論者があるが、この男女の法の特徴は、唐制にならって、仁井田陞氏(105)のいわれる身分内婚制＝良賤不婚制・当色婚制を確立したものでなく、良賤の通婚を前提として、その結果としての所生男女の帰属を決定したものにほかならない。(106)八木充氏は、男女の法は「文字どおり所生の男女の所属に関するにとどまり、律令に規定する国家的な身分秩序への、奴婢の編成の萠芽はまだみとめることはできない(107)」とされる。したがって、その賤民とは、まだ明確な賤民身分をなしておらず、広義の奴隷と考えてよいであろう。

律令制はこれを法制化しようとした。しかし、結局は、奴婢の実際の存在形態のために、法上の論理を貫徹することはできなかったのである。

註

（1）大日本古文書六　四二八～四六ページ、寧楽遺文下　七七三～八一ページ
（2）大日本古文書三　三五九～六六ページ、寧楽遺文下　七五二～五、七五五～八ページ
（3）大日本古文書九　二五五ページ、寧楽遺文下　七四五ページ
（4）大日本古文書三　三五五～六ページ、寧楽遺文下　七五〇～五一・七五九～六〇ページ
（5）大日本古文書三　一二六ページ、寧楽遺文下　七四六ページ
（6）大日本古文書二　三〇〇～三ページ、同上三　三二二～七・三九六～四〇一ページ、寧楽遺文下　七四一～三・七四七～五〇・七六一～四ページ
（7）宮原武夫「日本における奴婢制の構造」（歴史学研究三一二）

(8) 日本書紀　大化元年八月五日条
(9) 戸令　当色為婚条
(10) 令集解　戸令家人所生条、穴云、捕亡令両家奴婢条、穴云
(11) 令集解　戸令家人所生条、私案
(12) 令集解　捕亡令両家奴婢条　後案
(13) 令集解　戸令当色為婚条、一云
(14) 大日本古文書二　五六ページ、寧楽遺文上　二四三ページ
(15) 三代実録　貞観五年九月二十五日条
(16) 平安遺文一　二八四〜五ページ
(17) 大日本古文書三　四九〇〜九二ページ、寧楽遺文下　七六八ページ
(18) 大日本古文書三　四五九〜六一、寧楽遺文下　七六五〜六ページ
(19) 続日本紀　天平宝字八年七月十二日条
(20) 万葉集十六　歌番号三八二二、飛鳥の橘寺の長屋＝棟長く造った屋に住む、放髪（うなゐはなり）＝放り髪の乙女とともに寝たという歌意で、この乙女はあきらかに、寺院の俗人であるから、婢ではないかとの意見がつよい。
(21) 大日本仏教全書　興福寺叢書一
(22) 仁井田陞『中国法制史研究』奴隷農奴法　昭和三十七年　二七〜三二ページ
(23) 関晃「古代日本の身分と階級」（『古代史講座』七　昭和三十八年）
(24) 仁井田陞前掲書、四六〜九・七一・七七ページ
(25) 石母田正「古代における奴隷制の一考察」（『中世的世界の形成』改訂版）
(26) 日本書紀　天武即位前紀（天智四年）十月十九日条
(27) 同　右　天武元年九月十二日条

(28)　万葉集二　歌番号一七一〜九三
(29)　草壁皇子は、持統天皇の腹に生まれ、天武十年二月、皇太子となることによって、万機を摂したとあり、持統三年四月、皇太子のままで薨去した。そして、その後、天平宝字二年八月、勅により、「岡宮御宇天皇」と追尊された。このようになれば、皇子の嶋宮の重要性が知られるであろう。
(30)　註(14)におなじ
(31)　続日本紀　神護景雲元年四月廿六日・廿八日など
(32)　同　右　霊亀二年八月十一日条、延喜式二十一　諸陵寮
(33)　延喜式二十一　諸陵寮
(34)　続日本紀　和銅元年九月廿七日条
(35)　日本書紀　舒明十一年七月条
(36)　霊異記中　三十三
(37)　註(7)におなじ
(38)　令集解　職員令諸陵司条、古記・別記に、
常陵守及墓守＝大和三七、河内三七、摂津五、山背五の計八四戸
借陵守及墓守＝京二五、大和五八、河内五七、山背三、伊勢三、紀伊三の計一五〇戸
をあげている。
(39)　令集解　職員令柒部司・造酒司・土工司条、古記・別記、また図書寮条　釈云・別記云、として、
(常)品部　柒部司柒部＝柒部一〇、泥障二、革張一の計一三戸
織部司染戸＝錦織戸一一〇、呉服戸七、川内国広絹織人三五〇、緋染七〇、藍染三三の計五七〇戸造
酒司酒戸＝大和九〇、河内七〇、摂津二五の計一八五戸
土工司泥戸＝五一戸

借品部　図書寮紙戸＝山背五〇戸
をあげている。
(40)　延喜式二十八　隼人司　大儀・駕行に、
(イ)番上隼人＝（常隼人）
(ロ)今来隼人
(ハ)白丁隼人
の三種があり、(イ)はもっとも古く、畿内に定住し、譜第隼人、定額隼人とよばれたらしい。(ロ)はあらたに畿内に移住し、(イ)に準ぜられたもので、(ハ)はいわば隼人予備軍ともいうべきものである。(イ)(ロ)は概して定数があったが、(ハ)は不特定多数の定住者をさしている。
(41)　続日本紀　宝亀四年六月二日条
(42)　同　右　天平宝字二年九月八日条
(43)　同　右　宝亀四年七月十七日条
(44)　同　右　天平十六年二月十二日条
(45)　同　右　天平勝宝四年二月廿一日条
(46)　類聚三代格三　家人事、天平神護二年五月十一日条
(47)　続日本紀　霊亀二年八月二十日条
(48)　寧楽遺文上　三六一ページ
(49)　続日本紀　神護景雲元年十月廿五日条
(50)　平安遺文一　二八四〜五ページ
(51)　註(25)におなじ
(52)　仁井田陞前掲書、一三ページ

(53)　註(23)におなじ
(54)　滝川政次郎『日本社会史』昭和二十三年一一七ページにも、「氏賤というのは、氏の世襲財産たる賤民であって、その中には勿論奴婢もあるが、大部分は家人よりなったと思われる。而して、家人のうちで、神社に属するものを神賤、寺院に属するものを寺家人といった」とされている。
(55)　北山茂夫「大宝二年筑前国戸籍残簡について」(『奈良朝の政治と民衆』昭和二十三年)
(56)　類聚三代格一　神社事、寛平五年十月廿九日官符
(57)　令義解　戸令家人所生条
(58)　令集解　戸令家人所生条、釈云
(59)　唐六典巻六　刑部都官条
(60)　註(25)におなじ
(61)　田令、官戸奴婢条、令集解　田令官戸奴婢条、古記
(62)　神野清一「東大寺奴婢の用途について」(日本歴史二〇九)。東大寺要録、雑事章その他によって、寺奴婢は、造寺工・写経所雑役・請経使などの雑使・諸仏会の歌儛音曲・倉物の出納と運搬・寺内の清掃・宿直などに役使されたと述べている。
(63)　法曹至要抄、中、雑事に、戸令の「家人所生子孫、相承為家人」の条文をひいて述べている。
(64)　滝川政次郎『奴隷賤民論』昭和二十三年一〇ページ、なお註(54)にもおなじ
(65)　註(25)におなじ
(66)　宮崎道三郎『法制史論集』昭和四年五〇九ページ、坂本太郎「家人の系譜」(史学雑誌五八―二)
(67)　吉田晶「氏賤・家人・奴婢についての覚書」(続日本紀研究一〇―六・七合併号)
(68)　牧英正『日本法史における人身売買の研究』昭和三十六年二八ページ
(69)　坂本太郎前掲論文

(70) 続日本紀　延暦八年五月十八日条
(71) 類聚三代格三　家人事、貞観五年九月廿五日官符
(72) 川上多助「古代賤民制に就いての一考察」(『日本古代社会史の研究』昭和二十三年)
(73) 本居宣長『古事記伝』
(74) 栗田寛『国造本紀考』明治三十六年　二六七ページ
(75) 古事記　中、神武天皇巻
(76) 日本書紀　清寧即位前紀
(77) 続日本紀　神護景雲三年五月廿九日条
(78) 同　右　神護景雲三年九月廿五日条
(79) 藤間生大「大和国家の機構」(歴史学研究二一四)に、守屋の「奴・田庄」は、奴(ヤツコ)と田庄(タドコロ)の二つのものをさすと考えるべきで、ヤツコは難波宅の奴の半分、タドコロは難波宅のことであろうとされる。
(80) 高橋富雄「国造制の一問題」――その貢馬の意味(歴史学研究二四四)に、部族が他の部族に服従する「政治的馬飼」の風習をあげ、国造・郡司が、朝廷に貢馬の風習を守ったのも、天皇の御門まもりの「表」を伝えたもので、それらの原型は、体僕としての「馬飼」にあり、全人的奉仕を強いられたものであるとみえる。
(81) 井上光貞「大和国家の軍事的基礎」(『日本古代史の諸問題』昭和二十四年)
(82) 蝦夷の諸国移配と管理については、続日本紀、神亀二年閏正月四日、宝亀七年十一月廿九日、日本後紀、弘仁三年六月二日、類聚国史百九十、風俗俘囚、延暦十九年三月一日、同十九年五月廿二日条などにみえる。
(83) 類聚国史百九十　風俗俘囚　延暦十四年五月十日条
(84) 続日本紀　宝亀元年四月一日条
(85) 同　右　宝亀七年十一月廿九日条
(86)(87) 類聚国史百九十　風俗隼人、延暦十二年二月条に、大隅より曾於郡大領が「隼人」をひきいて入朝したが、同

二十年六月条には、大宰府よりの「進上隼人」を停止するとあり、同二十四年正月には、ながく「大替隼人」の風俗歌儛を中止するとあって、本国からの上番は終わりを告げたらしい。と同時に、本国より上番する隼人を、「進上隼人」「相替隼人」「大替隼人」などと称したことがわかる。

(88)〜(92)　延喜式二十八　隼人司、番上・死亡・今来・時服・大衣・大儀・駕行・習吠の各条

(93)　大日本古文書一　六四一ページ、山背隼人計帳

(94)　高橋富雄「古代日本における異族服属の一様式」——隼人のばあい（古代文化九—四）に、隼人の服属が、吠声を発する特殊な風俗歌儛によってあらわされ、このような「唱えごとをする吏役」、つまり「唱吏」と、吠え犬にかわる「狗人」として、人君に奉仕する形式は、馬飼の服属形式とははなはだ類似すると指摘された。

(95)　続日本紀　神護景雲三年六月廿六日、備前国赤坂郡人外少初位上家部大水、美作国勝田郡人従八位上家部国持等六人に、石野連を賜い、翌廿七日、備前・美作両国の家部の氏をあげて、石野連を賜うとある。

(96)　平野邦雄『和気清麻呂』昭和三十九年　四〇〜四七ページを参照

(97)　坂本太郎前掲論文

(98)　竹内理三「氏長者」（史淵六三、『律令制と貴族政権』二　昭和三十三年）に、天智紀の「家部・民部」と氏上との関係は、「氏賤」と氏宗の関係にひとしく、戸令応分条の「氏賤」とは、法家の解釈にいう「氏家人奴婢」とおなじであるとされる。

(99)　玉井是博「唐の賤民制度とその由来」（『支那社会経済史研究』昭和十七年）

(100)　浜口重国「唐の部曲・客女と前代の衣食客との関係」（山梨大学学芸学部紀要一）、「唐の賤民・部曲の成立過程」（山梨大学学芸学部研究報告三）

(101)　仁井田陞『中国法制史研究』奴隷農奴法　昭和三十七年、『支那身分法史』昭和十七年

(102)　令集解　戸令化外奴婢条、古記

(103)　八木充「天武紀の部曲について」（山口大学文学会誌一七—二）

(104) 平野邦雄「大化前代の社会構造」(岩波講座『日本歴史』古代二 昭和三十七年)

(105) 仁井田陞前掲書、六〇二ページ

(106) 関晃前掲論文にも、この点についてふれてある。

(107) 八木充『律令国家成立過程の研究』昭和四十三年 二八一ページ

八木氏は、同書のなかの「律令賤民制の成立」において、大化前に、律令国家におけるような良・賤の区分は存在せず、朝廷の身分秩序のなかには、まだ奴婢は位置づけられていなかったとして、私説に賛意を表された。しかし、そのことと、大化前代に、事実上奴婢が存在し、「朝廷が奴婢を所有したこと」とは、一応別個の問題であり、さらに、国家的身分秩序と異なる国造による地域的な支配社会内部には、あきらかに奴婢が存在し、「国造」のもとにある「身分制的な共同体的奴婢」と、個々の成員の所有する「階級的な私的奴婢」に分けられるとされた。

この「朝廷の奴婢」「共同体的奴婢」「私的奴婢」という三つの態様がどう異なるか、八木氏がつぎに述べられる部曲・民部・家部の区分とも関係があり、八木氏は、天智紀にみえる民部・家部について、「共同体所有の賤民のうち、家族的結合をなして配隷されたのが、すなわち家部」で、「個別的に共同体に配没した奴婢で、国家に掌握されたのが民部」である。そしてこの両者を、天武紀で「部曲の称呼で一括」したものとみなしている。私は、共同体＝氏の所有する奴婢と、国家の掌握するものと、さほど態様を異にしたとは考えないし、こうした区別をあまり重要視もしない。また、民部・家部を身分的な奴婢とは考えないので、この辺の解釈は当然異なってくるが、いずれにしても、私説で、大化前に奴婢身分が成立していないとみたのは、朝廷や中央豪族の有する部民、国造の支配する農民、あるいは帰化人・異種族などのなかには、無姓のものがかなりいて、奴婢の無姓と変りなく、かれらのうち、のちに「某部」「某族」「某人」などの称呼を与えられるものもあったが、また無姓のまま奴婢に定着したものもいた。概して上層のものは前者に、下層のものは後者に位置づけられたであろうが、もともとヤツコ(奴)とベ(部)は未分化で、奴婢も部民・族民も、本質的に異なる態様をもっていたわけではない。部民も下層のものは奴隷的な階層である点に変りはなく、奴婢もいわば家人的な形態を基本としていた。これは律令制下の氏賤・神賤・家部・家人・奴婢などにも共通するところで

あり、六、七世紀の国家で、共同体所有の奴婢をさほど特異なものとは見なしえないと考えたのである。

大化前代社会組織の研究（オンデマンド版）

2017年10月1日　発行

著　者　平野邦雄《ひらのくにお》
発行者　吉川道郎
発行所　株式会社 吉川弘文館
〒113-0033 東京都文京区本郷7丁目2番8号
TEL 03(3813)9151(代表)
URL http://www.yoshikawa-k.co.jp/

印刷・製本　株式会社 デジタルパブリッシングサービス
URL http://www.d-pub.co.jp/

平野邦雄（1923〜2014）
ISBN978-4-642-72038-0

日本史学研究叢書

『日本史学研究叢書』刊行の辞

戦後、日本史の研究は急速に進展し、各分野にわたって、すぐれた成果があげられています。けれども、その成果を刊行して学界の共有財産とすることは、なかなか容易ではありません。学者の苦心の労作が、空しく筐底に蔵されて、日の目を見ないでいることは、まことに残念のことと申さねばなりません。

吉川弘文館は、古くより日本史関係の出版を業としており、今日においてもそれに全力を傾注しておりますが、このたび万難を排して、それらの研究成果のうち、とくに優秀なものをえらんで刊行し、不朽に伝える書物としたいと存じます。この叢書は、あらかじめ冊数を定めてもいず、刊行の期日を急いでもおりません。成るにしたがって、つぎつぎと出版し、やがて大きな叢書にする抱負をもっております。

かくは申すものの、この出版にはきわめて多くの困難が予想されます。ひとえに日本の歴史を愛し、学術を解する大方の御支援を得なければ、事業は達成できまいと思います。なにとぞ、小社の微意をおくみとり下され、御援助のほどをお願い申します。

昭和三十四年一月

著者略歴

大正十二年、松江市に生れる
昭和二十三年、東京大学文学部国史学科卒業
九州工業大学教授、文化庁主任文化財調査官
などを経て、
現在、東京女子大学教授、文学博士

〔主要著書〕
日本古代人名辞典〈全七巻〉(共編)　和気清麻呂　古代の日本〈第九巻、研究資料〉(共編)
大化前代政治過程の研究

大化前代社会組織の研究

昭和四十四年　五月三十日　第一刷発行
昭和　六十年　六月　十日　第四刷発行

著者　平《ひら》野《の》邦《くに》雄《お》

発行者　吉川圭三

発行所　株式会社　吉川弘文館
郵便番号　一一三
東京都文京区本郷七丁目二番八号
電話〇三―八一三―九一五一〈代〉
振替口座東京〇―二四四番

(印刷＝精興社・製本＝誠製本)

索　　　　引

1. 索引は，事項索引・著者名索引の二つに分類した。
2. 事項は比較的重要なものをあげ，かつその主な収載ページを示した。したがって，すべてを網羅したものではない。
3. 歴史的人名・文献名は，本書の性質上すべて省いた。

事項索引

き

く

け

こ

さ

し

す

せ

な

に

ぬ

は

ひ

ふ

へ

ほ

ま

み

む

も

や

著者名索引